GLORIA VON THURN UND TAXIS

Gloria

Das Buch

Mit zwanzig Jahren heiratet Gloria von Schönburg zu Glauchau und Waldenburg den vierunddreißig Jahre älteren Fürsten Johannes von Thurn und Taxis, einen der reichsten Männer Deutschlands. Sie wird Mutter dreier Kinder und repräsentiert an der Seite des als schwierig geltenden Fürsten im Schloss St. Emmeram in Regensburg. Bald rücken ihre extravaganten Auftritte in den Fokus des öffentlichen Interesses: Gloria inszeniert spektakuläre Partys und Happenings auf dem Schloss, die die Regenbogenpresse begeistert kommentiert, und provoziert den deutschen Hochadel mit Skandalauftritten. Als Johannes 1990 stirbt, wandelt sich Fürstin Gloria vom mondänen Glamour-Girl zur ambitionierten Unternehmerin. Es gelingt ihr, mit Engagement und ungewöhnlichen Ideen den verschuldeten Familienkonzern zu konsolidieren, um ihn ihrem Sohn Albert übergeben zu können.

Im Interview mit Peter Seewald spricht die Fürstin zum ersten Mal offen über ihre Kindheit, ihre Ehe, ihr wildes Leben, ihre Wertvorstellungen und über den christlichen Glauben, der ihrem Leben Sinn verleiht.

Pressestimmen

»Das Buch gewinnt durch den Reiz des Authentischen. Gloria erzählt einfach, ungezwungen und temperamentvoll.«
Frankfurter Allgemeine Sonntagszeitung

Die Autorin

Gloria Fürstin von Thurn und Taxis, Jahrgang 1960, geborene von Schönburg-Glauchau, heiratete mit zwanzig Jahren Johannes Prinz von Thurn und Taxis. Nach dem Tod ihres Mannes 1990 übernahm sie die Führung des Hauses und leitet bis heute für ihren Sohn Albert II. die Geschäfte. Die Fürstin ist Mutter von drei Kindern und residiert im Schloss St. Emmeram in Regensburg.

Peter Seewald, Jahrgang 1954, war Redakteur und Autor bei ‚Spiegel', ‚Stern' und dem Magazin der ‚Süddeutschen Zeitung'. Seine Dialogbücher mit Joseph Kardinal Ratzinger ‚Salz der Erde' und ‚Gott und die Welt' wurden in sechzehn Sprachen übersetzt. Außerdem ist er Herausgeber der BIBLIOTHEK DER MÖNCHE, erschienen im Heyne Verlag. Peter Seewald lebt in München.

GLORIA VON
THURN UND TAXIS

Gloria

Die Fürstin – im Gespräch mit
Peter Seewald

Diana Verlag

Redaktion: Theresa Stöhr, München

Taschenbucherstausgabe 05/2005

Printed in Germany 2005
Umschlagillustration: Peter Godry, Düsseldorf
Umschlaggestaltung: Hauptmann und Kampa Werbeagentur,
München-Zürich
Satz: Schaber Satz- und Datentechnik, Wels
Druck und Lithographie für den Bildteil: RMO, München
Druck und Bindung: GGP Media GmbH, Pößneck
Gedruckt auf chlor- und säurefreiem Papier
ISBN: 3-453-38000-2
http://www.heyne.de

Inhalt

KAPITEL IV

Princess TNT 189

KAPITEL V

Die Umkehr 301

KAPITEL 1

Jenseits von Afrika

1 Blaues Blut

Fürstin, heißen Sie Mariae oder Maria?
Mariae.

Mariae Gloria Ferdinanda Joachima Josefine Wilhelmine Huberta von Thurn und Taxis geborene Gräfin von Schönburg-Glauchau – korrekt?
Ja.

Warum haben Adelige eigentlich so gigantisch lange Vornamen?
Das hat bei uns vor allem einen religiösen Hintergrund. Wir möchten die Namen der katholischen Heiligen, die traditionell in unserer Familie um Schutz angerufen werden, einem Kind auf seinen Lebensweg mitgeben.

Gloria bedeutet »Ruhm und Ehre«, auch »Herrlichkeit«. Wie nannte man Sie als Kind?
Goja, weil meine Schwester »Gloria« nicht aussprechen konnte. Nur wenn ich streng angemahnt wurde, war ich die Gloria.

Sie werden als zweites von vier Kindern am 23. Februar 1960 in Stuttgart geboren. In die Adenauer-Zeit hinein, den Beginn der Wirtschaftswunderjahre. In den Wohnzimmern tauchen die ersten Fernsehapparate auf, die Gürtel werden gelockert, die erste Urlaubswelle rollt an, Ziel: Bella Italia. Eine Zeit des Aufbruchs.
Mein Vater arbeitete in Stuttgart als Journalist für den Südwestfunk. Zuvor lebte er mit meiner Mutter in Berlin, wo auch meine Schwester geboren wurde. Wir hatten eine ziemlich kleine

Wohnung, die Mutter war Hausfrau – also ganz bürgerliche Verhältnisse.

Stimmt es, dass Ihr Vater, Graf Joachim, einmal sogar als Leichenwäscher beschäftigt war?

Ja, stimmt. Man muss wissen, er war gerade mal 16 Jahre alt, als er seine sechs Geschwister und seine Mutter auf eine Kutsche auflud und vor den anrückenden Russen Richtung Westen flüchtete. Sein Vater starb tragischerweise am letzten Kriegstag durch die Kugel eines Partisanen, nachdem er die Kämpfe an der Ostfront überlebt hatte. Mein Vater war nun also im Alter von 16 Jahren der Mann im Haus. Ein paar Habseligkeiten nahm man mit, ein bisschen Silber, ein paar Bilder, etwas Schmuck. Im Westen wurden sie glücklicherweise sehr familiär aufgenommen. Die Schwester seines Vaters, die Fürstin zu Fürstenberg, eine geborene Schönburg, und der großzügige Fürst stellten unserer Familie das Schloss Heiligenberg zur Verfügung, ein wunderbarer Ort unweit des Bodensees. Hier ließ sich meine Großmutter mit ihren Kindern, das kleinste war grade mal fünf Jahre alt, nieder. Als mein Vater später sein Studium begann, musste er sich das natürlich selbst verdienen. Und unter all den vielen Jobs war Leichenwäscher der bestbezahlte.

Sie erzählten einmal, aus der Ferne sei die Heimat Ihres Vaters, sein geliebtes Wechselburg in Sachsen, immer idealisiert worden.

Jeder hängt nun mal an seiner Heimat und die Schönburgs waren ganz besonders heimatverbunden und daher sehr unglücklich über den Verlust ihres Zuhauses. Erschwerend kam noch der frühe Tod des Familienoberhauptes hinzu. Mein Großvater Carl war ja erst Mitte 40, als er seine Frau und die Kinder zurückließ. Außerdem bedeutete der Verlust der Heimat natürlich, finanziell von der Verwandtschaft im Westen abhängig zu sein, auch wenn die sehr großzügig war. Wir waren ja nicht die einzigen Vettern und Cousinen, denen es so erging. Ein Haus wie das der Fürstenbergs in Donaueschingen wurde quasi zum Auffanglager aus dem Osten geflüchteter Verwandter.

Was hat Ihre Familie durch den Krieg verloren?
Die drei sehr schönen Schlösser: Schloss Glauchau, Schloss Wechselburg und die wunderschöne Rochsburg, die über dem Muldetal thront. Daneben gab es Immobilien, Waldbesitz und Landwirtschaft im heutigen Südwesten des Landes Sachsen, grob gesagt die Region Chemnitz. Nach der Wende ist mein Vater sogar wieder in die Rochsburg eingezogen – als Mieter in einer Burg, die seinen Eltern gehört hatte. Das war die einzige Möglichkeit, in seine Heimat zurückzukehren.

Ihr Vater war ein Vorbild für Sie?
Ja, natürlich. Er war Nonkonformist. Er legte keinerlei Wert auf bürgerliche Zwänge. Ein Freigeist, ein echter Liberaler, sehr aufgeschlossen.

In Erziehungsfragen hatte er offenbar ziemlich ausgefeilte Grundsätze. Einmal sagte er, seine Töchter sollten fähig sein, sowohl unter Kakerlaken als auch unter Kronleuchtern ein sinnvolles Leben zu führen. Sie sollten sich mit sinnvollen Dingen beschäftigen.
Meine Mutter kümmerte sich mehr um die Fragen des Stils. Wie man beim Essen am Tisch sitzt beispielsweise, wie man einen Haushalt führt, Sauberkeit und Ordnung hält. Für die »hehren Grundsätze« dagegen war mein Vater zuständig. Was für ihn dabei wirklich wichtig war, waren die religiösen Grundeinstellungen. Und die versuchte er auch seinen Kindern zu vermitteln.

Er war Redakteur der Zeitschrift »Pirsch« und zeitweise Lobbyist des Deutschen Jagdschutzverbandes. Wie kam es, dass er von 1990 bis 1994 als Abgeordneter der CDU im Bundestag saß?
Mein Vater war politisch immer sehr engagiert. Schon in Berlin, zu Zeiten des Kalten Krieges, als man in lebensgefährlichen Aktionen DDR-Flüchtlinge über die Grenze brachte. Nach der Wende von 1989 wollte er zurück nach Hause und etwas für seine Leute tun. Er war niemand, der sich auf seine Latifundien setzt und den Grafen raushängen lässt. Verantwortung zu über-

nehmen, das hieß für ihn, sich nicht in die gute Stube zu setzen und vom Westen aus herumg'schafteln, sondern vor Ort die Ärmel hochkrempeln. Zurück in die alte Heimat, sich dort in einem eiskalten Schloss, ohne Heizung, langsam einrichten, um am Aufbau mitzuwirken. Er konnte wahnsinnig gut mit Leuten kommunizieren. Egal, mit wem und aus welchen Kreisen. Man hat ihn einfach gern gehabt.

Er ist dort auch gestorben?

Ganz am Ende ist er weggezogen, weil er die Treppen in der Rochsburg nicht mehr hochsteigen konnte. Er litt am Schluss seines Lebens an der parkinsonschen Krankheit.

Welches Bild haben Sie von ihm in Erinnerung?

Er war ein schöner, großer Mann. Mit Schnurrbart. Er hatte immer einen Schnurrbart, immer eine lederne Kniebundhose an und immer einen Dackel dabei. Immer. Und er fuhr immer ein kaputtes altes Auto. Citroën, Lada, später Trabi, alles Mögliche, aber immer ziemlich ausgebeult. Das war ihm egal.

Gehörte so etwas zu seinem Stil?

Nein, kein Stil, Autos gehörten einfach zu den Dingen, die ihn nicht besonders interessierten. Er liebte den Wald. Und er war oft auf der Jagd. Das war auch der Grund, weshalb er andauernd in dieser Kluft herumlief. Er wollte jederzeit, wenn irgend möglich, in den Wald gehen können. Um vielleicht eine Ente oder einen Rehbock zu schießen.

Sind Sie eine Vater-Tochter?

Nein. Das war eher meine ältere Schwester, die vor allem auch die Jagdleidenschaft früh mit ihm teilte. Mein Vater hatte eine sehr starke Bindung zu ihr. Als Kind habe ich darunter gelitten. Ich habe mir eingebildet, er würde meine Schwester vorziehen. Auf der anderen Seite bin ich ihm auch nicht sonderlich entgegengekommen. Ich hatte einfach andere Interessen als meine Schwester. Und wie das so ist: Man kriegt, was man gibt.

Sie sagten einmal, Sie hätten einen Vaterkomplex.

Ich meine, wenn man sich wie ich in einen so viel älteren Mann verliebt, liegt es nahe, einmal darüber nachzudenken. Klassischerweise könnte man in so einem Fall einen Vaterkomplex vermuten. In der Jugend war mein Vater mehr die Bezugsperson meiner Schwester. Vielleicht habe ich mir später deshalb einen Ausgleich gesucht. Ich weiß es nicht.

Wir werden darauf zurückkommen. Sie meinten einmal, die Schönburgs waren wohltätige, arbeitsame Menschen, typische Protestanten – aber eher langweilig.

Nein, langweilig ist nicht das richtige Wort. Die Schönburgs hatten nur nicht diese packende Familiengeschichte zu erzählen, wie zum Beispiel die Thurn und Taxis mit der Erfindung der Post. Oder auch wie die Familie meiner Mutter, eine Nachkommin des großen ungarischen Nationalhelden István Széchenyi. Die Schönburgs gehörten einfach zu einer der dutzenden, ein wenig unspektakulären regionalen Landesfürsten, deren Mini-Staaten den Fleckerlteppich ausmachten, aus dem Europa jahrhundertelang bestand. Diese regionale Identität, der Stolz und der Reichtum kleiner reichsunmittelbarer Einheiten, ob Fürstentümer oder freier Reichsstädte, macht ja bis heute die deutsche Identität aus. Die Vorfahren meines Vaters regierten bis Anfang des 19. Jahrhunderts einen dieser souveränen Kleinstaaten.

Der Zenit ihres Reichtums und ihrer Macht lag vor dem modernen Zeitalter, vor dem 15. Jahrhundert. Je mächtiger die Wettiner, das benachbarte Königshaus, wurden, desto mehr versuchten sie, sich die Schönburgischen Lande einzuverleiben. Durch die Anlehnung an Kaiserin Maria Theresia von Österreich konnte man die Annexion immerhin verhindern. Aber beim so genannten Reichsdeputationshauptschluss von 1802/03 wurde das Land letztlich doch den Wettinern, also Sachsen, zugeschlagen. Von da an waren die Schönburgs so genannte »Standesherren«, das heißt, sie galten zwar protokollarisch den regierenden Häusern als ebenbürtig, aber die Zeit als souveräne Landesherren war endgültig vorbei.

Sachsen ist weitgehend protestantisch. Wie kommt es, dass Sie katholisch sind?

Das ist eine bemerkenswerte Geschichte: Meine Ururgroßmutter, Adelheid Schönburg, war eine streng lutherische Frau. Sie und ihr Mann Carl waren kinderlos. Eines Tages, in den 60er-Jahren des 19. Jahrhunderts, unternahmen sie eine Reise nach Rom und als die Reise zu Ende war, sagte meine Urgroßmutter zu ihrem Mann: »Du, es wäre doch schön, wenn wir katholisch würden.« Mein Urgroßvater war darüber sehr glücklich. Er hatte den gleichen Wunsch, nur traute er sich nicht, ihn laut zu äußern. Man muss dazu wissen, dass zu Hause im protestantischen Muldenland allein schon der Gedanke an eine Konversion als ketzerisch galt. Doch am 19. März 1869 ließen sie sich aller Proteste der Verwandtschaft zum Trotz im katholischen Glauben firmen, vor der berühmten Ikone der Mutter Gottes von der Immerwährenden Hilfe in der kleinen Kirche von Sankt Alfonso in der Via Merulana.

Die Bevölkerung war empört. Die Schönburgs waren schließlich auch Patronatsherrn der evangelischen Kirchen in der Region, doch muss diese Empörung bald einem ziemlichen Mitleid mit der traurigen Gräfin gewichen sein, die sich so sehr einen Erben wünschte. Außerdem war man ziemlich beeindruckt von ihrem tätigen Mitgefühl. Sie gründete Kindergärten, Altenheime, brachte die Versorgung der Armen und Kranken in der damals ja ziemlich industrialisierten Region in Schwung, sie verkaufte ihre prächtigen Reitpferde und sogar persönlichen Schmuck und gab das Geld für den Aufbau der katholischen Kirche in der Gegend aus. Statt Ballroben kaufte sie Messgewänder für die Priester. Doch ihr sehnlichster Wunsch, für den sie immer wieder vor der Kopie jenes Marienbildes aus der Via Merulana betete, das Papst Pius IX. ihr geschenkt hatte, der Wunsch nach einem Kind und Erben, blieb unerhört. Eines Tages entschlossen sich meine verzweifelten Ururgroßeltern zu einer Pilgerfahrt nach Lourdes, von wo man sich wundersame Heilungen erzählte. Wenige Monate später verkündete der Hausarzt der Gräfin, dass sie ein Kind erwartete. Sie brachte tatsächlich einen Jungen zur Welt, der dafür sorgte, dass der katholische Zweig der Schönburgs weiter Bestand hatte. Doch drei Tage nach der Geburt starb sie, angeblich ohne die geringste Todesangst, mit einem Marienlied auf den Lippen.

Zu Ihrer Mutter, Gräfin Beatrix. Wie spricht man doch gleich noch mal ihren Nachnamen aus? Bitte helfen Sie mir.

Széchenyi von Sárvár und Felsövidek. Der Name Széchenyi ist in Ungarn sehr berühmt, weil er gleichbedeutend ist mit der Emanzipation Ungarns gegenüber Österreich im 19. Jahrhundert. Im frühen 18. Jahrhundert hielt sich die ungarische Aristokratie ja vornehmlich in Wien in der Nähe des Kaiserhofes auf. Zu Hause züchtete man Pferde, aber gelebt und Geld ausgegeben wurde in Wien. István Széchenyi hat begriffen, dass Ungarn eine moderne Infrastruktur brauchte, um wirtschaftlich an Bedeutung zu gewinnen. Sein Vater hatte bereits die Nationalbibliothek gegründet, er selbst rief die wissenschaftliche Akademie ins Leben. Sein Sohn wiederum, der Großvater meiner Mutter, gründete die Feuerwehr in Istanbul und erhielt aus Dankbarkeit den Titel Pascha – eine besondere Ehre für einen Christen. István Széchenyi reiste nach London, um in der damals fortschrittlichsten Stadt der Welt nach Inspiration zu suchen, und kam mit der Idee – und der Finanzierung – einer Kettenbrücke nach dem Modell der Hammersmith Bridge zurück, die die Städte Buda und Pest verbinden sollte. So bekam Ungarn mit Budapest eine moderne Hauptstadt. Er rief auch bei seinen Standesgenossen den Nationalstolz wach und er war der Erste, der im ungarischen Oberhaus eine Rede auf Ungarisch hielt. Wenn Sie heute in Ungarn darauf hinweisen, dass Sie von István Széchenyi abstammen, öffnen sich Ihnen alle Türen.

Ich habe an meiner Familie übrigens immer sehr gemocht, dass wir eine ziemliche wilde Mischung sind. Mein Vater ist Sachse, aber seine Mutter ist Polin, die Mutter seines Vaters war Belgierin, die Mutter seines Großvaters Engländerin. Meine Mutter wiederum ist Ungarin – aber ihre Mutter war Russin und die Mutter ihres Vaters Griechin.

Ihre Mutter ist eine gut aussehende, groß gewachsene und sicher auch sehr temperamentvolle Frau. Wie haben Sie sie in Ihrer Kindheit erlebt?

Als sehr elegante und sehr schöne Frau. Vor allen Dingen aber als eine sehr altmodische Frau, die ihr ganzes Leben danach ausrichtete, ihrem Mann zu gefallen und alles zu tun, ihm das Leben zu erleichtern und ein schönes Zuhause zu bieten. Wir hatten nicht viel Geld. Aber meine Mutter hat es verstanden, mit wenig Geld viel aus unserem Heim zu machen; und aus sich selbst natürlich auch.

Wie lernten sich Ihre Eltern eigentlich kennen, ein Sachse und eine Ungarin?

1956, beim Ungarn-Aufstand. Der Malteser Hilfsdienst rief damals dazu auf, die Flüchtlinge, die nach Österreich kamen, in warme Decken zu packen und zu verpflegen. Mein Vater hat sich sofort in einen Lastwagen gesetzt und ist da runtergefahren, um zu helfen. Ebenso meine Mutter, die etwa ein Jahr zuvor schon das Land verlassen hatte. Zwischen Flüchtlingen und Helfern fanden sie sich.

Er hat sie gewissermaßen gleich mitgenommen?

Nein, nein. Meine Mutter hatte eine spektakuläre Flucht hinter sich, das war ja wirklich gefährlich damals. Als Gräfin und als so genannte Klassenfeindin hätte sie in Ungarn nicht studieren, sondern nur als Putzfrau arbeiten dürfen. Die drei Freunde, mit denen sie gemeinsam die Flucht organisiert hatte, waren zuvor schon als Zirkustruppe im Westen aufgetreten. Sie nannten sich die »Goldenen Akrobaten« und ihre Trikots waren ganz in Gold und Silber gehalten. Bei dieser Truppe konnte sie eine Zeit lang wohnen. Später fand ihre älteste Schwester, die einen Baron Wrede geheiratet hat, eine Gastfamilie für meine Mutter: Graf und Gräfin Ansenburg, die keine eigenen Kinder hatten. Die Gräfin war auch für uns Kinder später wie eine richtige Omi. Nach dem Studium der Philosophie und Religion in Bonn arbeitete meine Mutter zunächst als Journalistin und traf auf diese

Weise wieder auf meinen Vater, den sie nach der Flucht vollkommen aus den Augen verloren hatte.

Meine Eltern waren ganz normaler Mittelstand, sagten Sie einmal. Bei dieser Herkunft?
Schon edle Leute, edles Geblüt, edle Geschichte – aber sie waren eben mittellos. Meine Mutter und mein Vater waren Flüchtlinge, sie mussten sich, wie alle anderen damals auch, ihren Lebensunterhalt hart verdienen.

Eine Gräfin, die kocht, bügelt, wäscht?
Richtig.

Hat Sie Ihnen das Kochen wenigstens beigebracht?
Leider nicht. Weil ich schon so früh geheiratet hab. Ich war ja erst 20.

Na ja, wann lernt man denn kochen?
Zwischen 14 und 20, aber zu unserer Zeit war man schon so verwöhnt. Die Mutter stellte das Essen auf den Tisch, und das war's dann.

Vielleicht hatte sie auch keine Geduld?
Sagen wir mal so: Meine Schwester und ich zeigten ja auch keinerlei Interesse für so was. Ich hatte sehr früh angefangen zu arbeiten. Nach der Schule ging's sofort zum Bauern, Äpfel und Kirschen pflücken, um mir ein paar Mark zu verdienen. Später habe ich in einer Töpferei gearbeitet. Wir hatten zwar zweimal die Woche eine Putzfrau, aber wir mussten selbstverständlich den Tisch decken, abräumen, spülen, unsere Zimmer sauber halten, unser Bett machen und beim Bauern Milch und Eier holen.

Beim Bauern – in Stuttgart?
Nein, das war später. In Stuttgart-Sonnenberg waren wir nur kurze Zeit. Vielleicht ein Jahr. Wir zogen sehr bald nach Köln-Rodenkirchen. Dann von Köln nach Togo, von Togo nach So-

malia, von Somalia nach Satzvey in der Eifel, von Satzvey nach Adendorf bei Meckenheim bei Bonn. Und von Adendorf dann nach München.

In vielen Geschichten werden Sie »die Tochter des verarmten Grafen Schönburg« genannt. Waren Sie wirklich so arm?

Man muss das mal richtig stellen. Verarmt hört sich abschätzig an. Als hätte da einer aus purer Dummheit, sein Geld zu verwalten, Haus und Hof verloren. Wir sind aber nicht verarmt, sondern haben unser Vermögen verloren, weil es uns die Kommunisten gestohlen haben. Sie haben uns entrechtet, enteignet und vertrieben. Das ist sowohl der Familie meines Vaters als auch der meiner Mutter passiert. Dass man dann nicht so gut auf diese Leute zu sprechen ist, ist vielleicht verständlich.

»Im Sommer wurden Pullover aufgeribbelt und neu gestrickt«, haben Sie einmal erwähnt, »das war dann mein Weihnachtsgeschenk.«

Das ist allerdings sehr übertrieben. Natürlich bekamen wir auch Kleidung von unseren Cousins. Wenn denen etwas nicht mehr gepasst hat, dann haben wir es getragen. Und wenn es uns zu klein wurde, haben wir es wieder weitergegeben. Aber wir haben immer sehr schöne Geschenke bekommen, der Zeit entsprechend eben. Das war damals noch keine Wohlstandsgesellschaft, wie wir sie heute kennen. Ich habe einmal ein Fahrrad bekommen, und das war für mich schon großartig genug. Wir waren keine armen Leute, aber Sie wissen ja selber, was man als Journalist verdient.

Ja, leider.

Da kann man sich keine großen Sprünge leisten. Und wir waren immerhin vier Kinder. Wir wurden nicht überschüttet mit Luxusartikeln, aber wer wurde das damals schon.

Wie war Ihr Zuhause in Köln?

Wir lebten in einer Altbauwohnung, aber das Schönste war der interessante Freundeskreis meiner Eltern. Da wurde über Politik diskutiert, Karten und Charade gespielt, es gab literarische Lesungen. Die Leute waren nett zu uns Kindern und wir haben mit Begeisterung zugehört und Getränke serviert. Es war ein sehr natürliches, fröhliches Elternhaus, sehr harmonisch. Mein Vater hat musiziert, wir haben gesungen und gefeiert, Namenstage, Geburtstage, auch Theater gespielt. Wir waren eine sehr fröhliche Familie, bei uns wurde immer viel gelacht.

Von wem haben Sie mehr: vom Vater oder von der Mutter?
Das ändert sich ja im Leben immer wieder. Früher haben mich die meisten mit meinem Vater verglichen, schon äußerlich. Aber je älter ich werde, umso ähnlicher werde ich meiner Mutter. Wie ich gestikuliere, rede, vom ganzen Temperament her. Ich wurde ihr auch körperlich immer ähnlicher. Wir haben dieselbe Veranlagung, beispielsweise wie leicht wir Kinder bekommen haben.

Ihre Eltern haben sich aber dennoch scheiden lassen.
Das war natürlich schrecklich für meine Mutter. Sie wollte das unter gar keinen Umständen. Niemals im Leben.

Gab es viel Streit zu Hause?
Überhaupt nicht. Es war eine ganz harmonische Ehe. Meine Mutter liebte ihren Mann nahezu abgöttisch. Nur war mein Vater jemand – das habe ich allerdings nicht als Kind, sondern erst als erwachsene Frau mitbekommen –, der gerne flirtete und Beziehungen inoffizieller Art hatte. Er war das, was man heute einen Womanizer, einen Frauenhelden, nennt.

So heftig?
Wir haben das, wie gesagt, nicht mitgekriegt. Mein Vater hat am Wochenende mit uns gespielt, wir haben zusammen Äpfel gepflückt, Marmelade eingekocht. Meine Mutter muss allerdings bereits viele Jahre lang sehr, sehr unglücklich gewesen sein. Sie stammt noch aus einer Generation, in der man den Kummer in sich hineinfraß. Dass man vor den Kindern Trauer und Sorgen

ausbreitet, wäre niemandem in den Sinn gekommen. Man hat für sich im Stillen geweint.

Eskaliert war diese Geschichte erst, als mein Vater eine Frau kennen lernte, die ernsthaft in sein Leben trat. Irgendwann kam dann ein fünftes Kind zur Welt, und es ist verständlich, dass meine Mutter damit nicht mehr fertig wurde. Sie stellte ihm schließlich ein Ultimatum: entweder sie oder ich. Irgendwann kam es dann zur Scheidung.

Er wollte beides haben, und er glaubte, das würde auch funktionieren?

Ja, er wollte das inoffiziell so weitermachen. Nach dem Motto: Es hat ja eh keiner gemerkt. Ich weiß nicht, wie er sich das vorgestellt hat. Meine Mutter hat ja auch lange Zeit gute Miene zum bösen Spiel gemacht. Sie war diszipliniert; sie hat alles in sich hineingefressen.

Haben Sie auch in dieser Hinsicht etwas von Ihrer Mutter?

Nein, so bin ich überhaupt nicht. Wenn ich mich über etwas ärgere oder mir etwas nicht passt, dann artikuliere ich das auch. Ich stamme nicht mehr aus der Generation, in der man keine Schwäche zeigen durfte. Das ist vorbei. Meine Mutter hat allerdings auch nie aufgehört, meinen Vater zu lieben. Sie hat darauf gewartet, dass er zurückkommt. Und er ist ja auch immer wieder zurückgekommen. Seine Besuche waren dann für sie die schönste Zeit.

Vier Kinder stammen aus der Ehe Ihrer Eltern: Ihre Schwester Maya, Sie und Ihre Brüder Carl Alban und Alexander.

Maya ist zwei Jahre älter als ich und lebt in England. Mein Bruder Cari, Carl Alban, hat früh das Elternhaus verlassen, um auf eigenen Wunsch ins Internat zu gehen, auf das Jesuitenkolleg St. Blasien. Seine Frau ist Deutsche, sie leben ebenfalls in England.

Der Chef des Hauses?

Nein, weil er ja bürgerlich geheiratet hat und da …

... bekommt man den Chef-Status sofort aberkannt?

Nein, das war freiwillig. Er hat einfach verkündet: »Ich muss nicht der Chef sein; mein Bruder Alexander hat eine Prinzessin geheiratet, soll er doch Familienchef werden.« Der Job ist ja mühsam. Hier ist ja kein Vermögen vorhanden. Der Clanchef hat im Grunde nur die Verpflichtung, Familientreffen zu organisieren und ein bisschen Geld zu verwalten, wovon die Ärmsten ihre Kinder zur Schule schicken können.

Wie würden Sie Ihre familiäre Herkunft charakterisieren? Was ist das Besondere daran?

Vielleicht kann man es so sagen: Sowohl aus der Familie meines Vaters als auch aus der meiner Mutter stammten einfach ziemlich stabile Leute. Ich glaube, dass wir sehr tolle Gene haben. Es gab keine Krankheiten in meiner Familie. Und die geistige Disposition ist auch gut. Bei uns gibt's keine Depressionen oder irgendwelche Schwermut.

Das waren vor allem aber auch Menschen, die in schwierigsten Verhältnissen Durchhaltevermögen zeigten und nicht verzweifelten, genügsame Leute. Die Mutter meiner Mutter beispielsweise war in russischer Gefangenschaft, aber sie hat nie mit ihrem Schicksal gehadert. Als russische Fürstin wurde sie eingekerkert, hat fünf Jahre auf dem Fußboden schlafen müssen, konnte schließlich aus Russland fliehen – aber als sie endlich gerettet wurde, war sie schon so krank, dass sie den Rest ihres Lebens im Bett verbringen musste. Dennoch hat sie nie geklagt oder sich über etwas beschwert. Sie war eben eine sehr gläubige Frau und hat mir viel von ihrer Liebe zur Mutter Gottes mitgegeben.

2 Hurra, wir ziehn nach Afrika

Eines Abends kam Ihr Vater nach Hause und sagte: »Hört mal alle her, wir gehen jetzt nach Afrika.« Kann man sich das so vorstellen?

Ganz genau. Er hatte eine Anfrage vom Auswärtigen Amt bekommen, in Somalia eine Radiostation aufbauen zu helfen. Mein Vater war von Haus aus Politologe, machte aber seine Leidenschaft für die Jagd zum Beruf. In Afrika gab es ideale Jagdbedingungen. Auch meine Mutter war begeistert. »Warum nicht?«, sagte sie, »let's go.« Sie hat ja jeden Schmarrn mitgemacht, den ihr mein Vater vorgeschlagen hat. Ihre Hochzeitsreise zum Beispiel war ein Gamsbockschießen im Allgäu. Mein Vater hat sie dann den Berg rauf- und wieder runtergeschleppt. Das war nicht sonderlich romantisch, aber sie hat's halt mitgemacht, weil sie ihn liebte.

Wie alt waren Sie da?

Als wir nach Togo gingen, war ich fünf. Der Abschied aus Köln, daran erinnere ich mich gut, war ein riesiges Fest: Hurra, wir ziehen nach Afrika! Und wir hatten dann in Lomé, der Hauptstadt des Landes, tatsächlich ein sehr schönes Haus mit eigenem Personal, groß und geräumig, mit einem riesigen Garten – und sogar einem Schimpansen. Ich erinnere mich an die Kirche am Sonntag, mit den ganzen schwarzen Kindern, an den schwarzen Bischof. Meine Schwester und ich mussten zunächst Französisch lernen. Togo war damals kein Kolonialstaat mehr und wir wurden in die französische Schule geschickt. Wir blieben allerdings nur kurze Zeit. Von Togo weiß ich eigentlich nur, dass hier mein

Bruder Cari geboren wurde und dass wir vor allem jeden Tag an den Strand gingen. Für uns Kinder war es wunderschön.

Ein Land ohne Touristen.

Genau. Es gab eine kleine Gemeinschaft von Deutschen und Franzosen, das war's auch schon. Man hat sich gelegentlich getroffen und konnte im Grunde ein feudales Leben führen. Wir hatten sogar einen eigenen Koch zu Hause.

Keine negativen Erinnerungen?

O doch. Ein Jahr später wurde mein Vater nach Mogadischu in Somalia versetzt. Wir hatten zwar auch hier ein schönes Haus, ein bisschen außerhalb der Stadt, nicht weit weg vom Strand, aber an die Klosterschule, die wir nun besuchen mussten, denke ich oft mit Schaudern zurück. Die Schule selbst war ganz nett. Ein altes Gebäude, in dem es wegen der Hitze keine Glasfenster, sondern nur hübsche Sprossen gab. Den Unterricht hielten die Missionarinnen, und in der Klasse waren vielleicht zwölf Kinder, alles Mädchen. Wir hatten Lesen, Schreiben, Rechnen und Religionsunterricht auf Italienisch. Besonders gut kann ich mich an die herrlichen Ausflüge erinnern. Einmal sahen wir auf der Straße eine riesige Schlange, eine Felsenpython, die einen Hund geschluckt hat und daran erstickt ist. Auch mit den Lehrerinnen gab es eigentlich keine Probleme, aber eine Erzieherin war wahnsinnig streng. Ich wurde eingesperrt und bekam oft Prügel mit einem Teppichklopfer. Das Schlimme war: Wir durften uns zu Hause nie beklagen. Denn wenn wir etwas erzählt und sich unsere Eltern bei den Schwestern beschwert haben, hatten wir es auszubaden. Erst als unsere Großmutter zu Besuch kam, haben wir ihr unser Herz ausgeschüttet. Sie sorgte dafür, dass wir wieder als Externe die Schule besuchten. Gott sei Dank hat der Spuk so nur sechs Monate gedauert.

Wie kamen Sie mit den politischen Verhältnissen zurecht?

Wir waren erst kurz in Somalia, als es unruhig zu werden begann. Irgendwann schärften uns meine Eltern ein, in der Schule auf keinen Fall Streit anzufangen. Die Schule galt ursprünglich als Schule der Weißen, aber eigentlich waren alle Kinder schwarz. Es waren Söhne und Töchter der politischen Nomenklatura. Das war der Grund, warum es gefährlich sein konnte, einen Streit mit einem dieser Kinder zu haben. Dass Papi wegen eines Schulstreits womöglich ins Gefängnis kommen könnte, war als Kind allerdings kaum zu verstehen.

War es wirklich so gefährlich?

Das war schon sehr unangenehm. Wir fuhren mit einem offenen Militärjeep zur Schule, den mein Vater für die Jagd gekauft hatte. Er setzte uns jeden Tag auf seinem Weg ins Büro an der Schule ab, meine Mutter holte uns später wieder ab. Aber wir hatten keinen Polizeischutz. Vorher war das okay. Aber je stärker der Einfluss der Russen wurde, umso weniger angesehen waren die Angehörigen der westlichen Staaten. Ansonsten bekamen wir Kinder von diesen Dingen nicht viel mit. Ich erinnere mich nur, wie der deutsche Bundespräsident Heinrich Lübke zu Besuch war. Da durften wir mit Fähnchen am Flugzeug stehen, gewissermaßen als Teil des Empfangskomitees.

Sie spielten mit Ihren schwarzen Freundinnen?

Nach der Schule ging es meist an den Strand oder wir spielten in den Lehmhütten der schwarzen Familien. Aber die hatten kein Spielzeug. Wir bauten uns also aus vier Coca-Cola-Dosen und einem langen Draht schöne Blechautos.

Ihr Vater sagte: »Gloria wollte immer ein Junge sein. Am liebsten hatte sie es, wenn man ihren Namen in ›Florian‹ verquatschte. Sie spielte am liebsten Cowboy und ballerte mit Plastikpistolen herum.«

Das könnte natürlich auch daran liegen, dass meine Eltern sich so sehr einen Jungen wünschten. Und dann kam halt doch wieder nur ein Mädchen. Vielleicht habe ich das instinktiv gespürt. Jedenfalls habe ich tatsächlich immer gerne mit Jungensachen gespielt: Autos, Pistolen, Steine werfen, weit springen oder mit der Steinschleuder schießen. Ich war bestimmt kein ruhiges Kind, aber auch nicht aggressiv.

Immerhin hätten Sie Ihren Vater beinahe einmal erschossen.
Stimmt, das war in Togo. Mein Vater hatte eine geladene Pistole in seinem Nachtkastl, und die habe ich entdeckt. Ich war damals vielleicht fünf oder sechs. Ich nahm also die Pistole und zielte damit auf meinen Vater. Man kann sich vorstellen, wie der erschrocken ist. Er hat ganz ruhig auf mich eingeredet: »Liebe, liebe Gloria, das ist sehr, sehr gefährlich. Gib die Pistole mal schön deinem Papi zurück.«

Er sagte später: »Ich spürte, wie sie versuchte, den Abzug zu ziehen.«
Um Gottes willen, das ist ja schrecklich.

Haben Sie das verdrängt?
Das ist zu lange her.

Ihr Vater konnte sich allerdings noch ganz gut daran erinnern.
Das glaub ich.

Hatte er nicht auch einen Hang zu ganz besonderen Scherzen? Angeblich soll er Schmierseife in Pralinen gefüllt haben. »Ich nenne das ›practical joke‹«, meinte er, »einen Streich machen.«
Einmal hatten wir in Mogadischu eine Faschingsfeier, für die ganze Community, Deutsche und Italiener. Mein Vater war nicht dabei. Es hieß, er hätte noch im Büro zu tun. Was hat er in Wirklichkeit gemacht? Sich schwarz angemalt, die Uniform der Boys angezogen und den ganzen Abend serviert. Und keiner hat's gemerkt.

Schön verrückt.
So war mein Vater.

War Ihren Freundinnen bewusst, dass sie mit einer Gräfin spielten?
Das war eigentlich kein Thema, erst recht nicht in Afrika. Und Berührungsängste hat es von unserer Seite her nie gegeben. Später, als ich ins Gymnasium kam, hat es sich dann irgendwie rumgesprochen, dass wir Grafenkinder sind. Dann wurden wir schon mal gefragt, was das bedeutet.

Ihr kleiner Bruder wollte das auch gerne wissen. Die Antwort Ihrer Mutter war: »Eine Familie mit einem Namen hat zum Ersten besondere Verpflichtungen der Höflichkeit. Man grüßt die Leute und wartet nicht, bis die Leute einen grüßen. Zweitens: Man ist immer pünktlich, besonders in der Kirche.«
Meiner Mutter waren Umgangsformen immer sehr wichtig, vor allem, als wir in Deutschland auf dem Dorf wohnten. Wir waren ja immer nur Dazugezogene, Fremde. Aber ich hab das gerne übernommen, auch für meine Kinder. Man zeigt den Menschen einfach, dass man sich mitteilt, dass man kommunikationsbereit und offen ist, indem man grüßt.

Was waren denn so Ihre Kinderschmerzen?
Am meisten litt ich als Kind, wenn ich von meiner Großtante wegmusste, bei der wir alle unsere Ferien verbracht haben. Als eine der vielen Schwestern meines Großvaters bekam sie nach der Flucht von Fürst zu Fürstenberg in Friedenweiler ein hübsches Schwarzwaldhaus in der Nähe des Titisees zur Verfügung gestellt, mit einem wunderschönen Garten, in dem sie Blumen und Fruchtsträucher gepflanzt hatte und diese auch begeistert pflegte. Da gab es allerlei Rosen, Brombeeren, Stachel- und Heidelbeeren. Diese Tante lebte zwar von einer bescheidenen Rente, dennoch verstand sie es, uns Kinder sehr zu verwöhnen. Da war ihre Liebe, ihre Geduld und vor allem ihre Begeisterung, mit uns zu spielen, ob im Wald oder im Haus. Sie konnte stundenlang vorlesen, Verstecken spielen, kurz, es wurde ihr nie zu viel, für uns Kinder da zu sein. Einfach herrlich, so eine Tante. Klar, dass ich nicht mehr weg wollte aus diesem »Kinderparadies«. Ich wäre viel lieber bei ihr zur Schule gegangen als zurück nach Afrika. Und jedes Mal, wenn ich von ihr wegmusste, war ich tief traurig.

Biografieforscher vertreten die These, man müsse sein Dasein stets als zusammenhängendes Ganzes begreifen. Welche Prägung nahmen Sie aus Afrika mit, die möglicherweise schon einen Grundbaustein für Ihren späteren Lebenslauf darstellte?
Ich glaube, in dieser Zeit entstand vor allem meine sehr große Naturverbundenheit. Wir konnten jeden Tag am Meer spielen,

an einem wunderschönen, menschenleeren Strand baden, schnorcheln, Korallenriffe erkunden. Wenn wir mit meinem Vater auf Elefantenjagd waren, durften wir unterm Sternenhimmel schlafen. Wir lernten Spuren suchen und die Bedeutung der Windrichtung zu beachten. Denn wenn Sie das nicht tun und Elefanten oder Löwen Ihre Witterung aufnehmen, dann greifen die an, so schnell können Sie gar nicht weglaufen. Einmal blieben meine Schwester und ich alleine im Jeep zurück. Mein Vater wollte mit seinen Leuten nachsehen, ob das Tier, das sie geschossen hatten, auch wirklich tot war. Plötzlich sahen wir, wie sich eine ganze Gruppe von Elefanten unserem Jeep näherte. Gottlob kam mein Vater rechtzeitig zurück und konnte die Bullen mit einigen Gewehrschüssen vertreiben.

Entwickelt man dabei auch eine bestimmte Lebenseinstellung, eine eigene Art, mit den Dingen umzugehen?

Im Großen und Ganzen genossen wir in Afrika diese grenzenlose Freiheit, von der man nicht mehr lassen will. Diese Kinderjahre lehrten uns, sich weit weg von europäischer Zivilisation mit ganz elementaren Dingen zu befassen. Wenn wir mit unserem Vater tagelang im Busch unterwegs auf Jagd waren, lebten wir völlig anders. Wir bauten uns nachts ein Lager, mussten uns um die Versorgung kümmern, Holz, Stecken und getrockneten Kameldung für das Feuer sammeln, uns vor wilden Tieren schützen. Solche Dinge prägen.

Wir kamen dabei auch in kleine Eingeborenendörfer, die für gewöhnlich nie ein Weißer betreten hat. Ich konnte beobachten, mit welchem Respekt mein Vater auf diese Leute zugegangen ist. Er konnte ja nicht einfach ihre Hand schütteln, sondern musste sich ihnen mit devoter Körpersprache nähern, um ihnen zu zeigen, dass er in friedlicher Absicht gekommen war und ihre Gastfreundschaft in Anspruch nehmen wollte. Der Häuptling nahm uns für eine Nacht in seinen kleinen Kral auf. In seiner Hütte wurde für uns eine Bastmatte zum Schlafen hingelegt. Sie haben uns auch zu essen und zu trinken gegeben. Allerdings war das Ziegenmilch, was schrecklich schmeckte. Aber ein einziger Blick meines Vaters genügte, und wir wussten, dass wir das zu trinken und dazu auch noch ein fröhliches Gesicht zu machen hatten, um die angebotene Gastfreundschaft nicht herabzusetzen. Ich empfand das alles als sehr lehrreich.

Was lernt man daraus?

Vor allen Dingen, sich auch in anderen Kulturen rücksichtsvoll zu bewegen. Man lernt eine enorme Toleranz. Das war für uns ganz entscheidend. In Somalia waren wir Weißen die Minderheit, die Schwarzen hatten das Sagen. Deshalb kann ich heute viel besser beurteilen, wie es ist, irgendwo der Minderheit anzugehören.

Man lernt vielleicht auch, ein bisschen weniger wehleidig zu sein?

Ich glaub, das ist mehr eine Frage der Erziehung, das hat nichts mit dem Standort zu tun. Wenn man von zu Hause so erzogen ist, dass man die Zähne zusammenbeißen soll, dann hat man das irgendwann drauf. Man weiß vor allem auch, dass Gejammer nichts bringt.

In der Erziehung Ihrer Eltern haben Sie einen liberalen Geist gespürt. Wichtig waren aber auch Dinge wie Disziplin, Verantwortung, Nächstenliebe, Achtung vor der Würde des anderen.

Liberalität hieß für meinen Vater vor allem, sich nicht spießbürgerlich einem Klischee zu unterwerfen oder unter allen Umständen gesellschaftlichen Zwängen zu fügen – vor allem wenn diese unsinnig oder unchristlich sind. Das hieß auch, dass man selbstverständlich mit den schwarzen, armen Kindern in der Nachbarschaft spielte. Dass man andere politische Einstellungen respektierte und nicht jemandem das Gespräch verweigerte, nur weil er Kommunist war. Das hieß auch, andere Religionen nicht nur zu respektieren, sondern auch zu akzeptieren. Ihm war es sehr wichtig, unterschiedliche Denkweisen und Glaubensüberzeugungen nicht von vornherein zu verteufeln.

3 Verbotene Dinge

In der Zeitspanne, in der Sie in Afrika lebten, hatten 17 Staaten ihre Unabhängigkeit von den früheren Kolonialmächten ausgerufen. Hatte Ihre Rückkehr aus Afrika mit diesen politischen Veränderungen zu tun?
Diese riesige Bewegung, die den ganzen Kontinent erschütterte, haben natürlich auch wir zu spüren bekommen, beispielsweise im Verhalten der Beamten. Es gab jede Menge Ressentiments. Weiße hatten plötzlich keine besonders guten Karten mehr. Wir mussten das ausbaden, was die Kolonialherren zuvor falsch gemacht hatten. Ich erinnere mich, dass in unserem Haus eingebrochen wurde und die Polizei nichts unternommen hat. Sie hatten einfach keine Lust, uns zu helfen. Es gipfelte darin, dass praktisch innerhalb einer Woche alle Italiener, Amerikaner und Deutsche außer Landes mussten. Wir sind mit den Eltern mit dem Flugzeug zurück nach Frankfurt.

Gab es dort ein großes Hallo für Sie?
Es war eine riesige Aufregung. Wir wussten, jetzt fängt ein neuer Lebensabschnitt an. Meine Eltern mussten allerdings erst mal eine Wohnung finden, die groß genug für eine sechsköpfige Familie war. Ich kam zunächst ins Internat nach Kloster Wald, eine Heimschule am Bodensee.

Mit den Kloster- und Heimschulen sind Sie offenbar groß geworden.
Kloster Wald war aber eine willkommene Abwechslung, da waren wirklich nette Nonnen. Die waren zwar auch streng, aber viel netter als in Afrika. Die hab ich sehr gerne gemocht.

Ihr Einstand in der neuen Schule?

Leider bin ich gleich mal sitzen geblieben. Ich konnte ja kaum schreiben. Ich hatte bis dahin schließlich nur Französisch und Italienisch gelernt. Zu Hause sprachen wir zwar Deutsch, aber ich wusste ja nicht, wie man's schreibt.

Wir nähern uns den 70er-Jahren. Zu den großen Themen dieses Jahrzehnts zählen die Entspannungspolitik zwischen Ost und West, Terroristenfahndung gegen die Baader-Meinhof-Gruppe, Atomkraftwerke und Ökobewegung, Frauenemanzipation oder auch die Watergate-Affäre. Im Aufbruch der Wohlstandsjahre bricht der VW-Käfer alle Verkaufsrekorde. In den Kinos läuft der »Krieg der Sterne« an – und es beginnt die Sexwelle. In Hamburg erreichen die »St. Pauli Nachrichten« eine Auflage von 1,1 Millionen Exemplaren – davon kann der »Spiegel« nur träumen.

Die Trendfarben der Zeit sind Orange, Gelb und Grün. In den Wohnungen werden Cord-Sofas und Flokatiteppiche modern. Jimi Hendrix und Janis Joplin sterben an einer Überdosis Drogen. Populäre Musik kommt von Gruppen wie ABBA, Boney M., Bee Gees, Elton John, aber auch von schrägen Interpreten wie den Blues Brothers und Bob Marley.

Das Mädchen Gloria, nun zwischen dem 13. und 18. Lebensjahr, ist endlich nicht mehr im Internat, Familie von Schönburg kann sich, nach einem Zwischenspiel auf der Burg der Familie Beissel von Gymnich, endlich ein eigenes Haus leisten.

Es war ein Fertighaus, eins der ersten Fertighäuser überhaupt, in Adendorf. Ein weißes Haus mit knallroten Fensterläden. Meine Eltern hatten lange vom eigenen Heim geträumt und nun war der Traum wahr geworden. Alles war perfekt. Wir lebten auf dem Land, konnten draußen spielen, meine Brüder und wir Mädchen hatten jeweils ein eigenes Zimmer, das wir selbst gestalten durften. Es gab einen relativ großen Garten und sogar einen so genannten Hobbyraum.

Mein Zimmer war knallgelb tapeziert und hatte ein schönes gelbes Sofa. Ich hatte mir ein lustiges Stockbett gewünscht. Da konnte man mit einer Leiter raufklettern und untendrunter waren Schreibtisch und Schrank.

Pferde-Poster oder irgendwelche Stars an der Wand?

Nein. Ich hatte nur dieses riesengroße Smiley-Bild, das damals überall verbreitet war. Mehr Platz für weitere Bilder gab es nicht. Dieses fröhliche gelbe Zimmer spiegelte meinen ganzen Lebensmut wider. Ich war quasi smiley-fröhlich und hatte richtig Lust aufs Leben.

Ihr Vater musste einen Kredit aufnehmen für das Haus?

Bei uns lautete die Devise: Über Geld spricht man nicht. Wir haben natürlich mitbekommen, dass meine Mutter bemüht war, überall zu sparen. Beim Einkaufen hatten wir darauf zu achten, dass nicht die teure Butter, sondern die günstigere genommen wurde. Milch holten wir ohnehin beim Bauern. Wir lebten ja in einem kleinen Dorf. Auf dem Gymnasium spielten Konventionen zunehmend eine Rolle. Man konnte nicht mehr eine x-beliebige Jeans tragen, sondern es musste eine »Levi's« oder eine »Wrangler« sein. Und es durfte nicht irgendeine, sondern, wenn schon, dann die richtige Musik gehört werden, Deep Purple, Status Quo, Suzie Quatro, David Cassidy. Man musste also Platten kaufen, brauchte einen Plattenspieler. Und obendrein wollte ich unbedingt noch ein Moped haben.

Eine Hercules?

Zuerst eine alte Kreidler Florett, die gab aber leider bald den Geist auf. Die nächste große Anschaffung, auf die ich sparte, war eine Hercules Ultra, schon mit dem großen Nummernschild. Meine arme alte Tante hat mir, wie immer, von ihrer kleinen Rente etwas beigesteuert. Weil man dafür aber auch einen Führerschein brauchte, musste ich mir beim Bauern Geld verdienen. Äpfel pflücken zum Beispiel, für fünf Mark die Stunde. Oder im Akkord, pro Kiste. Weil ich von der schnellen Sorte bin, wollte ich selbstverständlich im Akkord arbeiten.

Die faulen Äpfel gaben Sie gleich mit dazu?

Nee, da konnte man nicht tricksen, der Bauer war ja selbst dabei. Aber ich hab damals gelernt – und das ist für mich auch heute noch wichtig –, schnell zu arbeiten. Und ich hab gelernt, mit einem brüllenden Chef auszukommen. Wir wurden richtig hart rangenommen. Aber das fand ich auch ganz gut. Als ich von einem Freund hörte, dass man in der Industrie-Töpferei besser verdient, hab ich allerdings sofort umgesattelt. Hier waren vor allem Hausfrauen beschäftigt. Unter den Arbeitern gab es einen Schizophrenen, der sich einbildete, Fürst Metternich zu sein. Und wir haben ihn tatsächlich auch mit »Fürst« angesprochen.

Was meinte die Mutter zu den Jobs?
Klar, dass bei mir die Hausaufgaben immer zu kurz kamen. Meine Mutter meinte nur: »Die Schule, das ist euer Bier, und es ist in eurem Interesse, dass ihr Leistung bringt. Wenn ihr sitzen bleibt, müsst ihr länger zur Schule gehen.«

Sehr pragmatisch.
Sie ist Ungarin. Es machte ihr sehr viel Mühe, unsere Hausaufgaben zu verstehen. Von daher mussten wir alleine damit zurechtkommen.

Und der Vater war im Büro.
Genau, und in seiner Freizeit war er viel im Wald. Na ja, ich fand das natürlich herrlich, dass meine Mutter sich nicht einmischte. Das, was wirklich nötig war, hab ich gemacht – und der Rest wurde unter den Teppich gekehrt oder schnell vor der Stunde abgeschrieben. Mein Prinzip in der Schule war: Minimum Input – Maximum Output.

Waren ein bisschen verrückte Leute in der Verwandtschaft?
Der ausgefallenste von allen war schon mein Vater. Und wenn die Familie zusammenkam, wurde Charade gespielt.

Es heißt, Sie hätten als Kind gerne im Mittelpunkt gestanden. Da gab's dann bei Ihren Auftritten »Ahs« und »Ohs« von den Damen.
Ja, ich habe mich sehr gerne produziert. Und wenn Besuch da war, dann hieß es gleich: »Ach, Gloria, mach doch mal den Emil nach ...«

Emil Steinberger, den Schweizer Kabarettisten?
Ja. Ich hab seine Sachen im Fernsehen gesehen und konnte sie ganz gut imitieren. Oder ich hab einfach Situationen des täglichen Lebens nachgespielt. Es gab immer ein Riesenhallo. Alle haben gelacht und fanden das herrlich. Und wenn's um Charade ging, da war ich ohnehin der Star, weil ich einfach am besten spielen konnte.

Fernsehen war nicht so dominierend.
Es gab nur ARD und ZDF …

… und Familienleben war irgendwie ausgeprägter als heute.
Wir wollten nachmittags die Kinderstunde gucken, und dann hieß es immer, nicht so viel fernsehen, denn das macht süchtig. Bei meiner Tante im Schwarzwald dagegen konnten wir schauen, so viel wir wollten. Das Blöde war nur, dass das Programm erst um vier Uhr nachmittags anfing.

Und um Mitternacht zu Ende war.
So lange durften wir gar nicht schauen und wollten es auch nicht. »Der Kommissar« oder »Tatort«, danach ging's ins Bett.

Wie sahen Sie aus? Lustig?
Eigentlich so wie jetzt, nur dünner und kurze Haare. Und eben weniger Falten im Gesicht. Also, vom Typ her hab ich mich nicht sehr verändert.

Nie Zöpfe gehabt?
Nein. Meine Mutter wollte nicht, dass ich lange Haare trage. Sie meinte, das sieht unordentlich aus bei mir.

War Ihre Schwester Maya hübscher als Sie?
Meine Schwester war schon sehr viel weiter entwickelt. Als ich immer noch der Lausbub war, mit 14, 15 – ich hab mich eben für Jungen noch nicht interessiert –, hat meine Schwester schon richtig was aus sich gemacht. Ich kam aus der Schule – und zack

ging's zur Arbeit. Abends war ich hundemüde. Also, da war nicht viel Zeit für Schminken, Frisieren und Sich-Zurechtmachen. Zudem war meine Schwester vom Typ her wesentlich attraktiver. Ich bin in der Pubertät ziemlich dick geworden.

Spitzname Pummel?

Pummelchen, aber das kam später. Auf jeden Fall hatte ich eine rundlichere Figur als meine Schwester, die viel attraktiver, einfach mondäner war. Sie hatte auch weit mehr Einladungen als ich.

Sie hatten einen Gang wie ein Cowboy. Das kam vom Reiten.

Deshalb meinte meine Mutter, wir müssten endlich trainieren, anständig zu gehen. Eine Zeit lang wurde uns verboten, Hosen zu tragen. Andere Mädchen bekamen Ballettunterricht, bei uns hieß es einfach: »Wie man sich kleidet, so fühlt man sich auch.«

Und – haben Sie sich auch daran gehalten?

Nein, nicht wirklich. Ich war schon sehr renitent. Ich war bestimmt ein schwieriges Kind. Dadurch, dass ich nie zu Hause war, immer arbeiten ging und mein Moped hatte, mit dem ich rumfahren konnte, wohin ich wollte, war ich ein bisschen außer Kontrolle geraten. Meine Eltern waren allerdings der Ansicht: Wenn man ihr zu viel verbietet, dann wird sie noch schwieriger. Vor allen Dingen waren ja auch noch meine zwei kleinen Brüder da, und die haben natürlich mehr Aufmerksamkeit in Anspruch genommen als ich.

Gab es mächtig Reibereien unter den Kindern?

Meine Brüder haben bestimmt viel gezankt, aber das hab ich nicht wirklich mitgekriegt. Wie gesagt, ich war so beschäftigt mit meinen Jobs, dass ich gar keine Zeit hatte, mich zu Hause zu streiten. Außer gelegentlich mit meiner Schwester, wenn es um den Abwasch ging. Oder wenn ich keine Lust hatte, Milch zu holen. Solche Sachen eben.

Was waren Ihre Probleme in der Zeit der Pubertät?

Endlich frei sein, das war unser Lebensgefühl. Ich hatte eine Freundin, die bereits ihre eigene Wohnung hatte, weil die Eltern weit weg wohnten. Bei ihr rumzuhängen war herrlich. Zu Hause wurde man ziemlich kontrolliert, bei ihr hingegen konnte man die Musik laut stellen, in Ruhe einen Joint rauchen. Und niemand ist einem in die Quere gekommen.

Sie haben Drogen ausprobiert?

Wir waren 15 oder 16, und das war genau die Zeit, in der Drogen anfingen, aktuell zu werden. »Just do it!«, »Macht es einfach!«, war schließlich die Botschaft, die die Rockstars auf der Bühne sangen. Ich meine, bei den ganzen Konzerten, ob das jetzt Genesis war oder Pink Floyd oder die Rolling Stones – im Grunde genommen wurde einem immer wieder das Gleiche vorgegaukelt: »Nehmt Drogen. Ein Leben mit Drogen ist doch viel lustiger und interessanter!« Also haben wir angefangen, Haschisch zu rauchen. Das war natürlich wahnsinnig spannend. Vor allem auch deshalb, weil man es heimlich machen musste. Wer erwischt wurde, flog von der Schule.

Woher bekamen Sie den Stoff?

Irgendjemand hatte immer irgendwo irgendwas …

Marihuana?

Eigentlich immer nur so kleine Bröckerl Haschisch.

Was war die Musik, die Sie hörten? Janis Joplin?

Janis Joplin und Bob Dylan fand ich entsetzlich, grauslich. Ich hab gerne Pink Floyd gehört. Dann natürlich Genesis, Tangerine Dream. Außerdem hat mir Suzi Quatro imponiert. Ich fand das toll, als Frau Bassistin und dazu noch Leadsängerin zu sein. Als ich noch ein bisschen jünger war, war ich totaler David-Cassidy-Fan.

Roy Black?
Um Gottes willen, nein. War ja verpönt. Heino dagegen fand ich ganz gut. Da war ich natürlich noch viel kleiner, vielleicht zwölf. Eines Tages bin ich zu dem hingeradelt – der wohnte nicht so weit weg von uns –, hab an der Haustür geklingelt und ihn um ein Autogramm gebeten.

Waren die Doors schon vorbei?
Die Doors mochte ich auch nicht. Ich mochte Queen; ich mochte Nina Hagen. Allerdings hatte ich auch einen sehr, sehr netten Freund, Helmut, der einen ausgesucht guten Musikgeschmack hatte. Der hat mir dann diese ganzen Richtungen bei sich zu Hause vorgespielt.

Tolle Masche.
Nicht, was Sie denken. Einmal hab ich meinem Vater davon erzählt, so nebenbei beim Abendessen. Und er schaut mich ganz ernst an und sagt: »Wie, du warst beim Helmut?« Darauf ich: »Ja, ich war den ganzen Nachmittag beim Helmut, wir haben Musik gehört.« Da ist er richtig ausgeflippt. Er war stinksauer. Wie ich überhaupt dazu käme, alleine beim Helmut zu sitzen. Ich hab das absolut nicht verstanden. Ich meine, da lief keine sexuelle Geschichte oder irgendwas. Wir haben bloß Musik gehört, miteinander diskutiert. Der Helmut war auch noch sehr belesen. Er hat mich an Hermann Hesse herangeführt, hat mir gesagt: »Lies das«, und dann hab ich das gelesen. Heinrich Bölls »Ansichten eins Clowns«, Kafka, Carlos Castaneda, der damals aktuell wurde.

Jedenfalls ist mein Vater ausgerastet. Okay, hab ich mir gedacht, dann sag ich halt nicht mehr, dass ich zum Helmut geh – und bin weiterhin zu ihm gegangen.

Es ist die Zeit, in der man beginnt, über das Leben nachzudenken.
Mit Helmut konnte man philosophieren. Wir haben über die Natur nachgedacht und lange Spaziergänge gemacht. Helmut imitierte dabei ein wenig seinen großen Bruder. Er legte sich eine

Pfeife zu und war so cool, hat sich als Denker gegeben. Wir haben viel Zeit zusammen verbracht. Ehrlich gesagt, las ich die Bücher nur, damit er mit mir drüber sprechen konnte und ich nicht wie ein Depp daneben saß. Was mich wirklich interessierte, war Musik. Musik war meine größte Leidenschaft. In Konzerte gehen. Sich immer ganz nach vorn vorkämpfen, direkt vor die Bühne, und da ist man dann rumgesprungen.

Was ging Ihnen damals durch den Kopf?

Mein Gott, keine wirklich ernsthaften Probleme. Man ärgert sich eben, dass die Eltern so wenig verständnisvoll sind. Dass man nicht so lange ausgehen oder draußen bleiben kann, wie man will. Einmal ist meine Mutter allerdings wirklich sauer geworden. Ich hatte ihr erzählt, dass ich mit ein paar Freunden nach Amsterdam fahren wollte. Ich war gerade mal 16 Jahre alt, und meine Mutter tobte: »Ja bist du jetzt völlig übergeschnappt? Spinnst du? Da fährst du nicht hin!« Und ich: »Doch, ich will aber mit!« Ich hab mich dann so aufgelehnt, dass meine Mutter befahl: »Stopp, jetzt sperr ich dich ein.« Und sie hat mich tatsächlich eingesperrt, oben, in einem Zimmer im ersten Stock.

Da gab's aber ein Fenster ...

... und aus dem bin ich rausgeklettert und trotzdem gefahren. Drei Mädchen und zwei Jungs, die ein eigenes Auto hatten. Wir waren natürlich begeistert von der Liberalität in Amsterdam. Da gab's Coffeeshops, in denen man frei Haschisch kaufen konnte, und zwar so viel man wollte. Das haben wir dann auch gemacht. Geschlafen haben wir in der Jugendherberge, am nächsten Tag sind wir wieder zurück. Wir wollten ja nur sehen, wie es dort so ist.

Und dann gab's richtig Ärger?

Das war schrecklich. Meine Eltern waren richtig sauer auf mich. Ziemlich lange. Hab ich aber auch verstanden. Nur, ich wollte halt unbedingt hin. Allerdings waren meine Eltern in den meisten Dingen nicht so streng, insofern fühlte ich mich auch nicht besonders eingeengt. Na gut, bei meiner Schwester war es anders. Da hieß es ständig: Du sollst nicht rauchen und solche Dinge. Ich hab ja noch nicht geraucht.

Wirklich nicht?
Ja, mal einen Joint, aber ich hab keine Zigaretten geraucht.

Den Joint inhaliert oder nur gepafft?
Ich bin doch nicht Bill Clinton.

Haha, ganz oder gar nicht.
Nein, ich hatte keine ernsthaften Probleme damit. Wenn wir einen Joint rauchten, war das wunderbar. Man konnte gut spazieren gehen und noch besser Musik hören. Alles wurde irgendwie intensiviert. Natürlich durften meine Eltern das auf keinen Fall herausfinden. Dann hätte es Riesenärger gegeben. Aber diese ganze Heimlichkeit machte es noch wesentlich attraktiver. Man musste clever sein, Tricks anwenden. Wie bei einem Spiel. Wenn ich high bin, das wusste ich, kann ich die nächsten zwei Stunden schon mal nicht nach Hause, das würde ja sonst jeder merken. Also brauchte man einen entsprechenden Zeitplan.

Wie war Ihr Outfit zu der Zeit?
Ach, mit 16, 17, da war ich noch gar nicht auf Weiblichkeit aus. Ich hab mich auch nicht für Sex interessiert. Durch die Arbeit in der Töpferei hatte ich auch gar keine Zeit für was anderes. Mein oberstes Ziel war Geld verdienen.

Bekamen Sie kein Taschengeld?
Doch, fünf Mark. Damit kann man natürlich nichts anfangen. Aber was mir die Eltern für eine ganze Woche gaben, verdiente ich ja im Job bereits in einer einzigen Stunde. Ich hab in meiner Freizeit wirklich ganz hart gearbeitet. Und das bisschen Zeit, das übrig blieb, hab ich mit dem Helmut verbracht – oder mit meinem Klassenkameraden Detlev. Detlevs große Passion war, Plattenspieler auseinander- und wieder zusammenzubauen.

Hatten Sie Träume, was aus Ihrem Leben werden sollte?

In die Schule zu gehen hielt ich jedenfalls für totale Zeitverschwendung. Ich wusste aber auch nicht, was ich hätte beruflich machen sollen. Für meine Verhältnisse hatte ich durchs Arbeiten ja schon relativ viel Geld, wesentlich mehr als meine Klassenkameraden. Alles andere war mir relativ egal.

Immerhin wollten Sie irgendwann, wie Sie einmal sagten, mit »coolen Jungs« befreundet sein. »Ich hatte die absoluten Outcasts als Freunde«, erzählten Sie, »die mit den Fünfen und Sechsen und den tollen Motorrädern. Mami hätte mich sicherlich lieber mit den Einserschülern gesehen, sorry, aber die waren langweilig.«

Meine Freunde hatten alle lange Haare, das waren die Hippietypen. Mit denen konnte man dann auf den Konzerten Genesis und Pink Floyd sehen. Man definierte sich über die Musik. Die Morrison-Leute beispielsweise waren andere Typen als die Bob-Dylan-Leute, und die waren wieder anders als die Pink-Floyd-Leute.

In allem, auch von der Kleidung her. Die Uniform bei uns waren Jeans und Parka. Und wenn man die nicht anhatte, gehörte man nicht dazu. In dieser Zeit habe ich dann ja auch meine erste Rockband gegründet.

Was spielten Sie?

Zuerst Schlagzeug. Das hab ich zusammen mit jemand anderem von meinem schwer verdienten Geld angeschafft. Wir fanden einen Proberaum, und dann ging's los. Allerdings bin ich ziemlich bald von Schlagzeug auf E-Gitarre umgestiegen.

Irgendwann stießen Sie auf die Falken, eine sozialistische Jugendorganisation.

Das lag daran, dass die Falken ganz einfach die lustigeren Partys hatten. Wir hatten mit der Band unseren ersten Auftritt bei denen. Meinen Eltern sagte ich: »Da müsst ihr unbedingt kommen«, und sie kamen auch. Es war in einem dieser scheußlichen Jugendzentren und wir haben richtig Krach gemacht. Ich an der

Gitarre und sang. »Smoke on the water«, oder auch Nummern von Shocking Blue …

»Venus«?
Das war unser Hit.

Hatten Sie da schon Ihre wunderbar tiefe Stimme?
Ja natürlich, genau wie heute. Ich hatte immer schon eine raue Stimme. Jedenfalls meinten meine Freunde, komm, werd doch Mitglied bei uns. Wir haben bei den Falken jede Woche solche Veranstaltungen, es ist lustig. So kam ich dazu. Allerdings merkte ich bald, dass die Leute ziemlich ideologisch waren.

An was hatten Sie denn gedacht? An einen Schützenverein?
Mein Gott, ich hab gedacht, das wäre eine Art Sammelbecken für junge Leute, die nicht wissen, was sie mit ihrer Freizeit anfangen sollten. Nach drei, vier Treffen war mir allerdings klar, dass da für meinen Geschmack völlig lächerliche gesellschaftskritische Parolen ausgegeben wurden. Das fand ich total beknackt. Die Junge Union wiederum hatte in einer Wirtschaft einen Stammtisch, da konnte man umsonst essen und trinken, wunderbar. Leider musste man dafür ziemlich langweilige Diskussionen über sich ergehen lassen. Die Leute waren so spießig, das hab ich nicht ertragen. Also bin ich auch dort sofort wieder ausgetreten.

Wir erinnern uns an die Siebziger: Franz Josef Strauß galt bei den Linken nicht nur als Reaktionär übelster Sorte, sondern als echte Gefahr für die Demokratie. Umgekehrt führte die Union ihren Wahlkampf unter dem Motto: »Freiheit statt Sozialismus«. Sie sind aus der Jungen Union wieder ausgetreten, aber links fanden Sie auch keinen Zugang. Warum eigentlich nicht?
Sie dürfen nicht vergessen, dass ich aus einer Familie komme, die von den Sozialisten nicht gerade gut behandelt wurde. In Russland wurde die Aristokratie komplett eliminiert. Der Bruder meiner Großmutter beispielsweise tingelte in den 40er-Jahren unter falschem Namen als Schauspieler durch die Lande.

Als man ihn als Fürst Galitzin identifizierte, hat man ihn erschossen. Meine heiß geliebte Großmutter wurde in Gefangenschaft so misshandelt, dass sie den Rest ihres Lebens in der Freiheit nur noch bettlägerig verbringen konnte. Auch mein Vater musste seine Heimat fluchtartig verlassen, vertrieben von den Kommunisten. Man kann deshalb nicht unbedingt erwarten, dass Menschen, die ihrer Heimat beraubt und verfolgt wurden, auch noch besonders viel Sympathie für diese Art von Klassenkampf und Klassenhass aufbringen. Warum um alles in der Welt kann man eine bestimmte Volksgruppe deklassieren nur aufgrund ihrer Herkunft? Das habe ich nie verstehen können. Aus diesem Grund konnte ich auch nie richtig Vertrauen zum Sozialismus aufbauen.

Immerhin spricht man noch heute von den deutschen Junkern, die sich ihren Leibeigenen gegenüber nicht unbedingt fein benommen haben.
Es hat sicherlich Junker gegeben, die sich unmöglich benommen haben. Aber es gab eben auch Landesherren, die sich um ihr Volk vorbildlich gekümmert haben. Genau wie es heute Wirtschaftsbosse gibt, die vorbildlich mit ihren Mitarbeitern umgehen und für sie Sorge tragen, so gibt es leider auch solche, die immer versuchen werden, ihre Angestellten auszunützen. Aber alle über einen Kamm zu scheren ist sicherlich falsch.

Mit Politik hatten Sie im Grunde nicht viel am Hut, oder?
Ich war total unpolitisch. Aber die Falken fand ich, abgesehen von den lustigen Partys, zu ideologisch.

Erinnern Sie sich an den Tod von Ulrike Meinhof?
Ja. Wir waren davon indirekt betroffen. Mein Vater hatte ein Patenkind, es hieß Götz, das, wie sich später herausstellte, Mitglied einer Terrororganisation war, die von einer Palästinenserin namens Leila geleitet wurde. Die Gruppe, eine Art Vorläufer der RAF, hieß »Schwarzer September«. Jedenfalls tauchte Götz mit einem Freund eines Tages bei uns auf. Ausgerechnet an jenem Nachmittag, als zwei alte Tanten zu Besuch waren. Die Tanten

waren sehr erstaunt über die beiden »wilden« Männer und die Konversation, die über Klassenkampf und Leben im Untergrund geführt wurde. Das Establishment traf mit dem Untergrund auf neutralem Boden zusammen, man trank Tee und unterhielt sich. Einmalig diese Konstellation. Weil die beiden noch dazu ganz in Schwarz gekleidet waren, fragten die Tanten, ob das wohl Priester aus der Dritten Welt wären. Meine Mutter meinte nur ganz trocken: »Nein, ganz im Gegenteil.«

Moment, Sie haben einen Terroristen versteckt?

Er war, glaube ich, nicht wirklich ein Terrorist. Er war mehr ein abenteuerhungriger Mitläufer. Wir Kinder wussten ja zuerst nicht, wer das war. Er kam nachts an, abgehetzt und unruhig. Mein Vater hat versucht, Götz von seinen Plänen abzubringen und ihn zu überreden, sich freiwillig der Polizei zu stellen. Ich weiß nur, dass der Papi hinterher, nachdem er wieder weg war, sagte: »Der Arme ist in die falschen Hände gefallen.« Wir haben ihm zu essen gegeben, haben ihn schlafen lassen und seine Kleider gewaschen. Nach zwei Tagen war er wieder verschwunden. Ich glaube, Götz ist später umgebracht worden.

Sie sagten, man saß damals oft abendelang am Lagerfeuer herum.

Das waren unsere Outdoor-Partys. Damals ging man noch nicht in die Disko oder in einen Club. Man traf sich mit ein paar Freunden, die Jungs machten Lagerfeuer, die Mädchen besorgten Getränke und Würstchen, und dann wurde die Musik aufgedreht.

Haben Sie weiterhin mit Drogen experimentiert?

Nur Hasch.

Was bewegt sich dabei im Kopf oder im Körper?

Alles wird irgendwie intensiver verspürt. Man konnte stundenlang über irgendeine dumme Kleinigkeit lachen. Die Zeit schien stehen zu bleiben. Die Gespräche erscheinen einem wesentlich tiefgründiger, die Musik wurde intensiver erlebt. Es war einfach ein herrlich angenehmes Gefühl. Und durch das viele Lachen war es natürlich auch sehr lustig.

Wann haben Sie denn aufgehört, Joints zu rauchen? Oder rauchen Sie immer noch?

Aufgehört hatte ich erst nach meiner Hochzeit. Mir war klar, dass das Hasch verblödet. Übrigens fing jetzt auch ein neuer Lebensabschnitt an und ich wollte mit schlechten Angewohnheiten aus der Vergangenheit aufhören und ein neues Leben beginnen. Vor allem wusste ich ja, dass bald Kinder kommen. Und da war natürlich Schluss mit rauchigen, lauten, »verhaschten« Milieus.

Ich war ja auch sehr glücklich, hatte eine große Aufgabe übernommen, es gab überhaupt keinen Grund mehr, mich künstlich in andere »Sphären« zu versetzen.

Einmal erzählten Sie von einem Gebetbuch. Sie sagten, es seien eine Menge Sterbebilder von Freunden oder Verwandten darin. Drogentote?

Nicht nur, aber auch. Meine Cousine zum Beispiel starb an Aids. Sie hatte sich mit der Heroinnadel angesteckt. Zwei entfernte Verwandte haben irgendeine Substanz eingenommen und sind nicht mehr aufgewacht. Sehr traurig.

Wie ging's in Ihrer Teenagerzeit mit der Band weiter?

Die wurde leider ziemlich schnell aufgelöst. Wir hatten einfach keine Lust mehr, zu proben und uns um Auftritte zu kümmern. Ich sagte damals: »Wenn kein Geld in die Kasse kommt, dann hören wir auf. Nur blöd rumhängen für nichts, das bringt's nicht.« Erstens mussten wir für den Proberaum bezahlen, zweitens hat das Schlagzeug einen Haufen Geld gekostet. Und drittens sollte man doch auch was machen mit seinem Talent. Ich spielte zwar nur sehr mittelmäßig Gitarre und hab mir das Ding einfach nur der Show wegen umgehängt, aber Singen war meine große Stärke. Das Mikrofon, die Riesenaufregung – ich hab das sehr genossen und hätte das gerne professioneller gemacht. Aber immer nur im Hinterstübchen zu kiffen, die eigene Musik zu spielen, davon wird man nicht besser.

Die 70er-Jahre sind die Zeit der sexuellen Revolution. Gab es bei Ihnen zu Hause so etwas wie sexuelle Aufklärung?
Mein Vater hätte mich sicherlich richtig aufgeklärt, aber nachdem ich das nicht zum Thema machte, haben wir auch nicht darüber gesprochen. Zwar fingen die Jungs an, Freundinnen zu haben, und in der Klasse begann der Tratsch, wer mit wem geht, aber ich war eine absolute Spätentwicklerin, mich hat das überhaupt nicht interessiert. Und ich hatte dabei das große Glück, sag ich im Nachhinein, dass die Jungs, die für mich attraktiv waren, sich nicht für mich interessierten. Und jene, die mit mir gehen wollten, fand wiederum ich absolut grässlich.

Als ich mir irgendwann aber fast schon wie ein Outcast vorkam, als die Einzige in der Klasse, die noch keinen Freund hatte, hab ich dem einen, der am wenigsten schlecht aussah, gesagt, okay, dann geh ich eben mit dir. Ich fand ihn zwar ein bisschen doof, aber er war ganz nett zu mir. »Miteinander gehen« bedeutete in diesem Fall Händchen halten und sich küssen. Ich hab das zweimal gemacht, hinter der Hausmauer versteckt, aber ich fand das so grauenhaft – weil ich nichts mit ihm anfangen konnte –, dass ich mir sagte: »Nee, keine Konzessionen. Lieber gar nicht als mit dem Falschen. Das ist nicht mein Ding.«

Sie sagten, es war ein »Glück«, dass ...
Natürlich ein Glück. Stellen Sie sich vor, wenn sich wirklich der Junge, den ich gut gefunden hätte, für mich interessiert hätte. Dann wäre ich mit Sicherheit im Bett gelandet, früher oder später.

Vielleicht hätten Sie sich damals gar nichts dabei gedacht.
Klar ist es schwierig, mit jemandem, in den man verliebt ist und der diese Liebe auch erwidert, dann *nicht* ins Bett zu gehen. Also ich meine, man müsste dann schon sehr viel Selbstdisziplin aufbringen. Deswegen spreche ich von »Glück«. Man könnte auch sagen, der Schutzengel hat mich dankbarerweise vor dieser Klippe bewahrt.

Waren Sie ein schüchternes Mädchen?

Das kann man nicht sagen. Wer Leadsängerin einer Rockband ist und sich auch in der Klasse als mit von den Wildesten gebärdet, bei dem lässt sich schwerlich Schüchternheit attestieren. Natürlich hätte ich größte Probleme gehabt, meinem Tischnachbarn Peter meine Zuneigung zu zeigen. Ich hab eher abgewartet. Ich wollte mal sehen, wen schaut der überhaupt an? Na ja, und das war dann halt die hübsche Süße, die auch im Turnen die Beste war, die vom Ballett. Die war für ihn interessanter als der Tomboy*, der ich war. Ich wäre aber nie so weit gegangen, einem Jungen zu zeigen, dass ich ihn attraktiv finde. In dieser Beziehung war ich tatsächlich schüchtern.

Fanden Sie sich unattraktiv?

Ja, natürlich. Ich fand mich immer zu dick. Aber mir haben die Nutellabrote viel zu gut geschmeckt, als dass ich darauf verzichten wollte.

Sie sagten einmal, Ihre Mutter hätte Ihnen beigebracht, »dass ich warten muss, bis ich den Mann finde, den ich wirklich liebe. Meine Klassenkameradinnen haben gegenseitig gewetteifert, wer zuerst und am schnellsten die meisten Männer gehabt hat. Das war die Epoche, wo das Warten nicht ›in‹ war. Ich habe da nie mitgemacht, ich hab das nie verstanden. Ich hatte nie diesen Sexualtrieb.« Eine bemerkenswerte Aussage, finden Sie nicht?

So bemerkenswert ist das gar nicht. Es ist im Grunde genommen genau wie mit den Drogen. Viele Leute haben Drogen einfach nur deshalb probiert, weil die anderen es ihnen aufgedrängt haben. So ist es auch mit dem Sex. Wenn die Mädchen einigermaßen hübsch sind und die Jungens bedrängen sie, dann ist es schwierig, Nein zu sagen. Vor allem dann, wenn man den Jungen sehr attraktiv findet. Ich konnte schon verstehen, dass die Mädchen in eine Art Wettbewerb gerieten: Wer hat den tollsten in der Klasse? Dass man damit angab: »Und ich hab jetzt einen

* Anm. d. Red.: Mädchen, das eher wild wie ein Junge ist.

Neuen, und der hat schon ein Auto; der von der anderen hat nur ein Motorrad.« Nur, wie ich schon sagte, ich hatte das Glück, dass ich mich für die Jungs nicht so wahnsinnig interessierte.

Hinzu kam natürlich auch die Beeinflussung durch meine Mutter. Ihr Credo war: »Sex ist etwas sehr Schönes, aber er kann auch ein traumatisches Moment in deinem Leben sein. Der Geschlechtsakt ist zum Kinderkriegen da. Heb dir das auf, bis du den Mann findest, mit dem du Kinder haben willst, denn sonst kann das für deine Seele sehr schädlich sein.« Natürlich hatte ich auch eine Portion Angst vor dem Geschlechtsakt. Für eine Frau ist das noch mal etwas anderes als für einen Mann. Man denkt darüber nach und sagt, hoppla, hoffentlich gerate ich an den Richtigen, einen, der mir nicht wehtut. Ich hatte natürlich auch Glück, dass mein Freund, der Helmut, mir nie sexuelle Avancen gemacht hat.

Noch einmal: Nicht alle Mädchen hätten das als Glück empfunden.

Ich war teilweise auch sehr unglücklich darüber. Alle hatten einen Freund, nur ich hatte keinen. Als Teenager war das für mich schon schlimm. Mich störte dabei weniger, dass ich noch mit niemandem im Bett war, sondern dass ich niemanden hatte, an dessen Schulter ich mich hätte anlehnen können, niemandem, mit dem ich auf einer Parkbank sitzen und den ich küssen konnte. Das hat mir gefehlt.

Einmal hatte ich einen Tanzkurs besucht, den eine Freundin meiner Mutter auf ihrem Schloss in der Eifel organisiert hat. Der Kurs dauerte eine Woche – und niemand wollte mit mir tanzen. Alle Mädchen waren sofort vergriffen. Ich musste notgedrungen mit dem einzigen Tanzpartner vorlieb nehmen, der übrig geblieben war.

Schrecklich.

Ich tröstete mich damit, dass ich mir sagte, was du heute nicht kriegst, kriegst du vielleicht später. Und nur weil du heute nicht attraktiv bist für die Jungs, bedeutet das nicht, dass dir das Leben nicht etwas anderes als Ausgleich schenkt. Ich sagte mir, der

Richtige wird schon irgendwann für mich kommen. Jeder Topf hat seinen Deckel. Musst jetzt einfach geduldig sein und dein Leben leben und fröhlich sein. Du hast deine Arbeit, du verdienst einen Haufen Geld und kannst dir kaufen, was du willst. Es gibt andere wichtige Dinge für dich.

Dass ich vielleicht äußerlich nicht so attraktiv erschien, kompensierte ich damit, dass ich versuchte, amüsanter zu sein als die anderen. So konnte ich immer im Mittelpunkt stehen. Hinzu kam, dass eine meiner Klassenkameradinnen plötzlich schwanger war, mit 16! Ein abschreckendes Beispiel.

Gab es da eine Art innerer Emigration?

Nein, denn ich hatte ja Freunde unter den Jungs. Ich hatte den Helmut, und der war absolut cool. Helmut war der Schwarm aller Mädchen. Ich hatte den Detlev, der war zwar weniger ein Frauentyp, wegen seiner dünnen roten Haare, aber er war wahnsinnig patent. Der konnte alles und war einfach saulustig. Dann hatte ich den Peter und den Frank. Die standen in der Pause lieber mit mir rum als mit den anderen, und wir hatten unseren Spaß. Aber es waren halt Kumpelfreunde, keine Beziehungen, wie meine Klassenkameradinnen sie hatten. Natürlich habe auch ich mich nach Liebe und Zärtlichkeit gesehnt; nur, meine Zeit war eben noch nicht gekommen.

Sie erklärten einmal, Sie hatten immer auch Angst davor, zu geben und dann verlassen zu werden.

Wenn man beobachtet hat, in welcher Geschwindigkeit die Mädchen und Jungs untereinander ausgetauscht wurden, dann konnte man sich leicht ausrechnen, wie schnell man wieder verlassen wird. Es gab ja jeden Tag in der Schule irgendwelche Dramen in dieser Hinsicht. Man lässt sich also darauf ein, mit jemandem zu schlafen – weil man an die große Liebe glaubt –, und drei Wochen später ist man angeschmiert. Deswegen war mir klar: *Ich* will das nicht. Und ich kann mir vorstellen, dass diese Epoche bei vielen Frauen auch einigen Seelenschaden angerichtet hat. Heute wird lauthals verkündet, nur wer viel Sex hat, ist auch ein ausgeglichener, fröhlicher Mensch. Wenn jedoch die Betroffenen selbst zu Wort kommen, stellt sich heraus, dass die Leute im Grunde genommen frustriert sind. Die Leserbriefseiten in den Frauenzeitschriften sind voll mit Klagen. Deshalb hatte meine Mutter schon Recht damit, mich so zu erziehen. Und heute bin ich sehr glücklich darüber.

Frühe sexuelle Erfahrungen haben Sie demzufolge gar nicht gemacht.

Meine ersten Erfahrungen hatte ich mit 16 oder 17 gemacht. Aber ich hatte eben das Pech, dass sich für mich nur die Jungs interessiert haben, die mir nun gar nicht gefallen wollten. Daher gab es für mich keine Liebesgeschichten. Das fand ich damals sehr traurig, aber es war halt so.

Noch eine indiskrete Nachfrage, um späteren Einwürfen vorzubeugen: Sie machten sich nichts aus Jungs, haben wir gehört, oder sagen wir mal: nicht besonders viel. Gab es denn andererseits eine besondere Nähe zu Frauen?

Moment! Natürlich hätte ich mir etwas aus einem Jungen gemacht, wenn es denn der richtige für mich gewesen wäre. Mit Mädchen damals – und zu Frauen heute – hatte und habe ich großartige Freundschaften. Diese können viel intensiver und vertrauter sein, aber das liegt doch in der Natur der Sache.

Inzwischen gibt es in den USA unter Jugendlichen eine riesige Bewegung für sexuelle Enthaltsamkeit – Motto: Wahre Liebe wartet. In früheren Generationen gab es ohnehin ein ganz anderes Bewusstsein, einen gewissen Sinn für »Reinheit«, für Jungfräulichkeit.

Ich erzählte ja schon, wie sich mein Vater darüber aufregte, dass ich an jenem Nachmittag bei dem Jungen zu Hause war. Ein Mädchen geht nicht alleine zu einem Jungen, hieß es. Darin schwingt natürlich auch eine bestimmte Botschaft mit. Jungfräulich in die Ehe zu gehen, das galt ganz allgemein als ein hehrer Grundsatz, und meine Mutter versuchte, mir das beizubringen. Ich weiß nicht, ob ich mich wirklich daran gehalten hätte, wenn mir schon vorher der Mann meiner Träume begegnet wäre. Der Geist ist willig, aber das Fleisch ist bekanntlich schwach. Deshalb spreche ich ja auch von einem »Glück«, im Nachhinein betrachtet. Damals war ich wirklich sehr unglücklich darüber, noch keinen Freund zu haben. Für die Jungs erotisch gesehen nicht sonderlich attraktiv zu sein, ersparte mir in gewisser Weise aber auch viele Enttäuschungen. Das Beste, was einem geschehen kann, das wusste man zumindest, ist, dass man einen Mann findet, mit dem man Kinder haben will – und dieser Mann sollte dann auch derjenige sein, der einen entjungfert.

Kann man festhalten, dass Sie definitiv vor der Ehe beziehungsweise vor Ihrem Ehemann keinen Sex hatten?
Definitiv nicht. Und darauf bin ich auch sehr stolz.

4 MÜNCHEN LEUCHTET

Fürstin, Ihr Umzug nach München leitete eine ganz neue Phase Ihres Lebens ein. Wie kam es dazu?

Mein Vater bekam in München den Posten des Chefredakteurs bei der Zeitschrift »Die Pirsch« angeboten. Ich zog schon mal voraus, weil gerade ein neues Schuljahr anfing. Eine Tante lebte in Schwabing und bei der konnte ich wohnen. Plötzlich war ich in einer Großstadt, und nun, so fühlte ich, begann endlich eine wirklich aufregende Zeit. Die Tante war Alkoholikerin, kein Wunder, dass die dauernd ausgehen wollte, was ich super fand. Wir haben das auch wie die Weltmeister gemacht, bis morgens um vier.

Sie lebte alleine?

Ihr Mann war früh gestorben und ihr Sohn lebte woanders. Sie hatte einen Freund, einen Soldaten. Nur hatte der nicht die Zeit, jeden Abend mit ihr auszugehen. Und er hätte das auch gar nicht gewollt.

Und das war jetzt richtig toll, oder?

Es war herrlich! Ich kam aus dem Kaff raus und endlich, hurra, in die große Welt! Meine Tante kannte jede Bar. Sie hatte ihre Stammkneipen, in die sie mich mitnahm. Oder wir schauten fern bis in die Puppen. Das war eine wahnsinnige Freiheit für mich. Schulisch versuchte ich mich zunächst am Edith-Stein-Gymnasium in der zehnten Klasse. Das ging allerdings nicht lange gut.

Wieso nicht?

Es war mir zu schwer und zu stressig. Der Wechsel von Nordrhein-Westfalen auf ein Gymnasium in München ist wie eine Auswanderung von der DDR nach Amerika. Ich konnte mit dem bayerischen Schultempo ganz einfach nicht mithalten. Alles war wesentlich anspruchsvoller. In Nordrhein-Westfalen hatten wir im Unterricht gequatscht, mit Papieren geschmissen, Blödsinn gemacht. Der Lehrer hat vorne seinen Senf erzählt, aber wir haben hinten nur Gaudi gemacht. In Bayern war das anders. Erst mal musste man schon mal still sein und grüßen, wenn der Lehrer die Klasse betrat. Wer was sagen wollte, hatte sich zu melden. All diese Dinge. Und ich merkte sehr schnell, halt, ich komme in dieser Schule nicht mehr mit. Also besprach ich das mit meiner Tante und ihr war sofort klar: »Du gehst. Suchst dir ein anderes Institut. Ich zahl dir das.« Da meine Tante Geld hatte, war das Gott sei Dank kein Thema, also suchte ich mir eine Privatschule.

Was meinten Ihre Eltern dazu?

Das haben die gar nicht mitgekriegt, das hab ich alleine gemacht.

Irgendwann gab's vermutlich ziemlich Ärger.

Inzwischen waren meine Eltern nach München gekommen. Nun kann man sich denken, was passiert, wenn man als 18-Jährige plötzlich wieder zu Hause wohnen soll. Das klappt nicht. Mittlerweile hatte ich mich nicht nur an das Ausgehen gewöhnt, ich merkte auch, dass ich auf dem Privatgymnasium genauso hinterherhinkte wie zuvor in der öffentlichen Schule. Dann der Stress mit diesem autoritären Gehabe im Unterricht! Also erklärte ich meinen Eltern, dass ich hier wegmüsste, hier würde ich die Schule nie schaffen, ich müsste wieder zurück nach Nordrhein-Westfalen. Und im Übrigen bekäme mir das Leben in München nicht gerade. Ich geriete hier auf die schiefe Bahn. Kurz und gut: Meine Mutter freute sich über meine Einsicht und schickte mich zur Familie ihrer Schwester, Baron und Baronin Wrede, aufs Land, nach Willebadessen bei Paderborn. Dort gab es viel weniger Ablenkung, alles war wieder bestens, meine Cousine Putzi wurde meine beste Freundin und ich machte tatsächlich mit Erfolg die Schule fertig.

Um den Überblick zu behalten: In welcher Klasse sind Sie gerade?
In der zehnten, die mittlere Reife hatte ich in der Tasche. Ich überlegte: Das Abitur war mir viel zu stressig. Also was tun? Mein Entschluss: Ich ging zurück nach München und suchte mir einen Job.

Sie wollten Geld verdienen.
Ja. Ich hatte keinerlei Karriere- oder Berufsvorstellungen. Eine Freundin meiner Mutter, die Lilo, besorgte mir einen Job in der Galerie Ketterer in der Prinzregentenstraße, ein Auktionshaus für alte Meister und Skulpturen aus Afrika und Ozeanien. Ich arbeitete ganz brav, lernte die Kunst kennen – ich war im Grunde ein wenig Mädchen für alles, merkte aber doch nach einiger Zeit, dass mir das zu langweilig war, das Ausgehen fand ich lustiger. So zog ich bald von einer Wohnung zur nächsten. Von meiner Cousine in der Widenmayerstraße zu einer Freundin, von der zu einem Spanier und seiner deutschen Frau. Gustavo war der Türsteher im »Why not«, ein feiner, zierlicher Mann mit Bart, ein ganz sensibler, und die Nina, eine ganz süße Frau, war dort Garderobiere. Wir hatten alle kein Geld, aber im »Why not« gab's umsonst zu trinken. Das heißt, das Ausgehen war nicht mehr teuer. Und die Edith Schmidt wiederum, die Geschäftsführerin, hatte ein Stammpublikum, mit dem sie andere Gäste anlocken konnte. Damit hatte jeder, was er wollte.

Hatten Sie das Gefühl, etwas nachholen zu müssen?
Nein, nur Ausgehen war einfach angesagt. Was allerdings nicht ohne Folgen blieb. Als ich einige Male nicht zur Arbeit erschienen bin, weil ich zu spät ins Bett gekommen war, zitierte mich Herr Ketterer zu sich und drohte: »Wenn das noch ein paarmal passiert, musst du leider gehen.« Ja, und dann ist es noch ein paarmal passiert …

Der Rauswurf hat Sie offenbar nicht sonderlich beeindruckt.
Nee, hat er nicht. Zunächst jedenfalls.

Sind Sie immer so spät nach Hause gekommen?
Häufig. Schluss war oft erst morgens um sechs. Da hat man am Viktualienmarkt in der »Dampfnudel« noch einen Kaffee bei der Herta getrunken. Die anderen konnten dann ja schlafen, ich dagegen sollte schon um neun Uhr in der Galerie sein. Hab ich natürlich oft nicht geschafft. Dafür war es bei der Edith Schmidt ja auch viel zu interessant. Da war der Rennfahrer James Hunt, Jackie Stewart, Mick Jagger, Freddie Mercury. Es kam der alte Flick, es kamen die Flick-Jungs, alle landeten sie im »Why not«.

Klingt nach einem interessanten Heiratsmarkt?
Sicher, da lernte man jede Menge Leute kennen, aber nicht den Mann fürs Leben. Nein, ich wollte mich amüsieren, mehr nicht. Eines Tages fiel mir allerdings ein älterer Mann auf, der mich die ganze Zeit beobachtet hat. Er hatte eine Glatze, trug eine dunkle Brille und stand fortwährend an der Bar. Jedes Mal wenn ich im Lokal war, schickte er mir Blumen an meinen Tisch. Irgendwann bin ich zu ihm hingegangen. Und was passiert? Er bestellt sofort Champagner, wir unterhalten uns wahnsinnig gut und haben wirklich Spaß zusammen. Das ging Tage und Wochen so, und das, obwohl er, wie ich später erfuhr, stockschwul war. Mein neuer Begleiter wollte durchmachen bis morgens früh. Anschließend fuhren wir zum Flughafen und nahmen die erstbeste Maschine, mal nach London, mal nach Athen, egal wohin. Als wir jedoch ankamen und der Rausch so langsam nachließ, wurde er immer ganz unruhig. »O Gott, was hab ich gemacht!«, fing er dann an, »ich muss doch zu meiner Arbeit, Hilfe, was mach ich nur?«

Und was passierte?
Wir haben in London oder Athen den Tag verbracht und flogen am Abend einfach wieder zurück. Nur, dieser wahnsinnige Katzenjammer, den der dabei von sich gab, ließ mir natürlich keine

Ruhe. Ich wollte der Sache auf den Grund gehen. Wenn jemand im Nachtlokal andauernd »Roederer Cristall« bestellt und mit Rosen um sich wirft, kommt man nicht gleich auf den Gedanken, so jemand könnte Geldsorgen haben. Aber genau das war sein Problem. Es stellte sich nämlich heraus, dass der Mann einen Berg Schulden hatte und rund um die Uhr arbeiten musste – tagsüber im Reisebüro, nachts als Portier im Hotel –, um sich die gelegentlichen Eskapaden überhaupt leisten zu können.

Und Sie hatten sich wirklich nie gewundert, warum der Mann nichts von Ihnen wollte?

Nein, wir haben ja auch nie wirklich gemeinsam eine Nacht zusammen verbracht, außer im Lokal natürlich. Ich mochte ihn wirklich gern. Er war so wahnsinnig fröhlich, und wenn er betrunken war, hatte er so ein nettes Lachen. Am Ende wurde er nicht nur mein allerbester Freund, ich wohnte eine Zeit lang noch bei ihm in Bogenhausen. Er hatte zwar nur eine Einzimmerwohnung, aber wegen seiner vielen Jobs war er ohnehin nie da.

Lustiges Leben.

Ganz so lustig auch wieder nicht. Zunehmend bekam ich Gewissensbisse. Wenn du dir keinen Ruck gibst, kommst du nicht weiter, sagte ich mir. Die anderen konnten sich das Dolce Vita offensichtlich erlauben. Immer ausgehen, nichts arbeiten. Aber mir ging allmählich das Geld aus. Obendrein zog ich andauernd um. Wenn es mir irgendwo zu langweilig wurde oder ich das Gefühl hatte, die Gastfreundschaft schon zu lange zu beanspruchen, packte ich meinen Koffer. Es war eine Zeit, in der ich mit sehr wenig Geld ein Leben führte, das ich mir von mir aus, ohne die Freunde, die mich irgendwie mitgetragen haben, gar nicht hätte leisten können.

Hatten sich die Gewissensbisse verstärkt?

Es kam eine Art innerer Schmerz hinzu. Ich hatte das Gefühl, dass mein Leben völlig sinnlos geworden war. Ich glitt ab und lebte nur noch nachts, wo natürlich auch Drogen im Spiel waren. Ich war Teil der reinen Bussi-Gesellschaft, die sich nachts traf, um zu lachen, zu trinken und zu tanzen, die tagsüber die Zeit im Biergarten vertrödelte oder sich auf Ibiza vergnügte, ohne dass es dabei zu echten Freundschaften gekommen wäre. Mir wurde bewusst: Dieses Leben löst im Grunde nur eine Leere in mir aus, weiter nichts. Natürlich bin ich auch nicht mehr in die Kirche gegangen. Der ganze Rahmen, den ich zu Hause hatte, war völlig weggebrochen.

Suchten Sie Hilfe?

Als meine Sorgen immer größer wurden, begann ich zu beten. So Stoßgebete, die man gen Himmel schickt. In der Art: »Bitte, führe mich zurück auf den rechten Weg.« Mir wurde ja immer klarer: Ich komm nicht mehr zurecht. Ich lebe ein falsches Leben. Aber wie komme ich da wieder heraus? »Bitte, bitte, lieber Gott, zeige mir den Weg.« Wirklich in eine Kirche oder in die heilige Messe zu gehen, das hätte schon wieder viel zu viel Disziplin erfordert. Ich hab ja bis Mittag geschlafen. Und den Rest des Tages saß ich im Biergarten. Ich war ein Vagabund. Immer unruhig. Und allmählich auch wirklich verzweifelt. Verzweifelt an mir selber.

Hört sich so an, als hätten Sie den Boden unter den Füßen verloren.

Noch nicht ganz. In dem Alter verträgt man einiges. Ich hätte dieses Leben bestimmt noch lange weiterführen können. Aber ich spürte ganz tief in mir drinnen, es muss jetzt etwas passieren. Damit ich wieder einen Sinn im Leben sehe. Man muss schließlich einer Arbeit nachgehen, irgendwas Vernünftiges tun. Aber was? Denn die Zeit, so wurde mir deutlich, läuft mir davon. Es wurde allmählich richtig eng. Und eines Tages wachte ich auf und dicke Tränen liefen mir über die Wangen. Ich konnte nur noch weinen. Einfach nur noch weinen.

Sie sind aufgewacht und haben geweint?

Ja. Ich wusste zunächst gar nicht, warum. »Was ist los mit dir?«, überlegte ich. Im Grunde wusste ich sehr schnell und sehr genau, was los ist: Du lebst ein falsches Leben. Du nimmst Drogen. Du amüsierst dich zu Tode. Du lässt dich gehen. Deine Freunde sind zwar lustig, aber das sind keine Freunde, sondern nur Bekanntschaften. Es war wie eine innere Stimme, die da sprach: »Reiß dich endlich zusammen. Ändere dein Leben. Nimm dein Leben selbst in die Hand.« Dass ich den Job verloren hatte, war eine Riesenpleite für mich. Ich war doch immer so tüchtig gewesen. Und plötzlich bin ich nichts weiter als eine, die nachts lebt und sich morgens in der »Schmalznudel« ihren Kaffee reinzieht. Die mit jemandem durch die Weltgeschichte fliegt, der sich das gar nicht leisten kann. Mehr noch, den ich auch noch dazu animiere, sich zu ruinieren. Das kann es nicht gewesen sein. Das ist grundverkehrt. Es muss sich was ändern.

Wie stand es um Ihr Selbstwertgefühl?

Ich war in gewisser Weise wie am Boden zerstört. Und ich wusste, ich brauche einen Tapetenwechsel. Denn mit der Truppe, mit der ich zusammen war, bringe ich keine Wende zustande.

Nicht leicht, sich von seinem Freundeskreis zu trennen.

Noch dazu wenn man nicht einfach so von einer Stadt in die andere gehen kann. Aber jetzt beginnt tatsächlich ein neues Kapitel: Die Vorsehung schickt mir meinen Mann.

5 Ansichten einer Fürstin

Fürstin, lassen Sie mich bitte, bevor wir mit Ihrer Geschichte fortfahren, einige Fragen zu Ihrer Person stellen. Heinrich Graf von Spreti, der Chef von Sotheby's Deutschland, sagte über Gloria von Thurn und Taxis: »Sie ist eine Frau mit vielen Facetten, die immer eine dieser Seiten dem Licht zuwendet. Wie ein Diamant.« Fühlen Sie sich getroffen?
Ich kann natürlich sehr ernst sein, nachdenklich und konzentriert, mit dem Blick auf das Wesentliche. Und gleichzeitig kann ich Spaß haben, ausgelassen und sogar kindisch sein. Ich glaube, mit mir wird's nie langweilig. Weil ich einfach Freude an der Vielseitigkeit des Lebens habe. Das war schon immer so. Ich hab viele Sachen auf einmal gemacht. Manchmal fast wie ein Hansdampf in allen Gassen. Viele Menschen haben sich deshalb darüber gewundert, dass ich es geschafft habe, meinem Leben letztendlich dann doch noch eine entscheidende Wende zu geben und diese Verantwortung zu übernehmen – und trotzdem nicht langweilig zu werden, sondern mir weiterhin Optimismus, Lebensmut und Spaß an der Freud zu bewahren.

Freunde von früher rechneten es Ihnen hoch an, dass Sie nach Ihrem Einzug ins Schloss nicht plötzlich die hochherrschaftliche Dame spielten. Gab es auch jemanden, der Sie dafür eher bemitleidete?
Ich weiß nicht. Bei mir gab's ja nie ausschließlich Trallala. Ich habe bewiesen, dass ich sehr ernsthaft sein kann und in der Lage bin, Probleme zu lösen. Bemitleidenswert ist vielleicht jemand, der im Amüsement verhaftet bleibt und es nicht schafft, eine Einbahnstraße zu verlassen. Diese Leute werden zu Skla-

ven ihrer selbst und können nicht mehr aus ihrer Haut heraus. Ich hab es eigentlich immer geschafft umzukehren, wenn ich merkte, dass ich auf dem falschen Weg war – um die Dinge zu meistern, die sich als Aufgabe gestellt haben, ob man nun will oder nicht.

Sie kennen Ihre Talente ganz gut, oder?
Und natürlich auch meine Schwächen.

Bleiben wir bei den Stärken.
Ich kann ganz gut mit Menschen umgehen und auf sie eingehen. Ich bilde mir ein, sie gut einschätzen zu können. Ich spüre, ob jemand ehrlich ist oder nicht. Meine Güte, was hab ich noch für Talente, hm? Sehr schwierig, seine eigenen Begabungen darzustellen. Ich weiß es nicht. Da müssen Sie meine Mutter fragen. Mein Vater konnte gut auf Menschen zugehen, war sehr kommunikativ, ziemlich mitteilungshungrig, das habe ich, glaube ich, geerbt.

Ehrgeizig?
Ja, in gewissen Maßen. Alleine schon aus dem Nachholbedarf meiner Jugendjahre heraus, wo ich aus heutiger Sicht gesehen sehr viel Zeit verplempert habe. Verplempert in der Schule, weil ich nicht genug gelernt hab. Verplempert später, weil ich meine Jobs nicht gut gemacht hab. Verplempert, weil ich zu viel im Nachtlokal herumgehangen bin und zu lange in der Spaßgesellschaft verhaftet war. Das ist für mich alles verlorene Zeit. Heute möchte ich mich deshalb nützlich machen und mich einsetzen, so gut es geht.

Man sagt, ein Mensch kann nie ganz gesund werden, wenn er nicht auch bereit ist zu vergeben. Sich selbst, aber mehr noch den anderen.
Ein schwieriges Thema. Mein Glück ist, dass ich mir nicht wirklich Feinde gemacht habe. Zu vergeben ist ja immer dann besonders schwierig, wenn jemand ernsthaft böse und gemein war.

Das war niemand zu mir. Ich hab mit meinem Mann natürlich gestritten, wie es jede Frau gelegentlich mit ihrem Mann tut. Aber spätestens beim Gute-Nacht-Sagen sind wir als Freunde auseinander gegangen. Das war mir immer sehr wichtig, weil unsere gemeinsame Freundin Honey Hohenlohe, die ungefähr gleich alt war wie mein Mann, immer gesagt hat, man solle sich vor dem Schlafengehen niemals im Streit trennen, damit der nächste Tag nicht dadurch verdorben ist.

Was war das denn für ein Streit?

Es muss etwas Grässliches gewesen sein. Mein Mann war ein Zyniker, vom Leben zerstört. Das Leben hat ihn kaputt gemacht. Er ist früh in falsche Hände geraten. Wir werden sicherlich später darauf zu sprechen kommen.

Sie sind sehr begeisterungsfähig, aber auch schnell mal hier, mal dort. Richtig?

Ich glaube, das ist auch eine Disposition aus meiner Sternenkonstellation. Der Fisch gilt ja als sehr begeisterungsfähig, aber auch als jemand, der ganz schnell wieder bei etwas anderem ist. Ich versuche das schon mein ganzes Leben lang zu bekämpfen. Das war bereits mit der Musik so. Ich hätte so viel Talent gehabt und es ist doch nicht wirklich etwas daraus geworden. Oder auch im Sport. Ich hätte viel mehr aus mir machen können.

Wenn man besonders viele Talente hat, ist es manchmal doppelt schwer, sich auf eines zu konzentrieren.

Und schlussendlich bleibt man dann in allem nur Mittelmaß. Wirklich konzentriert aber hab ich mich darauf, die Verwaltung von Thurn und Taxis in Schwung und das Haus wieder auf die Höhe zu bringen. Es ist mein Stolz und mein ganzer Ehrgeiz, für meinen Sohn und für die Familie das Beste zu machen und eine gute Fürstin zu sein. Und natürlich auch eine gute Mutter. Das ist vielleicht die einzige echte Konstante in meinem Leben. Bei allem anderen bin ich wie so ein Schmetterling einfach nur mal darüber geflogen.

Sie erwähnen Ihre Sternenkonstellation. Glauben Sie an Astrologie?

Ich bin da nicht unbedingt versessen drauf. Aber es gibt Charaktereigenschaften, die aus den Sternenkonstellationen durchaus nachvollziehbar sind. Meine Schwester Maya und mein Bruder Alexander zum Beispiel sind Löwe. Die wollen immer der Boss sein. Andererseits sind sie aber auch irrsinnig gutmütig. Wenn man sie sehr ärgert, dann gibt es einen Prankenschlag, aber dann ist es auch wieder gut. Das finde ich schon sehr typisch für Löwen. Mein Sohn Albert wiederum ist Krebs. Der Krebs gilt als sehr gutmütig, liebevoll, aber auch sehr verschlossen. Ich finde, das trifft optimal auf ihn zu.

Kann es sein, dass in Ihrem Wesen auch etwas leicht Verletzbares liegt?

Ja, wobei ich es mir eigentlich abgewöhnt habe, verletzt zu sein. Denn das bringt ja nichts. Ich bin in dieser Beziehung Utilitarist. Warum soll man Energie verschwenden mit Dingen, die man nicht ändern kann? Und wenn ich beleidigt bin oder mich gedemütigt fühle, dann bedeutet das nur, dass ich zu hochmütig bin; also muss ich an mir arbeiten. Demütigungen passieren eben, ununterbrochen und allenthalben. Da muss man vieles aushalten können und es ist mitunter eine sehr gute Charakterübung.

Auf der anderen Seite: Manche Verletzungen, so schmerzhaft sie auch sein mögen, können durchaus sinnvoll sein. Ich lerne daraus beispielsweise, warum eine bestimmte Beziehung gescheitert ist. Was ich falsch gemacht habe. Somit bekomme ich die Möglichkeit, mich zu entschuldigen und zu versuchen, die Freundschaft wieder aufleben zu lassen. Oder aber zu erkennen, okay, es hat einen Bruch gegeben, aber das ist auch gut so. Denn diese Freundschaft bringt einen nicht weiter, sondern zieht einen sogar runter. Insofern muss ich mich dann entschließen, meinen Weg alleine weiterzugehen.

Sie können also streng sein.

Mit mir selber bin ich mittlerweile schon sehr streng. Das kommt eben auch daher, dass ich mich früher so hab gehen lassen.

Sind Sie auch sparsam?

Wenn man aus einer Familie kommt, die aufgrund politischer Veränderungen ohne eigenes Verschulden ihr ganzes Vermögen verloren hat, dann lernt man von klein auf, dass weltliche Güter und Reichtum nicht garantiert sind. Das heißt, man muss sich angewöhnen, genügsam sein zu können. Das ist natürlich alles relativ. Denn wie Sie hier sehen, ist mein Umfeld nicht gerade bescheiden. Nur, auch in einem großen Schloss oder auch in einem Haus …

… schaut man nach, ob das Licht abgeschaltet ist …

… und dass mit Wasser gespart wird, schon aus ökologischen Gründen. Genügsamkeit muss man sich regelrecht antrainieren, in allen Lebenslagen. Selbstverständlich müssen viele Menschen schon deshalb genügsam sein, weil sie arm sind. Und wenn man reich ist und in Saus und Braus leben könnte, dann gibt es erst recht einen Grund, sich Genügsamkeit aufzuerlegen – alleine schon deshalb, um die Bodenhaftung nicht zu verlieren.

Sie kümmern sich um Details. Kann man das so sagen?

Ja, ich bin schon detailversessen. Vor allem bei den Dingen, die ich selbst in die Hand nehme. Oft geschieht es allerdings, dass ich scheinbar zufällig auf ein Problem aufmerksam werde, und dann habe ich die furchtbare Eigenschaft, der Sache auf den Grund zu gehen, bis das Problem gelöst ist.

Und zu Hause?

Auch zu Hause gehe ich mit offenen Augen umher, und Gott sei Dank gelingt es mir recht rasch zu erspüren, wenn irgendwo etwas schief läuft. Ich interessiere mich sehr dafür, was meine Kinder machen. Womit sie sich beschäftigen, was sie lesen, was sie bedrückt. Wir sitzen oft stundenlang zusammen und diskutieren über aktuelle politische Themen oder religiöse Themen, über Gott und die Welt.

Dabei kann man feststellen, ob sich irgendwo eine Unzufriedenheit eingeschlichen hat. Wenn dann ein drückendes Problem zur Sprache kommt, kann es schon mal Tränen geben, aber das ist im Grunde auch ein heilsamer Prozess.

Sie sind also ein Kümmerer?

Ja, das glaube ich schon, weil ich mich für die anderen interessiere. Ich vergleiche das Leben gerne mit einer großen Straße, an der rechts und links Chancen liegen, die man ergreifen, an denen man aber auch vorbeigehen kann. So nach dem Motto: Das Glück liegt auf der Straße, man muss sich nur bücken, um es aufzuheben. Natürlich liegt darin auch die Schwierigkeit, zuerst einmal die eigene Chance erkennen zu können, um sie schließlich ergreifen zu können. Ich selber versuche mit möglichst offenen Augen durchs Leben zu gehen, um nur ja keine Chance zu verpassen.

Sie sehen Zeichen?

Ich habe ein ganz gutes Gespür für Zeichen, und ich arbeite daran, noch sensibler dafür zu werden. Man kann allerdings nur sensibel für Zeichen sein, wenn man sein Innerstes ganz auf das Hören ausrichtet. Kaiserin Maria Theresia hat in ihren Briefen oft von der »Intelligenz des Herzens« gesprochen. Heute nennt man das emotionale Intelligenz. Dazu gehört es, sich für die Menschen, die einen umgeben, zu interessieren.

Sie schreiben in Ihrem mit Prinzessin Alessandra Borghese verfassten Benimmführer über einen für Sie offenbar sehr wichtigen Punkt: Contenance, die Fähigkeit, auch in schwierigen Situationen die Fassung zu bewahren und eigene Empfindungen und Gefühle für sich zu behalten. Wie geht es Ihnen selbst damit?

Das kommt sehr darauf an, mit wem man zusammen ist. Ob man jemand anderen, dadurch dass man die eigenen Gefühle nach außen kehrt, verletzt. Auch hier der utilitaristische Ansatz: Was bringt es? Nehmen wir an, ich bin schlecht gelaunt. Dann muss ich versuchen, diese schlechte Laune zu beherrschen. Wenn mir das nicht gelingt, kommt es immer wieder zu einem Desaster. Mit anderen Worten: Jemand wird verletzt. Und das ist schlecht.

Deswegen muss ich immer versuchen, nicht ungeduldig zu sein, auch wenn es gerade nicht mein Tag ist.

Wenn man wirklich etwas Schweres auf dem Herzen hat?

Gut, nehmen wir an, meine Schwester hat mich beleidigt. Oder auch – das passiert ganz oft – meine Kinder fühlen sich durch mich verletzt, weil ich wieder einmal wie eine Eisenbahn über sie drüberrattere, ohne zu merken, dass sie ja ohnehin versuchen, mir alles recht zu machen. Dann bemühe ich mich, möglichst den passendsten Moment zu finden, an dem man sich aussprechen kann.

Um noch eines anzuschließen: Wenn schwierige Gespräche anstehen, sag ich zu meinem Schutzengel: »Zeig mir bitte den Moment, wann ich loslegen soll. Gib du mir das Zeichen.« Oft bringt man ganz wichtige Themen zum falschen Zeitpunkt vor. Um den richtigen Moment zu erwischen, an dem die Leute auch empfänglich sind, braucht man Intuition. – Und die hat man einfach nicht von sich aus.

Sie haben nun schon mehrfach von den Engeln gesprochen. Was ist das für eine Beziehung?

Als wir klein waren, haben wir das doch alle noch gelernt: Jeder von uns hat einen Engel. Der ist für einen zuständig und steht einem ständig zur Verfügung. Wir sehen ihn nicht, aber *er* hört und sieht uns. Und wenn man mit ihm spricht und ihn ins Leben einbindet, kann er einem sehr helfen. Eine wunderschöne Geschichte, oder? Für meine alte Tante waren die Engel eine feste Größe, was mich sehr beeindruckt hat. Ich glaube auch ganz fest daran.

Einen Schutzengel zu haben, der mir sogar Ratschläge geben kann – klingt verrückt.

Aber ich erlebe es andauernd. Gerade auch in Zeiten, wo es darum ging, mit meinem Mann schwierigste Probleme zu bewältigen; Dinge, die das Schicksal des Hauses Thurn und Taxis entscheidend beeinflussen konnten. Da war ich ganz stark darauf angewiesen, den richtigen Moment zu erwischen, um bei meinem Mann auf offene Ohren zu stoßen, um mit ihm reden zu können. Ohne die Engel wäre mir das nie gelungen. Und ich habe noch nie einen schlechten Tipp bekommen …

Beim Verkauf Ihrer HypoVereinsbank-Aktien war der Tipp offenbar nicht ganz so gut – zu früh ausgestiegen.

Ja, aber ich finde auch nicht, dass so etwas in die Zuständigkeit der Engel fällt. Man kann ja wohl schlecht den lieben Gott darum bitten, dass er mich reicher macht. Das wäre ja noch schöner.

Wir haben von Ihren guten Eigenschaften gesprochen, kennen Sie auch Ihre schlechten?

Natürlich. Ich hab viele schlechte Eigenschaften. Aber wir sind doch hier nicht im Beichtstuhl, oder?

Kann man als Unternehmerin sagen: Geld ist mir nicht wichtig?

Es muss fürs Unternehmen wichtig sein, aber nicht für einen selbst. Wenn man wirklich gut ist, muss man in der Lage sein, ein prosperierendes Unternehmen zu leiten und sein Haus aufblühen zu lassen. Man muss es fertig bringen, der Familie ein schönes Leben zu ermöglichen, mit bester Erziehung – aber man darf dem schnöden Mammon nicht so weit verfallen, dass er einen beherrscht. Man darf keine Konzessionen eingehen, indem man mit jemand, der nicht ganz koscher ist, Geschäfte macht, nur weil sie so lukrativ erscheinen. Wenn man es dennoch tut, gibt es immer einen Rückschlag. Genau wie beim Roulette muss man wissen, wann der Einsatz zu hoch wird und wann man sich zurückziehen muss. Das klingt leicht, aber auch mir fällt es immer wieder schwer, die Grenzen zu erkennen und nicht übermütig oder gar gierig zu werden.

Klingt anstrengend.

Jeder von uns kennt doch seine Schwächen. Das ist wie mit dem Körper. Wenn du spürst, dass der Bauch ein bisserl schwabbelig wird, muss man etwas dagegen tun.

Sie sind ungewöhnlich selbstkritisch in diesen Dingen.
Ich lebe schließlich in einer Familie, in der mir Kritik nicht erspart wird. Von meiner Schwester. Von meiner Mutter. Auch von meinen Kindern. Das ist ja das Tolle, wenn man nicht alleine ist, sondern in einem sozialen Verbund lebt. Man kann sich da nicht so leicht irgendwelche Spleens aneignen.

Bitte ein Beispiel für Ihre Spleens.
Mein größter Spleen ist mit Sicherheit mein übertriebener Ordnungs- und Sauberkeitsfimmel. Ich ertrage keine vollen Aschenbecher, herumstehende leere Gläser, abgegessene Teller oder sonst irgendwelchen Dreck. Mit dieser Unart ecke ich natürlich öfters an, vor allem im Kreis meiner Familie, die mich damit auf den Arm nimmt.

In einem Wortstreit mit meiner Freundin Eva sagte sie mal zu mir: »Wenn du nicht sofort aufhörst, dann trage ich von draußen Erde ins Zimmer und du darfst sie nicht wegkehren, weil ich den Besen verstecke.« Da mussten wir natürlich sehr lachen, denn damit ist mein Spleen wirklich auf den Punkt gebracht. Sie hatte sich genau die richtige Drohung für mich ausgedacht.

Was kritisiert Ihre Mutter heute noch an Ihnen?
Dass ich zu wenig an die anderen denke, zu egoistisch bin.

Und damit können Sie etwas anfangen?
Ja, natürlich. Und Gott sei Dank werde ich ja auch gelobt, dass es viel besser geworden ist. »Hey, Gloria«, heißt es dann, »das hätte ich ja gar nicht von dir gedacht. Wahnsinn, was ist denn los?« Und dann sag ich spaßeshalber: »Ja, liebe Leute, dass ich jeden Tag in die Kirche renne, das muss sich doch auch irgendwie bemerkbar machen.«

Sie meinen, wenn Sie in die Kirche gehen, müssten Sie ein geschärftes Bewusstsein dafür bekommen, was falsch und richtig ist?
Unbedingt. Ein guter Priester sagte mir einmal, wenn Sie wirklich in Ihrem Leben etwas ändern wollen, substanziell, und auch

der Versuchung besser widerstehen möchten, dann müssen Sie die Sakramente öfters empfangen. Und zwar regelmäßig, anders geht es nicht. Natürlich bin ich im Kreis meiner Freunde deshalb schon belächelt worden. Aber mir hat es wirklich sehr geholfen, mein Leben besser in den Griff zu kriegen und zu ordnen.

Seit meine alte Tante nicht mehr lebt, möchte ich in ihre religiösen Fußstapfen treten. Sie wusste alle Feiertage, kannte jeden Tages-Heiligen und konnte jedwede religiöse Frage auf einfache Weise beantworten. So möchte ich auch einmal werden.

In unserer neuheidnischen Welt ist dieses Wissen weit gehend verschwunden, die spirituellen Ressourcen unserer Gesellschaft nehmen deutlich ab. Sie meinten dagegen einmal: »Wenn man den Luxus dieses Geheimnisses Glauben erkannt hat, schuldet man es dem lieben Gott, auch mal ein Opfer zu bringen ... und man begreift, wie schön es ist, die Kraft zum Glauben zu besitzen. Dann ist man automatisch religiös, einfach aus Dankbarkeit.«

In jungen Jahren kommt ja bei vielen, wie bei mir auch, eine ganz lange Phase, in der das Religiöse zur Last wird. Man denkt: Es sind einfach übernommene Konventionen, mehr nicht. Das gehört vielleicht zur Familie, zum guten Ton, das macht man so – aber es hat nicht wirklich eine Bedeutung.

Hinzu kommt, wenn man schlecht lebt, etwa mit Drogen, mit den ganzen Vergnügungen und Oberflächlichkeiten, ist das mit ernsthafter Religiosität nicht mehr kompatibel. Der Glaube an Gott mag dann zwar noch vorhanden sein, aber er ist lästig. Und er wird aus diesem Grunde erst mal ein bisschen beiseite geschoben. Nach dem Motto: »Das mach ich, wenn ich Zeit hab. Jetzt will ich mich erst mal ungeniert amüsieren.«

Es gibt ein Apostelwort, das den Lebensstil von Christen verdeutlichen soll. In einem Brief des Apostels Paulus an die Epheser heißt es: »Über eure Lippen komme kein böses Wort, sondern nur ein gutes, das den, der es braucht, stärkt, und dem, der es hört, Nutzen bringt.« Und weiter: »Jede Art von Bitterkeit, Wut, Zorn, Geschrei und Lästerung und alles Böse verbannt aus eurer Mitte! Seid gütig zueinander, seid barm-

herzig, vergebt einander, weil auch Gott euch durch Christus vergeben hat.« Klingt gut, aber für heutige Ohren gleichzeitig auch ganz fremd.

Bei mir war es so, dass ich eigentlich erst ab dem Zeitpunkt, als ich schwierige Aufgaben zu bewältigen hatte, gemerkt habe, wie viel Glück ich in Wirklichkeit habe. Als ich erkannte, dass ich im Grunde tief im Soll bin, habe ich allerdings auch angefangen, kleine religiöse Opfer zu bringen. Diese kleinen Opfer haben letztlich dazu beigetragen, dass ich auf spielerische Art und Weise, ohne dass ich es wirklich gemerkt habe, ein viel freierer, viel offenerer, viel zugänglicherer Mensch wurde. Ich habe dabei gelernt, Dinge zu erkennen, Menschen zu erkennen. Ich will nun nicht sagen, ich könnte alles erkennen oder ich sei jetzt ein durch und durch glücklicher und guter Mensch, aber es ist wesentlich besser geworden in meinem Leben. Ich amüsiere mich besser. Ich freue mich auch mehr am Leben. Ich kann sogar sagen, heute bin ich am Höhepunkt meines Glücklichseins. Und das, glaube ich, hängt schon auch mit der Hilfe des Glaubens, der Hilfe durch die Sakramente zusammen.

Nie zuvor hat eine Gesellschaft einen Wohlstand erreicht, wie wir ihn heute genießen können. Wir können sogar Satelliten in Umlauf bringen und vom All aus Autos dirigieren. Aber wir haben paradoxerweise gleichzeitig einen Grad an Verflachung erreicht, der jede andere Epoche beinahe schon als Hochkultur erscheinen lässt. Vermutlich gibt es einen Zusammenhang zwischen dem Niedergang des Glaubens auf der einen, und dem Verfall von Werten auf der anderen Seite.

In früheren Jahren hätte ich mich aus der gesellschaftlichen Debatte komplett herausgehalten. Man kann ja auch die Ansicht vertreten, dass man sowieso nichts mehr ändern kann. In diesem Zusammenhang hat mich erneut eine meiner Tanten sehr beeindruckt. Sie war Benediktinerin in einem Kloster am Ende der Welt, irgendwo an der Grenze zwischen Österreich und Slowenien. »Hör zu, du bist oft in der Zeitung«, sagte diese Tante zu mir, »aber ich lese von dir nur, dass du mit roten Haaren durch die Gegend läufst, das neueste Motorrad fährst und die teuerste Kleidung trägst. Aber das kann es doch nicht sein. Du musst auch zusehen, dass du, wenn du schon so eine Berühmtheit bist, irgendetwas tust, was dir wichtig ist. Du kannst nicht nur oberflächlich sein, sonst verpuffst du. Du verschwendest dich.« Das hat mir zu denken gegeben.

Ist es zum Teil Feigheit, dass wir die Fehlentwicklungen, die in den Wohlstandsjahren gewachsen sind, nicht genauso hinterfragen, wie wir es mit den früheren Tabus der Gesellschaft gemacht haben?

Es gibt natürlich Themen, über die will man heutzutage nichts hören, und wer es wagt, diese Themen anzusprechen, wird beschimpft. Das ist wie früher bei Mao in China. Da gab es die so genannte Volksbeschimpfung. Dafür wurden eigens Leute engagiert, die jemanden, der nicht auf Linie war, öffentlich an den Pranger stellten und angebrüllt haben. Bei uns ist das heute manchmal ganz ähnlich. Wer auf Fehlentwicklungen hinweist, wird denunziert, aber umgekehrt ist die Gesellschaft nicht bereit, sich allumfassend zu hinterfragen.

Nehmen wir die Familie. Jahrelang wurde als Leitbild propagiert, wie verrückt für seine Karriere zu arbeiten und sich in der übrigen Zeit wild auszutoben. Die Ehe wurde verunglimpft, und wer dennoch heiraten oder Mutter sein wollte, galt als hoffnungslos altmodisch. Was hat das gebracht? Ein Heer von Millionen von Schlüsselkindern, die heute große Probleme haben. Ich kenne viele Beispiele hierfür, von Leuten, die sich für Projekte mit schwer erziehbaren Kindern engagieren. Diese Kinder kommen nicht gerade aus sozial schwachen Verhältnissen, sondern aus Familien, wo beide Eltern gut verdienen. Aber kein Mensch hatte Zeit, sich wirklich auch in der frühen Kindheit um sie zu kümmern. Und der Staat hat nichts getan, im Gegenteil. Dabei wäre die einzige richtige und langfristig wertvolle Antwort auf diese Entwicklung gewesen, die Familie wesentlich besser zu fördern.

Ein anderes absolutes Tabuthema sind alte Leute. Die wenigsten von uns wissen, wie es heute in einem Altersheim zugeht: dass hier Menschen ganz alleine nur noch auf ihren Tod warten. Und diese Leute haben auch keine Lobby. Wie gefährlich das ist, sehen wir bereits in Belgien und Holland, wo ganz offen Euthanasie propagiert wird. Wenn das forciert wird, kommen wir tatsächlich zu einem Wendepunkt, an dem man von einer gescheiterten Moderne sprechen muss. Noch sind wir nicht so weit. Aber wenn der Mensch selbstherrlich bestimmt, wann geboren und wann gestorben wird, wenn diese beiden Elemente in die freie Verfügung des Menschen kommen, in einer Gesellschaft, die sich von Gott getrennt hat – dann ist das Unglück programmiert.

Heute werben zunehmend auch dem Christentum eigentlich fern stehende Menschen wie Jürgen Habermas, ein Soziologe der linken Schule, dafür, unsere Moralbegriffe nicht von ihrem »religiösen Gehalt« zu trennen. Nur so könne man ihrer Entleerung entgegenwirken. Der Staat selbst oder eine auf die reine »Vernunft« basierende Gesellschaft könnten ohne religiöse Grundlagen schließlich keine ethischen Werte konstituieren und bewahren.

Das ist genau der Punkt. Um bei meinem Beispiel zu bleiben: Dass Liebe und Familie eine Einheit sind, dass das auch als Investition für das Leben gesehen werden muss, wird nicht mehr propagiert. Man mag darüber lächeln, aber als Konsequenz aus der Entwicklung zur Vereinzelung fürchte ich, dass irgendwann einmal Menschen regelrecht hingerichtet werden, weil niemand mehr Lust hat, für sie aufzukommen. Da wird es dann heißen, na ja, die leben ohnehin nur noch stumpfsinnig vor sich hin, kennen ihren Namen nicht mehr, müssen zudem auch noch eine Krankheit erleiden. Wer schützt diese Leute dann vor einer Gesellschaft, die keine Skrupel mehr kennt? Wird man dann nicht ganz lockere Rahmenbedingungen für Euthanasie schaffen? Nach der Devise: Wenn jemand nicht mehr weiß, wie spät es ist, wenn jemand nicht mehr selber zur Toilette gehen kann, wenn jemand Schmerzen hat – dann darf man die Euthanasie in Betracht ziehen.

Sie übertreiben.

Wenn Sie heute hören, unsere Renten sind nicht sicher, weil wir einen Berg von alten Leuten finanzieren müssen, ist offensichtlich, dass hier eine Lösung gefunden werden muss. Und man kann nur hoffen, dass diese Lösung nicht Euthanasie heißen wird. Dann sind Sie als armer Mensch alleine schon deshalb gefährdet, weil niemand mehr für Sie zahlt. Und wenn Sie reich sind und die Nachkommen möchten ans Erbe, dann haben Sie auch ein Problem.

Es wundert mich dennoch, dass Sie so pessimistisch in die Zukunft schauen.

Ich bin trotz allem fröhlich und freu mich am Leben. Aber ich verschließe nicht die Augen. Erinnern Sie sich, wie Abtreibung angefangen hat? Da ging es zunächst auch nur um den einen oder anderen »problematischen Fall«. Heute ist Abtreibung etwas ganz Selbstverständliches. »Es« wurde weggemacht, heißt es dann. »Es«, das hört sich nach einem Geschwür an, nach etwas, das stört. Und niemand denkt mehr nach – außer so alte, spinnerte Katholiken wie wir –, dass das »Es« schließlich ein Mensch ist.

Ich habe jetzt noch nicht die große apokalyptische Angst. Mir hat allerdings ein Arzt aus Holland unlängst erzählt, dass die Familie einer sterbenden Frau im Krankenhaus darum gebeten hat, den Euthanasietermin um 14 Tage zu verschieben, weil sie ihren Urlaub schon geplant hätten. Verstehen Sie? Wenn man solche Dinge hört, dann wird einem schlagartig bewusst, dass es hier eben nicht nur um die alte Frau geht, die an Altersdepressionen leidet.

Vielleicht ist das Unbehagen an unserer Kultur heute ohnehin längst größer, als man gemeinhin annimmt. Blätter wie »Der Spiegel« fragen in Titelgeschichten plötzlich wieder, wo sind die Werte und Tugenden der westlichen Gesellschaften abgeblieben?

Klar, die brüllen das gerne als Headline in den Wald rein, jeder liest das, ist betroffen – »stimmt«, »schrecklich« –, aber wenn es darum geht, dies zu Hause umzusetzen, dann hat keiner wirklich Lust dazu. Ich glaube, wir machen alle zu wenig – und vielfach auch das Falsche. Wenn nun beispielsweise in vielen Ländern der

Religionsunterricht abgeschafft wird – wo wollen Sie denn dann den Kindern vermitteln, warum man gut zueinander sein soll, warum man sich gegenseitig helfen soll, warum der Schwächere einen bedeutenden Platz in der Gesellschaft hat? Ethik alleine ist für mich eine Hülle ohne Inhalt. Sie mag sinnvoll sein, aber sie ist für sich genommen noch kein Fundament. Die Experimente wurden ja gemacht. Man hat es in der Nazizeit gesehen, in der Sowjetunion und auch bei Mao. Es reicht eben nicht aus, mitmenschliches Verhalten gewissermaßen aus Systemgründen zu propagieren, ohne jeglichen höheren Bezug. Das einzig Heilige bleibt dann am Ende der Zweck, der alle Mittel für gerechtfertigt hält. Ich glaube, man sollte einmal genauer hinsehen, was überall da, wo Religion verboten wurde, aus dem Land und aus den Leuten geworden ist.

Ein Beispiel für ein neues Denken ist der amerikanische Autor Jedediah Purdy, Jahrgang 1974, interessanterweise ein Spross alternativ inspirierter Eltern. Viele würden, so Purdy, auf die Entzauberung unserer Welt nur noch mit Ironie oder offenem Zynismus reagieren. Wichtig sei jedoch, wieder zurückzufinden zu Aufrichtigkeit, echtem Mitgefühl und Verantwortung. Gerade darin lägen die neuen, die wirklich großartigen Möglichkeiten unserer Zeit.

Das ist jetzt eine Stimme von einem guten, viel gelesenen Autor. Aber er wird die Entwicklung nicht aufhalten. Wenn die Menschen nicht wach werden und nicht jeder für sich sagt, okay, bei mir zu Hause muss sich was ändern, ich red mit meinen Kindern, ich red mit meiner Frau, wir müssen umdenken, wir sind in die falsche Richtung gelaufen – wenn man das nicht tut, dann gibt es, denke ich, wirklich einen Grund, pessimistisch zu sein.

In diesem Zusammenhang noch kurz zu einem anderen Punkt: Vor einigen Jahren wurden Sie eingeladen, bei einer Talksendung zum Thema »Wertewandel in unserer Gesellschaft« zu sprechen. Sie wollten aufrütteln – und hinterher ging tatsächlich ein gewisser Ruck durch Deutschland. Sie erinnern sich?

Der berühmte Schnacksler.

Genau. Es ging um das Thema Aids. Hier der Wortwechsel aus der Sendung »Friedman« vom 9. Mai 2001:
Fürstin Gloria: »Afrika hat die Probleme nicht wegen der Verhütung. Der Schwarze schnackselt halt gern.«
Michel Friedman: »So weit ich weiß, schnackselt der Weiße auch gern.«
Fürstin Gloria: »Aber da, wo es wärmer ist, schnackselt man noch lieber ...«
Zunächst: Woher kennen Sie überhaupt diesen Ausdruck, selbst in Bayern ist er kaum noch gebräuchlich.

Zunächst einmal: Friedman hatte den Papst beschuldigt, er wäre für die Aids-Epidemie in Afrika mit verantwortlich. Da war ich dann wirklich schon auf 180. Ich habe mich provozieren lassen. Hätte mir nicht passieren dürfen.

Natürlich wollte ich niemanden beleidigen oder herabsetzen. Nach der Sendung habe ich allerdings stapelweise Briefe von Ärzten und Entwicklungshelfern aus Afrika bekommen. Tenor: »Es ist genau so, wie Sie sagten.« Zum Thema selbst möchte ich anmerken: Für die katholische Kirche gilt nun mal die Zeugung von Kindern als der Höhepunkt der gemeinsamen Liebe von Mann und Frau. Dass wir Menschen das nicht immer so umsetzen können, ist eine andere Sache. Fest steht aber, dass der Geschlechtsakt am schönsten, am edelsten ist, wenn damit ein Kinderwunsch verbunden ist. Das ist im Grunde ja auch nicht schwer zu verstehen. Wir sehen es bei Millionen von jungen Ehepaaren, die sich sehnlichst ein Kind wünschen. »Oh, ich hoffe, ich werde bald schwanger«, heißt es dann, »wir wünschen uns so sehr ein Kind.« Dann wird das erste Bild vom Ultraschall angeguckt, und man merkt, wie die Leute sich freuen über einen vierzehn Tage alten Embryo im Bauch. Hier ist »Es« dann plötzlich ein Baby und kein »Zellhaufen« – weil es willkommen ist.

Wohlgemerkt: Wenn wir Menschen uns verlieben und unseren Gelüsten freien Lauf lassen, vielleicht weil auch ein bisserl Alkohol im Spiel ist, und wir geben uns sexuell hin, dann ist das unser Bier. Der Papst sagt allerdings, aus katholischer Sicht ist das nicht richtig. Aber niemand muss sich, weil der Papst das sagt, in seinen persönlichen Rechten beschnitten fühlen.

Ich meine, wenn der Papst es wagt, zu sagen, der Geschlechtsakt ist der Höhepunkt der Liebe für Mann und Frau, wenn er mit einem Kinderwunsch einhergeht, er ist das Größte, was die Liebe bieten kann – also hier begreife ich wirklich nicht, warum das anstößig sein soll. Und erst recht nicht, warum das für die Ausbreitung von Aids verantwortlich sein soll. Das Gegenteil ist doch richtig. Gerade die partnerschaftliche Treue ist der Garant dafür, die tödliche Infektion zu verhindern.

Jetzt noch mal zu der Frage: Woher kennen Sie den Begriff »schnackseln«, den Sie mit Ihrem Auftritt wieder neu in den deutschen Sprachgebrauch eingeführt haben?
Hm, das ist doch ganz bekannt, das Wort.

Am fürstlichen Hof rätselt man darüber.
Das kann ich mir nicht vorstellen. Die Leute sind scheinheilig, haha. Die wissen nicht, was schnackseln heißt? Jeder weiß, was schnackseln ist.

Hat es Sie verletzt, als Friedman Ihnen vorwarf, früher ein sinnloses Leben geführt zu haben?
Nein, denn er ist nicht die Autorität, die über Sinn und Unsinn meines Lebens urteilen kann. So etwas trifft mich viel eher, wenn es beispielsweise von meiner Mutter käme. Der Friedman provoziert, das ist sein Job. Wir haben ja hinterher sehr nett zusammen abendgegessen und uns sehr gut verstanden. Dass er vor der Kamera alle Register zieht, damit es eine gute Show wird, das gehört dazu. Ich hätte mich nicht provozieren lassen dürfen. Das war dilettantisch und dumm von mir.

KAPITEL II

Das Schloss

1 Der Fürst und das Mädchen

Wir schreiben die Jahre 1978/79. Der Streit um den NATO-Doppelbeschluss treibt in Deutschland hunderttausende von Friedensdemonstranten auf die Straße, die Grünen erobern erstmals Sitze in den Landesparlamenten. Boris Becker macht Tennis zum Trendsport und an ihren Fernsehgeräten begleiten die Deutschen die Eskapaden einer gewissen Familie Ewing in Dallas.
Die junge Gräfin Gloria von Schönburg hatte in München die Nacht zum Tag gemacht, der Job in der Galerie ist weg, das Leben irgendwie in eine Sackgasse geraten. Gemeinsam mit den Eltern überlegt sie nun, eine Ausbildung in der Schauspielschule zu beginnen. Der Aufnahmeantrag ist bereits gestellt – aber manchmal ist es, als habe sich das Schicksal plötzlich auf einen ganz anderen, neuen Punkt fokussiert, und dann ist es eine einzige Minute, in der sich entscheidet, wie man forthin an seiner eigenen Geschichte weiterschreibt.

Fürstin, können Sie sich an den Tag erinnern, als Ihnen im Münchner Gasthaus »Bratwurstglöckl« am Dom zum ersten Mal Johannes von Thurn und Taxis erschien?
Wir waren eine ziemlich große Gruppe, ungefähr 15 Personen, und saßen beim Frühschoppen zusammen. Ich hatte Johannes zuvor noch nie gesehen. Ich kannte allerdings seinen Neffen, den Johannes Schönborn, der damals mit meiner Cousine, der Prinzessin Fürstenberg, verheiratet war. »Schau, das ist mein Onkel aus Regensburg«, sagte er ganz beiläufig. Johannes hatte mich gar nicht bemerkt, und mir fiel eigentlich auch nur auf, dass dieser Mann einen ziemlich alten Pullover trug, der an den Ellen-

bogen ganz abgewetzt war. Na gut, etwa drei Monate später, ich sitze wie fast immer am Nachmittag mit meinen Freunden im »Café Reitschule« am Englischen Garten, wir überlegen, was wir abends anstellen könnten – kommt plötzlich der Johannes von Thurn und Taxis durch die Tür spaziert, zwei Bodyguards im Schlepptau. Ich bemerke, wie er seinen Blick ins Lokal schweifen lässt, auf der Suche nach bekannten Gesichtern, und rufe ihm gleich zu: »Komm, setz dich doch zu uns.«

Sie waren gleich per du?

Na ja, in unseren Kreisen duzt man sich schon, wenn man sich nicht ganz fremd ist. Schließlich ist er der Onkel des Mannes, der meine Cousine geheiratet hat. Er setzt sich tatsächlich zu uns an den Tisch, bestellt sein Weißbier, wir kommen ins Ratschen, und es ist, als ob die anderen gar nicht mehr vorhanden wären. Als wir irgendwann loswollen, um ein Konzert mit Supertramp anzuschauen, meint Johannes: »Warum kommt ihr nicht mit mir?« Er hatte keine Lust, sich uns anzuschließen, und lud uns stattdessen alle zum Abendessen ein. Mir war das nicht unrecht, aber die beiden anderen hatten sich schon auf Supertramp gefreut. »Okay, ich bleib bei dir«, sagte ich spontan. Im Grunde war das bereits der wunderbare Beginn unserer Beziehung. Wir gingen in sein damaliges Lieblingslokal, den Italiener an der Tivolibrücke, und haben uns auf Anhieb sehr, sehr gut verstanden.

Welchen Eindruck hatten Sie von ihm, fanden Sie ihn gut aussehend, attraktiv?

Ich fand ihn faszinierend. Er zog natürlich alle Register, mit denen er eine junge Lady wie mich beeindrucken wollte. Der Mann erzählte also von seinen vielen Reisen und dass er schon in Indien gewesen war und dass er selber filmt, solche Dinge eben.

Er hat ein bisschen angegeben?

Nein, angeben war nicht seine Art. Er hat einfach interessant erzählt, und er hat mich mit dem, was er mir erzählt hat, auch wirklich gefesselt.

Er konnte gut unterhalten?

Fantastisch, er war der Erzähler schlechthin. Er konnte eine ganze Gruppe von Leuten fesseln. Aber auch ängstigen. Er hat das Unberechenbare geradezu gepflegt. Mir hat diese Seite allerdings überhaupt nicht imponiert. Für mich war er dann ein verwöhnter kleiner Junge. An diesem ersten Abend jedenfalls haben wir uns blendend verstanden und uns deshalb auch gleich für den nächsten Tag verabredet. Wir wollten was zusammen machen, Biergarten, irgend so was. Und von da an rief er mich, immer wenn er in München war – mal für vier Tage, mal für weniger –, immer wieder an. Mir hat das richtig Spaß gemacht. Johannes war einfach wahnsinnig unterhaltsam – und interessanter als alle meine anderen Freunde zusammengenommen.

Kam es Ihnen nicht seltsam vor, dass sich da ein älterer Herr zu Ihnen setzt und dann nicht wieder geht? Der Altersunterschied betrug immerhin 34 Jahre.

Nein, überhaupt nicht. Ich hab nur gemerkt, aha, da ist jemand, der hat offensichtlich Spaß an jungen Leuten. Also, da waren Jungs dabei, auch eine Frau, die schon immer mit ihm befreundet war. Die wurde jetzt natürlich ein bisschen eifersüchtig, als ich plötzlich immer mit an seiner Seite war.

Dieser Mann war ja auch nicht irgendjemand. Er galt damals als der mit Abstand reichste Junggeselle der Bundesrepublik.

Davon hatte ich keine Ahnung. Ich kannte ihn als den Onkel meines Cousins, und ich war auch keine Leserin von »Bild« oder »Bunte«, dass ich mich für so was interessiert hätte.

Man hätte Ihnen damals folgende Information vermitteln können: Sein ganzer Name lautet Johannes Baptista Jesus Maria Luis Miguel Friedrich Bonifatius Lamoral von Thurn und Taxis. Er besitzt Schlösser, Brauereien, Fabriken, Supermärkte, eine eigene Bank, ein gutes Stück vom Schwarzwald und eine 38 Meter lange Yacht aus Teakholz. Allein sein Schloss in Regensburg – mit einer Wohnfläche von 21 500 Quadratmetern, 480 Uhren, 20 Autos, 70 Bediensteten –

verschlingt 2,5 Millionen Mark Unterhalt im Jahr. Er gilt nicht nur als der größte private Latifundienbesitzer der Bundesrepublik, sondern ist auch Großaktionär, unter anderem bei der Bayerischen Handelsbank und bei der mächtigen Bayerischen Vereinsbank, in deren Aufsichtsrat er sitzt. Wie reich der Erbprinz von Thurn und Taxis wirklich war, ließ sich allerdings kaum exakt beziffern. Sehr konservativ geschätzt, hielten ihn Experten für einen drei-, vielleicht auch vierfachen Milliardär. Als Bargeld hätte sein Besitz stündlich 50 000 Mark Zinsen abgeworfen, umgerechnet 1,2 Millionen Mark am Tag. Der Fürst selbst war davon überzeugt, so ein Vermögen könne man »auf keinen Fall versaufen oder verhuren«. Man könne es, wenn überhaupt, »nur verdummen«.

Was Sie jetzt aufgezählt haben, das kann ich so nicht bestätigen. Zum Besitz des Hauses Thurn und Taxis gehörte eine Bank, zwei Industrieunternehmen in Pforzheim, natürlich auch sehr viel Wald – aber kein Schwarzwald, der gehört dem Fürsten Fürstenberg und nicht dem Fürsten Thurn und Taxis. Es gab Landwirtschaft, eine Brauerei, Wald in Amerika, Immobilien in Amerika, Wald in Kanada. Allerdings können Sie den Wert von Wald nicht so leicht bemessen, und er bringt vor allem nicht diese Zinsen; Landwirtschaft auch nicht. Die Industriebetriebe wiederum waren keine florierenden Unternehmen, sondern Firmen, die Verlust machten. Dieser spektakuläre Reichtum, der da geschildert wurde, war nicht so großartig, wie es klingt.

Ein armer Schlucker wird er schon nicht gewesen sein.

Er war kein armer Schlucker, aber er hat sich womöglich für reicher gehalten, als er in Wirklichkeit war. Ich hatte jedenfalls keine Ahnung davon und es hat mich auch nicht interessiert.

Hat es Sie nicht wie ein Blitz getroffen, nun diese Bekanntschaft zu machen? Was geht einem da durch den Kopf?

Für mich war nur interessant, wohin gehen wir aus, was machen wir Lustiges, wo fahren wir in den Ferien hin? Leuten mit Geld war ich bei der Edith Schmidt im Nachtclub vielen begegnet, das hat mich nicht sonderlich beeindruckt. Natürlich hat es mich gefreut, dass dieser von vielen doch sehr begehrte Mann ausgerechnet mich ununterbrochen zum Essen einlädt und mich offensichtlich ganz interessant und amüsant findet. Das hat mir Spaß gemacht. Und je länger ich mit ihm zusammen war, desto mehr hat er mir imponiert. Dass ich sogar regelrecht verknallt war, hab ich zum ersten Mal gemerkt, als er für vierzehn Tage von der Bildfläche verschwunden war und ich nichts mehr von ihm hörte. »Hoppla, wieso bist du traurig«, wunderte ich mich, »was ist denn mit dir los?«

Ließ er sich etwas einfallen?

Ja, er fragte eines Tages: »Was machst du an Neujahr? Lass uns doch zusammen nach Mexiko fliegen.« Ich war wirklich von den Socken und nach langer Zeit hab ich erstmals wieder meine Eltern involviert. Ich wollte wissen, was sie davon halten. Die Reaktion meiner Mutter war eigentlich vorhersehbar: »Muss das sein? Ich weiß nicht, ob das eine gute Idee ist. Warte doch lieber noch mal ab.« Mein Vater stand leider nicht zur Verfügung. Damals ging das gerade mit seiner Liebschaft los, die später seine Frau wurde.

Was waren denn die Vorbehalte Ihrer Mutter?

Natürlich hatte sie vom Johannes Thurn und Taxis schon einiges zu Ohren bekommen, und vermutlich waren das keine Dinge, die sie als besonders empfehlenswert erachtete. Vielleicht dass er ein Playboy war, nur auf sein Vergnügen aus. Meine Mutter hatte ganz einfach Bedenken. »Wenn er wirklich mit dir verreisen will«, meinte sie, »dann wird er dich später auch noch einladen.«

Warum haben Sie es ihr überhaupt erzählt?

Ich hatte ein Mitteilungsbedürfnis, und ich wusste, meinen Freunden hätte ich das schlecht sagen können, die wären natürlich eifersüchtig geworden.

Sie haben es verheimlicht?

Ich hab nichts gesagt. Ich hatte ja eigentlich keine richtigen Freunde, sondern nur Partyfreunde. Und Partyfreunde haben es immer ungern, wenn sich einer abseilt. Wenn ich angekommen wäre und gesagt hätte: »Passt auf, ich häng ab jetzt mit dem Johannes von Thurn und Taxis rum«, hätten die den ja nur schlecht gemacht. Ganz für mich behalten konnte ich diese Geschichte aber natürlich auch wieder nicht. Vor allen Dingen war ja zu entscheiden, ob ich fliege oder nicht fliege. Ich wollte das mit jemandem besprechen. Letztlich habe ich dann nicht nur meine Mutter eingeweiht, sondern auch noch meine Schwester.

Große Schwestern können sehr grob sein.

Sie hat mir nicht wirklich die Leviten gelesen, aber ich spürte, dass ihr das genauso wenig passte wie meiner Mutter. Deshalb war ich äußerst zurückhaltend. Ich selbst dachte mir: Mein Gott, es kann doch eigentlich nur eine gute Erfahrung werden. Ich will nichts von ihm, er will nichts von mir – da kann mir gar nichts passieren.

In seiner Umgebung hielt man den Prinzen freilich nicht für ganz so harmlos. Er galt als hochintelligent, aber auch als äußerst verwöhnt, zynisch und respektlos. Ganz berühmt waren seine skurrilen Scherze.

Er hat den Leuten immer geradeheraus gesagt, was er von ihnen hielt. Sicher, er konnte auch zynisch sein. Und wenn irgendjemand gemein zu anderen war, konnte er sehr böse werden. Er war im Großen und Ganzen ein sehr lustiger Mensch, aber ein Mann mit einer spitzen Zunge. Man musste immer Acht geben, was man sagte und wie man sich in seiner Gegenwart benahm.

Stimmt die Geschichte mit dem Abführmittel?

Ich erzähl Ihnen die Anekdoten, die ich aus seinem Mund kenne. In einer war er in England auf einem Schloss zur Jagd eingeladen. Im Bereich der Gästezimmer gab es nur ein Klo und ein Bad. Als abends im Salon der Cocktail gereicht wurde, gab er unbemerkt ein Abführmittel hinein, sperrte anschließend auf dem Gästegang die Toilette zu und freute sich kindisch, als die Leute alle in den Garten rannten.

Ein anderes Mal reiste er mit der PANAM nach Asien. Er hatte sich zuvor am Züricher Flughafen in einem Delikatessengeschäft einen schönen Fleischsalat gekauft. Ohne dass es jemand bemerken konnte, füllte er den Salat in den Brechbeutel, den ja jeder Passagier in seiner Sitztasche vor sich findet. Was passierte? Sobald mit dem Service begonnen wurde und die ersten Turbulenzen aufkamen, tat Johannes, als würde ihm schlecht werden. Damit die anderen Passagiere in der damals recht kleinen ersten Klasse sein Unbehagen auch wirklich bemerkten, bat er die Stewardess um eine extra Kotztüte, die er schließlich unbemerkt mit der vorher präparierten Tüte austauschte. Man kann sich vorstellen, wie eklig es sich angehört haben muss, als er plötzlich anfing, in die Tüte zu würgen. Der Höhepunkt war, als er die Stewardess auch noch bat, ihm einen Löffel zu bringen. Und mit diesem Löffel fing er tatsächlich an, seinen Fleischsalat aus der Brechtüte zu löffeln. Daraufhin musste sich sein Sitznachbar übergeben und dass den daneben sitzenden Leuten mittlerweile ziemlich schlecht geworden war, kann man sich denken. Und weil nun allen der Appetit gehörig vergangen war, konnte Johannes am Ende den Champagner und den dazu gereichten Kaviar ganz für sich alleine genießen.

Hat er sich manche Geschichten einfach nur so ausgedacht?

Ich weiß nicht, ob das alles wirklich passiert ist. In einer anderen Geschichte, die er mir erzählt hat, geht es um eine Frau Kustermann, die ihn sehr verehrt hat. Diese Frau hatte ein großes Aquarium mit den schönsten Fischen, die man sich nur vorstellen kann, auch eine wunderbare Sumatrabarbe mit schönen langen Fühlern. Frau Kustermann lud ihn also eines Tages zu einem Abendessen ein. Johannes kam gerade aus Brasilien zurück und brachte in einem großen Marmeladeglas einen Piranha mit. Frau Kustermann muss nicht so gut gesehen haben, auf jeden Fall hat sie sich über das Geschenk sehr gefreut. »Ach, mein lieber Prinz, wie geht es Ihnen?« Mein Mann sagte: »Frau Kustermann, ich hab Ihnen was Schönes aus Brasilien mitgebracht« und überreicht ihr das Glas. Frau Kustermann: »Ach, das ist ja ein niedliches Fischchen, das lassen wir gleich mal zu unseren Lieblingen« – und schmeißt den Piranha rein. Ich weiß noch, wie Johannes das erzählt hat. Er sagte, der Piranha schwamm in einer Mordsgeschwindigkeit durch dieses Riesenaquarium und inhalierte die Fische förmlich. Nur die

Sumatrabarbe hätte sich schnell unter dem Sand eingegraben. Der Piranha wäre über sie drübergeschossen und hätte mit seinen scharfen Zähnen die wunderbaren langen Fühler abrasiert. Innerhalb von wenigen Minuten waren die ganzen Fische jedenfalls aufgefressen. Natürlich war die arme Frau Kustermann sehr enttäuscht. »Ach, das ist aber ein temperamentvolles Fischchen, was Sie da aus Südamerika mitgebracht haben«, meinte sie nur noch.

Wie gesagt, man wusste nicht so genau, ob er sich diese Sachen vielleicht nur ausgedacht hatte.

Der Fürst war kein unbeschriebenes Blatt. Sein wildes Partyleben war in München Stadtgespräch. Er galt als mutiger Mann, geistreich und gebildet, aber durchaus auch mit ungewöhnlichen Neigungen. Er würde sich gerne, hieß es, in Begleitung hübscher Jungs im Jetset bewegen.

Er hatte ungeheuren Spaß an jungen Leuten und ungeheuren Spaß am Nachtleben. Er war sehr umtriebig – weil er eben alleine war. Wenn man alleine ist, dann ist man immer auf der Suche nach anderen Menschen. Ich hab sehr schnell gemerkt, dass er im Grunde genommen eine Bezugsperson braucht, die sich um ihn kümmert und sich ihm widmet. Er hatte schon damals viel getrunken und er bat mich nach kurzer Zeit sehr offen: »Bitte, bitte, lass mich nicht alleine. Ich brauche dich. Du musst mir helfen.« Und in Mexiko machte er mir ziemlich bald klar, dass ich die Frau bin, auf die er jahrelang gewartet hat, und dass er sich nichts sehnlicher wünscht, als ein Kind zu haben.

Sie waren bereit, ein neues Kapitel in Ihrem Leben zu schreiben.

Ja gut, wir kannten uns drei Monate. Ich hatte mir ja mittlerweile auch meine Gedanken gemacht. Ich wusste, dass dieser Mann etwas hatte, was mich faszinierte, was mich packte. Und je länger ich mit ihm zusammen war, desto mehr mochte ich ihn auch. Ich dachte mir, toll, da ist jemand, der fühlt genauso wie ich.

Wo in Mexiko verbrachten Sie denn Ihre Ferien?

In Acapulco. Wir hatten in dem Hotel, das er seit Jahren kannte, je ein eigenes Zimmer, dazwischen lag ein Salon. Ich hatte das

Gefühl, dass er mich auch ein bisschen testen wollte. Er kannte in Mexiko sehr viele Leute, auch den damaligen Präsidenten, und nahm mich auf alle möglichen Partys mit. Er wollte einfach sehen, wie bewegt sich dieses junge Ding, das er aus der »Café Reitschule« rausgeholt hatte, auf einem Jetset-Parkett.

Wurden Sie verlegen?

Nein, ich fand das fast blöd. Schließlich waren die Leute ja alle wesentlich älter als ich. Die Häuser fand ich interessant, aber ich hätte jetzt nicht gesagt, »das beeindruckt mich wahnsinnig.« Ich habe mich genauso bewegt, wie ich mich in München bewegt hätte. Es war ja nichts anderes. Das eine war halt deutscher Jetset und das andere amerikanischer. Wo ist da der Unterschied?

Anders wurde es, als Johannes sich entschloss, nicht gleich wieder nach Deutschland zurückzufliegen, sondern mir seine Farm in Brasilien zu zeigen. Die Ranch ist 56 000 Hektar groß. Es gab eine riesige Herde Kühe und vor allem riesige Felder, auf denen man mit Reisanbau experimentierte. »Ah, wo hast du denn dieses hübsche junge Mädchen her«, fragten ihn die Leute aus, »wer ist die denn?« Er hatte bis dahin ja auch noch nie eine Freundin mitgebracht. An der Art und Weise, wie mir die Menschen dann auf der Fazenda begegneten, konnte ich spüren, dass er sehr angetan von mir erzählt und sehr viel ernster über mich nachgedacht haben musste, als ich das zu diesem Zeitpunkt getan hatte.

Es war eine schöne Zeit. Manchmal, während die Männer rausfuhren, um sich das Vieh anzugucken, half ich der Frau des Verwalters in der Küche oder wir machten ein Essen. An anderen Tagen ritten Johannes und ich übers Land, schauten uns die Tiere an, saßen bei Sonnenuntergang auf der Terrasse. Wir waren ganz alleine, es gab keine Ablenkung. Wir redeten und redeten. Über Gott, die Welt, über seine Familie, über meine und auch darüber, wie ich aufgewachsen bin. Er sah, dass ich mich in der Natur wohl fühle. Und dass es für mich schön war, mit ihm in dieser Abgeschiedenheit zu sein, fast schöner als im Lärm und im Trubel Acapulcos.

Sie haben sich gegenseitig Ihr Leben erzählt?
Wir sind uns einfach wunderbar näher gekommen, spürten mehr und mehr Zuneigung füreinander. Er hat mich jeden Tag mehr entdeckt und ich hab ihn jeden Tag mehr entdeckt.

Gab es nun endlich das Doppelzimmer?
Nein, Johannes hatte auf der Ranch sein eigenes Haus auf dem Hügel. Wir haben getrennt geschlafen, aber wir sind uns natürlich schon näher gekommen. Wie gesagt, es war eine sehr stille, schöne, ruhige, einfache Atmosphäre auf dieser Farm. Mein Mann ist allerdings gewissermaßen im Sternzeichen »Kreuzfahrer« geboren, ein unruhiges Wesen, er konnte es eigentlich nirgends länger als eine Woche aushalten. Zehn Tage auf der Farm waren für ihn mehr als genug. Johannes wollte nach Rio de Janeiro. Das sei für ihn der Ort, sagte er, an dem er sich wirklich erholen könne.

Er hatte seine Plätze.
Und seine Stammlokale. Eines Tages machte er mich allerdings darauf aufmerksam, dass er in Rio eine Freundin habe, schon seit zwei, drei Jahren. Sie hätte ihm unendlich viele Briefe geschrieben, und er wüsste genau, dass er sie nun nicht irgendwie wegschicken könne. Ich würde dort also mit ihr konfrontiert werden und müsste mich schon mal darauf gefasst machen.

Sie haben keine Szene gemacht?
Nein, ich hab nie Szenen gemacht. Ich wusste ja, dass ich mich auf einen viel älteren Mann einlasse. Ich würde ihn nicht ändern können. Wenn mir etwas nicht gefällt, dann müsste ich damit fertig werden.

Der Flug nach Rio war unendlich lang. In Brasilien landet der Flieger mit Zwischenstopps in jeder größeren Stadt. Wir stiegen in Rio im »Copacabana Palace« ab, einem alten, gediegenen und wunderschönen Fünf-Sterne-Hotel. Bis dahin kannte ich lediglich ein einziges sehr elegantes Hotel, das berühmte »Marbella Club«, in dem mein Onkel Rudolf Schönburg, jüngerer Bruder meines Vaters, Direktor war. Auch das Hotel in Acapulco war sensationell, mit seiner riesigen Suite. Aber dieses brasilianische Grandhotel war eines der wundervollsten, das ich je betreten habe. Kein amerikanischer Abklatsch, sondern alt, ehrwürdig. Alles hatte Stil, vom Portier angefangen bis zu den Zimmermädchen, die so diskret über die Flure huschten. Von unserem Appartement aus hatten wir einen traumhaften Blick auf den Swimmingpool und den Strand, die berühmte Copacabana. Es war für mich so schön und unwirklich zugleich, als fände ich mich in einem Film wieder.

Johannes liebte es, am Strand durch den tiefen, schweren Sand zu marschieren und sich die Leute anzuschauen. Eigentlich konnte man im Meer bei diesen riesigen Brechern gar nicht schwimmen. Es war viel zu gefährlich. Aber der Strand war stets rappelvoll. Man benetzte die Beine, ließ sich ein bisschen vom Wellenschaum überspülen und ging spazieren.

Händchen haltend?

Nein, nein. Mein Mann hasste das. Zurschaustellung von Zärtlichkeiten in der Öffentlichkeit war ihm zuwider. Ich hab halt mein Hotelhandtuch ausgebreitet, mich gesonnt und was gelesen. Ich unterhielt mich mit den Leuten, lernte dabei gleich die Sprache – was meinem Mann unheimlich imponierte –, und er machte seine endlosen Strandspaziergänge. Alles war so wohltuend und angenehm, dass wir letztlich ganze vier Wochen in Rio blieben. Es war gut, dass ich nichts zu tun und richtig viel Zeit hatte.

Was wurde aus der Freundin?

Die Szene mit der Freundin war schrecklich. Eines Morgens komme ich aus dem Hotel und sehe, wie er mit diesem Mädchen auf der Straße neben seinem Auto steht und ihr irgendwas erklärt. Sie war etwa so alt wie ich. Ganz jung jedenfalls. Dunkle Haut, lange schwarze Haare, eine hübsche Frau. Johannes stellte uns einander vor – »das ist Eneda, das ist Gloria« – und meinte: »Kommt, nehmen wir einen Drink zusammen, gleich im Hotel am Pool.« Na ja, was soll ich sagen? Die Atmosphäre war eisig. Ehrlich gestanden hatte ich auch gar keine Lust auf Smalltalk. Ich saß da, schlürfte meinen Drink, sie war einsilbig, er war einsilbig und ich auch! Irgendwann sprach er mit Eneda und sagte das gemeinsame Abendessen, das ich nun wirklich nicht mitmachen wollte, wieder ab. Das Mädchen tat mir natürlich Leid. Immerhin hat sie sich einige schöne Tage erwartet, wenn nicht mehr. Aber sie ist dann nicht mehr wiedergekommen.

Was macht man, wenn man einen Erbprinzen kennen lernt? Geht man dann zum Friseur? Kauft man sich neue Klamotten?
Für neue Klamotten hätte ich ja gar kein Geld gehabt. Ich war arbeitslos und hatte kein Geld. Meine Schwester hatte sich bereits eine ganz gute Garderobe aufgebaut. Sie war ja auch viel häufiger eingeladen. Ich besaß ein Abend- und ein Cocktailkleid. Das war alles. Mein Gott, es war warm, man lebte am Strand, meine alten Klamotten reichten völlig aus. Als mir Johannes allerdings in Rio eröffnete, wir würden jetzt direkt weiter nach St. Moritz reisen, bin ich zunächst mal zusammengezuckt. »Also ich glaube nicht«, meinte ich zaghaft, »dass ich dafür die entsprechende Garderobe habe.«

Er hat Ihnen etwas gekauft.
Ja. Er sagte nur: »Ach, das ist das geringste Problem« und gab mir 10 000 Mark in die Hand. »Damit kannst du in St. Moritz zu Yves Saint Laurent gehen und dir ein paar schöne Cocktailkleider kaufen.« Na ja, mit 10 000 Mark kommt man natürlich nicht besonders weit.

Wie bitte?
Ja, leider. Ich war ja bis dahin selbst noch nie in so einem Laden gewesen, wo das günstigste Kleid 5000 Mark kostete. Dass ich für das viele Geld nur zwei Kleider raustragen konnte, hat mich richtiggehend geschockt. Als ich dann jedes Mal im roten Schottenrock, weißem Blüschen, einem dunkelblauen V-Ausschnitt-Pullover und einer weißen Perlenkette auftauchte, haben sich bestimmt viele das Maul zerrissen. So was ist eigentlich eine Ausrüstung für tagsüber, aber ich bin damit halt auch am Abend

herumgelaufen. Was sollte ich machen? Ich hatte ja effektiv nur die zwei Kleider, eines davon ein wenig futuristisch, und die wollte ich mir für größere Einladungen aufheben.

Was passierte dann?

Irgendwann machte mein Mann endlich eine Bemerkung: »Sag mal, wieso ziehst du jetzt schon wieder dein Astronautenkleid an?« – »Entschuldigung, aber das hat an die 5000 Mark gekostet.« An seinem Erstaunen war zu sehen, dass er über die Preislagen offenbar nicht ganz im Bilde war. Aber er blieb cool. »Okay«, meinte er nur, »dann geh ich mit dir einkaufen.« Letztlich kauften wir eine richtige Abendgarderobe, vielleicht fünf Kleider. Ich sah gar nicht hin, was die gekostet haben, und ich wollte es auch gar nicht wissen. Aber ihm war nun offenbar sehr daran gelegen, dass ich endlich anständig aussah.

Johannes nahm mich überall hin mit. Eine der ersten großen Partys, die ich mit ihm erlebte, war dabei der legendäre Ball, den Gilbert de Botton gab, damals bereits ein sehr erfolgreicher international operierender Moneymanager. Sein Fonds hieß »Global Asset Management«, und zu seinem Ball lud er Kunden und Freunde ein, die auf der ganzen Welt verstreut waren. An diesem Abend lernte ich auch Eliette von Karajan kennen. Der Maestro lebte noch, aber selbstverständlich ging er nicht auf diese Party.

Wieso ging Karajan da nicht hin?

Der hatte mit Gesellschaften nichts im Sinn; ihn interessierten nur seine Musik und seine Hobbys. Immerhin war er Jet-Pilot und Kapitän. Außerdem hatte er damals schon wieder den neuen Porsche 959. Wie gesagt, Gesellschaft, das war nicht sein Ding, aber seiner Frau gönnte er das. Eliette von Karajan saß neben meinem Mann, und nach dem Abendessen fragte sie mich sofort, ob ich die neue Freundin wäre und wie ich denn hieße. Ich war ganz brav und hab freundlich Auskunft gegeben: »Frau von Karajan, ich heiße Gloria Schönburg und bin die Nichte von Johannes.«

Wieso bitte waren Sie seine Nichte?
Ja, ich war seine Nichte. Ich war nicht seine Freundin. Ob im Hotel oder auf einer Party, egal, wo wir waren, es hieß: »Darf ich euch meine Nichte Gloria vorstellen.« Es hat ja auch gestimmt, wir waren ja entfernt verwandt.

Aber seine Nichte waren Sie nun wirklich nicht. Hat Sie das nicht gestört?
Nein, im Gegenteil, es war ja ganz in meinem Sinne.

Warum denn das?
Ich finde, alles muss ein Gesicht haben. Wenn er mich als seine Nichte vorstellte, war das keine Lüge. In unseren Kreisen ist ein älterer Herr, der aus derselben Klitsche kommt, ein Onkel. Ich sagte ja auch tatsächlich Onkel Johannes zu ihm. Bis er irgendwann meinte: »Hör mal, das Onkel lassen wir jetzt mal lieber weg.« Das war schon in München. Als wir anfingen auszugehen, haben wir es dann albern gefunden.

Er hat sich in St. Moritz ein bisschen geniert, dass er mit so einem jungen Mädchen unterwegs ist, und hat sich rausmogeln wollen; kann das sein?
Vielleicht. Jedenfalls erzählte ich Frau von Karajan, dass ich in München wohnen würde und aufgehört hätte, in die Schule zu gehen. Ich wüsste nicht genau, was ich als Nächstes machen solle, im Moment sei ich eben hier und genösse den Augenblick. Eliette sagte mir in ihrem schönen französischen Akzent, dass sie Johannes seit vielen Jahren kenne und ihr Mann mit ihm befreundet sei.

Es war ein schrecklicher Lärm in dem Nachtlokal. Sie brüllte richtiggehend. Auf einmal meinte sie, Johannes hätte sie soeben gefragt, ob er mich heiraten solle. Darauf hätte sie ihm geantwortet: »Wenn ich du wäre, hätte ich es schon gestern getan.« Das fand ich wahnsinnig nett von ihr und hab gschamig gelacht. Sie hat jedem erzählt, den sie gesehen hat: »Johannes hat mich gefragt, ob er sie heiraten soll. Ich hab ihm gesagt, er soll.«

In Ihrem schon erwähnten Benimmführer lernen wir auch einiges über das Flirten. Die eigentliche Kunst der Eroberung liege darin, schreiben Sie, das Richtige im richtigen Moment zu tun: »Ungeduld kann erwachende Leidenschaft im Keim ersticken.« Und weiter: »Eine Dame kann dem Mann allenfalls durch subtile Körpersprache Flirtbereitschaft und Zuneigung signalisieren.« Subtile Körpersprache am Anfang – war das so bei Ihnen?
Wenn, dann natürlich nur unbewusst. Mit 19 hat man das noch nicht drauf. Natürlich muss man dem Mann signalisieren, dass man ihn attraktiv findet. Dass man ihn gerne mag. Vor allem, wenn es jemand ist, der sehr höflich und zurückhaltend ist. Und das war bei meinem Mann der Fall. Ich hatte richtig Glück. Denn er war genau so, wie ein idealer Mann zu sein hat, jedenfalls nach dem Bild, das mir meine Mutter vorgezeichnet hatte.

Er war charmant, oder?
Er hat sich wirklich wahnsinnige Mühe gegeben, dieses junge Ding nicht zu verschrecken. In allem, wie er mir begegnet ist. Auch als er mir klarmachte, dass er mich auch sexuell begehrt. In dieser zurückhaltenden, schonenden, mir Zeit gewährenden Art und Weise – das war bei meinem Mann alles wunderbar. Ich hatte überhaupt keine Angst und fühlte mich zu keiner Zeit bedrängt.

Seine Art zu reden, sich zu geben, wie kann man das beschreiben?
Ich würde sagen, er war väterlich-freundlich, sehr liebenswürdig, sehr rücksichtsvoll. Aber er hat außer den Kleidern, die er mir kaufte, keine Geschenke gemacht. Diesbezüglich war er sehr zurückhaltend. Er ist nicht zum Juwelier gegangen, um mir sofort einen Ring zu kaufen.

Kein Frühstück bei Tiffany?
Nein. Ich glaube, er wollte mich in dieser Anfangsphase ein wenig testen. Er wollte sehen, ob ich bestimmte Erwartungshaltungen habe oder anfange, Ansprüche zu stellen. Vermutlich hatte er diesbezügliche Erfahrungen gemacht und den Komplex entwickelt, dass Frauen ihn nur wegen seines Geldes wollten. Mir

war es egal, ob ich nun bessere oder schlechtere Roben trug. Ich empfand schon die Reise nach Südamerika als ein riesiges Geschenk. Und dann noch St. Moritz! Ich durfte Ski fahren und im wunderschönen »Palace Hotel« wohnen. Das Frühstück wurde mir ans Bett serviert. Was will man mehr?

»Er war nicht nur sehr lustig«, sagten Sie über Ihren Mann, »er war ein Dadaist. Er hat nichts und niemanden ernst genommen, am wenigsten sich selbst, und zwar aus einer geistigen Souveränität heraus, die einzigartig war.«

Mein Mann war einer von jenen Menschen, die im Leben so ziemlich alles gesehen haben. Er hatte einen Blick für alle Dimensionen des Daseins. Für alle Farben, alle Schattierungen und Größenordnungen. Er hatte die ganze Welt bereist. Er meditierte beispielsweise, als er wegen der Regenzeit drei Monate auf den Fidschi-Inseln festsaß, mit buddhistischen Mönchen im Kloster. Er machte dies und das, hatte irrsinnig viel Erfahrung und hatte deswegen auch, na ja, ein bisschen was Respektloses gegenüber vielen Menschen, egal wie reich sie waren und welche Titel sie hatten. Negativ ausgedrückt könnte man sagen, er hatte, auf eine bestimmte Art, etwas Überhebliches. Die einzigen Leute, denen er etwas mehr an Respekt entgegenbrachte, waren Akademiker. Das lag an einem latenten Komplex, weil er selbst nicht studiert hat.

Hat es Ihnen nichts ausgemacht, dass der Prinz so viel älter war als Sie? Er hätte gut und gern Ihr Vater sein können.

Ich habe darüber nie nachgedacht. Es ist charakteristisch für mich, dass ich mir meine Umgebung nie nach dem Alter ausgesucht habe. Auch in München hatte ich Freunde, die wesentlich älter waren als ich. Gut, keiner von denen war 53 wie Johannes, aber für mich kam es immer auf den Menschen selbst an. Faszinierte er mich, dann spielte das Alter keine Rolle.

Fühlten Sie sich hingezogen zu älteren Männern?

Nein, so kann man das nicht verallgemeinern. Es war einfach dieser spezielle Mensch, der mich interessierte. Sehen Sie, ich hatte in meiner frühesten Kindheit auch eine ganz intensive Beziehung zu meiner Großmutter. Während alle anderen draußen spielten, saß ich stundenlang bei ihr am Bett und hörte mir ihre Geschichten an. Ich war nur glücklich, wenn ich bei meiner Großmutter sein konnte. Sie hat mich einfach fasziniert, als Person. Für mich war völlig unwichtig, wie alt sie war. Bei Johannes war es ähnlich. Er hat mich begeistert. Er hat mir seine Zuneigung und Aufmerksamkeit gegeben. Dadurch habe ich gelernt, diesen Mann zu lieben. Das Alter hatte keine Bedeutung mehr. Ich habe ihn so geliebt, wie er war.

Die getrennten Schlafzimmer hatten Sie nun offenbar aufgegeben.
Nein, wir hatten immer getrennte Schlafzimmer. Aber wir sind uns natürlich näher gekommen. Allerdings gab es da sofort ein Problem. Es lag darin, dass ich keine Verhütungsmittel nahm und auch noch nie welche genommen hatte.

Wie haben Sie das Problem gelöst?
Johannes sagte einfach: »Das macht nichts, wir heiraten doch.«

Das war sein offizieller Heiratsantrag?
Ja. Er sagte: »Ich wünsche mir sehnlichst ein Kind.« Aber das war natürlich genau der Punkt, an dem Johannes mich überreden musste. Er hat auf mich eingeredet: »Schau her, ich bin viel älter als du, und ich möchte gerne sicher sein, dass ich fruchtbar bin. Wir wollen doch sowieso heiraten, und es wäre doch ganz gut, wenn wir uns vorher ein bisschen kennen lernen.« Er hat mich also eingewickelt und eingelullt. Aber ich muss ganz ehrlich sagen, zu dem Zeitpunkt war ich auch schon so verliebt und mir auch sicher, dass er mich nicht im Stich lässt. Vor allen Dingen wünschte ich mir auch ein Kind von ihm. Und das war für mich das Ausschlaggebende, um Ja sagen zu können.

Wollte er auch einen Beweis dafür, dass es wirklich funktioniert hat?
Das war nicht sonderlich schwierig. Ich hab gemerkt, meine Regel bleibt aus, also muss ich schwanger sein. Fertig, aus! Als ich

ihm das erzählte, gab Johannes sofort von St. Moritz aus telefonisch nach Regensburg die Direktive, alles für seine Hochzeit vorzubereiten.

Wer hat von der Schwangerschaft gewusst?
Nur er und ich, niemand sonst.

Bis man es nicht mehr verschweigen konnte?
Manche haben es natürlich gesehen. Meinem Schwiegervater hat es meine Schwägerin Mafalda beigebracht.

Vor der Hochzeit?
Ja. Ist natürlich für eine katholische Familie nicht ganz einfach, ganz klar. Aber sie waren ja so froh. Trotzdem, es war schwierig, auch für meine Mutter. Mir war es peinlich ihr gegenüber, auch wenn sie sehr verständnisvoll reagierte. Denn das gehört sich ja nicht. Natürlich hat man im Schloss in Regensburg innerlich »hurra« geschrien. »Toll, es kommt ein Kind, er heiratet, es ist die richtige Frau und keine Mesalliance, sondern standesgemäß, katholisch, alles wie es ein soll!« Aber es war halt nicht so schön, dass es vor der Ehe passiert ist. Das hab ich im Übrigen auch selbst so empfunden.

Waren Sie eigentlich schon vorher mal im Schloss?
Nein. Das hätte Johannes nie gemacht. Das wäre ihm zu riskant gewesen. Der wollte niemanden vorstellen, bei dem er sich selber noch nicht sicher ist.

Können Sie sich an Ihren ersten Besuch erinnern?
Sehr gut. Johannes hat mich in seinem schönen, alten 600er Mercedes abgeholt.

Das ist diese Adenauer-Staatskarosse.
Ja, aber nicht die ganz lange, sondern die kürzere Version. Ich war ja zu dieser Zeit in Bogenhausen bei meinem Freund Rainer zu Gast.

Der Mann mit den Blumen, der Tag und Nacht gearbeitet hat. Nun steht da unten dieser 600er Mercedes. Mit dem Chauffeur. Mit dem Erbprinzen.
Nein, der Erbprinz war nicht dabei, es gab nur den Chauffeur. Ich habe mein Köfferchen gepackt und wir sind losgefahren.

Als Sie in Regensburg ankommen, sehen Sie zum ersten Mal dieses prächtige Schloss mit der Fahne auf dem Dach, die Tore tun sich auf, Leibdiener in Livree und weißen Handschuhen öffnen den Fond ...
Es war schon ein wenig wie im Film. Der Leibdiener wartete allerdings nicht in Livree, sondern im schwarzen Anzug. Es war schon ein etwas älterer Herr, der mir das Gepäck abnahm. Livree gab es nur bei besonderen Anlässen.

Hatten Sie Stöckelschuhe an?
Ich glaube nicht. Nein, ich bin nicht gestolpert. Man führte mich über die Treppen hinauf in den zweiten Stock. Es ging über einen langen Gang in ein Einzelzimmer. »Wir sehen uns um sieben Uhr im Salon«, sagte Johannes, »um halb acht essen wir.« So, dann hab ich mich erst mal umgeschaut, aus dem Fenster gesehen und mich gefragt: »Wo bin ich hier eigentlich?« Ich nahm ein Bad und machte es mir in dem Zimmer gemütlich. Als ich um sieben Uhr den Salon betrat, wartete Johannes bereits. Er sah sich die Nachrichten an. Wir haben ein bisschen ferngesehen, bis der Diener kam: »Das Essen ist serviert.« Der Diener machte beide Flügeltüren auf, wir gingen in das Esszimmer und hatten ein Diner tête à tête, nur für uns allein. Johannes meinte beim Essen: »Wir besuchen morgen meinen Vater, er wohnt im Südflügel, und wir essen mit ihm zu Mittag. Er würde sich sehr freuen, dich kennen zu lernen.«

Wie wurden Sie dem Fürsten vorgestellt?
Johannes sagte: »Das ist Gloria Schönburg.« Der Vater gab mir, wenn ich mich recht erinnere, einen Handkuss. Wir haben uns sofort blendend verstanden. Allerdings spürte ich, dass Johannes schnell wieder wegwollte. »Wenn du möchtest«, sagte ich zum Abschied, »komm ich dich noch mal besuchen, später.«

Sie haben auch ihn sofort geduzt?

Ja natürlich. Wir waren zwar nicht nah verwandt, aber in unseren Kreisen, zumal in katholischen Fürstenhäusern, duzt man sich ganz selbstverständlich unter Standesgenossen. Wäre ich aus einer protestantischen Fürstenfamilie gekommen, hätten wir uns vielleicht gesiezt. Jedenfalls war mir der Vater sofort sympathisch. Das Tolle war, dass er wie ich ebenfalls Ungarisch konnte, da seine Mutter Ungarin war, genauer gesagt als Erzherzogin von Österreich in Ungarn aufgewachsen ist. Die Mutter meines Mannes lebte damals schon nicht mehr. Auf dem Weg zurück in seine Wohnung erzählte mir Johannes, dass er sich mit seinem Vater nicht so gut verstehe und dass es ihm schwer falle, ihn zu besuchen. Trotzdem war er seinem Vater gegenüber sehr respektvoll und liebenswürdig, ich verstand daher seinen Hinweis nicht. Aber ich machte mir nicht weiter Gedanken darüber.

Vor Ihnen waren immer mal wieder auch andere Frauen auf dem Schloss – zum Beispiel Hetty von Auersperg, die der Erbprinz angeblich seinem Freund, dem Krupp-Erben Arndt von Halbach, überlassen hatte, und die er mit den Worten tröstete: »Sei froh, dass du den Arndt hast, das ist ein guter Botschen.*«

Dazu kann ich nichts sagen, das war lange vor meiner Zeit. Meine direkte Vorgängerin war eine sehr hübsche Schauspielerin. Sie hieß mit Künstlernamen Dietlinde Turban und heiratete später den Dirigenten Lorin Maazel.

Sie hatten keinen Horror vor der fürstlichen Familie? Immerhin gab es da noch zwei Schwestern, Mafalda und Clothilde.

Im Schloss lebten damals nur mein Schwiegervater und mein Mann. Mafalda war natürlich sofort neugierig auf mich. Sie kam aus München und wir haben uns auf Anhieb gut verstanden. Sie erklärte mir, wie sehr sie sich freue, dass ihr Bruder endlich eine adäquate Frau gefunden habe. Allerdings hat sie mich auch vor ihm gewarnt.

* Anm. d. Red.: ein bequemer Hausschuh

Wie bitte?

Ja, sie klärte mich darüber auf, dass Johannes mitunter sehr, sehr schwierig sei, dass er zeitweise Alkoholprobleme habe. Ob ich überhaupt wüsste, was da auf mich zukäme? Sie wollte mir einfach zu verstehen geben, dass das eine schwere Aufgabe sei. Schwer in jeder Hinsicht. Immerhin sei Johannes nicht nur wesentlich älter als ich, er sei auch ein Mann, der ein Vorleben und den das Leben sehr stark gezeichnet habe. Johannes und Mafalda waren Lieblingsgeschwister. Für sie war es sehr wichtig, dass ihr Bruder endlich Geborgenheit findet, um sein rastloses Leben zu beenden. Sie wollte mir das Gefühl geben, dass ich willkommen sei und Vertrauen zu ihr haben könne – auch für den Fall, dass ich es mir anders überlegen sollte. »Wenn es Probleme gibt«, meinte sie, »kannst du jederzeit zu mir kommen.«

Sie hatten den Prinzen aber nun, über Ihre monatelange Reise, von einer ganz anderen Seite kennen gelernt.

Natürlich. Er hatte sich mit mir auch sehr viel Mühe gegeben. Aber ich konnte auch sehen, dass er für sein Alter zu gerne ausging. Wenn schon mir, mit meinen 19 Jahren, klar geworden war, dass ich meine Lebensart ändern musste, um wie viel gehetzter und unruhiger musste dann erst dieser Geist sein, wenn er immer noch nachts in München um die Häuser zog? Ich wusste allerdings auch, dass er Hilfe brauchte. Das hatte er mir ja schon zuvor gesagt, wie sehr er mich braucht und dass ich bei ihm bleiben und ihm helfen soll. Ich war mir also durchaus bewusst, dass ich ihn nicht alleine lassen darf, wenn ich ihn liebe.

Haben so langjährige Junggesellen nicht auch gewisse Eigenarten herausgebildet?

Natürlich hatte er Eigenarten! Vor allen Dingen war er es gewöhnt zu kommandieren. Und das, was er angeschafft hat, das musste auch sofort umgesetzt werden. Das war einfach so! Auf einem langen Spaziergang durch den Schlossgarten erzählte mir Mafalda über seine Kindheit und seine Freunde. Sie schüttete mir sozusagen ihr Herz aus. Johannes würde sich mit den falschen

Leuten umgeben, und es sei sehr schwer für sie und vor allem für den Vater, mit ihm auszukommen. Sie erzählte mir, welche wichtige Rolle seine Mutter für ihn gespielt habe. Sie, Mafalda, sei sich nun aber sicher, dass die verstorbene Mutter mich geschickt habe und damit ihre Gebete im Himmel erhört worden seien.

Hatte er sich nach dem Tod der Mutter verändert?
Das kann ich nicht beurteilen. Er hat jedenfalls sehr an ihr gehangen. Viele sagen, dass ihr Tod für ihn ein traumatisches Erlebnis gewesen sei. Er sei dadurch härter geworden.

Nach dem Spaziergang mit der Schwester sagten Sie: »Kein Problem, das pack ich schon«, oder?
Nein, ich sagte wörtlich: »Ich werde es mir überlegen.«

Muss heftig gewesen sein, was Ihnen die Schwester da erzählt hat.
Nicht wirklich. Schauen Sie, die Ehe ist etwas ganz Ernstes. Ich stand vor der wichtigsten Entscheidung meines Lebens. Natürlich sehnte auch ich mich nach einer Wende. Aber ich musste überlegen, ob ich der Sache wirklich gewachsen war. Damit meinte ich nicht nur die persönliche, zwischenmenschliche Ebene und die Vorstellungen und Ansprüche meines zukünftigen Mannes, sondern auch die Tatsache, dass als Erbprinzessin eines wichtigen Fürstenhauses Verpflichtungen auf mich zukämen, die mich überfordern könnten. Das musste überlegt sein. Vor allem, wenn jetzt die liebste Schwester des zukünftigen Mannes auf einem Spaziergang sagt: »Hör zu, du hast jetzt Johannes drei Monate erlebt. Du bist hier bei uns willkommen, wir warten schon lange auf dich. Du bist eine Gebetserhörung. Ich halte dich für einen tollen Menschen – aber du musst dir ernsthaft überlegen, ob das Leben an seiner Seite für dich das Richtige ist.«

Was ging Ihnen da durch den Kopf?
Ich wurde mir im Grunde meiner Sache immer sicherer. Ich wusste, dass ich die Aufgabe gerne übernehmen würde. Die Idee, Mutter zu werden, erfüllte mich mit allergrößter Freude. Und ich

war mir sicher, für Johannes auch genau die richtige Frau zu sein. Natürlich war ich der Schwester dankbar, dass sie so offen und ehrlich über ihren Bruder sprach. Aber ich sagte mir, mein Gott, der Schwiegervater liebt mich. Er ist ein sehr liebenswürdiger, frommer Mann, der jeden Tag Rosenkranz betet, der meine Familie kennt, der sogar mit meiner Großmutter befreundet war, bei dem ich mich wohl fühle. Die Schwestern sind nett, beide mögen mich. Der Johannes mag seine schwierigen Seiten haben, und wenn schon, er braucht mich. Er bittet ja darum, dass ich bei ihm bleibe. Er will eine eigene Familie haben, genau wie ich. – Was kann da schon groß schief gehen?

In Regensburg gab es hämisches Gemunkel. Kann man sich ja denken, wenn Seine Durchlaucht plötzlich einen Teenager aus einem unbekannten sächsischen Adelshaus nach Hause bringt. Beobachter seufzten: »Mein Gott, das Kind ist ja erst 20! Was soll aus dieser Verbindung bloß werden?« Haben Sie dieses Geraune wahrgenommen?

Nein, natürlich nicht. Die Leute, mit denen ich zu tun hatte, waren allesamt Menschen, die Johannes sehr gerne mochten. Außerdem hat mir die Familie das Gefühl gegeben: »Ach, Gott sei Dank gibt es dich, und Gott sei Dank bist du da!« Und was heißt hier unbekanntes Adelshaus? Innerhalb der Aristokratie kennt man jede einzelne Familie. Und es gibt da auch nicht so viele Standesherren katholischen Ursprungs. Also war ich in jeglicher Hinsicht eine gute Partie. Besser hätte es ja gar nicht kommen können.

Letzte Frage zu diesem Thema: Hätte der Erbprinz Sie auch geheiratet, wenn Sie nicht schwanger geworden wären?

Das hab ich mich hinterher auch oft gefragt.

Sie haben nie darüber gesprochen?

Nein. Er hat mir zuvor nur gesagt, dass er heiraten und Kinder haben möchte mit mir und dass er hofft, dass es klappt. In dem Augenblick, in dem ich merken würde, dass ich empfangen habe, würde er sofort die Hochzeit in die Wege leiten. Und so kam es dann ja auch.

2 Hochzeit und Honeymoon

Hochzeiten in Fürstenhäusern hatten mit der »großen Liebe« meist recht wenig zu tun. Hier kam es vielmehr darauf an, den Fortbestand einer Dynastie zu sichern und Macht und Reichtum des Herrscherhauses möglichst weit auszudehnen. Die Thurn und Taxis haben es in dieser Kunst im Laufe der Jahrhunderte zu wahrer Meisterschaft gebracht.

Natürlich hatten Hochzeiten früher einen wichtigen politischen und wirtschaftlichen Aspekt. Thurn und Taxis, die eine kluge Vermählungsstrategie betrieben, waren in dieser Hinsicht nicht die Einzigen. Nehmen Sie die Habsburger, die sich über ihre Heiratspolitik ihr europäisches Reich quasi zusammenvermählten. Aber auch nach dem Ende des Feudalismus legte die Aristokratie Wert darauf, unter sich zu bleiben. Wer aus demselben Stall kommt und denselben Geruch hat, so die Idee, der passt einfach auch besser zusammen. Bei großen sozialen Unterschieden hingegen stiegen die Unsicherheitsfaktoren, die in schwierigen Zeiten eine Ehe zum Scheitern bringen könnten.

Ihre Mutter meinte hierzu einmal: »Gloria und auch meine anderen Kinder sind Originale.« Das liege vor allem, sagte sie, an der guten »Mischung« des Blutes.

Ja, das hat auch dem Johannes so imponiert. Er rätselte ja am Anfang: »Moment mal, wen hab ich da eigentlich aufgerissen im Café Reitschule? Wer ist das überhaupt?« Er schlug dann tatsächlich im »Gotha« nach, dem Verzeichnis aller Adelsfamilien, sah, wer ich bin, und sagte sich: »Die ist gut. Die passt zu mir.« Johannes hat dynastisch, also ans Blut, gedacht, damit keine Inzucht entsteht und die Kinder gesund werden. Durch den »Gotha«, der meinen verzweigten Stammbaum mit den verschiedensten Nationalitäten belegt, konnte er sehen, dass es diesbezüglich bei mir keine Bedenken gab.

Natürlich war ich auch selbst fasziniert, wenn mir meine alte Tante erzählt hat, dass eine Urgroßmutter mit Churchill verwandt ist und so weiter. Oder nehmen Sie die Geschichte meiner russischen Großmutter, einer Großfürstin, die eine bedeutende Rolle am Hof des Zaren innehatte. Auf der anderen Seite auch meine ungarischen Vorfahren, von denen einer wiederum mit einer Griechin vermählt war.

»Standesgemäß« beziehungsweise »ebenbürtig« ist nach dem deutschen Adelsrecht eine Verbindung dann – bitte korrigieren Sie mich, wenn ich mich irre –, wenn die Familien nach dem genealogischen Handbuch des deutschen Adels, dem so genannten »Gotha«, in der gleichen Abteilung stehen. Hier sind eben auch die von Schönburgs zu Glauchau und Waldenburg verzeichnet. Danach erst kommen all die Barone, Grafen, Edlen und die vielen »von und zu« ohne Titel. Wie groß schätzen Sie denn die Auswahl an möglichen Ehepartnern in Ihrer Abteilung?

Das kommt ganz auf Ihren Geschmack an. Sagen wir mal, es stehen 400 heiratsfähige Damen zur Verfügung. Von diesen 400 sind vielleicht nur 100 einigermaßen ansehnlich. Davon sind wiederum die Hälfte evangelisch, die Hälfte katholisch, und wer von diesen Damen hat jetzt noch die weiteren Attribute, die man sich von einer Frau wünscht? Am Ende …

Bleiben zwei, drei Damen übrig, von denen dann womöglich nur eine auf das Werben reagiert?

Die Auswahl ist eben nicht so wahnsinnig groß. Um noch mal auf Hetty von Auersperg zurückzukommen: Das war die allererste große Liebe meines Mannes …

Aber sie war nicht standesgemäß?

Doch, sie hätte grundsätzlich schon gepasst, aber dann auch wieder nicht. Als Prinzessin ist sie standesgemäß. Mein Mann hat sich allerdings nicht nur deshalb gegen sie entschieden, weil er in ihrer Familie eine gewisse Zurückhaltung spürte, sondern auch, weil der Vater von Prinzessin Auersperg SS-Offizier war. Für eine Familie, die so gegen Hitler eingestellt war wie das Haus Thurn und Taxis, wäre das eine unmögliche Verbindung gewesen. Das Urteil von Johannes' Großvater Fürst Albert über Hitler war eindeutig: »Diesen Mann empfange ich nicht, der kommt mir nicht ins Haus.« Und mein Schwiegervater wurde verhaftet und ins Gefängnis gesteckt, nachdem ihn ein Mitarbeiter bei der Gestapo denunziert hatte. Damals wurde mein Mann in der Schule als »Zuchthäuslersohn« gehänselt.

Das große Thema vor Ihrer Eheschließung war die Frage der Erbfolge. Nach dem Tod des alten Fürsten Albert hatte man 1952, um Erbschaftssteuer zu sparen, einen Erben eingesetzt, der noch gar nicht geboren war, nämlich den Sohn, den Erbprinz Johannes einmal haben würde. Sowohl der Vater Ihres Mannes als auch sein Onkel, die kurzzeitig als Fürsten regierten, wie auch Ihr Mann selbst hatten im Grunde nur Nießbrauchrecht. Wäre der Nachfahre, also Ihr Sohn Albert, nicht geboren worden, wäre das gesamte Stammvermögen an eine Seitenlinie des Hauses gefallen. Hinzu kommt, dass nach dem Hausgesetz, von Fürst Albert per Testament verfügt, Prinzen, die nicht standesgemäß geheiratet hatten, vom Erbe ausgeschlossen waren.
Eigentlich gab es zum Zeitpunkt Ihrer Hochzeit keine männlichen Thurn und Taxis mehr, die für die Nachfolge infrage gekommen wären. Niemand hatte offenbar damit gerechnet, dass ein männlicher Erbe so lange auf sich warten lassen könnte. Anders gefragt: Ist nicht auch vorstellbar, dass eine Bedingung Ihres Schwiegervaters war, Johannes müsste endlich heiraten, erst dann könne er Fürst und Chef des Hauses werden?
Natürlich wollte mein Mann selber eine Familie haben und Fürst werden. Ohne eigene Nachkommen wäre das Vermögen allerdings nicht an eine Seitenlinie gefallen, sondern weiterhin in der Hauptlinie geblieben, denn schließlich hatte Fürst Albert viele Söhne. Zuerst kam Franz Josef, dann Karl August, dann Raffael und nach ihm Emmeram. In der weiteren Folge standen Philipp Ernst und Louis Philipp, die beide früh gestorben sind. Nachdem

der Sohn von Franz Josef, der ursprüngliche Erbprinz Gabriel, bei Stalingrad gefallen war und es nur noch drei Töchter gab, war klar, dass sein nachfolgender Bruder, Karl August, in die Erbfolge einsteigen sollte. Wenn dessen Sohn nun, mein Johannes, kinderlos geblieben wäre, wäre das Erbe auf Raffael, den dritten Sohn Fürst Alberts, übergegangen. Dessen Sohn hatte allerdings in der Tat bürgerlich geheiratet; das hätte ein Problem werden können. Ob die Erbfolge jetzt wirklich ein Desaster geworden wäre, kann man nicht sagen. Die hätten bei Thurn und Taxis schon irgendein System gefunden.

Ihr Mann war jedenfalls ursprünglich gar nicht für die Erbfolge vorgesehen und auch nicht dafür erzogen worden, der spätere Fürst und Chef des Hauses zu sein.

Man wurde ja auch nicht speziell auf diese Aufgabe hin trainiert. Es ist ein Unterschied, ob man einer noch regierenden Monarchie angehört oder ein »privatrechtliches Fürstenhaus« ist. Karl August, der Vater meines Mannes, lebte in Schloss Höfling, hatte vier Kinder, diese vier Kinder sollten eine normale, vernünftige Erziehung bekommen. Johannes hat eine Banklehre gemacht, hätte also durchaus Bankkaufmann werden können. Er hätte ein kleines Vermögen bekommen und auch ein sehr angenehmes Leben führen können, aber er wäre halt nicht der Fürst in Regensburg geworden, wenn Gabriel nicht bei Stalingrad gefallen wäre.

Er wäre vielleicht auch ohne *Sie* nicht der Fürst geworden.

Doch, doch. Ob mit oder ohne Frau, das spielte keine Rolle. Allerdings wird man erst dann Fürst von Thurn und Taxis, wenn der Vorgänger gestorben ist. Nach dem Motto: »Le roi est mort, vive le roi!« – »Der König ist tot, es lebe der König!« Es gibt nur einen Fürsten und der ist Fürst bis zu seinem Tod.

War Ihnen die Erbschaftsproblematik vor Ihrer Hochzeit bekannt?

Ja, mir war bewusst, dass mein Mann unbedingt eine Familie und eigene Kinder haben wollte. Das entspricht dem üblichen dynastischen Denken.

Es gab einen Ehevertrag?
Der wurde mir kurz vor der Hochzeit vorgelegt. Allerdings hatte ich keine Ahnung von solchen Dingen und auch keinen Rechtsanwalt zur Hand, den ich zu Rate hätte ziehen können. Es wäre mir auch peinlich gewesen. Da habe ich einfach unterschrieben.

Angeblich enthält dieser Ehevertrag die Regelung, dass Sie nach einer Trennung Ihren Titel verlören und mit einer Apanage in Höhe von etwa 8000 Euro abgefunden worden wären.
Daran kann ich mich nicht erinnern. Dass ich den Titel verlieren würde, stand ganz sicher nicht drin. Ich müsste den Ehevertrag direkt noch mal rausziehen.

Einige meinen, diese Regelung beinhalte im Falle einer Trennung oder des Todes des Fürsten auch eine Art Heiratsverbot für Sie.
Das ist totaler Quatsch. Das wäre sittenwidrig und damit ungültig.

Nachdem Sie noch in St. Moritz Ihre Fruchtbarkeit unter Beweis gestellt hatten und in Regensburg im Schloss vorgestellt worden waren, begann nun eine großes neues Kapitel in der Geschichte vom Fürsten und dem Mädchen.
Ja, es ging plötzlich Schlag auf Schlag. Sobald in Regensburg die Formalitäten der Vorbereitungen eingeleitet waren, fuhren wir zusammen nach Rom – eine Art Vor-Hochzeitsreise. Zunächst ging es um das Brautkleid. In Rom stellte mich Johannes seinem Freund, dem schon damals sehr berühmten Couturier Valentino, vor. Wir hatten schöne alte Brüsseler Spitze aus Regensburg mitgenommen, ein Erbe von der Großmutter meines Mannes, die in mein Brautkleid eingearbeitet werden sollte. Valentino hat mich angesehen, die Brüsseler Spitze genommen, und dann etwas entworfen.

Und wie viele Entwürfe haben Sie zurückgewiesen?
Gar keinen. Ich hätte mich auch nie getraut, dem Meister Vorschläge zu machen. Dafür kannte ich mich ja viel zu wenig aus. Ich war ein bisschen pummelig damals, deshalb hoffte ich nur, das Kleid würde so vorteilhaft geschneidert, dass ich wirklich gut

darin aussähe. Ich konnte mich tatsächlich nicht beklagen. Das Hochzeitskleid war am Ende wunderschön, Gott sei Dank.

Zusätzlich durfte ich mir noch das eine oder andere Stück machen lassen, für tagsüber und für abends, schließlich musste ich ja auch in die römische Gesellschaft eingeführt werden. Wir wohnten im Grand Hotel auf der Via Veneto. Johannes hatte Freunde, die Diners für uns gaben, und dazwischen machten wir schöne Sightseeing-Touren. Ein richtig herrschaftlicher Aufenthalt. Aber noch schöner wurden die vorgezogenen Flitterwochen, als wir nach Capri weiterfuhren. Es gab keine anstrengenden gesellschaftlichen Abendessen mehr mit irgendwelchen schicken Leuten, die zwar gut aussahen und schönen Schmuck trugen, im Grunde aber ungeheuerlich flach waren und sich eigentlich gar nicht füreinander interessierten. Es war wunderschön auf Capri. Frühjahr, der herrliche Duft der Insel, das Meer. Ein Traum. Ein unbeschwertes, wirklich schönes Leben. Dann nahte schon der Hochzeitstermin und es ging zurück nach Regensburg.

Gibt es bei Thurn und Taxis einen gewissen Hausbrauch für Hochzeitsfeierlichkeiten?

Allerdings. Wenn bei uns Feste stattfinden, greift man schon aufgrund von protokollarischen Fragen auf das Archiv zurück. Der Ablauf einer Hochzeit ist genau geregelt. Zuständig hierfür war das Hofmarschallamt, das sich um alle Details kümmerte und meinem Mann die Pläne vorlegte. Ich selbst jedenfalls musste mich lediglich um die Liste für die zu ladenden Gäste aus meiner Familie kümmern.

Am Abend vor dem großen Ereignis – gab es da einen Polterabend?

In unserem Fall war das die Brautsoiree, ein sehr schöner, feierlicher Ball für den engsten Familienkreis. Die Begriffe kommen aus dem Französischen, weil sich die deutsche Aristokratie traditionell an französischem Geschmack orientierte. Es war rappelvoll, etwa 300 Gäste. Die Herren kamen im Frack mit Orden, die Damen trugen, sofern sie eines hatten, ein Diadem oder einen anderen schönen Schmuck und die schönsten Kleider. Diskjockey des Abends war Thomas Gottschalk, den mein Mann damals wohl öfter auf dem Weg nach München im Autoradio gehört hatte und daraufhin engagierte.

Gottschalk legte auf, Swing?

Alles Mögliche, auch Hitparade. Es war eine richtig tolle Party, die auch sehr lang dauerte, bis in die Früh. Mein Mann ging irgendwann einmal, vielleicht so um drei Uhr, zu meiner Mutter und sagte: »Du, liebe Schwiegermama, ich geh jetzt schlafen.« Dann schaute sie ihn fragend an und er setzte nur noch hinzu: »Unterm Motto: morgen.«

Die Dauerfrage: Wo haben Sie geschlafen?

Im Gästezimmer.

Wie sahen die Eheringe aus?

Sehr schön, einfach aus Gold. Wir haben sie in Regensburg beim Juwelier anfertigen lassen. Innen war eingraviert »Johannes und Gloria 31. Mai 1980«.

Haben Sie Hochzeitsexerzitien gemacht?

Nein, leider nicht. Mein Mann ist zwar sehr katholisch aufgewachsen, aber irgendwann hat er aufgehört, regelmäßig in die Kirche zu gehen. Er begründete es damit, dass er in seiner Jugend so streng katholisch erzogen wurde und er jetzt erst mal eine Pause davon bräuchte. Er hätte so viele Messen absolviert, das reiche leicht für die nächsten Jahre. Er war ein echter U-Boot-Christ geworden. Mit anderen Worten, er ging nur noch an Ostern und Weihnachten in die Kirche. Als es dann richtig ernst wurde mit uns beiden, war das Einzige, was ich ihm ans Herz legte, dass wir vor der Hochzeit unbedingt beichten müssten.

Haben Sie es hingekriegt?

Nach langem Hin und Her. Ich bettelte: »Komm, wir gehen in die Karmeliterkirche, da kennt dich kein Mensch.« In der Karmeliterkirche sieht man nicht, wer im Beichtstuhl sitzt, außerdem gab es hier den ganzen Tag über Beichtmöglichkeit. Das war wichtig, denn bei einem festen Termin hätte der gnädige Herr bestimmt wieder mal keine Zeit gehabt. Als wir in die Kirche kamen, standen allerdings lange Schlangen vor den Beichtstühlen. »O Gott, o Gott, o Gott«, sagte ich zu mir selbst, »der geht jetzt gleich raus, der geht weg, und dann war's das.« Ich betete: »Bitte, bitte, bitte, helft, helft, helft, der Mann muss zur Beichte.« Wir warten etwa eine Viertelstunde, und in dem Moment, als er sich schon umdreht und sagt: »Du, ich gehe jetzt!«, kommt eine alte Frau auf ihn zu und meint: »Geh ers vor.« Und schwuppdiwupp war er im Beichtstuhl.

Man hatte ihn erkannt.

Ja – »geh ers vor«. Dann ist er rein, und, typisch für jemanden, der selbst eigentlich nie warten kann, lässt er nun alle anderen warten. Unglaublich. Der Mann kam gar nicht mehr aus dem Beichtstuhl heraus. Irgendwann ist er fertig, macht seine Bußgebete und geht sofort nach Hause.

Er hat gar nicht auf Sie gewartet?

Nein, wir hatten es ja auch nicht weit. Ich war glücklich. Dem Himmel sei Dank! Ja, es gibt ihn, den Schutzengel, dachte ich nur, sonst wäre das hier nicht passiert.

Es ist der 31. Mai 1980, der Tag einer Märchenhochzeit, der Hochzeit des Jahres in Deutschland. Ganz Regensburg ist auf den Beinen, zehntausend Menschen drängen sich auf den Straßen. Polizeihubschrauber, 250 Ordnungshüter, zehn Fernsehkameras, Glockengeläut. Unzählige Adelshäuser und internationale Prominenz hatten sich angesagt, tausend geladene Gäste, darunter etliche Minister, die Botschafter der USA, Frankreichs, Brasiliens und Kanadas. Unter den Prominenten waren Baron Rothschild, Konrad Henkel, Friedrich-Karl Flick, aber auch Arthur Sulzberger, Chefredakteur der »New York Times«. Lakaien mit gepuderten Perücken, in dunklen Pluderhosen, weißen Strümpfen und schwarzen Schnallenschuhen stehen bereit. Für den Prinzen wurde die Uniform des Malteser-Ritterordens vorbereitet, mit langer roter Jacke und grüner Schärpe, goldenen Epauletten an den

Schultern, am Gürtel der Säbel, an der Brust die Orden. Schließlich ist Seine Durchlaucht nicht nur Erbprinz von Thurn und Taxis, sondern auch Fürst zu Buchau, Fürst zu Krotoschin, Herzog zu Wörth und Donaustauf, gefürsteter Graf zu Friedberg-Scheer, Graf zu Valle-Sassina, zu Marchtal, zu Neresheim; dazu Erbgeneralpostmeister, Ritter des Ordens der Rautenkrone und Ehrenritter des Souveränen Malteser-Ritterordens. Nur Träger des Goldenen Vlieses ist er nicht geworden, wohl aufgrund seines Lebenswandels, im Gegensatz zu allen seinen unmittelbaren Vorfahren. Für die Prinzessin ist das achtfach abgesteppte, bodenlange, champagnerfarbene Seidenkleid von Valentino vorbereitet, versehen mit einer sieben Meter langen Schleppe aus der schon erwähnten Brüsseler Spitze.
Ja, es war ein Riesenereignis. Als ich am Morgen nach der Soiree aufstand, wartete bereits der Friseur auf mich. Meine süße Frau Bleicher, mittlerweile ist sie in Pension, damals meine erste Kammerzofe, richtete mir das Kleid her. Man machte mir die Haare zurecht und ich wurde wunderbar geschminkt. Sowohl der Coiffeur Alexandre de Paris als auch der Visagist waren eigens aus Frankreich eingeflogen worden. Ich hatte gar keine Zeit, zu schauen, was mein Mann machte.

Als ich fertig angezogen war, kamen schon die Blumenkinder, um mir die Schleppe zu tragen. »Bloß nicht stolpern«, hämmerte ich mir ein. Ich trug das berühmte Diadem der Königin Marie Antoinette, besetzt mit wunderschönen Barockperlen, das Thurn und Taxis im 19. Jahrhundert erworben hatte. Ich weiß nicht, es war ein gutes Gefühl und sicherlich ein schöner Anblick, als ich in diesem Aufzug ganz langsam die Treppe hinunterschritt. Wir waren von zahlreicher Dienerschaft umgeben, die alle Türen für uns öffneten. Dann sah ich meine Mutter, meinen Vater, im Schlosshof wartete die Kutsche mit den sechs Pferden …

Alles ist vor meinen Augen ein wenig verschwommen, wie mit einem Nebelschleier überzogen. Wir schreiten in die Kirche, mein Mann wartet dort bereits auf mich, und ich sehe heute noch, wie mich mein Vater zum Altar führt. Die Kirche ist wunderschön geschmückt, mit prachtvollen roten und weißen Rosen. Sie ist bis auf den letzten Platz besetzt. Viele Menschen müssen draußen vor dem Portal warten. Von überall sind Fernsehkameras auf mich gerichtet. Und während ich nach vorne schreite, beginnen die Regensburger Domspatzen mit Mozarts feierlicher Krönungsmesse. Ich bin gerührt und überwältigt. Ich gehe ganz langsam. Mein Mann hatte mir extra eingetrichtert: »Geh ganz langsam, nicht hastig; erstens stolperst du sonst, zweitens sollen dich die Leute auch sehen können. Eine Prinzessin läuft nicht, eine Prinzessin schreitet.«

Aufgeregt?
Wahnsinnig aufgeregt. Es war mein erster großer Auftritt.

Wie lautete die Trauformel, wissen Sie das noch?
»Ich will dich lieben und achten und für dich sorgen, in guten wie in schlechten Tagen.« Ich kann das nicht auswendig. Ein lieber Bischof hat uns getraut, Bischof Rudolf Graber, ein sehr feiner Mann.

Ihr Mann hat Ihnen nicht noch etwas ins Ohr geflüstert? Einen kleinen Scherz, um Sie aufzulockern.
Nein, ich glaube, der war noch viel aufgeregter als ich. Er hatte sich ja dann auch bei der Trauformel richtig verhaspelt.

Nach der Messe traten Sie aus der Kirche vor ein jubelndes Volk. Unter den Menschenmassen gab es einige Demonstranten, aber auch einige Witzbolde, die ein Transparent mit der Aufschrift: »Johannes, wir halten dir die Stange« entrollten. Die Polizei hatte einen Kordon um das Schloss gelegt, und nicht einmal Leute wie der Münchner Oberbürgermeister Erich Kiesl schafften es auf Anhieb, durch die strenge Absperrung zu gelangen. Auf das fürstliche Paar wartete die Hochzeitskutsche mit den prachtvollen Rössern.
Wobei es für meinen Mann im Vorfeld äußerst schwierig war, die Hochzeitskutsche aus dem Museum zu bekommen und sie benützen zu dürfen. Unser Archivdirektor hatte äußerste Bedenken, die Kutsche könnte bei dieser Fahrt Schaden nehmen. Mein Mann war sauer: »Moment mal, ich pflege und erhalte dieses Kutschenmuseum mit drei Leuten, die nichts anderes machen, als die Kutschen täglich zu putzen. Jetzt heirate

ich einmal in meinem Leben und darf sie noch nicht einmal benützen!« Er musste tatsächlich ein wenig kämpfen, um das durchzusetzen.

Jeder war gerührt, als der Vater des Bräutigams, Karl August, zehnter Fürst von Thurn und Taxis, sich vor der jungen Braut verneigte und ihr ein Kreuz auf die Stirn zeichnete.

Ja, er war ja glücklich, er war so glücklich

Nach der Zeremonie gab es einen Empfang.

Es gab zunächst ein nicht enden wollendes Defilee. Wir mussten tausend Leuten die Hand geben, Küsschen geben, das war schon alles sehr anstrengend. Aber es war auch lustig. Anschließend war der Empfang mit einem wunderschönen Büfett im großen Ballsaal.

Und die Hochzeitsgeschenke?

Wurden von der Dienerschaft abgenommen und in einen Raum gebracht. Am Tag danach haben wir sie aufgemacht. Es war wie Weihnachten, einfach herrlich! Eines der schönsten Geschenke erhielten wir von dem amerikanischen Millionär Benjamin Coats: ein wunderbarer Schreibtisch mit Intarsien, traumhaft! Mein Patenonkel Fürst Fürstenberg schenkte mir eine bezaubernde kleine Kette und selbstverständlich gab es allerlei nützliche Sachen, schöne Uhren, Einrichtungsgegenstände, Vasen, Schalen, Bilderrahmen, alle möglichen Dinge.

Wohin ging die Hochzeitsreise?

Wir sind auf seiner Yacht losgesegelt. Über Capri zu den Ionischen Inseln nach Griechenland, an der Türkei vorbei, wieder zurück nach Griechenland und über die spanischen Inseln nach Südfrankreich, drei Monate lang. Es war wunderschön. Für jeweils etwa zwei Wochen hatten wir auch Freunde mit an Bord. Mein Mann war sehr glücklich. Ich fand, dass er sich verändert hatte. Er erschien mir viel ruhiger geworden. Er erschien mir insgesamt wirklich zufrieden und glücklich.

3 Taschengeld für Pretty Lady

Sie lebten vor Ihrer Hochzeit nicht gerade als Aschenputtel, aber dennoch war es ein Riesensprung – vom Münchner Nachtleben direkt in einen der prunkvollsten Fürstenhöfe Europas. Schon bald luden Sie schräge Künstler ins Schloss und irgendwann machte das Wort von der »Popprinzessin« die Runde. Es heißt, Sie hätten kurz nach der Hochzeit Ihren neuen Hofstaat in knallengen Jeans begrüßt, ganz forsch: »Grüß Gott, ich bin die neue Durchlaucht.« Wie hat das Personal auf Sie reagiert?

Das Personal war froh und glücklich, dass endlich wieder Leben ins Schloss kam. Man darf nicht vergessen, dass dieser Hof über viele Jahre quasi ein Altersheim war: Mein Schwiegervater an die achtzig, Johannes ständig unterwegs. Im Grunde lag St. Emmeram in einem recht traurigen Dornröschenschlaf. Alles war wunderbar gepflegt und sauber, aber es fehlte an Leben und an einer Zukunftsperspektive.

Jetzt kommt plötzlich diese junge Frau daher. Ziemlich bald sieht man auch, dass sie ein Kind erwartet.

Durch dieses Haus geht ein Ruck von Leben und Freude. Wie wenn eine dunkle Nebelwolke durch einen frischen Wind zur Seite geblasen wird. Die Sonne scheint wieder über dem Schloss. Alle waren glücklich und froh. Der Koch, die Kochgehilfen, das übrige Personal. Ich hatte natürlich eine ganz andere Art, mit den Leuten umzugehen. Man muss sich nur mal vorstellen, dass sich die Angestellten am Hof früher verstecken mussten, wenn der Fürst oder die Fürstin kamen. Die Herrschaften hatten praktisch nur Kontakt mit dem Leibdiener oder mit der Ersten Kammerzofe, die Zugang zu den Räumen der Herrschaften hatten.

Ich hab eine neue Ära eingeläutet. Ich ging in die Küche, um erst mal das Personal kennen zu lernen und zu sehen, wo die überhaupt arbeiten. Ich ging in die Stadt, sprach mit den Menschen und habe die Barrieren der Etikette durchbrochen. Nicht, dass man früher aus reiner Hochnäsigkeit nicht mit den gemeinen Leuten hätte sprechen wollen. Aber es war strikt reglementiert, mit wem man Kontakt hatte und mit wem nicht. Die alte Generation war an diese Etikette gewöhnt. Auch Johannes. Er war zwar ein moderner Mensch, aber nur in München und den großen Orten dieser Welt. Zu Hause blieb alles, wie es immer war. Die althergebrachten Sitten lasteten auf ihm wie ein großer, schwerer, muffiger Mantel. Und vielleicht haben sie ihn sogar einsam und unglücklich gemacht.

Jedenfalls kam nun ein neuer, frischer Wind in das Schloss, und insgesamt standen die ersten drei Jahre ganz im Zeichen einer jungen, glücklichen Ehe. Mein Mann ging weniger aus, hatte seltener das Bedürfnis, nach München zu fahren und sonst wohin zu verreisen. Ich hatte den Eindruck, dass seine innere Unruhe abnahm. Zwar gingen wir sonntags nicht in die St.-Emmerams-Kirche, aber ich durfte einen pensionierten Pfarrer einladen, der in unserer Schlosskapelle die Messe las.

Dennoch musste Johannes zwischendurch immer wieder mal weg. Er hat es in Regensburg so lange einfach nicht ausgehalten. Man kann einen 54-jährigen rastlosen Mann nicht von heute auf morgen ändern. Wenn er wegfuhr, ging ich zu meinem Schwiegervater in den anderen Flügel des Schlosses. Wir nahmen gemeinsam unsere Mahlzeiten ein und hatten die schönsten Gespräche. Um ihn aufzuheitern, scherzte ich mit ihm und sagte: »Du, Schwiegerpapa, wenn der Johannes nicht bald wiederkommt, dann heiraten wir beide.« Da musste er lachen und war natürlich auch ein bisschen geschmeichelt, aber er meinte nur: »Nein, nein, das geht doch gar nicht, was soll denn die Manna dazu sagen?« Manna, das war seine heiß geliebte Frau, sie hieß

Maria Anna. »Die schaut vom Himmel herunter und freut sich«, sagte ich zu ihm.

Für mich war es schon schwer zu ertragen, wenn Johannes wegfuhr, aber gleichzeitig machte es mir auch Spaß, meinen alten Schwiegervater zu besuchen.

Wo war Ihr Mann denn, wenn er weg war?

Er ist irgendwo hingefahren, nach Hamburg, Berlin, London, Paris. Wo er halt gerade hinwollte.

Aber nicht geschäftlich, sondern zum Vergnügen? Auf die Piste?

Er war ein Mann von Welt und ein Mann von Welt hält internationale Kontakte. Mein Mann kannte in jeder Stadt Leute, und zwar die »Bigheads«, die wichtigen eben. Er war nirgendwo ein Fremder. Wenn er kam, empfingen ihn die verschiedensten Honoratioren: Politiker, Industriebosse oder Intellektuelle. Er ging also nicht irgendwo auf die Piste, sondern zu großen gesellschaftlichen Ereignissen. Er war im Zirkus der internationalen Gesellschaft eine Größe und da musste er sich nach seinem Dafürhalten schließlich auch blicken lassen.

Ein 20-jähriges Mädchen, fast frisch von der Schule, nun mit Dienerschaft um sich herum, mit bislang fremden Pflichten und großen Gesellschaften – gab es jemanden, der Ihnen beibrachte, wie man sich am Hofe Thurn und Taxis zu benehmen hat?

Nein, denn es gab ja keinen Etikettenkodex mehr. Mein Mann hatte keinerlei Konventionen. Er war ein absolut liberaler Geist. Ein Beispiel: Ich hatte am Anfang keine Ahnung von Wein. Ich fragte Johannes, ob er es gerne hätte, dass ich mich über Wein weiterbilde. »Ach was, wenn er dir nicht schmeckt«, meinte er nur, »dann schmeckt er dir halt nicht. Mehr muss man gar nicht wissen.« Ich fragte auch, ob ich mich um die Küche kümmern soll. »Die Leute können das besser«, sagte er, »die sind Profis. Nein, kümmere dich um die Kinder und mach, was dich freut.«

Er hat mir ein paar Bücher zu lesen gegeben und meinte noch, es wäre gut, wenn ich regelmäßig die FAZ lesen würde. Dann wüsste ich jeden Tag, was los sei, und könnte im Salon mit den Gästen eine geistreiche Konversation führen. Wichtig war ihm, dass ich mich bildete, dass ich fröhlich war, mich gut unterhielt, dass ich Spaß hatte an den Kindern. Ich hatte selbst das Bedürfnis, etwas von dem nachzuholen, was ich in der Schule verpasst hatte. Deshalb kam ein Geschichtsprofessor ins Haus. Ich nahm zudem Musikunterricht und regelmäßig Reitstunden. Ich durfte im Grunde genommen machen, was ich wollte.

Konnten Sie Ihr engstes Personal selbst aussuchen?

Nein, ich hab es übernommen. Die waren alle so nett, und ich wäre wirklich nie auf die Idee gekommen, da jemanden auszuwechseln. Im Grunde hatte man bei Thurn und Taxis ja auch eine Lebensstellung mit Pensionsberechtigung. Die Angestellten waren und sind dem Hause sehr verbunden. Manchmal ist es wie eine Familie. Es gab in der Küche einen sehr guten jungen Mann, Herrn Schmalhofer, den Chefkoch; daneben eine Reihe von Gehilfinnen, unter anderem die Resi, die heute meine Chefköchin ist. Es gab die Kammerzofe, Maria Adelhoch, und dazu vier Diener. Anfänglich waren es nur zwei, aber nach dem Tod meines Schwiegervaters, der ebenfalls zwei Diener und eine Köchin hatte, übernahmen wir sein Personal in unseren Haushalt.

Wurde das Haus für die neue Fürstin umorganisiert?

Überhaupt nicht. Ich bin lediglich in ein etwas größeres Zimmer gezogen, das neben dem meines Mannes lag, und hatte Zugang zu allen Räumen in unserem Privatbereich im Ostflügel. Allerdings wurde ein eigener Bereich für die Kinder eingerichtet: mit Kinderküche, Kinder-Esszimmer, Spielzimmer, Schlafzimmer und Zimmer für die Kinderschwester. Die Kinderschwester ließ ich aus England kommen, Margaret Stuart, die etwa vier Jahre bei uns blieb. Das war mir schon deshalb wichtig, damit die Kinder zweisprachig aufwachsen.

Was hat es eigentlich mit Ihrem sagenhaften spanischen Hofzeremoniell auf sich?

In nahezu jedem Magazinbeitrag über Thurn und Taxis heißt es, am Fürstenhaus würde spanisches Hofzeremoniell zelebriert. Das ist natürlich großer Quatsch. Wenn man überhaupt je von spanischem Hofzeremoniell hätte sprechen können, dann nur in der Zeit, als der Fürst von Thurn und Taxis als Prinzipalkommissar die Vertretung des Kaisers am Immerwährenden Reichstag zu Regensburg innehatte. Nach 1806 war Thurn und Taxis eine Privatveranstaltung. Selbst der Begriff Hofmarschallamt war inkorrekt, da ein Hofmarschall nur an einem wirklich souveränen Hof seine Gültigkeit und Funktion hat. Trotzdem haben sich diese althergebrachten Namen weiter gehalten.

Ich bin keine Expertin darin, aber das spanische Hofzeremoniell war ein sehr strenges, sehr auf Prestige bedachtes, alle Einzelheiten festlegendes detailliertes Zeremoniell. Bei Thurn und Taxis wurde im Grunde lediglich zwischen normalen Abendessen und Gala- und Großgalaveranstaltungen unterschieden. Bei der Hochzeit beispielsweise wurde Großgala getragen, wobei hier die Livreen noch prunkvoller ausgestattet sind. Perücken trägt die Dienerschaft allerdings auch schon bei Gala.

Angeblich waren Sie eine Gefahr für das fürstliche System, nämlich durch Ihre Unpünktlichkeit.

Natürlich war ich unpünktlich. Aber der Punkt ist doch, zwischen den wirklich wichtigen Anlässen, zu denen man pünktlich zu erscheinen hat, und den unwichtigen zu unterscheiden. Mein Prinzip war immer: »Wer pünktlich zur Kirche kommt, der ist nicht wirklich unpünktlich.« Wenn Seine Magnifizenz von der Regensburger Universität bei uns zu Gast war, war ich selbstverständlich pünktlich. Aber wenn irgendwelche Freunde aus dem Münchner Nachtleben in Regensburg das Wochenende verbrachten und der Cocktail um 19.30 Uhr angesagt war, dann fühlte ich mich nicht verpflichtet, um 19.30 Uhr zu erscheinen, sondern eben erst um 20.00 Uhr, kurz vor dem Essen. Ich hatte nicht unbedingt Lust, Smalltalk mit Leuten zu machen, die in meinen Augen so genannte »Hangers on« waren, keine echten Freunde, sondern nur Zeitvertreib. »Wann ich pünktlich bin und wann nicht«, sagte ich zu meinem Mann, der sich oft darüber aufgeregt hatte, »das entscheide immer noch ich.« Das war halt dann auch meine Art, zu zeigen, ob ich mit Leuten einverstanden war oder ob ich sie eher nicht so schätzte. Meine kleine Geheimwaffe.

Bei Ihrer Vorgängerin redete man sich untereinander noch in der dritten Person an und auch mit seiner Schwester sprach Ihr Mann so.

Diese Tradition aus der k.u.k. Zeit, mit dem »Sie« und »Er«, ist eigentlich eine fast zärtliche Form des Miteinanderredens: »Möchte Er gerne noch was trinken?«, »Geht's Ihm gut?« – Das hat nichts mit Steifheit oder Zeremoniell zu tun, sondern ist eine liebevolle österreichische Art, sich zu unterhalten. Meine Mutter und mein Vater zum Beispiel haben sich sogar gesiezt: »Schatzilein, möchten Sie ...« Und: »Schatzilein, Sie sind die schönste Frau der Welt.« Da gab's kein Du. Man hat sich dem Französischen angepasst, wo man auch heute noch traditionellerweise viel häufiger »vous« verwendet.

Wie hat Ihr Mann den damals noch regierenden Fürsten angesprochen, seinen Vater?

»Papa, möchte Er ...?«, oder: »Wie geht's Ihm?«

Und wie haben Sie es gemacht?

Ich hab ihn geduzt. Für mich wäre das gekünstelt gewesen, da ich nicht mehr in dieser Diktion aufgewachsen bin.

Sie haben sich anfangs über das steife Zeremoniell ein bisschen lustig gemacht?

Es gab kein steifes Zeremoniell. Das so genannte steife Zeremoniell, könnte man sagen, war etwas sehr Feierliches. Es hatte etwas mit Haltung zu tun. Wenn wir einen Ball gaben, trugen die

Herren Frack und die Damen Abendkleid mit Diadem. Die Dienerschaft legte Gala an, schön livriert, war in Habachtstellung, stand hinter dem Stuhl und servierte formvollendet beim Abendessen. Wenn man an einem Tisch sitzt, feierlich bedient wird und gewissermaßen nur nach rechts und nach links sprechen kann – weil das direkte Gegenüber viel zu weit weg sitzt –, dann impliziert das selbstverständlich auch eine Art von Steifheit. Ich würde das nicht jeden Abend haben wollen, aber zwei-, dreimal im Jahr war mir das nicht unangenehm.

Ich konnte auch ganz gut verstehen und respektieren, warum sich früher, noch zu Zeiten von Fürst Albert, der 60 Jahre lang regiert hat, bis 1952, das Putzpersonal versteckt hat, wenn der Prinzipal durch die Flure schritt. Man fand es einfach stilvoller und angemessener, dass der Fürst durch ein schön hergerichtetes Schloss geht, ohne zu sehen, wie gearbeitet wird.

Bei mir ist das genau andersrum. Ich hab's sehr ungern, wenn keiner da ist. Für mich lebt das Haus, wenn um mich herum gewuselt wird. Ich hab mich nie über Tradition lustig gemacht. Allerdings fand ich sie nur dann sinnvoll, wenn sie wirklich auch mit Inhalt ausgefüllt ist. Obendrein: Man braucht auch sehr viel Geld, um diese Standards aufrechtzuerhalten. Einen Mann, der einzig und alleine dazu da ist, die weit über 400 Uhren aufziehen, den würde man heute doch gar nicht mehr einstellen können.

Stimmt es, dass im Schloss unter jedem Teppich und jedem Aschenbecher eine Registriernummer klebt?
Ja natürlich, man muss doch wissen, was man hat.

Einmal wollten Sie zu einem Ball das Diadem der französischen Kaiserin tragen, angeblich löste dieser Wunsch im Schloss eine Staatsaktion aus, und am Ende bestand die Versicherung sogar darauf, dass die Preziosen nicht der Fürstin anvertraut wurden, sondern einem eigenen Kurier, der den Schmuck zur Festivität und wieder zurückbrachte.
Nein, so ist das auch nicht richtig. Aber im fürstlichen Haus gab und gibt es ein sehr sinnvolles und gutes System der geteilten

Verantwortung. Der Schmuck, der der Familie Thurn und Taxis gehört und der auch im fürstlichen Haus- und Stammvermögen verbleiben soll, lagert in einem Saferaum, zu dem lediglich zwei Mitarbeiter einen Schlüssel haben. Wenn ich beispielsweise das Perlendiadem haben möchte, gebe ich bei diesen beiden Herren gewissermaßen eine Bestellung auf. Sie gehen zusammen in den Saferaum, holen das Schmuckstück heraus, zeichnen das mit Datum und Uhrzeit ab und bringen es mir. Ich unterschreibe den Empfang und lege das Stück bis zum Abend in meinen eigenen Safe. Am nächsten Tag gebe ich es gegen Quittung wieder an die beiden zurück.

War sicherlich spannend, sich einen ersten Überblick über die Schmuckbestände zu verschaffen.

Ja, aber ich hatte nie das Gefühl, »wow, das gehört jetzt dir!«. Für mich war das ein Teil der Repräsentation. So wie ein Soldat seine Uniform anlegt, so zog ich den Schmuck an. Um meinem Mann zu gefallen. Um als Fürstin schön auszusehen.

Wie muss man sich so eine Schatzkammer vorstellen? Funkelt und glitzert dort alles?

Der Schmuck ist in schönen Koffern aufbewahrt, die mit dunkelblauem Samt ausgekleidet sind. Es funkelt tatsächlich, wenn man die Schachteln öffnet. Der so genannte »Ringstall«, das ist ein großes, mit Seide ausgeschlagenes Etui, ist bestückt mit verschiedenen Ringen – Saphiren, Diamanten, Rubinen, Smaragden, gelben Smaragden und so weiter. Fürst Albert war anscheinend ein großer Ringträger. Natürlich gibt es auch genügend Damenringe. Ich hab halt probiert und geschaut, welcher mir passt. Aber es war nicht so, dass ich gleich alles mitnehmen wollte. Das wäre mir auch zu viel Verantwortung gewesen.

Wie wurde denn in der Familie gespeist?

Normalerweise waren mein Mann und ich mittags alleine. Wir trafen uns so gegen 13 Uhr im Salon. Er trank einen kleinen Sherry. Die Flügeltüren wurden zu beide Seiten geöffnet, der

Leibdiener Wilhelm Lechner kam rein, verbeugte sich und kündigte an: »Es ist angerichtet.« Mein Mann grüßte und bedankte sich, stellte seinen Drink ab und bat mich zum Essen. Wir gingen hinein und saßen einander gegenüber, in der Mitte des Tisches, der immer sehr schön mit frischen Blumen geschmückt war. Der Diener servierte die Suppe, danach einen Hauptgang und eine Nachspeise. Wir bekreuzigten uns vor und nach dem Essen, jeder betete still sein Tischgebet. Nach dem Essen tranken wir nebenan gemeinsam einen Kaffee. Dann verabschiedete sich mein Mann und ging ins Büro und ich ging zu den Kindern.

Ab wann hatten Sie Ihren Mann eigentlich Goldie genannt?
Eigentlich ziemlich früh. Das kam daher, dass er immer so eine dicke Goldkette umhatte. Wenn wir auf dem Schiff waren, trug er auf seinem dunkelbraunen Körper diese ziemlich dicke goldene Kette, wie die Rapper sie heute tragen.

Gar nicht zu »Goldie« passt freilich, dass Sie über lange Zeit hinweg nur Taschengeld bekamen, und zwar ziemlich mickrig bemessen, zumindest für eine Fürstin.
Es war im Haus Thurn und Taxis üblich, dass das Geld, das man in die Hand bekam, immer knapp bemessen wurde. Die Fürstin hatte ja alles, was sie brauchte. Sie konnte in die Stadt gehen, Garderobe kaufen und die Rechnung ans Haus schicken lassen. Und selbst wenn sich die Fürstin eine Tafel Schokolade kaufen wollte oder ein paar Socken oder Kleinigkeiten, wurde das von der Kammerzofe organisiert, die normalerweise sehr genau wusste, was gebraucht wurde.

Noch im sechsten Jahr Ihrer Ehe bekamen Sie gerade mal 1000 Euro Taschengeld im Monat. Erst später bestimmte der Fürst: Roben und Kleidung der Haute Couture gehen nach Vorlage mit Unterschrift auf meine Rechnung.
Das war nicht erst später, das war von Anfang an so. Wenn ich in Regensburg in einem Geschäft einkaufte, wurde ja nicht bar

oder bargeldlos bezahlt, sondern immer nur auf Rechnung. In München hatte ich eine Kreditkarte dabei. Ich weiß nicht, welchen Rahmen es da gab, es brauchte mich auch nicht zu interessieren. Ich gab ja nie Geld aus, ohne das mit meinem Mann vorher abgesprochen zu haben. Schmuck hab ich keinen gebraucht, da war ja genügend in der Schatzkammer. Und persönlichen Schmuck bekam ich von meinem Mann, zu Ostern, Weihnachten und zum Geburtstag. Ich hab wirklich kein Bargeld gebraucht. Zu den Modeschauen in Paris wiederum fuhr Johannes immer mit. Ich durfte mir aussuchen, was ich gerne anziehen wollte. Ob also nun 1000 Euro auf meinem Taschengeldkonto waren oder nicht, war daher uninteressant.

In einem Interview berichteten Sie als noch sehr junge Frau, wie Ihre »Investitionen« behandelt wurden: »Am Jahresende kriegt mein Mann den Haushalt vorgelegt, da steht: ›Ausgaben Ihrer Durchlaucht, der Fürstin‹. Dann kommt der Betrag, den ich innerhalb des ganzen Jahres ausgegeben habe, und wenn der meinen Mann misstrauisch macht, was der Fall wäre, wenn die Ausgaben nicht abgesprochen worden wären, würde er mich bitten, ins Büro zu kommen. Wenn ich blöd rumstottern und lügen oder er mir nicht glauben würde, braucht er sich von seiner Sekretärin nur die Belege kommen lassen.«

In jedem vernünftig geführten Haushalt, auch bei bürgerlichen Leuten, wird jeder Pfennig buchhalterisch erfasst. Man weiß, wohin welche Gelder fließen. Es gibt Ausgaben für Reisen, für Personal, für Instandhaltung und für Persönliches. Unter die Rubrik »Persönliche Ausgaben« fällt auch »Ihre Durchlaucht, die Fürstin«. Es gab auch ein Konto »Ausgaben Kinder« und so weiter. Mein Mann hätte sicherlich sehr ärgerlich reagiert, wenn ich innerhalb eines Jahres größere Dinge angeschafft hätte, von denen er nichts gewusst hätte. Aber das ist doch selbstverständlich. Es ist ja schließlich sein Geld, und ich habe mich ganz von selbst verpflichtet gefühlt, darüber Rechenschaft abzulegen. Nicht bei Kleinigkeiten wie Seidenstrümpfen, aber bei einer Bestellung von handgefertigter Garderobe in Paris war es mir ganz wichtig, dass mein Mann damit einverstanden war. Das heißt, ich kündigte es für gewöhnlich an: »Lieber Johannes, dieses oder jenes würde ich gerne anschaffen, ist das okay?«

Seine Schwestern, die nach dem Krieg mit wesentlich weniger Geld auskommen mussten, waren wie mein Mann der Meinung, man könnte ein und dasselbe Kleid auch in verschiedenen Farben tragen. »Kauf dir meinetwegen ein teures Abendkleid«, empfahl er, »und lass es dann in Regensburg oder in München in fünf verschiedenen Farben kopieren.« Das gefiel mir natürlich überhaupt nicht, und ich fand gottlob die richtigen Argumente, um ihn davon zu überzeugen, dass er auf dem internationalen Parkett mit einer Frau, die andauernd das gleiche Modell in verschiedenen Farben trägt, wirklich keine gute Figur machen könne. »Deine Frau muss super angezogen sein.« Dieses Argument hat gewirkt.

Irgendwie habe ich den Eindruck, Ihr Mann hatte nicht unbedingt Spendierhosen an.

Das war mal so, mal so. Er schwankte zwischen strenger Genügsamkeit und Großzügigkeit. Er hat mir sehr viel Schmuck geschenkt und mich auch später bei meinen Kunstkäufen großzügig unterstützt. Es konnte vorkommen, dass er mir plötzlich einen riesigen Ring schenkte oder ein tolles Collier. In gewissen Dingen dagegen, die er wahrscheinlich von seiner Mutter kannte, war er zurückhaltend. Sie hatte sich nach dem Krieg eben tatsächlich ein Kleid in fünf verschiedenen Farben machen lassen, und er meinte immer: »Wenn es bei meiner Mutter gut ausgesehen hat, dann kann das auch bei dir gut aussehen.«

Wie sah denn in der ersten Zeit, als Sie noch keine Kinder hatten, Ihr Tagesablauf aus? Haben Sie sich gelangweilt?

Überhaupt nicht, ich hab mir Regensburg angeschaut. Ich bin lange durch den Park spazieren gegangen und habe viel gelesen. Die Zeit verging so schnell. Waren Gäste eingeladen, dann ging das Mittagessen bis vier, halb fünf Uhr am Nachmittag. Ich hatte gerade mal Zeit, mich etwas auszuruhen, frisch zu machen und, schwuppdiwupp, war auch schon wieder Abendessen. Womöglich war schon wieder jemand eingeladen, das heißt, ich musste mich erneut umziehen.

Gab es irgendwelche Auflagen, was Sie besser nicht tun sollten? Fluchen zum Beispiel oder am Safe herumfummeln?
Ich hatte keinen Fäkalien-Jargon, falls Sie das meinen, und geflucht habe ich auch nicht. Ich hatte eine sehr gute Kinderstube, insofern wusste ich, wie man sich benimmt. Der Safe war recht weit weg, also hätte ich auch nicht rumfummeln können.

Waren vielleicht jetzt nicht gerade die besten Beispiele ...
Ich hab Ihnen ja gesagt, mein Mann war ein sehr liberaler Mensch. Ich hätte tun und lassen können, was ich wollte. Er konnte bei mir relaxen. Er wusste ja, dass ich ein Mädchen mit sehr geschliffenem Benehmen bin. Das war weiß Gott nicht so wie bei »My Fair Lady«, dass ich erst mal sprechen lernen musste.

Einmal riefen Sie vor Publikum: »Johannes, mach deinen Hosenlatz zu!«
Ob das laut gerufen war, sei mal dahingestellt. Aber was ist dagegen einzuwenden? Wenn der Hosenlatz offen ist, muss man's ihm doch sagen.

Sie trugen kein Make-up und stylten sich sehr jungenhaft. War das eine Vorgabe des Fürsten?
Das stimmt nicht, ich war für mein Alter eher viel zu damenhaft gekleidet. Ich war angehalten, mittags ein hübsches Kostüm mit Schmuck zu tragen und schön frisiert zu sein. Und ich musste mich zum Mittagessen anders anziehen als zum Abendessen. Jungenhafte, saloppe Aufmachung, das kam später, als es keine entsprechenden Anlässe mehr gab. Nach dem Tod meines Mannes kleidete ich mich sehr leger.

Sie erzählten aus Ihrer Anfangszeit, Sie bekämen von Ihrem Mann speziell dann die Leviten gelesen, »wenn ich mich, wie es so schön heißt, wie ein verwöhntes Gör benehme. Wenn ich das mal im Moment zu sehr rauskehre, dann bekomme ich es von ihm sofort.«

Gab es Geschrei?

Wenn ich zu spät kam oder doch nicht so gekleidet war, wie er sich das vorgestellt hat, war das für ihn sehr wohl ein Grund, sich über mich aufzuregen. Man darf ja eines nicht vergessen: Je länger ich mit ihm zusammen war, desto mehr hab ich mich natürlich auch emanzipiert.

In den ersten fünf Jahren hatte ich alles mitgemacht, nur um ihm zu gefallen. Aber langsam entwickelte ich einen eigenen Geschmack, eigene Vorstellungen – und die waren teilweise nicht unbedingt mit den seinen kompatibel. Er hatte das Damenhafte sehr gerne – Rock und Jacke, das klassische Kostümchen, mit Brosche rechts. Ich hatte dann plötzlich, beeinflusst von den jungen Modemachern in Paris, weite Hosen, ein schlabbriges Hemd und vielleicht einen lustigen Turban an. Da fing er an, an mir rumzukritisieren, und meinte, ich sei schlecht angezogen. Die Sachen wären wahnsinnig teuer und ich würde furchtbar scheußlich darin aussehen.

Wie zeigte es sich denn, wenn bei Fürstens der Haussegen schief hing?

Mein Gott, wenn wir stritten, dann haben wir halt argumentiert und sind dann einfach auseinander gegangen. Er ins Büro, ich zu meinen Dingen. Drei Stunden später saß man zum Abendessen gemeinsam am Tisch. Meistens ging man dabei über das Streitthema hinweg und hat über etwas anderes gesprochen.

Waren Sie nicht auch in Ihrem Stolz gekränkt?

Das eine oder andere Mal ganz bestimmt. Aber ich kannte ja meinen Mann und wusste, dass er Tage hatte, an denen er schlechter gelaunt war als an anderen. Und gelegentlich hab ich ihn auch ganz bewusst provoziert. Als Beispiel: Ich sagte mir, in 14 Tagen fahren wir nach London, dann ist es vielleicht nicht schlecht, wenn ich jetzt schon mal teste, wie diese oder jene Kleidung auf ihn wirkt, dann gewöhnt er sich schon mal dran. Denn in London hab ich vor, besonders wild auszusehen. Der Hintergrund meiner Emanzipation war ja auch, dass die Dinge, die ihm wichtig waren, mir wiederum als ganz banal und inhaltslos erschienen. Auf den Reisen beispielsweise Leute aus der Gesellschaft in deren tollen Häusern zu treffen oder in edlen Restaurants zu speisen. Es war alles sehr schön, aber ich habe mich gelangweilt.

»Ich bin ein bisschen wie die Frau hoher Staatsbeamter, regierender Majestäten oder anderer Herren in wichtigen Positionen«, klagten Sie einmal. Haben Sie auch mal Dampf gemacht, in dem Sinne: »Für diesen Monat reicht es, ich will nicht mehr«?

Ich hab mein Dasein an Johannes' Seite auch als Job gesehen und mir vorgenommen, ihn zu unterstützen und ihm zu assistieren. Zudem wollte ich, dass er stolz auf mich sein kann, wenn er seine Frau herzeigt. Irgendwann kam allerdings der Punkt, an dem ich fand, er übertreibt, er überspannt den Bogen. Er beansprucht mich zu sehr.

Man muss bedenken, dass ich ja fast immer mit wesentlich älteren Leuten zusammen war. Wenn Sie mit 20 immerzu mit 50- und 60-Jährigen verkehren und dabei auch noch feststellen, dass die sich eigentlich nichts zu sagen haben, sondern einfach nur darüber reden, wo sie den nächsten Monat verbringen, mit wem sie zusammen waren und welches Theaterstück sie gesehen haben, dann ist das die erste Zeit ganz amüsant, aber langsam fängt es an, Ihnen überdrüssig zu werden. Meine Art, damit fertig zu werden, war deshalb, dass ich beschloss: Gut, dann verkleide ich mich, dann hab ich wenigstens Spaß und amüsiere mich darüber, dass die Leute so erschreckt auf meine Garderobe reagieren.

Letztlich steckt dahinter wohl die Aussage, dass man doch nicht so glücklich ist, wie es scheint.

Ich war ja glücklich. Wenn ich sagen würde, ich war unglücklich, dann wäre das wirklich ungerecht. Ich hatte ja alles. Es war lediglich diese spezielle Routine des Lebens, die mir nicht interessant erschien. Ich hatte mir manches anders vorgestellt. So ungefähr wie die Reise, die wir nach Indien machten. Wir waren ungefähr zwei Monate alleine und hatten wirklich was voneinander. Wir mussten nicht ständig irgendwelche Leute besuchen, die zur Nomenklatura gehörten. Aber wenn wir nach London oder nach Paris reisten, waren wir nie alleine. Sicher, wir sind in einem wunderschönen Hotel abgestiegen, aber unser Tagesablauf war durchorganisiert: Mittagessen im »Maxims«, Abendessen bei der Comtesse sowieso, am nächsten Tag Mittagessen im Grandhotel, Abendessen bei ... Immer mit anderen Leuten. Das hat mir zugesetzt, und noch dazu hab ich meine Kinder vermisst. Ich wäre viel lieber zu Hause gewesen, aber ich war ja auch die Frau des Fürsten, und wenn ich ihn alleine gelassen hätte, wäre er beleidigt gewesen.

Als Teenagertrotzreaktion hab ich dann angefangen, zu spät zu kommen und mich außergewöhnlich anzuziehen. Allerdings war diese extravagante Kleidung nicht unbedingt ein Zeichen schlechten Geschmacks. Es waren ja immerhin die großen avantgardistischen Modeschöpfer der damaligen Zeit, die mich ausgestattet haben. Und mein Mann musste noch nicht einmal dafür bezahlen. Ich ging zu Thierry Mugler oder zu Paco Rabanne, sagte: »Heute Abend findet diese oder jene Veranstaltung statt, was könntest du mir zum Anziehen empfehlen?«, und dann wurde ich ausgestattet. Am nächsten Tag brachte ich die Sachen eben wieder zurück. Therry Mugler war sehr froh, dass ich seine Sachen getragen habe. Ich bin damit fotografiert worden, war viel in der Presse und dachte völlig naiv: Wenn Johannes diese Klamotten gar nicht kaufen muss, dann hat er doch keinen Grund, sich zu ärgern.

Kam da auch der Punkt, der vermutlich in jeder Ehe einmal kommt, an dem man sich die Frage stellt: »Mein Gott, hab ich mich wirklich richtig entschieden?«

Ganz gerechtfertigte Frage. Ich kann mir vorstellen, dass mein Mann gemerkt hat, dass er langsam älter wird. Er hat zwar noch nicht gewusst, das er ein Herzproblem hat, aber es ging ihm zusehends schlechter. Auf der anderen Seite sah er, hier ist jemand, der voller Energie ist und eigentlich mein Programm langweilig findet. Das hat ihn natürlich beschäftigt und irgendwie auch aufgebracht. Letzten Endes waren das immer die Konfliktstoffe zwischen uns beiden. Für ihn waren Dinge wichtig, die mir wiederum keinen Spaß gemacht haben, die ich einfach überflüssig fand.

In einem Interview mit dem »Playboy«, in dem es unter anderem um die Harley Davidson ging, die Sie fuhren, sprach man Sie indirekt auch auf Ihre Partnerschaft an: »Nun sagt man ja bei Motorradbräuten, die Vibrationen der Riesenmaschinen gingen direkt auf den G-Punkt.« Sie hatten allerdings ganz gut pariert: »Also ich muss da ganz ehrlich sagen, es wäre schon traurig, wenn jemand wie ich sich aufs Motorrad setzen müsste, um heiß zu werden. Dafür habe ich meinen Mann.«

Das ist ja wirklich unglaublich! Mein Gott, wir leben in einer Gesellschaft, in der offensichtlich nichts anderes im Zentrum des Interesses steht als die Sexualität. Toll, dass ich damals so geantwortet habe. Ich muss sagen, für mich war die Sexualität nie das Wichtigste, auch nicht mit meinem Mann. Er war wesentlich älter als ich. Ich weiß, dass die Sexualität für meinen Mann in seinen jungen Jahren einen hohen Stellenwert hatte. Bei vielen Männern ist es dann so, dass sie mit zunehmendem Alter ruhiger werden. Dann werden andere Dinge interessant und wichtig. Sexualität stand jedenfalls in unserer Beziehung nicht im Vordergrund. Ich habe auch nie verstanden, weshalb dieses Thema in unserer Gesellschaft so hoch gespielt wird.

Fast »unwiderstehlich erotisch« fanden Sie allerdings, wenn, wie Sie es formulierten, »mein Mann nass in ein Badetuch gehüllt war«.

Ich hab meinen Mann sehr geliebt, und ich hab auch, sagen wir mal, alles an ihm geliebt. Ich hab seinen Geruch geliebt, ich mochte seine behaarte Brust, ich mochte seinen Körper. Ich hab ihn auch gerne abgetrocknet, wenn er aus der Badewanne kam. Ich war gerne Geisha für ihn, wenn er lieb zu mir war. Er war mein einziger Mann. Ich hatte noch nie einen Mann vor ihm, und diesem Mann wollte ich einfach alles geben. Wenn wir uns gut verstanden haben, dann war es auch sehr, sehr, sehr harmonisch.

4 Eins, zwei, drei – hier kommt der Erbe

Nachwuchs zu bekommen fällt vielen Paaren nicht ganz leicht. Bei Ihnen ging das ratzfatz, jedes Jahr ein Baby. Hatten Sie eine bestimmte Methode?
Nein, es war eben so! Ich wurde jeweils sehr schnell nach dem Abstillen wieder schwanger. Zwar war die Maria Theresia ein Kaiserschnitt, aber die Elisabeth ist auf herkömmlichem Weg zur Welt gekommen. Ich merkte, dass das Kinderkriegen nicht so schwierig ist. Verhütung war ohnehin kein Thema. Weder war durch die Schwangerschaften die »Karriere« meines Mannes in Gefahr, noch gab es in diesem Zusammenhang Geldprobleme, wie das bei vielen Familien der Fall ist. Es gab also keine Gründe, das Kinderkriegen auf die lange Bank zu schieben. Ich dachte mir auch, dass es für die Kinder lustiger sei, wenn sie zusammen aufwachsen. Nach der Geburt von Elisabeth, unserer zweiten Tochter, meinte mein Mann allerdings, hoffentlich wird es das nächste Mal ein Junge.

Gesagt, getan.
Nun, ich habe mich ganz einfach von meinem Frauenarzt beraten lassen. Wenn ich wirklich einen Jungen möchte, empfahl er mir, dann sollte ich möglichst an einem bestimmten Tag des Eisprungs mit meinem Mann schlafen. Die Wahrscheinlichkeit, dass es zum Zeitpunkt dieser Empfängnis ein Junge wird, sei größer als an anderen Tagen.

Ich kann mich noch gut daran erinnern Ich kaufte mir ein großes Thermometer, um über die Temperaturmessung diesen besagten günstigen Zeitpunkt zu bestimmen, so wie es mir der Arzt erklärt hatte. Davon hab ich Johannes aber nichts erzählt. Ich wollte nicht, dass er sich gezwungen fühlt. Das macht ja auch die Erotik kaputt. An einem »günstigen Abend« sagte ich dann eben: »Du, ich möchte heute lieber mit dir alleine sein, lass uns doch einmal keine Leute einladen.« Vor allem habe ich versucht, bloß nicht zu streiten, sodass er auch Ruhe und Muße hatte, mit mir zu sein. Wie man sieht, hat es ja auch geklappt. Schwuppdiwupp war ich nicht nur schwanger, es kam auch der ersehnte Junge zur Welt.

Damit haben wir nun auch einen Punkt aufgeklärt, der immer wieder für Gesprächsstoff sorgte.

Es gab sogar Gerüchte, jemand aus dem Verwandtschaftskreis meines Mannes würde der Vater meiner Kinder sein. Es ist entsetzlich, wie böse manche Leute reden und welche Sachen einem dabei unterstellt werden. Dass die Kinder von ihm sind, das ist so offensichtlich, das sieht man bis in die Bewegungen hinein. Albert ist ganz der Johannes.

Fühlten Sie sich unter Druck gesetzt, aus dynastischen Gründen unbedingt einen Sohn gebären zu müssen?

Nein, ich hab ja gesehen, dass die Geburten nicht schwierig waren. Gut, wenn es beim dritten Mal wieder ein Mädchen wird, so dachte ich mir, dann kriegen wir halt noch viel mehr Kinder. Ich hab mich da überhaupt nicht stressen lassen.

Es gab keinerlei Komplikationen?

Nein, auch das Stillen ging einwandfrei. Ich hatte sogar so viel Milch, dass ich der Kinderklinik in Regensburg etwas davon abgeben konnte. Das war sehr lustig. Jeden Tag kam eine Krankenschwester mit zwei leeren Flaschen. Sie hat dann gewissermaßen mit der »fürstlichen Milch« die »Frühchen« gefüttert, Frühgeburten, die keine künstliche Nahrung aufnehmen konnten. Dadurch konnte ich mit meiner Milch bestimmt dem einen oder anderen Kind das Leben retten.

Nette Umkehrung: Früher bestellte man die Amme in das Fürstenhaus, nun wird die Fürstin selbst zur Amme.

Das hab ich nicht nur bei einem, sondern bei allen drei Kindern gemacht. Die überschüssige Milch kam ganz einfach in die Hedwigsklinik.

Bei der ersten Geburt gab es einen Kaiserschnitt, warum?

Das Kind hat andersrum im Bauch gelegen und man wollte kein Risiko eingehen. Ich merkte ganz zeitig in der Früh, dass ich Wehen kriege. Ich hab meinem Mann ein Zettelchen geschrieben, mir ein Taxi bestellt und bin in die Privatklinik Dr. Opitz gefahren. Johannes war danach sehr erschüttert, dass ich ihn nicht geweckt habe.

Kann man sich vorstellen.

Was sollte ich denn machen? Ich schlief ja alleine. Als die Wehen einsetzten, fuhr ich eben in die Klinik.

Bei der Geburt dabei sein konnte Ihr Mann dadurch jedenfalls nicht.

Ich wollte das auch nicht. Weil ich das unerotisch finde. Mein Mann war nicht mehr der Jüngste. Ich hab mir gedacht, wenn er das sieht, dann kann es nachher sein, dass es ihm … Na ja, Sie wissen schon. Ich wollte kein Risiko eingehen.

Machen sich viele Frauen über solche Dinge Gedanken?

Ich glaube schon, man spricht halt nicht darüber. Ich finde, wenn der Mann bei der Geburt dabei ist, dann sollte er zumindest am Kopfende des Bettes stehen und auf keinen Fall sehen, was da unten »vor sich geht«. Es könnte sein, dass ein Mann danach gewisse Schwierigkeiten hat. Warum sollte man dieses Risiko eingehen?

Wann tauchte Ihr Mann denn auf?

Ich lag schon wieder im Krankenzimmer und hatte das Neugeborene in einem kleinen Bettchen direkt neben mir. Mein Mann kam rein, sah das Baby, dann meinte er nur: »Das Kind sieht aus wie Franz Josef Strauß.«

Es war immerhin ein Mädchen!

Es hatte natürlich ein ganz verhutzeltes kleines Gesicht. Aber er war wahnsinnig stolz und glücklich. Er ist richtig aufgeblüht.

Und Sie?

Ich war begeistert und glücklich. Es war das Schönste, was mir passieren konnte.

Kaum war später allerdings der männliche Erbe da, war es Schluss mit dem Kindersegen. Wie kam das?

Das hing auch damit zusammen, dass mein Mann zunehmend gesundheitliche Probleme bekam. Ich sagte ja schon, dass er, leider Gottes, in seinem Leben zu häufig und zu tief ins Glas geguckt hat. Er hat regelmäßig Wein getrunken und das Trinken hat ihm sehr zugesetzt. Natürlich wurde das dann für ihn auch zunehmend schwieriger. Wie soll ich sagen? Ich glaube, der Zeitpunkt war genau richtig. Es hat sein sollen, dass ihm ein Sohn geschenkt wurde, sonst wäre es nicht passiert. Danach hat es mit der Schwangerschaft einfach nicht mehr geklappt.

Hätten Sie gerne noch weitere Kinder gehabt?

Ja, schon, aber ich wollte die Kinder eben auch auf natürliche Weise bekommen. Mein Mann hatte dann eine Zeit lang eine Phase, wo er meinte: »Sollten wir es nicht doch mit künstlicher Befruchtung versuchen, wenn es so nicht mehr klappt?« Ich hab mich zur Wehr gesetzt: »Du hast vom lieben Gott auf natürlichem Weg drei gesunde Kinder bekommen, warum müssen wir jetzt auf künstliche Art und Weise weitermachen?« Ein Arzt klärte uns zu Hause darüber auf, wie das vonstatten ginge. Ich fand das so schrecklich: »Nicht mit mir. Das will ich nicht.« – »Was ist, wenn unserem einzigen Sohn etwas passiert?«, sagte mein Mann. Darauf hab ich geantwortet: »Da musst du auf Gott vertrauen. Du hast vom lieben Gott spät in deinem Leben drei gesunde Kinder gekriegt, und damit musst du dich zufrieden geben und nicht versuchen, selber Schicksal zu spielen.«

Wie ist das Familienleben mit jemandem, der mit Mitte fünfzig plötzlich Vater von drei Kindern ist?

Das Familienleben war in den ersten Jahren wunderschön, sehr harmonisch und sehr ruhig. Nur mit der Zeit hatte sich mein Mann an den Zustand gewöhnt und es fing an, ihn zu langweilen. Es hat ihn wieder rausgezogen in die Welt.

Sie hätten ihn festbinden müssen.

Ja, ich hätte ihn festbinden müssen. Aber die Welt, seine Freunde, seine internationalen Bekanntschaften – alle haben gerufen. Hier ein großes Fest, dort eine Premiere. Er nahm mehr und mehr wieder seinen alten Lebensrhythmus auf. Ich konnte nichts dagegen tun.

Sie waren gerne Mutter?

Es war meine schönste Sache, die Erfüllung. Das war auch die große Wende in meinem Leben. Ich wusste wirklich, dass es meine Bestimmung war, Mutter zu sein.

5 Wie erzieht man Fürstenkinder?

Kinder galten einmal als Geschenk Gottes. Unsere heutige Gesellschaft kann sich solche Geschenke offenbar immer weniger leisten. Wir sind auf eine Weise unfruchtbar geworden, dass wir uns dadurch nun sogar um die Zukunft bringen.

Karrierestreben und der Hang zum Konsum führten fast zwangsläufig dazu, dass vielfach beide Ehepartner arbeiten müssen. Dadurch tritt das Familienleben und das Kinderkriegen in den Hintergrund. Denn Kindergroßziehen ist ein Fulltimejob. Der augenblickliche Zeitgeist impliziert zudem, dass es etwas Minderwertiges ist, Hausfrau und Mutter zu sein. Oft realisieren dann viele Frauen erst nach einem sehr anstrengenden Berufsleben, so kurz vor vierzig, hoppla, ich hab was Wichtiges verpasst. Wenn sie dann Versäumtes nachholen, können viele ganz intensiv erleben, dass dies auch wunderschön sein kann.

Als ich darüber nachdachte, ob es richtig ist, Johannes zu heiraten, wusste ich, dass eine meiner Hauptaufgaben sein würde, Kinder zu haben, Mutter zu sein und diese Fürstenkinder zu erziehen. Ich freute mich darauf, weil ich innerlich spürte, dass das mein Ding ist. Ich habe in dieser Beziehung viel Talent und ich kann auch heute noch sehr gut mit Kindern umgehen.

Meine Einstellung zur Kindererziehung wurde sehr durch das Buch von Arthur Janov, »Der Urschrei«, geprägt, das ich ein paar Jahre zuvor gelesen hatte. Nach Janov sind die ersten drei Monate die wichtigsten im Leben des Kindes. In dieser Zeit wird alles wie auf einer Festplatte gespeichert. Schon während der Schwangerschaft hab ich darauf geachtet, schöne Musik zu hören, dass um das Kind herum einfach alles optimal ist und ich dem Kind die nötige Wärme geben kann.

Noch nie gab es eine Gesellschaft, die derart umfassend auf erprobte Grundmuster des Zusammenlebens verzichten wollte. Traditionelle Vorstellungen galten als überholt, auch wenn sich viele der neuen Experimente sofort als unsinnig und schädlich erwiesen. Allmählich ändert sich die Szenerie. Aber es gab eine Zeitspanne, in der man regelrecht von einer Erziehungsverweigerung sprechen konnte, und zwar nicht seitens pubertierender Kinder, sondern seitens nicht erwachsener Eltern. Welche Vorstellungen hatten Sie von Erziehung?

Mir war immer klar, dass der Grundstock für die Erziehung Liebe ist. Ich habe dabei sehr viel von meiner schottischen Säuglingsschwester gelernt. Sie hat mir zum Beispiel beigebracht, dass ein Kind nicht unbedingt schreien *muss*. Wenn es schreit, dann fehlt ihm etwas, und dann sollten wir sofort versuchen herauszufinden, was das sein könnte. Ich glaube, von besonderer Bedeutung in der Entwicklung sind die ersten sechs Jahre. Hier war mir ganz wichtig: viel Liebe, viel streicheln, viel Körperkontakt, viel spielen und einfach dem Kind so viel Zeit wie möglich widmen. Ich hatte Gott sei Dank die Möglichkeit dazu. Außer in den für mich furchtbar schmerzhaften Phasen, wenn ich meinen Mann auf seinen Reisen begleiten musste. In gewisser Weise war ich zerrissen – zwischen meinen Kindern und meinem Mann, der mich ja auch gebraucht hat, als eine starke Stütze.

Ist es schwierig, wenn der Vater nicht zur Verfügung steht?

Wenn wir in Regensburg waren, war der Vater ja da. Das heißt, die Kinder waren abends immer bei uns. Auch wenn wir Gäste hatten, hab ich die Kinder mitten unter die Leute im Salon auf das Kanapee gesetzt. Die Kinder waren immer und überall dabei. Sie konnten ihren Vater schon auch längere Zeit erleben, zum Beispiel auf dem Schiff, da waren sie ihm sehr nahe. In Regensburg allerdings war er für die Kinder eher eine Großvaterfigur, das muss man ganz klar so sehen.

Hat er gespielt mit seinen Kindern?
Er hat mehr liebkost. Die Kinder saßen auf seinem Schoß und er hat sich irgendeine Geschichte ausgedacht, die er ihnen erzählt hat. Die Geduld, sich mit ihnen hinzusetzen, ein Spiel zu machen oder ein Puzzle zu legen, das war nicht seins. Dennoch, die Kinder haben ihren Papa sehr geliebt.

Ich bin sehr offen in meiner Kritik an meinem Mann, aber mit den Kindern war Johannes wirklich besonders rührend und liebevoll. Aufgrund seiner Prägungen, seiner Persönlichkeit und aufgrund seines Lebenslaufes hat er natürlich gewisse Schwächen gehabt, denen er auch nicht mehr entrinnen konnte. In den ersten drei Jahren jedenfalls war er sehr, sehr brav und viel zu Hause. Aber nachdem Albert geboren worden war, ergriff ihn die alte Rastlosigkeit und er fiel wieder ein bisschen in sein altes Schema zurück.

Wie der graue alte Löwe, der seinen Job getan hat und sich sagt: »So, jetzt kann ich mein Rudel wieder verlassen«?
So ungefähr. Ich hatte die Aufgabe, alles zusammenzuhalten und dann auch noch auf ihn aufzupassen, auf seine Gesundheit zu achten, ihn von falschen Leuten fern zu halten. Menschen wie mein Mann haben Leute um sich, die gerne feiern und ausgehen wollen. Er hat meist für alle bezahlt. Da tauchten dann schon Gestalten auf, die nicht gerade förderlich waren für jemanden, der nicht viel trinken sollte. Ich versuchte dann, Plätze wie St. Moritz oder New York zu meiden und ihn woanders hinzubringen.

Aus heutiger Sicht kann ich sagen, dass ich nicht nur für meine Kinder, sondern vor allem auch für meinen Mann Kindermädchen war. Meine Aufgabe war beispielsweise, darauf zu achten, dass er nicht zu viel trinkt, was nicht ganz leicht war. Aber er wollte mich bei sich haben, er hat mich gebraucht. Er war ein Getriebener, und er brauchte nicht nur mich, er brauchte Leute, Leute, Leute, Menschen, Menschen und noch mal Menschen. Verschiedene Menschen. Verschiedene Orte. Er hat es zu Hause einfach nicht ausgehalten.

Anstrengend für Sie?

Wahnsinnig anstrengend. Im Nachhinein muss ich sagen, es war wirklich harte Arbeit. Aber es war auch schön und befriedigend. Ich habe glückliche Jahre mit ihm gehabt, aber auch sehr schwere. Zum Schluss gab es dann doch ein Happyend. Und wenn ich heute zurückdenke, muss ich sagen, ich möchte keine Sekunde missen.

Zurück zu den Kindern. Spürten Sie eine ganz besondere Verantwortung, einen Sohn zu erziehen, der fähig sein muss, später einmal die Geschichte eines großen Hauses fortzuführen?

Nein, denn ob das nun der Sohn eines Fürsten oder der eines Metzgermeisters ist – jede Mutter hat für ihre Kinder genau die gleiche Verantwortung. Das Wichtigste ist, die Kinder so zu erziehen, dass sie ausgeglichene, zufriedene Menschen werden und nicht irgendwelche schrecklichen Defizite aus der Kindheit mitnehmen, die dann Drogenmissbrauch oder persönliches Unglück zur Folge haben. Man versucht ihnen Aufmerksamkeit, Liebe und dann natürlich auch Bildung zu geben. Ich legte beispielsweise Wert darauf, dass die Kinder Klavierunterricht bekommen, meine Töchter ins Ballett gehen und dass sie reiten lernen. Ich sagte mir, versuchen wir sie so umfassend wie möglich auszubilden und ihnen die Möglichkeit zu geben, Hobbys auszuüben, Talente zu entdecken.

Bei Ihnen zu Hause wurde viel geschmust, viel gealbert, viel herumgeturnt.

Man muss natürlich Grenzen einhalten. Aber als mein Mann starb, waren die Kinder sehr klein – zehn, neun und acht. Ich war sehr alleine. Die ersten drei Jahre nach seinem Tod haben die Kinder bei mir im Bett geschlafen, das war vorher nicht der Fall. Ich ließ mir extra ein sehr schönes, großes Bett machen. Zuvor gab es immer das Gezeter: »Wer darf bei der Mama schlafen?«, jetzt war es mit dem Streit vorbei.

Selbstverständlich hab ich ab einem gewissen Alter aufgehört, mit meinem Sohn zärtlich zu schmusen, auch wenn er morgens noch die Arme nach mir ausgestreckt hat. Mit meinen Töchtern bin ich heut noch sehr zärtlich, so zärtlich, dass meine Freundinnen mich manchmal komisch angucken. Aber genauso innig bin ich auch mit meiner Schwester und meiner Mutter. Manchmal lege ich mich auf meine Mutter drauf, das ist dann unser Walrossspiel, meine Mutter findet es herrlich. Wir sind eine sehr körperliche, liebevolle Familie.

Inzwischen hat bereits jedes vierte Kleinkind in Deutschland einen Fernseher im Zimmer, Schulkinder verfügen über freien Zugang zum Internet, und man hat festgestellt, dass sich ein Großteil dieser Kinder täglich mindestens ein oder zwei für Jugendliche verbotene oder ungeeignete Sendungen ansehen oder jugendgefährdende Spiele spielen. Die Auswirkungen sind dramatisch. Nicht nur in Hinblick auf die schulischen Leistungen, sondern auch auf die gesamte Gesundheit und insbesondere die psychische Stabilität der Kinder. Wie sah denn das Kinderzimmer beziehungsweise der Kindertrakt im Fürstenhaus aus?

Kommunikation und Zusammensein waren für uns immer das Allerwichtigste. Von den gemeinsamen Mahlzeiten angefangen bis hin zum gemeinsamen Fernsehen. Ich denke, ein Grund dafür, weshalb unsere Gesellschaft zusehends vereinsamt, liegt darin, dass in den Familien nicht mehr gemeinsam gegessen wird. Jeder geht zum Kühlschrank, holt sich irgendetwas heraus und geht ins Zimmer zurück, zum Fernseher. Es ist längst nicht mehr so wie früher, dass man sich wenigstens bei den Mahlzeiten ausgetauscht hat. Auch die Essgewohnheiten selbst haben sich geändert. Man sitzt nicht mehr so lange am Tisch, es muss alles ganz, ganz schnell gehen, da jeder ständig so viel zu tun hat. Das ist ein Fehler, die Auswirkungen können gravierend sein – wie man allenthalben sehen kann.

Es gab keinen Fernseher im Kinderzimmer?

Doch, den gab's. Aber es wurde nur geguckt, wenn es abgesprochen war. Einfach hingehen und aufdrehen, das war nicht. Wenn Kinder planlos fernsehen, dann häufig deshalb, weil sie sich langweilen. Weil niemand da ist, der mit ihnen spielt. Als die

Schule begann, mussten zunächst die Hausaufgaben gemacht werden, es gab Klavierunterricht, Tennisunterricht, man ging zum Reiten …

Meine Güte, was für ein Riesenprogramm!

Die Kinder hatten wirklich einen vollen Terminkalender. Wenn ich mit ihnen in die Ferien gefahren bin und wir, um ein Beispiel zu nennen, auf dem Segelboot waren, machte ich mit ihnen so viel Programm, dass die gar keine Zeit zum Streiten hatten und müde ins Bett gefallen sind. Morgens, zeitig in der Früh, wenn das Meer noch schön flach war, sind wir Wasserski gefahren. Anschließend haben wir gefrühstückt. Dann konnten sie eine Stunde oder zwei spielen. Danach haben wir mit Surfen angefangen und dann waren sie schon ziemlich erledigt. Nach dem Mittagessen und dem Nachmittagsschlaf haben wir zusammen ein Spiel gemacht und sind dann mit dem Papa spazieren oder in die Stadt gegangen. Wir haben vielleicht noch irgendeinen Kinderfilm angeguckt und dann war der Tag rum.

Klingt sehr nach Aktionismus.

Ich bin ja auch ein Aktionist. Ununterbrochen mache ich etwas.

Hatten Sie nicht auch Angst, die Kinder damit zu überfordern?

Ja, schon auch. Meine Mutter und meine Tanten sagten: »Die Kinder machen viel zu viel, das ist nicht gut.« Heute muss ich sagen: Es war in der Tat zu viel. Ich merke es daran, dass sie von den Dingen, die sie damals lernten, jetzt gar nichts mehr machen.

Viele Eltern installieren leichtfertig elektronische Medien im Kinderzimmer – Playstation, Fernseher, Computer mit Kampfspielen und Zugang zum Internet – und stellen plötzlich fest, dass ihre Kleinen sich in dem elektronischen Netz verfangen und erschöpfen und gar nicht mehr rauskönnen.

Die wenigsten Eltern schätzen das richtig ein. Das ist dann wie mit den berühmten bösen Geistern, die man, sobald man sie gerufen hat, nicht mehr loswerden kann. Ich habe bestimmt auch viele Fehler gemacht, aber Fernsehen jedenfalls war bei uns nicht so schlimm. Es gab vieles, das die Kinder faszinierte. Sie sind gerne reiten gegangen. Albert ist Motocross gefahren. Er hatte auch so einen kleinen Jeep, mit dem er im Wald herumfahren konnte. Sagen wir mal, bis sie sechzehn waren, hatte ich überhaupt keine Probleme.

Haben Sie Ihre Kinder verwöhnt?

Ja, natürlich. Meine Kinder dagegen würden Ihnen vermutlich antworten, dass ich saustreng war. Natürlich ist das ein Problem bei Familien mit Vermögen. Aber wer möchte schon sagen, ich lass meine Kinder ganz arm aufwachsen, damit sie später glücklicher werden? Ich hab meinen Kindern all das ermöglichen wollen, was ich selbst nicht hatte. Und weil ich dazu auch noch so jung war, hab ich mich an allem mitgefreut. Zum Beispiel Karussell fahren. Als ich klein war, konnten wir es uns leisten, maximal zweimal Karussell zu fahren, dann musste Schluss sein. Meine eigenen Kinder durften fahren …

… bis ihnen schlecht wurde?

So ungefähr. Verstehen Sie diese Dynamik? Mein Mann hat mich immer davor gewarnt. Der Albert wollte zum Beispiel so gerne ein kleines Auto haben und ich wollte das auch. Das war für mich die schönste Idee und Gott sei Dank hat uns dann ein arabischer Prinz irgendwann einmal auch so ein Ding geschenkt. Mein Mann hätte das nie angeschafft. Er hat bewusst gesagt: lieber knapper, knapper, knapper.

Ich muss sagen, dass meine Kinder für unsere Verhältnisse wirklich sehr bescheiden aufgewachsen und auch sehr dankbare Menschen geworden sind. Jedenfalls gab es von mir nie ein »Jetzt ist genug, jetzt hört auf zu spielen«, sondern ich hab immer überlegt »what next?«. Ich hatte genauso viel Energie wie die Kinder. Ich hab mir immer gedacht, okay, jetzt waren wir surfen, aber das heißt nicht, dass wir den Rest des Nachmittags herumsitzen. Es war immer was los.

Eine ziemlich anstrengende Mutter.
Das sagen meine Töchter auch.

Die werden vermutlich heute noch müde sein.
Das sind sie ganz bestimmt. Und wenn ich zu Besuch komme, dann ist das sicher etwas anstrengend, auf der anderen Seite haben sie das auch ganz gern. Schließlich sind sie ja daran gewöhnt, dass Mamma »Äktschn« braucht, und wahrscheinlich würden sie auch etwas vermissen, wenn es nicht mehr so wäre. Wenn wir zusammen sind, wird immer irgendetwas unternommen. Entweder wir gehen reiten, Ski fahren oder ins Museum. Mit mir wird es jedenfalls nie langweilig, und das hat doch auch was für sich.

Ihr Sohn hat in Rom das Gymnasium beendet, wie kam das?
Als mein Mann tot war und meine beiden Töchter aufs Internat nach England kamen, hab ich mich in Regensburg sehr schnell alleine gefühlt. Ich hab auch schlagartig verstanden, weshalb mein Mann in diesem riesigen Schloss nicht alleine sein konnte. Jedenfalls war Regensburg für mich sehr einsam. Albert kam zudem in ein Alter, in dem ich ihn eigentlich ins Internat hätte schicken sollen, da er in Regensburg einen Freibrief hatte. Er konnte sich benehmen, wie er wollte, da er ja auch diese Sonderrolle hatte, der Fürst, das merkt doch ein Kind – übrigens auch im negativen Sinne, indem er gehänselt und nicht akzeptiert wurde oder umgekehrt ihm die Leute hinterherliefen und sich anbiederten. Ein Kind ist sehr sensibel. Es war einfach auch an der Zeit, das hab ich gespürt, dass er rauskam, woanders hin.

Ins Internat nach England wollte er nicht, und mein Grundsatz war: Nichts unbedingt gegen den Willen des Kindes durchzusetzen. Zuerst haben wir uns für Rio de Janeiro interessiert, da wir dort sehr viele Verwandte haben. Schließlich kamen wir auf Rom. Albert war schon 15, und wir mieteten uns ein Mofa. Ich hab ihm vorgeschlagen: »Fahr doch mal alleine durch die Stadt und versuch herauszukriegen, ob dir die Stadt taugt.«

Nach drei Tagen fand er Rom ganz toll. Inzwischen hat er dort sein Abitur gemacht und kann genauso gut Italienisch wie Deutsch. Er hat es als großes Geschenk empfunden. Meine Töchter waren in England auch sehr zufrieden, und so waren eigentlich alle glücklich.

Wie führt man Fürstenkinder in die große Gesellschaft ein, was muss man beachten?

Wenn sie so 15, 16 sind, lernen sie zunächst tanzen, und dann kommen auch schon die ersten Einladungen. Ich gab mir immer sehr viel Mühe, die Kinder in den Sommerferien mit ihren Verwandten und Freunden zusammenzubringen, möglichst bunt gemischt. Weit über zehn Jahre lang organisierte ich jeden Sommer Kindercamps im Schloss Taxis im Württembergischen und auch am Starnberger See. Es fanden Kinderreitturniere, -tennisturniere und -olympiaden statt. Angefangen vom Tandemfallschirmspringen bis zu großen Fuchsjagden hab ich alles mit größter Passion betrieben. Allerdings hörte ich damit auf, als die Kinder in ein Alter kamen, wo der Hauptspaß darin bestand, alles, was die Mutter oder die Lehrer vorgaben, zu unterwandern. Als ich merkte, dass ihnen Tennis- und Reitturniere keinen Spaß mehr machen, sondern dass sie nur noch nachts zusammen Musik hörten und sich aus der Küche Alkohol holten, war Schluss. Die Kinder kamen in ein Alter, wo ich mir sagen musste: »Okay, Gloria, du bist gut für kleine Kinder, aber mit Jugendlichen, das ist nicht dein Ding, da fehlt dir das Verständnis, da wirst du sauer.« Ich war ja alleine, ich hatte ja keinen Mann im Haus.

Sie haben in Ihrem mit Donna Alessandra verfassten Buch zehn Punkte aufgeführt, zehn Prinzipien, die Sie als Erziehungsportfolio empfehlen: Glaube, Liebenswürdigkeit, Ordentlichkeit (»Gehört zu den wichtigsten Eigenschaften eines zivilisierten Menschen«), Disziplin (»Das ganze Leben ist voller Aufgaben, die man nur ungern erledigt«), Hilfsbereitschaft, ästhetische Erziehung, Friedfertigkeit, Großzügigkeit, Respekt vor der Schöpfung und Umwelt, Respekt vor dem Nächsten im

Allgemeinen und vor Autoritäten im Besonderen. Wie haben Sie diese zehn Punkte ausgeknobelt?

Mein Gott, wir haben einfach gemeinsam darüber nachgedacht, und es scheint mir alles ganz richtig zu sein, was ich da aufgeschrieben habe. Auch der Punkt »Respekt vor Autoritäten«. Gerade in einer Zeit wie dieser, wo jeder meint, dem anderen gleichwertig zu sein, find ich es auch wichtig zu vermitteln, dass es Menschen gibt, die eben eine ganz besondere Achtung verdienen; seien es nun so genannte Respektspersonen wie Lehrer oder einfach nur alte Menschen, denen man mit entsprechender Aufmerksamkeit begegnet.

Herausragend scheint mir der Punkt »Liebenswürdigkeit«. Kann man das denn anerziehen?

Man kann sie zumindest vorleben. Kaiserin Maria Theresia sprach nicht von ungefähr von der Bedeutung der »Herzensgüte« oder der »Intelligenz des Herzens«. Das sind unersetzliche Eigenschaften, die das Zusammenleben, das eigentliche Menschsein erst möglich machen. Ich sehe jedenfalls mit großer Genugtuung, dass meine Kinder besonders höflich und freundlich sind.

Hat eigentlich bislang noch keines Ihrer Kinder gegen Sie rebelliert?

Doch. Wir lieben uns sehr, aber die rebellieren ja eigentlich ununterbrochen. Ich meine, es macht doch keiner mehr, was ich sage.

Das ist ja nun noch keine Rebellion. Unter Rebellion versteht man doch eigentlich, dass man sich vom Elternhaus abwendet, eine Zeit lang zumindest, und sagt: »Also das, was ihr macht oder was ihr lebt und was ihr in eurer Erziehung vermittelt, das ist nicht mehr meins – und im Übrigen ist eure Einstellung nicht nur alter Käse, sondern auch noch grundfalsch.«

Dazu hab ich eine eigene Theorie. Ich will es nicht verschreien, ich klopf sofort auf Holz, aber ich glaube, dass ich von Anfang an versucht habe, alle Grundbedürfnisse so gut es geht zu stillen. Vielleicht ist dadurch diese innere Unzufriedenheit bei meinen

Kindern nicht so krass aufgekommen. Ich glaube, dass ein Kind dann von den Eltern enttäuscht ist, wenn die Summe der Erfahrungen mit ihnen schlecht ist. Ich hatte das Glück, dass meine Kinder immer gerne mit mir zusammen waren. Es kann natürlich sein, dass das unter anderem an dem schönen Programm gelegen hat, die ich ihnen geboten habe. Aber vor allem war es sicherlich die Liebe und Aufmerksamkeit, die meinen Kindern gefallen haben. Dadurch hat sich ein richtig gutes Vertrauensverhältnis aufgebaut, und für mich ist es eine Riesenbestätigung, wenn ich immer noch um Rat gefragt werde. Gerade jetzt, wo sie in einem Alter sind, in dem doch die Meinung der Eltern im Allgemeinen nicht so viel zählt.

Ich habe einfach auch Glück mit meinen Kindern – und bin eben eine echte Glucke.

Das Gluckenhafte kann aber auch furchtbar sein.
Kann auch furchtbar sein.

Und vor allem: Das Kind muss immer genügen, es darf die gute Mami ja nicht enttäuschen. Daraus kann, wie Pädagogen wissen, auch ein negatives Abhängigkeitsverhältnis entstehen, das einen hemmt, wirklich selbstständig zu werden.
Neulich meinte meine Tochter zu mir, es wäre für sie das Schlimmste, wenn ich sterben würde. Es wäre schrecklich für sie, denn sie wüsste überhaupt nicht, was sie machen soll ohne mich. Wenn Sie mich ganz ernsthaft fragen, dann sag ich Ihnen, ja, die Kinder sind gewissermaßen abhängig von mir. Aber ich bin ja genauso abhängig von ihnen. Wir sind zwar räumlich getrennt, leben an verschiedenen Orten, aber der Abnabelungsprozess ist noch nicht richtig geschafft. Das liegt sicher auch daran, dass ich keinen Mann mehr habe.

Natürlich war ich bei Maria und Lizzi strenger. Ich hab ihnen auch versucht zu erklären: »Schaut mal her, ihr seid zwei sehr schöne Mädchen, und es ist nicht gut, wenn ihr zu lange ausgeht.« Die haben mir wiederum vorgeworfen, dass ich mit Albert sehr viel liberaler war, aber der ist auch ein Junge, und mit einem Jungen muss man nicht so streng sein, was das Ausgehen betrifft. Ein Vater wäre dann sicherlich die obere Instanz gewesen, der, wenn's sein muss, auch mal auf den Tisch gehauen hätte.

Haben Ihnen Ihre Kinder nicht manchmal auch entgegengehalten: »Du musst gerade reden, du mit deiner Vergangenheit.«
Ein wesentliches Merkmal von jungen Leuten ist, speziell in der Pubertät, dass sie sich für sich selbst interessieren, die anderen spielen überhaupt keine Rolle. Das Interesse an meiner Jugend hält sich bei meinen Kindern also absolut in Grenzen, und ich habe auch nicht das gesteigerte Bedürfnis, den Kindern über meine Vergangenheit zu erzählen, außer über die guten Seiten. Ich finde, es gehört sich nicht, dass ich meinen Kindern meine Schwächen aufdränge.

Jetzt können sie das alles in diesem Buch nachlesen.
Ja, das finde ich gar nicht so gut. Ich hoffe, sie lesen es nicht.

Auf diese drei Leser sollten wir besser verzichten?
Na ja, so schlimm ist's auch wieder nicht. Schließlich sind sie ja erwachsen.

Erlauben Sie Ihren Töchtern, mit Jungs zusammen zu wohnen?
Ich kann ja nichts mehr erlauben oder verbieten. Meine Kinder sind erwachsen. Ich habe versucht, ihnen beizubringen, dass eine intime Männerfreundschaft auch ohne Heirat eigentlich eine Art Ehe ist. Wenn man mit einem jungen Mann schläft, womöglich mit ihm gemeinsam wohnt, dann ist das so. Wenn man in eheähnlichen Verhältnissen lebt und sich dann voneinander trennt, dann ist das genauso traumatisch wie eine Scheidung. Ich habe versucht, ihnen beizubringen, dass man nicht unbedingt mehr Erfahrung sammelt, wenn man mit vielen Männern ins Bett geht, sondern im Gegenteil, dass es besser ist, weniger Männer zu haben, am besten nur einen.
Aber ich sage Ihnen ganz offen, ich glaube, die jungen Leute machen sich ihre eigenen Gedanken. Und wieviel von der Mutter

angenommen wird, steht in den Sternen. Ich weiß es einfach nicht. Jedenfalls bin ich nicht die Mutter, die ihnen hinterherschnüffelt und kontrolliert, ob sie den Lebensgrundsätzen, die ich ihnen versucht habe zu vermitteln, auch treu geblieben sind. Meine Töchter wohnen beide in London, und ich fühle mich außerstande zu sagen, ob da mal ein Junge übernachtet hat, ob sie eine feste Beziehung haben. Natürlich hoffe ich, dass sie an Leib und Seele keinen Schaden nehmen. Aber das Beste, was ich jetzt für sie tun kann, ist, für sie zu beten und nicht versuchen, sie zu kontrollieren.

Gehen wir mal davon aus, es gibt keine falschen Boyfriends, es gibt keine Haschpfeifen, es gibt keine Mitgiftjäger.

Ich kann nur hoffen, dass meine Kinder mit einem Korsett ausgestattet wurden, das ihnen ermöglicht, lebenstüchtig zu sein. Dass sie Menschenkenntnis und das Herz am richtigen Fleck haben. Dass sie ausgeglichen sind und auch ihren Engel befragen. Dass sie bei ihren Problemen die Mutter Gottes mit einbinden. Wenn diese Dinge stimmen, dann kann eigentlich nicht viel passieren.

KAPITEL III

Die Ehre der Thurn und Taxis

1 Die Erfindung der Post

Fürstin, Ihre Familie zählte über Jahrhunderte zu den einflussreichsten Häusern Europas. Das moderne Postwesen ist mit dem Namen Thurn und Taxis untrennbar verbunden. Knapp vier Jahrhunderte lang, also von 1495, der Einrichtung fester Postverbindungen unter Francesco Tasso, bis 1867, als Fürst Maximilian Karl zur Abtretung seiner Postrechte gezwungen wurde, hielten Sie damit nicht nur ein einzigartiges Monopol in Händen, sondern auch eines der ersten multinationalen Unternehmen überhaupt. Wir können die große europäische Geschichte des Hauses im Rahmen dieses Buches leider nur mit einigen Spots beleuchten. Kann man denn sagen, wie stark Thurn und Taxis war? So stark wie »Federal Express« heute?

Sicherlich größer und stärker. Die Thurn-und-Taxis-Post war im Endeffekt das weltweit einzige wirklich im großen Stil funktionierende Postsystem. Vielleicht klingt das ein wenig überzogen, aber ein Staatsrechtler des 18. Jahrhunderts, Karl Friedrich Moser, hat die Bedeutung der Erfindung der Post im Heiligen Römischen Reich sogar mit der Entdeckung Amerikas verglichen.

Und alles begann mit einigen berittenen Kurieren, die schneller waren als die anderen.

Die Familie Tasso stammt aus einem kleinen Nest nördlich des Comer Sees, Cornello bei Bergamo in der Lombardei. Aus Tasso, Dachs, wurde später Taxis. Mit dem Turm im Wappen, altdeutsch Thurn, entstand daraus Thurn und Taxis. Die Tassos waren bereits im 14. Jahrhundert die Kuriere des Papstes und standen obendrein im Dienst der Republik Venedig. Francesco Tasso, der noch selbst im Sattel saß, bekam 1495 von Kaiser Maximilian I. eine feste Route zugeteilt, und zwar die Strecke zwischen dem Habsburger Kaiserhof, damals noch in Innsbruck, und dem Hof seines Sohnes Philipp des Schönen in Mechelen bei Brüssel. Es war der Beginn einer neuen Ära. Die Habsburger machten sich auf, ein europäisches Reich zu gründen. Von daher war eine umfassende Kommunikation zwischen den einzelnen Machtzentren eine schlichte Notwendigkeit geworden.

Was war denn so bahnbrechend am Postsystem der Taxis?

Berittene Boten gab es immer schon. Das hatten schon die Römer. Das Revolutionäre an der Thurn-und-Taxis-Post war, auf ihren Routen alle 30 Kilometer gut organisierte Stationen einzurichten. Man muss sich das so vorstellen: Der Postreiter blies, sobald er der Poststation nahe kam, in sein Horn, damit der nächste Reiter bereits im Sattel sitzen und weiterreiten konnte. Der Postsack wurde gewissermaßen im fliegenden Wechsel übergeben. Mit diesem Stafettensystem war es plötzlich möglich, einen Brief zwischen den Residenzen in fünfeinhalb Tagen ans Ziel zu bringen, wofür man zuvor Wochen brauchte. Dieser Zeitplan wurde garantiert. Die Pünktlichkeit und Zuverlässigkeit gab dem Postwesen eine völlig neue Dynamik.

Klingt einfach.

War es aber nicht. Wenn man bedenkt: Es gibt keine Autobahnen, nur irgendwelche schlechten, matschigen Straßen. Sobald ein Fluss über die Ufer tritt, sind die Wege versperrt. In den Wäldern treiben Banden von Räubern ihr Unwesen. Personal, das ehrlich und zuverlässig arbeitet, ist schwer zu finden. Hinzu kommen die instabilen politischen Verhältnisse, die vielen Kleinstaaten, die sich gegenseitig befehden. Vor diesem Hintergrund war es sicher eine logistische Meisterleistung, ein Postsystem in diesem Umfang, diesem Tempo und dieser Zuverlässigkeit zu organisieren. Wenn man bedenkt: Ein Brief von München nach Rom dauerte mit der Taxis-Post nicht länger als heute. Nicht einmal Unwetter oder kriegerische Unruhen wurden als Entschuldigung für Verspätungen akzeptiert.

Der Taxis-Clan bildete am Ende des 15. Jahrhunderts mehrere Stammväter heraus. Janetto, Gabriel und Franz von Taxis, die sich die unterschiedlichen Linien im Reich aufteilten.

Ja, wobei sich Gabriels Postbereich von Worms über Stuttgart bis nach Prag und Wien erstreckte und von dort nach Zürich und Straßburg. Franz von Taxis wiederum konzentrierte sich ganz auf die westlichen Gebiete des immer größer werdenden habsburgischen Reiches. Bald wurde er Hauptpostmeister des spanischen Königs Philipp I., für den er eine Postverbindung zwischen den Niederlanden und der jeweiligen Residenz der französischen und spanischen Könige einrichtete. Franz von Taxis war ein findiger Unternehmer, ein Mann mit Mumm und Risikobereitschaft, der genau wusste, wie und wo er sein Geld rentabel zu investieren hatte.

Unter anderem setzte er durch, die ehedem niederländischen Staatsposten in Taxis'sche Posten umzuwandeln, also einen Staatsbetrieb gewissermaßen zu privatisieren. Man könnte auch sagen: Er erfindet das Outsourcing. Er ist im staatlichen Auftrag unterwegs, aber privatwirtschaftlich organisiert, eine damals ganz neue Geschichte.

Der Aufstieg der Taxis ging mit einem rasanten Tempo vonstatten. Worin liegt der Hauptgrund für diese unglaubliche Karriere?

Der liegt offenbar in den engen Familienbanden und nicht zuletzt in der vorzüglichen Erziehung, die man der jeweils nächsten Generation angedeihen ließ. Alle Brüder und Neffen arbeiten zusammen. Sie breiten sich über ganz Europa aus, sitzen in Innsbruck, Venedig, Mailand, Rom, Brüssel, Antwerpen und in Spanien und ziehen ein komplettes mitteleuropäisches Verkehrsnetz auf. Und: Es gibt jeweils eine unangefochtene oberste Leitung, einen starken Chef des Hauses, und zwar in dem schon bekannten Franz von Taxis, dem schnellen Reiter aus der Lombardei. Alles zusammen war die »Compania di Tassi«.

Typisch italienisch.
Aber weit älter als die Mafia.

Der Hauptsitz des Familienunternehmens entsteht Anfang des 16. Jahrhunderts in Brüssel. Die Stadt hat die beste Lage für das neue Postgebiet. Hier lag nicht nur der Hof Philipps des Schönen, das aufkommende Bürgertum macht den Platz zu einer aufstrebenden Metropole.
Für ein junges, ambitioniertes Unternehmen war Brüssel mit Sicherheit der interessantere Sitz, spannender als Wien, das damals noch nicht Hauptsitz des Kaisers war. Es ging irgendwie alles Schlag auf Schlag. Zu den bestehenden Verträgen und den vom Kaiser gewährten Privilegien kam die Freistellung von Abgaben und steuerlichen Belastungen, die Erlaubnis zum Tragen von Waffen und der königlichen Wappen für die Bediensteten. Das Postgebiet der Taxis umfasst neben Spanien und den Niederlanden bald das gesamte Reichsgebiet und irgendwann war die Familie alleinige Trägerin eines auch für heutige Verhältnisse gigantischen Post- und Nachrichtenwesens. Franz von Taxis hatte keine Kinder. Als er 1517 starb, übernahm deshalb sein Neffe Johannes Baptista den Familienbetrieb – mitsamt dem inzwischen relativ umfangreich gewordenen Stab von Hof- und Hausbediensteten.

Wen gab es denn als Konkurrenz oder Mitbewerber?
Es gab immer mal wieder Familien, die in demselben Geschäft waren. In Österreich zum Beispiel die Familie von Paar. Auch Städte betrieben teilweise ihr eigenes Botenwesen. Bis ins 18. Jahrhundert gab es auch noch die so genannten »Metzgersposten«, das war eine Beförderungseinrichtung, die von Metzgerbetrieben organisiert wurde. Allerdings konnte niemand den Taxis wirklich das Wasser reichen. Die anderen waren schon deshalb unterlegen, weil die Taxis'sche Reichspost als kaiserliches Lehen etabliert wurde. Durch die Privilegien konnten die Taxis'schen Postreiter weit ungehinderter arbeiten als alle anderen. Obendrein waren Franz von Taxis und sein Neffe echte

Clanchefs. Die hatten ihren Laden mit strengen Kontrollen im Griff. Wer das Zeitlimit nicht einhielt, bekam einen Lohnabzug. Sonst hätte eine Organisation von diesen Ausmaßen gar nicht funktioniert.

Es blieb nicht beim Botendienst für den Kaiserhof, irgendwann einmal wurden auch Briefe von Privatleuten befördert.

Der Kaiser war ein säumiger Zahler. Das war Wien ja immer. Die Habsburger haben schlecht bezahlt und lieber Ehre verteilt als Geld. Die kaiserliche Post brachte den Taxis aber einfach zu wenig ein, so stellten sie auch Großwirtschaftsfamilien wie den Fuggern und Privatleuten ihren Service zur Verfügung. Damit war beiden Seiten geholfen. Die Unternehmen konnten auf Zuverlässigkeit bauen, die Taxis auf sichere Einnahmen. Für die aufkeimende Wirtschaft des 16. Jahrhunderts wirkte die neue Dienstleistung in gewisser Weise wie ein Quantensprung. Zum ersten Mal konnten damit auch Kaufleute, Bankiers und Bürger Nachrichten, Schecks und sonstige Dokumente verschicken – und damit nicht nur sicher sein, dass ihre Sendungen auch tatsächlich ankamen, sondern endlich auch zuverlässig disponieren, »just in time« sozusagen. Für die Familie Fugger beispielsweise musste die Taxis'sche Post einmal sogar 250 000 Gulden von Frankfurt nach Brüssel befördern. Das würde einem heutigen Wert von etwa 50 Millionen Euro entsprechen. Man kann sich vorstellen, mit was für einem riesigen Aufwand an Sicherheitsmaßnahmen dieser Transport organisiert worden sein musste.

Die Privilegien und der Ehrgeiz der Familie brachte Thurn und Taxis schnell voran, was aber machte die Firma auf Dauer so erfolgreich?

Ich würde sagen, ihr Kapital waren ihre grandiosen Verbindungen, ihre Wachsamkeit und ihr enormes Geschick beim Aushandeln von Verträgen. Sie gingen schließlich nicht nur bei den politischen Mächtigen, den Königen und Kaisern, ein und aus, sondern kooperierten bald auch mit den zentralen Finanzmächten des Kontinents, den Fuggern, dem Bankhaus der Sandri in Rom oder den Nasi in Florenz. Die Verbindung zur Finanzwelt war wichtig, um mit den entsprechenden Krediten die riesigen Investitionen in die einzelnen Postrouten abzudecken. Wenn man bedenkt: Die Strecken führten über tausende von Kilometer. Immer wieder mussten die Routen wegen kriegerischer Auseinandersetzungen verlegt werden. All das zieht gewaltige Kosten nach sich. Das Personal muss rekrutiert und bezahlt werden. Ohne die enge Verbindung zu den Finanzhäusern wäre dieser Aufbau gar nicht möglich gewesen.

Eine große Stunde für die Familie schlägt im Jahr 1512 mit der Verleihung der erblichen Adelswürde durch Kaiser Maximilian I. Endlich sind die Taxis die Leiter des gesellschaftlichen Prestiges hochgestiegen. Auch wenn sie zunächst nur das bescheidene Wappen eines »Hofpfalzgrafen« führen dürfen.

Sie tun einiges dafür, um Abstammung, Titel und Wappen noch mehr Glanz zu verleihen. Das hat nicht nur mit Prestige, sondern auch mit handfesten wirtschaftlichen Interessen zu tun. Sie wollen schließlich ganz nach oben kommen. Und je bedeutender die Post für das Reich und für den Kaiser wurde, umso stärker wurde natürlich auch die eigene Anspruchshaltung. Motto: Wir sind nicht bloß Postboten, sondern von ganz einzigartiger Bedeutung. Dass der Kaiser dann den Franz Taxis zu Franz von Taxis adelt, ist auch als Dank für diese gut funktionierende Einrichtung zu verstehen, die den Habsburgern zahlreiche Vorteile bringt.

Der erbliche Adelsstand des Reiches ist erst die unterste Stufe. Damit gibt man sich natürlich nicht zufrieden.

Ursprünglich ist ja auch nur der Dachs vorhanden, der auch heute noch das Herzschild unseres Wappens ist. Dann kommt der Adler dazu, als Zeichen dafür, dass die Würden und Rechte Lehen sind. Schließlich darf man auch das Posthorn im Wappen führen – als Symbol des Generalpostmeisters, der man nun geworden ist, immerhin ein Posten, der vererbt werden konnte. Im 17. Jahrhundert kommen weitere Adelserhebungen hinzu, etwa der Grafentitel, und schließlich, im Jahre 1695, der Fürstentitel, der höchste Adelsstand des Heiligen Römischen Reiches.

Es heißt, bei Thurn und Taxis wurde in dem Bemühen, eine ordentliche Herkunft nachzuweisen, auch kräftig geschwindelt.

Das kann man so nicht sagen. Fest steht, dass die Familie aus der Lombardei stammt. Ein Geschichtsschreiber des 8. Jahrhunderts berichtet von einem lombardischen König namens Tato; aus Tato wurde Tasso, dann Taxo und schließlich Taxis. Aber man hätte schon gerne auch auf eine wirklich hochadelige Abstammung verwiesen. Tatsächlich gab es, ob nun ganz schlüssig oder nicht, eine Verbindung, die zur bekannten Familie der Torriani führte, ein hoch angesehenes Haus in Mailand. Das lag schon sehr lange zurück, aber es war irgendwie nachvollziehbar. Man übernahm schließlich das Wappensymbol der Torrianis, nämlich einen Turm, was, wie schon gesagt, auf altdeutsch Thurn heißt. Aber dass man nun versucht, sich auf berühmte Vorfahren zu berufen, war damals für die einflussreichen Adelssippen absolut üblich. Nehmen Sie die Habsburger, nehmen Sie die Wittelsbacher, das haben viele gemacht.

Aber war hier nicht für jeden offensichtlich, dass man sich da was zusammengedichtet hat?

Dass genealogisch alles hundertprozentig stimmt, kann man vermutlich ausschließen. Eine gewisse Plausibilität aber war schon erforderlich. Nein, man kann nicht nur erfinden, das klappt nicht. Wie ging das vonstatten? Heute würde man ein entsprechendes Institut damit beauftragen, eine Expertise über das Ergebnis der Ahnenforschung zu erstellen Damals suchte man sich halt einen Wappenherold, also einen anerkannten Wappenkundigen, der dann versuchte, den Stammbaum irgendwie zurückzuverfolgen.

Bemerkenswert: Als endlich alles hübsch zusammengereimt war, gab man ein dreibändiges Prachtwerk heraus: Die Geschichte des Hauses Thurn und Taxis, in Großfolio. Auflage: 600 Exemplare; Kostenpunkt: 30 000 Gulden, was enorm viel Geld war.

Für das Prachtwerk wurden sogar eigens Lettern von 20 unterschiedlichen Alphabeten gegossen und für den Druck Spezialpapier aus Frankreich besorgt. Und alles zu dem Zweck, die Herkunft zu dokumentieren und öffentlich zu machen. Dieser Prachtband wurde nicht nur an den Kaiser, sondern an alle wirklich Mächtigen im Reich verschickt. Man wollte aller Welt zeigen, welch großartige Abstammung man hat. Das ist im 17. Jahrhundert allerdings gang und gäbe. Damit schafft man Tatsachen.

Was gab es für Rückschläge im Aufbau des Thurn-und-Taxis-Imperiums?

Rückschläge bleiben einem natürlich nie erspart, damals wie heute. Und davon gab es auch bei Thurn und Taxis jede Menge. Ob das nun durch den Dreißigjährigen Krieg bedingt war oder durch die aufstrebende Konkurrenz, die ja auch nicht geschlafen hat. In den Wirren des spanischen Erbfolgekrieges ging das so weit, dass fast der gesamte Besitz verfallen wäre. Calvinisten stürmten die Zentrale in Brüssel und verwüsteten das Haus. 1702 ist Fürst Alexander tatsächlich gezwungen, den Stammsitz zu verlegen. Nicht zuletzt deshalb, weil der Kaiser seinen Generalpostmeister nach den veränderten Grenzen nicht irgendwo weit außerhalb, sondern innerhalb seines Reiches sitzen haben möchte. Profitiert davon hat die Stadt Frankfurt am Main, die durch den Umzug nun zur größten Poststation im ganzen Land wird.

Erstaunlicherweise ist dieser Fürst Eugen Alexander der allererste von allen Taxis-Chefs, der sich eine Deutsche zur Frau nimmt.

Das ist ein eigenes Kapitel in der Thurn-und-Taxis-Geschichte. Als Adliger trachtet man ja immer nach einem guten Konnubium, also nach einer Verbindung, die es ermöglicht, sich jeweils in den nächsten Stand hinein zu verheiraten und somit eine Klasse nach oben zu steigen. Das trifft nicht nur für die Thurn und Taxis zu. Allerdings haben die Taxis darin ein besonderes Geschick. In der Zeit in Brüssel waren selbstverständlich niederländische Familien im Visier, jetzt allerdings, mit dem Umzug nach Frankfurt, gelingt es Alexander, sich mit dem deutschen Reichsadel zu vermählen, und er schafft dabei gleich den Sprung in eine der ganz großen Familien, nämliche die Fürsten Fürstenberg, das ist oberste Kategorie, alter Reichsadel. Als er schließlich im Jahre 1695 selbst zum Reichsfürsten erhoben wurde, hat er die oberste aller sozialen Stufen erreicht. Man ist angekommen, ganz an der Spitze, höher geht es nicht.

Gehen wir zeitlich noch einmal zurück zum Anfang des 17. Jahrhunderts, zu einer von den vielen wahrlich großen Frauengestalten der Familie: Fürstin Alexandrine.

Alexandrine führt nach dem frühen Tod ihres Mannes für ihren noch unmündigen Sohn Lamoral Claudius die Geschäfte des Hauses. Sie war eine selbstbewusste Frau, die eisern nicht nur gegen starke herrschaftliche Mächte kämpfte, sondern auch gegen eine wild gewordene Soldateska, die mit Überfällen auf Postillione und Posthäuser sowie Diebstählen der Pferde das Postwesen gefährdete. Es herrschte Krieg im ganzen deutschen Reich und Postboten waren natürlich begehrte Opfer. Alexandrine hat es mit sehr geschickten Verhandlungsstrategien geschafft, die im Dreißigjährigen Krieg ziemlich zusammengeschrumpfte Post vor dem Untergang zu retten.

Wie kann man sich den neuen Firmensitz in Frankfurt vorstellen?

Die Taxis haben mit ihrer Post viel Geld verdient, sie konnten damit die barocke Pracht ihrer Zeit auch perfekt zur Schau stellen. Sie zeigten sich bereits in Brüssel als Baumeister, die sich an allerhöchsten europäischen Standards maßen. Die Residenz in Frankfurt verfügte über 140 Räume. Alleine das Hofpersonal zählte 90 Bedienstete. Bei der Mittagstafel wurden täglich um die 25 Gäste empfangen, zu deren Unterhaltung Musiker und Schauspieler auftraten. Das ganze Palais war mit den wirklich großen Höfen Europas vergleichbar. Verpflichtet wurden nur die Allerbesten: die besten Architekten, Teppichleger und Parkettleger … Die Taxis wollten demonstrieren: Wir sind eine der größten, der bedeutendsten, der reichsten Familien im ganzen Reich. Und nicht nur der Familien, sondern auch der Unternehmen. Im Grunde konnte sich niemand mit ihnen messen.

Nicht zuletzt auch darin, mithilfe von Wahlspenden den richtigen Mann auf den Kaiserstuhl zu bringen. War das nur trickreich oder schon kriminell?

Sie meinen Fürst Alexander Ferdinand, der 1742 mit 300 000 Gulden einen Wittelsbacher sponserte, nämlich Karl VII., der dann tatsächlich auch Kaiser wurde. Man hat es sich damit zwar mit den Habsburgern verdorben, zumindest zeitweise, aber im Gegenzug bekamen die Thurn und Taxis dadurch das Amt des Prinzipalkommissars zugesprochen, des Repräsentanten des Kaisers beim Immerwährenden Reichstag. Thurn und Taxis war schon immer clever und findig. Ob das außerhalb der Legalität war, muss man im zeitlichen Kontext beurteilen. Es gab ja damals kein Parteiensystem. Die Kaiserwahl hat schon immer auf diese Weise funktioniert. Thurn und Taxis war auf gute Postverträge angewiesen – und damit auf die Hilfe des Kaisers. Was lag näher, als jemanden zu unterstützen, der einem gewogen war?

Dem Haus wird allerdings auch nachgesagt, in so genannten »schwarzen Kabinetten« amtliche und private Post heimlich geöffnet zu haben, um mit den Nachrichten zu handeln oder aus dem geheimen Wissen geschäftlichen Nutzen zu ziehen.

Der Vorwurf wurde immer wieder erhoben, konnte allerdings nie nachgewiesen werden. Ich würde es nicht ganz ausschließen, aber, wie gesagt, es gibt keinen Beweis dafür.

Zum Kreis der Partner der Thurn und Taxis'schen Post- und Nachrichtenzentrale in Frankfurt gehörte zu Beginn des 19. Jahrhunderts auch ein gewisser Amschel Meyer. Meyers Firma vermittelte unter anderem Darlehen der fürstlichen Thurn-und-Taxis'schen-Finanzverwaltung an Leute, von denen man eben durch diese geheimen Postinformationen wusste, dass sie klamm waren. Meyer hatte mit einem Trödelhandel und einer Hintertreppenagentur begonnen und bekam auf die Fürsprache des Hauses Thurn und Taxis im Jahr 1800 seinen ersten Titel verliehen: Kaiserlicher Hoffaktor. Die Familie benannte sich bald nach einem Haus mit einem roten Schild in der Frankfurter Judengasse um. Und unter

diesem Namen wurde sie weltweit zu einem Synonym für Einfluss und Reichtum: die Rothschilds.

Kann man sagen, dass die Rothschilds in gewisser Weise ihren Aufstieg Thurn und Taxis zu verdanken haben?

In gewisser Weise schon. Aber ich bin in diesen Dingen zu wenig Expertin. Vor allem weiß ich nicht, ob der Vorwurf stimmt, sie hätten mit dem Geheimnisverrat Geschäfte gemacht. Es waren jedenfalls ähnlich findige Familien. Die Taxis hatten das Geld, und der Hoffaktor, der spätere Rothschild, wusste, was man damit anfängt.

Machen wir einen Sprung. Als der Immerwährende Reichstag nach Regensburg umzog, musste Thurn und Taxis mit auf Reisen. Schließlich war man nicht nur Erbgeneralpostmeister, sondern eben auch »kayserlicher Prinzipalcommissar« mit den allerhöchsten Privilegien. Man musste also vor Ort sein.

Ja, vorab war eine Delegation unterwegs, die Quartier machte und vom Bischof zunächst einmal den »Freisinger Hof« mietete, als neuen Stammsitz. Man begann sofort mit dem Ausbau der Gebäude und das Mobiliar für die neue Residenz wurde natürlich bei den besten Adressen bestellt, in Paris. Der Einzug selbst fiel bombastisch aus. Es war am 7. November 1748, als Fürst Alexander Ferdinand mit seiner Mutter auf insgesamt zwölf Schiffen, die eine Unmenge an Hausrat aufgeladen hatten, in Regensburg anlandete. Alleine der Umzug war eine logistische Meisterleistung. Der Transport ging von Frankfurt aus den Main entlang, dann kam ein Stück Landweg, schließlich ging es auf der Donau weiter. Natürlich gab es in Regensburg ein gewaltiges Hallo, als der neue Prinzipalkommissar an Land ging. Erstmals kommt ein Fürst, der sich an den großen europäischen Höfen orientierte. Er zieht mit dem größten Prunk ein, den man sich nur vorstellen kann – in eine Stadt, die im Grunde wirtschaftlich am Boden liegt und sich durch Thurn und Taxis nicht nur gesellschaftlichen, sondern auch wirtschaftlichen Aufschwung verspricht.

Die Kosten für die aufwändige Repräsentation waren in der Tat exorbitant. Ich habe nachgelesen, dass allein für die Hofküche in manchen Jahren 200 000 Gulden aufgewendet werden mussten. Die oberste Spitze im Hofstaat bestand aus zwei Geheimen Konferenzräten, einem Hofmarschall, jeweils einem Oberstallmeister, Reisemarschall, Hoftruchsess und einem Oberstjägermeister. Dann gab es noch mehrere Hofkavaliere, zwei Hofdamen, eine Obersthofmeisterin, einen Leibmedikus, mehrere Hofräte – und interessanterweise einen eigenen Beichtvater. Insgesamt standen bei den Thurn und Taxis alleine in Regensburg 400 Bedienstete auf der Lohnliste.

Es gab eben auch genügend Personal für so was. Und es war nicht teuer. Während man heute bestrebt ist, Angestellte abzubauen, konnte man damals gar nicht genug davon haben. Eine echte Pracht wurde dann an Speisen aufgefahren. Die verstanden es zu genießen. Bei entsprechenden Feiern saß man quasi tagelang am Tisch. Ein Prinzipalkommissar hatte ja nicht Politik zu machen, sondern den Kaiser angemessen zu repräsentieren – in seiner ganzen Macht und Herrlichkeit.

Auf eigene Kosten?

Auf eigene Kosten. Deswegen hat es Thurn und Taxis machen können, weil die Familie das Geld dafür hatte. Alle Vorgänger gaben nach kurzer Zeit das Amt ab – für sie war es unbezahlbar.

Der Marstall beherbergte rund 100 Pferde. Und alleine die Staatskarosse, ein zweisitziger Wagen mit acht Pferden, kostete knapp 44 000 Gulden. Warum hat man sich das angetan?

Weil es ein Ehrenamt war, und wenn der Kaiser es einem schon anbot, konnte man schlecht Nein sagen. Die Thurn und Taxis waren ausgesprochen wirtschaftlich orientiert, aber sie dachten vor allem auch an den repräsentativen Aspekt. Der gesellschaftliche Auftritt ist im 18. Jahrhundert das Allerwichtigste – wichtiger noch als Politik.

Man muss bedenken: Das Unternehmen Thurn und Taxis ist zu diesem Zeitpunkt absolut gesichert. Die Post hatte eine größere Ausdehnung denn je. Und für das Funktionieren des

Unternehmens hatte man seine Leute, die Postmeister, die im ganzen Reich die Geschäfte der Familie wahrnahmen. Man hatte also mit der Post direkt nicht mehr viel zu tun und konnte sich jetzt dem Prunk zuwenden – dem Leben. Das ist bei allen reichsfürstlichen Familien so. Die sind da, um zu leben. Allerdings ist dabei nicht unbedingt das Geld das Wichtigste, sondern die Ehre. Das gehörte förmlich zur Staatsidee. Den Fürsten, wie generell dem ganzen Adel, sollte als staatstragender Schicht die Höflichkeit, die äußere Form, die Etikette wichtiger sein als alles andere.

Diese Höflichkeit und Förmlichkeit bekamen auch die Bürger von Regensburg zu spüren. Plötzlich wehte ein anderer Wind in der Stadt. Unter Androhung von Strafe wurde angewiesen, bei entsprechenden Ereignissen mit sauberen, feierlichen Gewändern zu erscheinen, die Herren in Mantel und Degen.

Das hat allerdings weniger mit Thurn und Taxis zu tun als mit dem Immerwährenden Reichstag, für den es eine vom Kaiser verbindlich vorgeschriebene Reichsetikette gab. Die rangobersten Gesandten wurden dabei mit höchsten Ehren empfangen, ausgefeilt bis ins letzte Detail. Da war dann festgelegt, bei welcher Audienz wie viele Lakaien, Hausoffiziere, Kavaliere, Kammerdiener, Geheime Räte und so weiter auf welchem Treppenabsatz postiert sein mussten, wo genau der Fürst dem Gesandten die Hand reichte und wie die Stühle zueinander zu stehen hatten. Am bescheidensten fiel die Audienz dann für die Vertretungen der freien Reichsstädte aus, deren Ankunft durch ein einfaches Klingeln angekündigt wurde, vorausgesetzt, sie wurden überhaupt empfangen.

Der Hof in Regensburg verfügte sogar über eine eigene Hofmusik.

Und über das städtische Ballhaus, das angemietet wurde, um so genannte »französische Spektakel« und italienische Opern aufzuführen. Es wurde eine Hofbibliothek gegründet, damit die Gesandten was zum Lesen vorfanden. Oder ein hauseigenes Hatztheater, eine Art Mini-Kolosseum aus Holz, in dem Kämpfe mit Bären und Wölfen ausgetragen wurden. Das ehrenvolle Amt des Prinzipalkommissars umfasste ja schließlich auch die Unterhaltung der Gesandten. Da wurden nicht nur Essen und Gelage organisiert, sondern auch Jagden, Ausfahrten, Bälle, alles Mögliche.

Zwischenfrage: Bei all den komplizierten, bilateralen Vertragswerken, den instabilen politischen Verhältnissen, der aufwändigen Organisation der Post-Agenten an den unterschiedlichsten Höfen – wo war da die Kommandozentrale? Und wer hatte den Überblick?
Das war die Generalpostdirektion in Frankfurt, die auch alle Vertragsangelegenheiten erledigte. Man muss sich das als eine sehr große Kanzlei mit einer Vielzahl fürstlicher Beamten vorstellen. Mit Juristen, Schreiberlingen, Leuten, die das Wappen aufklebten und so weiter. Alle wichtigen Papiere mussten allerdings in Regensburg dem Fürsten vorgelegt werden, zur Ratifizierung.

1789 bricht die Französische Revolution aus, Europa ist im Umbruch. Der Adel muss im Zuge der Revolution und infolge der Eroberungen Napoleons seine Privilegien abtreten. Jetzt sind auch die Postrechte der Thurn und Taxis gefährdet. Wie konnte man sich retten?
Die Napoleonische Ära ist für die Thurn und Taxis ein gravierender Einschnitt. Durch die Besetzung der Franzosen gehen zunächst die linksrheinischen Posten verloren. Damit bricht schon mal ein großer Teil der Einkünfte weg. In dieser Situation erweist sich bezeichnenderweise erneut eine Frau als Retterin: Fürstin Therese. Sie fährt zunächst nach Paris, um mit Napoleon zu verhandeln. Hier gibt es einen wundervollen Brief, den ihr der zu Hause gebliebene Fürst am 29. 4. 1810 nachschickt: »Die Zeit der Beschönigungen ist vorüber. Es handelt sich um unsere Existenz. Jetzt muss bestimmt werden, ob unsere Familie wohlhabend bleibt oder ob ich ein armer Edelmann werden soll.« Wobei das bestimmt ein bisschen übertrieben ist. Aus Paris jedenfalls reist Fürstin Therese unverrichteter Dinge wieder ab. Aber es gelingt ihr 1815 auf dem Wiener Kongress, wo sie

einen renommierten Salon unterhält, in dem auch Zar Nikolaus verkehrt, gewisse Postrechte in den Nachfolgestaaten des alten Reiches wieder zurückzuerlangen.

Bis die Preußen kamen.

Was Bismarck und König Wilhelm, der spätere Kaiser Wilhelm I., vorlegten, war im Grunde ein Diktat. 1867 wurde damit Fürst Maximilian Karl gezwungen, sämtliche Postrechte an Preußen abzutreten – samt allem beweglichen und unbeweglichen Eigentum. Eine echte Entschädigungszahlung gab es nicht. Weder sah man die zehn Millionen Abfindung, mit denen der fürstliche Hof ursprünglich gerechnet hatte, noch die drei Millionen, die Thurn und Taxis schlussendlich zugestanden wurden. Auch das Land Bayern drückte sich um die versprochene Abfindung. Man war lediglich bereit, genau wie Preußen, gewisse Liegenschaften zum Ausgleich für die enormen Werte der Post abzugeben.

Thurn und Taxis wären allerdings nicht über die Jahrhunderte so erfolgreich und wohlhabend geworden, hätten sie nicht längst schon die Zeichen der Zeit erkannt. Als sich abzeichnete, dass der Postbetrieb als Monopol nicht zu halten war, hatte man begonnen, das Unternehmen über den Erwerb von Landes- und Grundherrschaften allmählich zu einem Besitz aus Land- und Forstwirtschaft umzubauen. Von Mal zu Mal vergrößerte Thurn und Taxis seinen Landbesitz, sodass im Laufe der Zeit dann doch ein stattliches Gebiet zustande kam.

Es war ein wenig wie bei Monopoly: hier ein Hof in Schwaben, da ein Lehen in Meran, dort ein ganzes Fürstentum in Polen.

Für insgesamt 640 000 Gulden übernahm man beispielsweise aus dem Besitz des Grafen Montgelas verschiedene Güter, eine Brauerei und eine Hofmark. Für 1,8 Millionen Gulden gab es in Böhmen die ausgedehnte Herrschaft Leitomischl. Thurn und Taxis verfügte in den eigenen Gebieten bald über eine eigene Gerichts- und Verwaltungsstruktur, mit Herrschafts- und Patrimonialgerichten, Rentenämtern, Kameralämtern, Waisenämtern, Kastenämtern und Forstämtern, die die Ländereien

samt Einwohnern verwalteten. Geld floss offenbar in Strömen. Woher nahm man diese gewaltigen Summen?

Zum einen gab es gewisse Entschädigungsleistungen, zum anderen war ja Kapital vorhanden. Hinzu kamen die Einkünfte aus der Land- und Forstwirtschaft. Und die Post war ja in Teilgebieten auch noch da. Aber nachdem die Post immer mehr wegbrach, musste man sich etwas Neues einfallen lassen. Und Thurn und Taxis war Gott sei Dank findig genug, dies schnell und effektiv zu tun. Wobei, wie wir heute wissen, die einzelnen Güter vorbildlich und wirklich ertragreich geführt wurden.

Eine Zusammenstellung von 1885 ergab – ohne die letzten Ankäufe von Fürst Albert, wie zum Beispiel Schlossgut Geratshausen am Starnberger See oder Schlossgut Prüfening – als Besitzstand die stattliche Fläche von rund 123 765 Hektar, und zwar in 493 unterschiedlichen Gemeinden. Hinzu kommen noch 137 fürstliche Kirchenpatronate. Damit ist das Thurn-und-Taxis-Reich das größte deutsche Fürstentum.

Das ist mit heutigen Maßstäben schwer nachvollziehbar. Man muss dazu wissen, der ganze Hofstaat und die Verwaltung waren ja nicht teuer. Sozialabgaben gab es nicht, stattdessen eine fürstliche Pensionskasse, in die für das Alter etwas eingezahlt wurde. Die Bediensteten arbeiteten nicht nur im Schloss, sie aßen, schliefen und lebten hier auch. Die Verwaltung war sehr straff gegliedert, ansonsten hätte sich dieser Besitz nicht zusammenhalten lassen. Und auf besten Böden wurde effektiv gewirtschaftet, aufbauend auf der Erfahrung von Generationen. Einer der Chronisten des Hauses, Max Piendl, schrieb einmal in einer Abhandlung über die Geschichte des Hauses Thurn und Taxis das folgende Resümee, das an dieser Stelle sehr passend ist: »Das Kapital, das einst die Vorfahren mit der Post ihren Nachkommen in die Hände gelegt haben, hat sich vielfach vermehrt und viele Früchte gebracht.« Und er fügt hinzu: »Nur eine Familie mit Traditionsbewusstsein und fortdauernder Energie kann ein so großes Werk vollbringen, trotz aller Stürme der Zeit.« Sehr gute Beobachtung, trifft hundertprozentig zu.

Letzte Frage in diesem Zusammenhang: Wie kam das Haus durch die Nazizeit?

Für den damaligen Chef des Hauses, Fürst Albert, war Hitler nur der Gefreite. Albert war ein Aristokrat allerhöchster Güte. Seine Mutter Helene war die Schwester von Kaiserin Elisabeth. Sein Onkel war der Kaiser, das ist ja immerhin was. Für den waren die Nazis brauner Abschaum, Hitler ein schlimmer Emporkömmling. Hinzu kam: Die ganze Familie war stets streng katholisch. Grund genug, in Opposition zu jemandem zu stehen, der nicht nur dezidiert antisemitisch, sondern auch antichristlich war und die Kirche zum Feind erklärte. Nicht zuletzt war sein Sohn Karl August, der Vater meines Mannes, in Gestapohaft, weil er Feindsender gehört hatte. Zwei Prinzen des Hauses kamen nicht mehr aus Russland zurück, darunter Erbprinz Gabriel. Dass man gegenüber den Nazis nicht gerade freundlich eingestellt war, um das mal so auszudrücken, ergibt sich schon von selbst.

2 Eine Klasse für sich

Im Gegensatz zu vielen Ihrer Vettern und Cousinen in den europäischen Nachbarstaaten ist dem Adel in Deutschland seit der Revolution von 1918 sämtliches Herrscherrecht verwehrt. Mit welcher von den sieben gegenwärtig in Europa noch regierenden Königsfamilien, von denen fünf auf deutsche Fürstenhäuser zurückgehen, sind die Thurn und Taxis eigentlich verwandt?

Mein Mann hat mir stolz erzählt, dass er durch seine Mutter und seine Großmutter im Grunde mit allen regierenden Häusern Europas verwandt ist.

Die Mutter meines Mannes nämlich, eine Portugiesin, war eine Infantin von Braganza und gehörte damit zu den ältesten Dynastien in Europa. Die Großmutter väterlicherseits war eine Herzogin von Bayern, mütterlicherseits eine Erzherzogin von Österreich, und deren Mutter wiederum kam aus dem Hause Sachsen-Coburg-Gotha, von dem ja bekanntlich die ganzen europäischen Regierenden abstammen. Als Zuchthengst Europas hat irgendjemand die mal bezeichnet. Damit stehen eigentlich alle großen Dynastien in direkter Verwandtschaft zu Thurn und Taxis.

Noch 1871, zur Gründung des deutschen Kaiserreiches, existierten 300 deutsche Länder, jedes geführt von einem souveränen Feudalherren. Nach dem Ersten Weltkrieg gab es immerhin noch fünf deutsche Könige, die nun abdanken mussten. Der König von Sachsen tat dies mit den denkwürdigen Worten: »Macht euren Dreck alleene.« Heute gibt es in Deutschland noch 60 000 Träger alter Namen – europäischer Rekord.

Wie sähe denn eine Bundesliga des deutschen Adels aus? Wer stünde da ganz oben und wer weiter unten, im Mittelfeld?
Das ist nur im historischen Zusammenhang zu sehen. Von Bedeutung sind vor allem Häuser, die eine hoch interessante, lange Geschichte haben. Allen voran das Haus Wittelsbach, eine der ältesten und bedeutendsten Dynastien, und erst recht das Haus Habsburg. Sicherlich auch die Häuser Wettin, Hessen, Hannover. In der Gesellschaft zählt heute häufig nur, wer massig Geld oder im Journalismus eine höhere Auflage hat. Bei einer Rangliste in Adelskreisen dagegen würde man sich in der protokollarischen Sitzplatz- oder Ehrenordnung an dem Alter der Familien orientieren.

Und da spielt es keine Rolle, ob man aktuell vermögender ist oder nicht?
Nehmen Sie die Familie Sachsen, die keinen Besitz mehr hat. Aber warum hat sie den nicht mehr? Sie haben ihren Besitz nicht verhurt oder aus Dummheit in den Sand gesetzt, sondern sind schlicht und ergreifend enteignet worden. Wenn ich nun eine Einladung geben würde, dann müsste ich mir sehr genau überlegen, wo setze ich den Repräsentanten des Hauses Sachsen hin. Natürlich spielt es eine Rolle, ob jemand noch regiert oder nicht. Selbstredend würde der Kronprinz des Hauses Belgien dann vor einem sächsischen König rangieren, der abgesetzt ist.

In diesem Zusammenhang: Der Chef des Hauses Hohenzollern hat bis heute nicht auf die deutsche Kaiserkrone verzichtet. Wieso eigentlich nicht?
Warum sollte er?

Weil es illusorisch ist, noch mal einen deutschen Kaiserthron besteigen zu können.
Wieso, das kann ja in hundert oder zweihundert Jahren vielleicht wieder anders sein.

Gott bewahre!
Na schön, aber da kann ich genauso gut sagen, es ist auch lächerlich, dass es immer noch ein Land gegeben hat, Italien, das im

Jahre 2003 endlich feierlich seinem ehemaligen Regenten, Prinz Vittorio Emmanuele aus dem Haus Savoyen, erlaubt, das Land zu betreten. Bei Habsburg war es doch ähnlich, das ist genauso grotesk.

Das zeigt im Grunde, dass die Reibungspunkte zwischen Regierungen und ehemaligen Herrscherhäusern, zwischen Bürgertum und Adelsstand längst nicht überwunden sind. Ludwig van Beethoven illustrierte das Ressentiment des Bürgers einmal so: »Was sie (die Adligen) sind, sind sie durch Zufall und Geburt, was ich bin, bin ich durch mich. Fürsten gibt es zu tausenden, Beethoven nur einen.« Spüren Sie Vorbehalte gegenüber dem Adel?
Solche Vorbehalte gibt es. Im Kopf einer Gruppe von Menschen ist die gesamte Aristokratie negativ besetzt. Aber dem liegen Vorurteile zugrunde, die oft mit falschen historischen Vorstellungen genährt werden. Alle werden über einen Kamm geschert. Aber es macht einen Unterschied, ob man über Junker oder souveräne Aristokraten spricht. Jede Familie ist anders. Das ist genauso, wie wenn Sie behaupten würden, die Großindustriellen sind alles Verbrecher, alles Ausbeuter. Es gibt Unternehmen, die mit ihren Mitarbeitern sehr gut umgehen, und es gab immer auch bestimmte Häuser, deren Chefs Despoten waren …

Die ihre Landeskinder an fremde Heere verkauften und damit groß und reich geworden sind.
Das gibt es sicher auch, aber bestimmt auch Herrscherfamilien, die mit ihren Untertanen sehr gerecht und gut umgegangen sind. Daran hat sich im Grunde nicht so viel verändert. Die Menschen sind immer noch Menschen und schlechte Menschen gibt es heute genauso viele wie damals.

Sind Sie auch zum englischen Königshaus verwandt?
Ja natürlich, über Sachsen-Coburg-Gotha. Auch zu Belgien über Sachsen-Coburg-Gotha. Die englische Königin hat mal meinen Mann empfangen zum Tee, und ich weiß auch, dass der Prinz Philip hier in Regensburg war …

Da gibt es eine nette Anekdote. Als Prinz Philip hier im Schloss war, zeigte er sich ziemlich erstaunt über die Größe des Anwesens, das immerhin die des Buckingham-Palastes übertrifft, und hat gefragt, wie man sich das denn überhaupt leisten könne. Ihr Mann Fürst Johannes hat freundlich gelächelt und nur gemeint: »No work, no money.« Prinz Philip soll blutrot angelaufen sein.

»No worky, no money, no ticky, no landly«, so kenne ich es. Ich hatte ja das große Glück, Prinzessin Diana und Prinz Charles auf eine sehr nette Art und Weise kennen lernen zu dürfen …

In London?

Zunächst bei einem Staatsbesuch in Bonn, zu dem mein Mann und ich eingeladen waren. Ich trug ein wunderschönes rosa Seidenkleid von Christian Lacroix, fast eine Art Ballerinakleid mit einer weiten schwarze Seidenschleife, sehr edel, aber eben ungewöhnlich für einen Salon. Als es zum Defilee kam, sagte ich artig Grüß Gott, Prinzessin Diana sah dieses Kleid und fragte sofort: »Oh, ihr Kleid ist so schön, wo haben Sie es denn machen lassen?« Nach dem Abendessen kam sie noch mal zu mir, um sich über Paris zu unterhalten und zu fragen, wen ich denn zurzeit gut fände und was mir gefalle und so was. Ich sagte beim Wiedersehen, wenn ich nach London käme, würde ich mich bei ihr melden. Und genau das hab ich getan.

Einfach so geklingelt?

Natürlich habe ich einen Brief geschrieben und prompt kam auch eine Antwort aus dem Kensington Palast, handschriftlich von Prinzessin Diana: »Dear Gloria, I would very much like to see you.« In diesem Stil. Das Dumme war nur: Die Einladung galt nur für mich. Mein Mann, stolz wie Oskar, hat sich mit keinem Wort darüber beklagt. Er sagte, das sind Frauen und die sind gleich alt, prima. Als wir in London im Hotel »Savoy« abstiegen, ließ er mir einen schönen alten Daimler rufen, mit dem ich im Kensington Palast vorfahren konnte. Ich wurde von einem Diener in den Salon geführt und von Charles und Diana sehr freundschaftlich empfangen, fast wie eine alte Bekannte. Es war total unkompliziert, höflich und nett. Diana wusste, dass ich selber Kinder habe, und so haben wir vereinbart, beim nächsten Besuch auch die Jungs zusammenzubringen.

Um es kurz zu machen: Ein Jahr später bin ich wieder im Palast. Es herrscht dieselbe familiäre Situation. Wir unterhalten uns, die Jungs spielen miteinander. Irgendwann aber haut der Albert einem der Prinzen das Spielzeugauto auf den Kopf. Es war nicht weiter schlimm, eher ein lustiges Erlebnis. Leider habe ich das später meinem Mann erzählt. Und was passiert? Er macht den absolut unverzeihlichen Fehler und erzählt die Begebenheit im Kreise seiner Freunde. Zwei Tage später steht die Geschichte in der Zeitung. Ich wusste sofort, dass ich mir damit diesen sehr intimen, sehr freundschaftlichen Zugang für immer versperrt hatte. Ich wurde zwar ein Jahr später erneut empfangen, aber Charles war dann nicht mehr dabei.

War die »Königin der Herzen« wirklich so verzückend, wie sie geschildert wird?

Ich würde sagen, sie war sehr schüchtern, sehr zurückhaltend, aber gleichzeitig sehr interessiert an Mode, an Musik und an Kindern. Eine Person, die gleichzeitig sehr aufgeschlossen und wiederum auch sehr still sein konnte. Ich kann jedenfalls gut verstehen, dass die Menschen sie ins Herz schlossen. Erstens war sie sehr hübsch anzuschauen, zweitens hatte sie eine sehr freundliche Art. Sie lud zum Träumen ein, was man ja von Prinzessin Margaret und Königin Elizabeth, die das Königshaus repräsentieren, nicht unbedingt behaupten konnte. Als ich bei ihr zu Besuch war, war allerdings auch zu spüren, dass sie in einem sehr engen Korsett lebt. Sie fragte mich über alles Mögliche aus, mein ganzes Privatleben. Wo ich die Ferien verbringe, welches Auto ich fahre, wie das mit meinen Motorrädern sei. Ich hatte den Eindruck, sie wollte förmlich einsaugen, wie eine Prinzessin, die wie ich nicht diesen Druck der Repräsentation hat, frei leben könnte.

Sie haben Lady Dianas Umgang mit den Medien kritisiert. Sie meinten, man könne Fotografen nicht an einem Tag zum Einkaufen mitnehmen und

sich am nächsten Tag darüber ärgern, dass sie immer noch vor dem Palast stehen.

Das ist wie bei allem anderen: Wenn Sie etwas benützen, müssen Sie damit rechnen, dass auch Sie benützt werden. Dieses System beruht auf Gegenseitigkeit. Insofern war ihre Pressepolitik nicht immer ganz glücklich. Denn die anfängliche Unbefangenheit, die sie ausstrahlte und die sie auch so charmant gemacht hat, war verspielt, als man erfuhr, dass sie sehr wohl jeweils selbst die Presse informiert hat, sobald sie in ein Krankenhaus fuhr, um beispielsweise Aidskranke zu besuchen. Ich glaube, letzten Endes ist sie mit dieser ständigen Beobachtung und dass sie immer auf der Bühne stehen musste, nicht zurechtgekommen ist. Sie hatte zu selten die Möglichkeit, ganz privat zu sein.

Im Gegensatz zu England darf in Deutschland seit 1918 nicht mehr geadelt werden. Das führte dazu, dass inzwischen der gesamte deutsche Hochadel miteinander verwandt ist. Kommt es da nicht auch zu so etwas wie Degeneration? Eine Zeitung schrieb einmal: »Beim Anblick der preußischen Herrschaften fragt sich jeder, Uradel oder Zangengeburt.« Und eine Münchner Baronin machte sich bei Empfängen ein Vergnügen daraus, anhand der Waden den Stand der Damen zu bestimmen: »Nur wer echte Stampfer hat, gehört zum Adel.«

Ich kenne die Geschichte anders. Über Königin Juliane machte sich mal jemand lustig, als sie die Treppe raufging: »Schaut her, was die für Stampfer hat!« Darauf drehte sich die Königin um und erwiderte: »Auf diesen Beinen ruht das Schicksal des Hauses Oranien.« Was Sie da sagen, traf vielleicht vor 80 Jahren zu, aber heute nicht mehr. Dafür ist schon viel zu viel bürgerliches Blut eingeheiratet worden. Dennoch muss ich selbstverständlich auch zugestehen, dass es sicherlich nicht gut ist, wenn Cousins und Cousinen zweiten Grades heiraten. Doch das passiert ja heute kaum noch.

Wäre es ein Problem für Sie, wenn Ihre Kinder bürgerlich heiraten würden?

Nein. Ich würde mir für sie wünschen, dass sie einen Partner finden, der aus einem ähnlichen sozialen Umfeld kommt. Der die gleiche Religionsangehörigkeit hat, der denselben Wertekanon hat und der natürlich liebevoll und herzlich ist. Das wäre sicher eine gute Voraussetzung, auch, um das Konfliktpotenzial, das ja grundsätzlich in jeder Ehe vorhanden ist, zu reduzieren. Leider funktioniert das heute nicht mehr so, wie man es sich erträumt, dazu ist unsere Gesellschaft viel zu bunt gemischt – und die arrangierten Ehen sind aus der Mode gekommen. Einerseits schade. Allerdings hätte auch ich eine arrangierte Ehe nicht gewollt.

Aber es ist doch kein Geheimnis, dass viele Adelshäuser noch immer sehr genau auf eine standesgemäße Verbindung achten. Den Wittelsbachern wurde nachgesagt, dass es im Falle der Missachtung der Hausgesetze Restriktionen für »Abweichler« gibt.
Aber Moment mal, das ist heute nicht mehr möglich; so etwas gibt es nicht mehr.

Gewisse Ressentiments gegenüber dem Adel rühren sicherlich aus der Anmaßung, eine gottgewollte Herrschaft auszuüben. Dieser Gedanke wurde nicht zuletzt von den Kirchen hochgehalten. Martin Luther schrieb: »Es ist höchst unziemlich für einen Christen, sich gegen seine Regierung zu stellen, ob sie nun gerecht oder ungerecht handle. Ungehorsam ist eine größere Sünde als Mord, Unzucht, Diebstahl und Betrug. Aufständische Bauern sind zu erschlagen, zu würgen und zu stechen.«
Im Evangelium heißt es: »Gebt dem Kaiser, was des Kaisers ist, und gebt Gott, was Gottes ist.«

Von Erschlagen, Würgen und Stechen ist da allerdings nichts zu lesen. Gottgewollte Herrschaft?
Dass das Quatsch ist, das wissen wir ja heute.

Zu den Vorbehalten über den Adel gehört, dass viele der Herrschaften noch nicht ganz in der Demokratie angekommen sind und auf ihren Standesdünkel nicht verzichten wollen.
Na gut, da gibt es, wie der Kölner sagt, »jeben sone, solsche und welsche«. In jeder Gesellschaftsschicht haben manche Leute die Nase weit oben und andere stehen mit beiden Beinen auf dem

Boden und sind nicht eingebildet. Das Attribut des Eingebildeten kann man weiß Gott nicht ausschließlich auf die Aristokratie anwenden. Im Adel gibt es genauso viele bescheidene, zurückhaltende, fromme und volksnahe Leute wie in anderen Schichten.

Sie schrieben einmal, es sollte dem republikanischen Selbstverständnis keinerlei Abbruch tun, Mitglieder der Adelsfamilien mit ihren Titeln anzusprechen. Mitglieder königlicher Dynastien also als »Königliche Hoheit«, Fürsten, Fürstinnen und deren Kinder als »Durchlauchte«, Grafen und Gräfinnen sowie deren Abkommen als »Erlauchte« und »Hochwohlgeborene«. Klingt das nicht reichlich verschroben in unseren Tagen?
Ja, ja, das klingt schon seltsam und anachronistisch, aber das ist historisch. Genauso wie es korrekt ist, wenn Sie den Rektor einer Universität mit »Magnifizenz« und einen Bischof mit »Exzellenz« anreden. Aber auch wenn Sie »Herr Bischof« sagen, ist es in Ordnung. Selbst einen Politiker können Sie mit »Exzellenz« anreden, es ist altmodisch, aber korrekt. Und darum geht es hier.

Gibt es im Adel tatsächlich ein gesteigertes Bewusstsein für verloren gegangene Werte, für Sitte und Moral, wie das der Stand von sich selbst behauptet?
Früher war die Ausübung von Macht in hohem Maße immer auch mit einem enormen Verantwortungsbewusstsein für die Familie, für das Gemeinwesen verbunden. Auch mit einer gewissen Vorbildfunktion. Das ist bei unserer heutigen politischen Nomenklatura, wie man allenthalben sehen kann, nicht mehr der Fall. Der Adel dagegen zeigt sich auch heute noch bereit, obwohl er seit langem entmachtet ist, einem hohen ethischen Anspruch nachzukommen. Natürlich gibt es darunter auch so genannte schwarze Schafe, die sich um nichts scheren und denen solche Konventionen gleichgültig sind.

Sie denken an jemand Bestimmten?
Nein, ich denke an niemand bestimmten. Verantwortung und Vorbildfunktion kann man ja niemandem aufzwingen. Entweder

ich bin bereit dazu, oder ich bin es nicht. Heute könnte man sagen, wenn schon diejenigen, die an der Macht sind, nicht bereit sind, Vorbilder zu sein, warum sollten es dann die ehemals Regierenden tun? Ich selbst bewundere jeden, der an sich diese Maßstäbe anlegt. Für mich sind das die Adeligen unserer Zeit.

Wie ging es Ihnen, als der »Spiegel« über Sie schrieb, Sie hätten »den Rahmen des Adelsüblichen« gesprengt? Hatten Sie eine Zeit lang ein Problem mit Ihrer Klasse?
Nein, dieses Anecken wird einem von den Außenstehenden angedichtet, um das Ganze interessanter zu machen. Sicher, ich habe in ein wunderschönes Märchenschloss eingeheiratet, aber deswegen hätte ich doch nicht mein Modernsein, mein Aufgeschlossensein, mit dem ich in meiner Einfamilienhauswelt groß geworden bin, abschütteln wollen. Ich bin nicht im abgeschiedenen Schlosstürmchen auf Wolke sieben oder von einer singenden guten Fee erzogen worden, sondern einfach ganz normal zur Schule gegangen wie jeder andere auch und hab halt auch Interessen gehabt wie jeder andere auch.

Der Journalist Rolf Seelmann-Eggebert stellt seit einigen Jahren ein neu erwecktes Interesse der Deutschen an den ehemals regierenden Häusern fest. Er fragt: »Könnte es sein, dass in einer Zeit, in der sich alles so schnell verändert, die Sehnsucht nach Kontinuität und nach Vorbildern wächst? Könnte es sein, dass nach 50 Jahren Wiederaufbau, Geldverdienen, Freizeitgesellschaft wieder ein gewisser Stil gefragt ist, der nicht nur mit Äußerlichkeiten, sondern auch mit Inhalten und Gesinnung zu tun hat?«
Zunächst einmal: Aristokratisch sein hat nicht unbedingt etwas mit einem Titel oder gewissen Status zu tun, sondern damit, wie man mit anderen umgeht. In dem mit Prinzessin Alessandra Borghese verfassten Buch schreiben wir ja auch: »Es nutzt nichts, reich zu sein, wenn das Benehmen arm ist.« Das ist unsere Botschaft. Ich glaube, heute geht es wirklich darum, den Alltag und den Umgang in unserer Gesellschaft zu schützen vor einem Abdriften ins allzu Frivole, ins Banale, in eine Trash-Kultur.

Deshalb ist es so wichtig, wieder auf Dinge hinzuweisen wie Rücksicht, Diskretion, Ritterlichkeit, Einhaltung von Regeln, Diplomatie, Bescheidenheit, Zurückhaltung. Diese Verhaltensformen müssen wir verstärkt pflegen und sie auch einfordern.

Sie beschwören in Ihrem Buch eine »Welt von Höflichkeit und Galanterie«, in der die Formen des zivilen Miteinanders wieder respektiert und eingehalten werden. Ich nehme ein einziges Stichwort heraus: »Luxus«.
Ich glaube, übertriebener Prunk ist immer auch ein Zeichen dafür, dass der Zenit einer Kultur überschritten wurde und der Abgesang naht. Es ist einfach immer gefährlich, wenn die Besitzenden und Mächtigen die Bodenhaftung verlieren, weil sie nicht mehr mitkriegen, was die Sorgen und Nöte der kleinen Leute sind. Man verliert das Maß und die Mitte.

Luxus ist Ihnen als Fürstin von Thurn und Taxis nicht fremd. War Reichtum für Sie ein Thema?
Ja natürlich, immer. Ich bin meinem Mann auch sehr dankbar dafür, dass er mir immer klar gemacht hat, dass er sich nicht als Eigentümer sieht, sondern als Verwalter eines großen Besitzes. Sein Bestreben und Ziel war es, diesen Besitz zu erhalten und zu verwalten, so wie es der gute Verwalter im Evangelium tut. Er vergräbt die Talente eben nicht im Boden, sondern versucht sie zu mehren, um auch die nächste Generation – das heißt, all diejenigen, die an diesem Vermögen beteiligt sind, auch in Form von Arbeitsplätzen und Pensionen – davon profitieren zu lassen. In erster Linie ist Reichtum eine Verpflichtung. Es kann nicht darum gehen, selber in Saus und Braus zu leben und die anderen zu ignorieren. Wer so denkt, ist am Leben gescheitert. Er wird nie glücklich sein. Er wird immer frustriert bleiben und sein Unglück in Alkohol oder Drogen ertränken, weil das schlechte Gewissen ihn immer wieder einholen wird. Erfolgreich ist man dann, wenn man an die anderen denkt – das können Frau und Kinder sein, Eltern oder Mitarbeiter. Wer an andere denkt, wird nicht nur glücklicher sein, sondern auch weniger in Gefahr ge-

raten, ein unredliches Leben zu führen. Gefährlich wird es immer nur dann, wenn man zu sehr an sich selbst denkt.

Kann man denn einige Punkte aufzählen, die Ihrer Meinung nach unverzichtbar sind, um ein gutes Leben zu führen?

Ich würde sagen, hierzu gehören: feste Regeln, Respekt, Nächstenliebe, Toleranz, Tugendhaftigkeit, Vergebung und Barmherzigkeit, Solidarität, Gerechtigkeit, Treue, Demut, Freiheit, Frömmigkeit und Gelassenheit. Man könnte noch einige Hauptbegriffe hinzusetzen, aber ich glaube, damit haben wir schon mal die ganz wesentlichen Punkte genannt. Einfachheit ist noch wichtig. Es geht darum, die einfachen Dinge des Lebens schätzen zu lernen und in allem das rechte Maß zu halten. Maß beim Essen beispielsweise, Maß beim Verbrauchen, auch Maß im Urteil anderen gegenüber. Es lebt sich leichter, wenn man diesen Leitfaden gewissermaßen als Lebenskorsett trägt.

Und nicht zu vergessen: Wenn alles schief läuft und es uns wirklich schlecht geht, wenn wir Krankheit, Vermögensverlust, Tod erleiden, dann sollten wir auch an folgenden wichtigen Satz denken: »Im Kreuz liegt das Heil.« Damit ist, neben der Botschaft der Erlösung durch die Passion Christi, unter anderem gemeint: Wir danken Gott, wenn es uns gut geht. Aber wir dürfen gleichsam darauf vertrauen – auch wenn wir das im Moment nicht unbedingt verstehen –, dass auch im Unheil letzten Endes das Heil liegen kann. In so vielem Schlimmen, das dem Menschen passiert, die Verachtung, die man erfahren kann, die Demütigungen, sogar das körperliche Leid, das einem zugefügt wird – aus all dem kann auch Erlösung kommen. Schwer zu verstehen, aber wahr.

Sie bekennen sich öffentlich zum Christentum, wie das inzwischen nur noch wenige Prominente wagen.

Ich würde sogar sagen, der Glaube ist der Grund meines Lebenserfolges. Glauben heißt, dass es einfach viele kleine Dinge im Leben gibt, an denen ich merke, ich werde nie allein gelassen. Ich habe einen Schutzengel, ich habe die Heiligen, ich bin eingebettet in einen Rahmen von guten Geistern, die mein Leben begleiten und die mir in schwierigen und in frohen Situationen zur Seite stehen. Ich bin einfach nie allein.

Haben Sie nie rebelliert gegen die Religion?

Doch, das war so zwischen 14 und 16 Jahren. Da habe ich zunächst angefangen, gegen den sonntäglichen Kirchgang zu protestieren. Wir wollten uns aus dieser Konvention befreien. Im Grunde ging es darum, sich faul ausschlafen zu können. Weil man das nicht zugeben wollte, redete man sich mit grundsätzlichen Vorbehalten gegen die katholische Kirche und mit Glaubenszweifeln heraus.

Vielfach eröffnet der Zweifel allerdings auch eine persönliche Gottesbegegnung. Er macht die freie Entscheidung möglich, ohne jede fremden Zwänge. Vorausgesetzt, man betreibt den Zweifel nicht als intellektuelle Spielerei, um sich letztlich dahinter verstecken zu können und sich bloß nicht entscheiden zu müssen. Auffälligerweise zweifelt man ja meist nur den Glauben an – und weniger seinen Unglauben.

Natürlich hatte auch ich Zweifel. Aber die Zweifel kamen deswegen auf, weil meine ganzen Klassenkameraden und Freunde mit dem Glauben nichts am Hut hatten und mit der katholischen Kirche schon gar nicht. Ich hatte allerdings das große Glück, dass ich in einer Familie groß geworden bin, in der Beten eine wichtige Rolle spielte. Meine Eltern, die Tanten, die Großmutter, die ich ganz besonders lieb hatte, waren tief religiös und haben mir immer ihre innige Frömmigkeit vorgelebt.

Was schätzen Sie am Christentum besonders?

Ich schätze daran ganz besonders das Gebot der Nächstenliebe. Dass der Schwächere nicht abrutscht in eine Ecke, wo ihn niemand mehr sieht und ihm niemand mehr hilft. Das ist, glaube ich, für unsere Gesellschaft das Allerwichtigste. Solange wir das in unseren Köpfen haben, dass die Stärkeren auf die Schwächeren achten müssen – und diese Botschaft kommt aus dem Christentum –, ist alles gut. Wenn das aufhört, wenn die Nächstenliebe nicht mehr zählt, dann ist es, glaube ich, vorbei.

Vielen Menschen geht es heute, wie es unlängst ein Pastoraltheologe formulierte, weniger um eine »argumentative Gottesrede« als vielmehr wieder um ein »erfahrbares Eintauchen in Gott«. Es gebe bei der heutigen städtischen Avantgarde eine regelrechte »Such-Bewegung«. Die Kirche müsse deshalb nach den Jahren der »Selbstsäkularisierung« wieder eine echte spirituelle Heimat der Suchenden werden. Und tatsächlich ist das heutige Lebensgefühl längst nicht mehr vom Freiheitsdrang der 60er- und 70er-Jahre geprägt, als man alle Institutionen, Normen und Autoritäten am liebsten ganz über Bord geworfen hätte. Die Welt hat sich verändert. Heute spüren wir die großen Verluste. Unsere Freiheit ist inzwischen eher von Einsamkeit und Orientierungslosigkeit als durch repressive Institutionen gefährdet.

Man muss hinzusetzen: Freiheit findet man, wie wir inzwischen wissen, nicht unbedingt in der bloßen Konsum- und Erlebnisgesellschaft oder in einer Art von neuem Atheismus, der uns mit allerhand Glücks- und Wellness-Angeboten eine neue Verheißung verspricht. Freiheit kann stattdessen auch in Bindung liegen, in Orientierung, in der Suche nach den Geheimnissen Gottes – und darin, sich für die Offenbarung zu entscheiden, die Christus uns als Lösung unserer Probleme geschenkt hat.

Um hier einzuhaken: Haben Sie ein Bild von Jesus?

Ja, habe ich. Für mich ist er ein Verrückter, der ganz gegen die Konvention verstößt, barfuß herumläuft, sich mit Bettlern und Prostituierten unterhält. Ich habe große Bedenken, ob wir ihn wiedererkennen würden, wenn er heute käme. Wahrscheinlich hätten wir genau dieselben Schwierigkeiten, ihn anzuerkennen, wie die Leute damals. Aber ich glaube, wenn er einen angeschaut hat, dann war man ihm schon hoffnungslos verfallen. Also, wenn man die Liebe in seinen Augen gesehen hat …

Seine schönen und heiligen Augen haben die Menschen nicht gehindert, Jesus zu verraten und ans Kreuz zu nageln.

Sicher, es ist schwer. Da ist einerseits die Faszination Christi, andererseits gibt es die unübersehbare Macht des Bösen, die uns immer wieder vom Guten zurückhält und in Versuchung führt. Die

Versuchung kann dabei sogar als Angst daherkommen. Angst, dass es mir selber an den Kragen geht, wenn ich mich zu Christus bekenne. Wie wir ja bei Petrus sehen. Wo er in echter Lebensgefahr ist, wo die Leute zu ihm sagen: »He, du gehörst doch auch zu ihm«, entgegnet er: »Nein, wieso? Den kenne ich überhaupt nicht.«

Die radikalste Frage der Welt und die alles entscheidende Frage überhaupt: Ist Jesus Christus der Sohn Gottes, oder ist er es nicht?

Ja, ich vertraue natürlich darauf, was ich gelernt habe. Glauben bedeutet, aufgrund der Autorität eines anderen etwas für wahr halten. Ich halte es für wahr, dass Jesus Christus Gottes Sohn ist, und ich habe das nie besonders hinterfragt. Im Gegenteil. Ich bete dafür, dass mir der Glaubenszweifel erspart bleibt.

Sie sprachen gerade selbst davon, dass es vielen Menschen heute weniger um die argumentative Auseinandersetzung und den theologischen Diskurs geht, sondern wieder mehr um das Eigentliche am Glauben, um das »Eintauchen in Gott«. Ich will keine Glaubenszweifel haben, sondern ich will an das glauben, was die katholische Kirche ausmacht und von ihren großen Kirchenlehrern und Heiligen seit zweitausend Jahren überprüft, gereinigt und vertieft wird. Und wieso sollte ich versessen darauf sein, mich vom Teufel versuchen zu lassen, ob Jesus wirklich Christus, Gottes Sohn, sein könnte oder nicht? Das lasse ich, wenn möglich, gar nicht an mich herankommen. Damit würde ich doch nur anfangen, das Fundament meines Glaubens zu untergraben. Ich habe in meinem Leben nicht nur einmal, sondern immer wieder aufs Neue erfahren dürfen, dass das, woran ich glaube, zutiefst richtig ist. Und zwar nicht nur auf eine intellektuelle Art. Diese Wahrheit lässt sich nämlich unmittelbar an der eigenen Person überprüfen. Durch die unendliche Freude, die man immer wieder empfindet. Durch die Hilfe, die man erfährt. Und erst recht dadurch, dass ich durch den Glauben mehr und mehr zu meiner eigenen inneren Mitte finden konnte. Das ist letztendlich ein riesiger Schatz, den man nicht unbedingt wieder aufgeben will, oder?

KAPITEL IV

Princess TNT

1 Bei uns zu Hause

Das Schloss St. Emmeram liegt mit Kirche und Park inmitten der Altstadt von Regensburg. Eine imposante Anlage, die ursprünglich als eine Abtei der Benediktiner gebaut wurde. Sie hatten sich sehr schnell eingefunden an diesem Fürstenhof.

Ich war rundum glücklich. Ich hatte ein sehr angenehmes Leben, das Personal war wahnsinnig nett, mein Mann war »gut drauf«, es war wirklich wunderschön. Nichts hat unser Leben in Regensburg getrübt. Allerdings habe ich bald gespürt, dass Johannes unruhig, immer irgendwie getrieben war. Er schaffte es nicht, an einem Ort zu bleiben und zu genießen. Das hat mich natürlich betrübt – für ihn. Ich versuchte zu ergründen, was denn so schwer auf seinen Schultern lastete. Ich konnte das einfach nicht verstehen.

Er führte ein Doppelleben.

Doppelleben ist ein wenig übertrieben. Er hat sich aber sicher immer wieder ein Ventil geschaffen, um Dampf abzulassen: sein Segelboot in Südfrankreich, seine Reisen nach Brasilien, seine Wohnung in München. Er war draußen gewissermaßen der private Johannes, der Playboy, und in Regensburg war er der Chef der Verwaltung und der Erbprinz. Auf diese Weise konnte er diesem anachronistischen, altmodischen Leben bisweilen sogar einen Genuss abgewinnen. Weil diese Welt eben so anders, so besonders war.

Ich dachte, mein Gott, das Schloss ist eine Stadt in der Stadt, man braucht gar nicht rauszugehen. Schon vom Büro ins

Esszimmer sind es mindestens 200 Meter und diese 200 Meter läuft man am Tag gut und gerne fünfmal rauf und runter. Dann gibt es den herrlichen Schlossgarten, auch wenn der keinen so privaten Charakter hat, weil Passanten reinschauen können. Mir war das egal. Ich hab hier die Hunde spazieren geführt, bin mit dem Radl herumgefahren. Bei meinem Mann aber war das anders. Wenn er draußen in der Welt war, war er überhaupt nicht menschenscheu, in Regensburg allerdings fühlte er sich immer beobachtet. Natürlich lebt man als Fürst nicht so intim. In einem Schloss mit viel Personal kann nichts verborgen bleiben. Da wird gestöbert und gereinigt, ob das die Schubladen im Nachtkastl sind oder der Schreibtisch. Da gibt es keine Geheimnisse. Vielleicht hat ihn das belastet und dieses Unbehagen konnte man ihm nicht nehmen.

»Wenn ich in irgendeiner Hinsicht Vorbild sein möchte«, so definierten Sie Ihre Rolle in der Anfangszeit Ihrer Ehe, »dann darin, das ich eine gute Mutter bin, eine intakte Familie habe, meinen Pflichten als Frau gegenüber meinem Mann nachkomme – und darüber hinaus ein Haus führe, das offen ist für Wissenschaft, Kunst und Kultur.« Bemerkenswerte Worte aus dem Mund einer jungen Frau, die damals von sich behauptete, ausgesprochen unkonventionell zu sein.

Ich finde immer – und das vertrat ich in meiner wildesten Zeit genauso wie heute –, dass man Arbeit und Spaß zwar auch miteinander verbinden kann, zunächst aber ist Arbeit Arbeit und Spaß Spaß. Man ist gerade dann erfolgreich im Leben, wenn man bei der Arbeit nicht zu spaßig und beim Spaß nicht zu ernst ist. Ich konnte jeweils sehr genau unterscheiden, wann Ernsthaftigkeit und wann Jux und Tollerei gefragt sind. Zu sehen, was ist wichtig, was ist unwichtig, war immer schon mein Geheimnis und auch Teil meines Erfolgs.

Von Ihren Zuständigkeiten haben wir nun gehört, was genau war der Aufgabenbereich Ihres Mannes?

Mein Mann sah sich selbstverständlich als der Boss bei Thurn und Taxis. Er hatte dabei nicht nur das Personal, den Hofmarschall und die Verwaltung unter sich, hat die Akten gelesen und die ganze Organisation dirigiert, sondern sich auch um den Geldfluss gekümmert. Johannes war so sensationell großartig, dass jeder andere Mann neben ihm verblasste. Er war witzig, er konnte faszinieren, er war allumfassend gebildet. Er hatte alles gelesen. Er studierte täglich fünf Zeitungen, englische und deutsche. Er war in seiner Jugend an Theater und Oper interessiert und hat aus seinem Faible für Schauspieler heraus auch, zusammen mit August Everding, in Regensburg jährlich einen Theaterpreis vergeben.

Er hat jeden fasziniert, vom Hotelportier bis zum Ministerpräsidenten. Ich erinnere mich beispielsweise an eine Szene im Flugzeug, wo er plötzlich dem Steward erklärte, er könne aus der Hand lesen. Den Leuten einen Bären aufzubinden war so eine seiner Marotten. Der junge Mann war sichtlich fasziniert: »Mein Gott, so hat noch niemand mit mir geredet.« Dann kam die Stewardess an, und schließlich noch eine Mitreisende, die ebenfalls ihre Zukunft wissen wollte. Ich saß daneben und hab mich totgelacht. Ich meine, Johannes hat den Leuten mit einer Höflichkeit auch die unmöglichsten Sachen an den Kopf gesagt. »Sie ecken mit Ihren sexuellen Vorlieben an«, meinte er beim Handlesen zu einem jungen Mann. Der ist blutrot angelaufen. Manchmal konnte es natürlich auch sehr unangenehm für mich sein. Dann dachte ich: »O Gott, ich muss hier weg, jetzt kommt was ganz Schlimmes.«

An welche Geschichte denken Sie da?

Einmal waren wir in Bonn eingeladen. Bundespräsident von Weizsäcker gab eine Veranstaltung zu Ehren von Teddy Kollek, dem früheren Bürgermeister von Jerusalem. Mein Mann kannte Kollek. Die beiden haben sich gut verstanden und es war ein sehr anregender Abend. Plötzlich kommt der Bundespräsident, und ich weiß nicht, welcher Teufel meinen Mann geritten hat. Auf jeden Fall sagt der doch bretthart: »Na ja, dass Sie jetzt plötzlich so judenfreundlich tun. Sie waren doch selber Hitlerjunge und Ihr Vater war SS-Offizier.« Zu Weizsäcker! Und hier irrte der Fürst offenbar auch. Der spätere Bundespräsident war im Dritten Reich Wehrmachtsoffizier und sein Vater Gesandter an Botschaften und Staatssekretär im Auswärtigen Amt. Mir war das so peinlich. Ich hab gedacht, ich müsste augenblicklich im Boden versinken. Woher rührte das? Das kam aus einem tiefen Hass gegen alle Nazis. Im Gegensatz zu vielen anderen war mein Mann eben nicht bei der Hitlerjugend gewesen. Man hat ihn als Kind deswegen gegängelt. Er hatte keine Freunde. Dieser Hass saß so tief, er konnte das nie überwinden.

Wie hat Weizsäcker reagiert?

Der ist sofort weggegangen! Das war ihm peinlich. Der hat sich vermutlich gesagt, dieser schreckliche Fürst von Thurn und Taxis kommt mir nie wieder ins Haus.

Wie ging noch mal die Geschichte, als der Fürst in New York zum ersten Mal mit Franz Beckenbauer zusammentraf?

Franz Beckenbauer war damals der gefeierte Fußballstar von »Cosmos New York«. Eines Tages sitzen wir im »Tivoli«, unserer Stammkneipe in Manhattan, in der auch Franz Josef Strauß immer wieder zu Gast war, und am Tisch nebenan sitzt der Franz Beckenbauer. Kurz und gut, die beiden werden sich vorgestellt und der Johannes sagt: »Ach, Sie sind doch der weltberühmte Tischtennisspieler.« Nicht schlecht, oder? Je wichtiger und mächtiger jemand war, desto mehr war die Person in Gefahr, von meinem Mann hochgenommen zu werden. In Los Angeles haben ihn die großen Filmmogule geliebt für so was. Für seine Unabhängigkeit und Unbestechlichkeit. Denn wenn jemand zu hochnäsig, zu aufgeblasen, zu sehr von sich selbst eingenommen war, der Johannes hat gewusst, wie man ihn mit einem schonungslosen Satz wieder auf den Boden der Tatsachen zurückbringt.

Nebenbei gefragt: Wie kam er auf Los Angeles?

Johannes war einer der wenigen, der eine reine Anti-Nazi-Weste hatte, und so war er gleich nach dem Krieg in Amerika ein sehr gern gesehener Gast, speziell in der Filmindustrie in Los Angeles, die damals in österreichischer oder deutscher jüdischer Hand war. Einer seiner guten Freunde war Jules Stein, Mitbegründer von Metro Goldwyn Mayer (MGM), der aus einer berühmten Familie Wiener Augenärzte stammte. Und umgekehrt war für Johannes Amerika das Land der Träume schlechthin. Die Amerikaner hatten Deutschland befreit. Sie hatten seinen Vater aus dem Gefängnis geholt. Nicht von ungefähr war sein erstes Auto nach dem Krieg ein Lincoln Continental, mit dem er die Tochter von General Patton in Regensburg spazieren fuhr. Bei den Nazis wurde er verachtet und jetzt war ausgerechnet er der Freund der Amerikaner, der prosperierendsten Nation überhaupt. Er hat dabei die Entstehung des großen amerikanischen Films miterlebt. Er kannte alle Produzenten und alle großen Regisseure.

Sie haben als junge Frau zu ihm aufgesehen. Was konnten oder wollten Sie von ihm lernen?

Wie man mit Menschen umgeht zum Beispiel. Oder wie man geschichtliche Zusammenhänge begreift. Ich lernte von ihm Gedichte von Rilke bis Ringelnatz und Morgenstern. Er sprach über griechische Sagen. Johannes war im Grunde ein wandelndes Unterhaltungslexikon. Ein Meister der Erzählkunst. Er hat dabei riesige Bögen geschlagen. Er fing irgendwo an, unterwegs wusste man überhaupt nicht mehr, wo man war, und, zack, schwupp, war er wieder beim Kern der Geschichte.

»Er hat mir die Augen geöffnet«, meinten Sie einmal.

Na ja, er hat natürlich, wie viele andere Menschen auch, sich seine eigene Wahrheit zusammengezimmert. Die Welt war so, wie er sie sehen wollte. Aber wenn Sie 20 sind, und Sie sind mit jemandem Tag und Nacht zusammen, der 34 Jahre älter ist, umfassend gebildet, geistreich, lustig, der auf der anderen Seite Probleme mit sich selbst und auch schon mal Depressionen hat, dann lernen Sie wahnsinnig viel. Ich habe in dieser Zeit praktisch das Leben im Johannes-Turbo gelebt und bin von daher gesehen meinen Alterskameraden heute um viele Jahre voraus. Das ist ein wenig so, als wenn der kleine Junge die ganze Zeit mit seinem Großvater rumhängt, da lernt er unglaublich viel.

Es hat ihm Spaß gemacht, Sie zu bezaubern.

Und ich habe ihm umgekehrt gezeigt, dass er mich fasziniert, dass ich ihn bewundere. Erstens war es die Wahrheit, zweitens wusste ich, dass es auf ihn wie ein Lebenselixier wirkt. Zu sehen, hier ist ein junger Mensch, der mich gut findet, der mich bewundert, das hat ihm Kraft gegeben, mit seinen eigenen doch sehr schweren Problemen fertig zu werden. Denn Johannes war in Wirklichkeit ein sehr unglücklicher Mann. Jemand, der unter schweren Schlafstörungen litt. Ein Mann mit Ängsten, die er aus seinem Selbstverständnis heraus allerdings selten zur Sprache gebracht hat.

Bleiben wir bei den Schlafstörungen. Woher kamen die?

Das weiß ich nicht. Wir haben immer wieder einmal überlegt, eine Schlafklinik aufzusuchen. Im Grunde nahm er die ganzen zehn Jahre, die ich mit ihm war, Schlaftabletten.

Und er hat sich nie in ärztliche Behandlung begeben?

Doch, er war ja ganz glücklich mit Ärzten. Schlaflosigkeit ist allerdings eine schlimme Krankheit und sehr schwer zu bekämpfen. Jeden Morgen haben wir zuerst mal 20 Minuten über seine Nacht gesprochen. »Wie war deine Nacht?«, war meine allererste Frage. Dann hat er mir erzählt, wie oft er aufgewacht ist, was er sich da gedacht hat, ob er schlecht geträumt hat, wie lange es gedauert hat, bis er wieder eingeschlafen ist, ob er überhaupt einschlafen konnte, wie viel Medikamente er wann genommen hat. Das hat mich auch wirklich alles interessiert. Denn je nachdem, wie viele Medikamente er genommen hatte, musste ich mal mehr und mal weniger darauf achten, dass sein Wein mit Wasser vermischt wurde. Ich war ja für ihn zuständig. Er war ja auch wie mein kleiner Junge.

Haben Sie nie versucht, gemeinsam seine Träume auszulegen?
Nein. Aber manchmal haben wir uns kaputt gelacht darüber, dass er so einen Schmarrn geträumt hat.

Träume können uns etwas sagen.
Das ist eine Spekulation.

Freud hat eine ganze Theorie daraus entwickelt.
Aber Freud hat ja auch viel Kokolores erzählt, im wahrsten Sinne des Wortes, denn Kokolores ist ja ein Wort für im Kokainrausch entwickelte Theorien. Mir ist das ganze Freud-Nachgeplappere, alles und jedes auf sexuelle Komplexe und Verkrüppelungen zurückzuführen, schon immer auf die Nerven gegangen. Mein Mann allerdings war von den Theorien Freuds fasziniert.

Dann wird er sich bestimmt auch mit seinen Träumen beschäftigt haben.
Zum Teil hat er das gemacht. Er hat eigentlich generell den Ärzten jeweils selbst gesagt, was ihm fehlt. Da saß dann der Professor vor ihm, sollte ihn untersuchen, und er erklärte dem Arzt, welche Diagnose er zu stellen hatte.

Und wie war das, wenn er einen Traum besprach?
Einmal saßen wir in St. Moritz morgens beim Frühstück. »Gloria«, beginnt mein Mann, »das war jetzt wirklich die letzte Nacht, die ich mit dir in einem Bett geschlafen habe. Ich hatte einen schrecklichen Traum. Ich war mit unserem 600er Mercedes und dem Willi unterwegs in Sibirien, und komischerweise waren die Türen des Mercedes ausgehangen. Es war so bitterkalt. Ich bin fast erfroren.«

Hätte mir zu denken gegeben.
Es geht ja noch weiter. »Und kurz bevor ich erfriere«, erzählte er, »wache ich auf. Und was seh ich? Du hast die ganze Bettdecke und das Riesenkissen über dir und ich liege in meinem dünnen Nachthemd frierend daneben.« Das hab ich wohl immer so gemacht.

Wir werden gleich noch mal auf die Ängste zurückkommen, lassen Sie uns zuvor noch einen kleinen Spaziergang durch das Reich von Thurn und Taxis machen. Noch zu Zeiten von Fürst Johannes wurde hier ein Zeremoniell gepflegt, dem kein anderes Adelshaus in Deutschland an Aufwand und Stil gleichkam. Weshalb konnte sich diese höfische Lebensart in Regensburg eigentlich so lange erhalten?
Das lag vor allem an Albert, dem 8. Fürsten des Hauses. Albert regierte über eine Zeitspanne von 67 Jahren, bis 1952. Und ein Mann seines Stils und Alters war nicht gerade auf Veränderungen aus. Reformen werden in der Regel ja meist nur dann durchgeführt, wenn man durch äußere Umstände dazu gezwungen wird. Auch mein Mann war an diese Art Leben gewöhnt. Er sah keinen Grund, etwas daran zu ändern.

Aus ihrem weit verbreiteten Besitztum hatte das Haus Thurn und Taxis bereits vor der Mitte des letzten Jahrhunderts über zwanzig Schlösser aufgegeben. Wie viele besitzen Sie heute noch?
Da sind St. Emmeram, Schloss Taxis, Schloss Haus, Kloster Prüfening, Schloss Garatshausen, die Aschenbrennermarter – insgesamt sechs.

Und wie viele Wohnungen pflegen Sie zu nutzen, inklusive aller Appartements und Ferienhäuser?
Kloster Prüfening beherbergt heute eine Montessori-Schule und wir bauen dort auch Wohnungen und Büros aus. Schloss Taxis und Schloss Garatshausen sind sozusagen unsere Ferienschlösser. Für Schloss Haus haben wir noch keine sinnvolle Nutzung gefunden.

Was ist mit der Segelyacht des Fürsten an der französischen Riviera?
Die habe ich verkauft.

Und die Besitztümer in Südamerika und Kanada?
In Kanada waren wir lediglich zwei- oder dreimal, in Brasilien eigentlich jedes Jahr einmal. Mein Mann fuhr schon deshalb so gerne nach Südamerika, weil er dort ein anonymes Leben führen

konnte und sehr viele Freunde und eine große Verwandtschaft hatte. Allerdings sind die Ländereien inzwischen verkauft oder verpachtet.

Früher hieß es, es gäbe neben den 62 Kutschen, 13 Schlitten und vier Tragsesseln im Schloss einen Grundbestand von bis zu 20 Autos.
Nein, so viele waren es nicht. Mein Mann hat sich aus Autos nichts gemacht. Mein Sohn und ich sind da viel autobegeisterter.

Haben Sie Ihren schwarzen Ferrari noch?
Nein, nein, ich hab keinen schwarzen Ferrari, sondern einen roten Ferrari Enzo, ein limitiertes Sammlerstück. Und einen Lamborghini.

Ein etwas kleineres Auto besitzen Sie nicht?
Doch, einen Audi Quattro.

Der so wild bemalt ist?
Nein, das ist der von meinem Sohn.

Eine Rennmaschine mit 300 PS. Haben Sie keine Angst?
Mein Sohn ist Rennfahrer, der kann Auto fahren.

Eine Ihrer berühmtesten Liegenschaften, die auch Franz Josef Strauß gerne nutzte, ist die so genannte Aschenbrennermarter-Hütte im fürstlichen Forst unweit von Regensburg im Bayerischen Wald. Gäste des Fürsten wurden dann schon mal von einem Chauffeur im fürstlichen Mercedes dort hingebracht. Man fuhr durch ein eisernes Tor, und nach 7,5 Kilometern Wald kam die »Hütte«, die sich dann allerdings als ein veritables Dorf entpuppte: bestehend aus einem Dutzend luxuriöser, getäfelter, ausgemalter, stuckierter und mit allerhand Kostbarkeiten eingerichteter Häuser. »Ein Butler servierte in weißen Handschuhen«, erinnerte sich ein Besucher, »und gegen Abend röhrten die Hirsche vor der Haustüre.«
Das ist das berühmte Jagdrevier des fürstlichen Hauses. Hier residierte man im September, wenn die Jagdsaison begann. Im

Vergleich zum Schloss hat man es als Hütte empfunden, aber es ist in Wirklichkeit eine Ansammlung von mehreren im russischen Datscha-Stil der Jahrhundertwende gebauten Häuschen, die sehr schön eingerichtet sind. Wir verbrachten mit den Kindern dort praktisch jedes Wochenende. Wir hatten unsere Pferde, wir konnten Ausritte machen, und der Albert konnte ungestört mit seinem Moped durch die Gegend sausen.

Wenn Sie Ihren Aufenthaltsort wechselten, fuhr da jeweils ein ganzer Konvoi mit allem Personal los, wie das bei Thurn und Taxis früher üblich war?
Seit ich alleine bin, habe ich ja wesentlich weniger Personal. Zu Zeiten von Johannes fuhr allerdings wirklich der ganze Hofstaat überallhin mit, wo wir gerade waren. Dabei wurde festgelegt, was aus dem Regensburger Haushalt mitgenommen werden sollte an Porzellan, Besteck, Geschirr, Bettwäsche. Im Herbst ging es auf die Hütte, im Sommer auf unser Schloss am Starnberger See oder nach Schloss Taxis im Württembergischen.

Der ganze Hofstaat – wer war da alles mit dabei?
Da sind die ganzen Schlossdiener inbegriffen und die Frauen, die sich um die Sauberkeit und Ordnung bemühen, die Gärtner und natürlich die ganze Küche mit Koch und Küchenhilfen. Dazu meine Kammerzofe, die Kindermädchen – insgesamt etwa zehn Personen. Aber das ist wirklich nicht so ungewöhnlich extravagant. Es ist auf jeden Fall günstiger, als in jedem der vorhandenen Schlösser Personal zu haben. Vor Ort gibt es jeweils einen Schlossverwalter, der das ganze Jahr über für Ordnung sorgt, und wenn der Fürst kam, nahm er sein Personal mit.

Auch Security?
Da waren selbstverständlich auch die Sicherheitsleute dabei, einfach alle, die normalerweise um den Fürsten herum waren. Die Leibwächter meines Mannes wären auch für mich zuständig gewesen, aber ich wollte das nicht. Da kam ich mir vor wie in Gefangenschaft.

Ein Journalist beschrieb eine Audienz im Schloss zu Regensburg einmal, als müsste er eine Szene für einen Historienfilm abliefern: »Eine endlose Auffahrt, in einem Torbogen die Pförtnerloge – ›Sie werden erwartet.‹ Der Eingang zu den Privatgemächern. Aber dann: ein Lakai, der mit weißen Handschuhen öffnet. Innen ein prunkvoller Treppenaufgang, riesige Gemälde, teure Vasen. Ein Aufzug trägt uns leise und sanft wie ein Rolls-Royce in die zweite Etage ... Der Diener klopft an die Tür des Salons – ›Ja, Ihre Durchlaucht lassen bitten.‹«

Die Beschreibung stimmt. Schon auch vor dem Hintergrund, dass es im Schloss wahrlich weite Wege gibt, die man zurücklegen muss, um irgendwo hinzukommen. Für den Außenstehenden mag das dann so ausgesehen haben, als ob diese Diener den ganzen Tag herumstehen und auf nichts anderes warten als auf den nächsten Befehl. Selbstverständlich sind diese Leute auch anderen Tätigkeiten nachgegangen, zum Beispiel als Schlossdiener, die geholfen haben, die Böden sauber zu halten oder kleine Reparaturen zu erledigen.

Sie selbst haben offenbar Ihre Besucher ganz schön lange warten lassen, vor allen Dingen, wenn es sich um Journalisten handelte. Ein Kollege vom »Stern« beschrieb die Prozedur folgendermaßen: »Erster Diener: ›Ja, Sie werden erwartet.‹ Telefonische Anmeldung. Warten auf den zweiten Diener: ›Bitte in den Salon, ja hier, die Fürstin lässt sich entschuldigen, der Masseur ist noch am Werk. Kaffee, Tee, Wasser, Sherry? Bitte läuten, wenn Sie etwas wünschen.‹ Jetzt Auftritt dritter Diener, nach einer weiteren Stunde: ›Durchlaucht lassen sich noch mal entschuldigen, Durchlaucht spielen noch mit den Kindern.‹«

Das ist übertrieben. So lange habe ich bestimmt niemanden warten lassen. Vor allem würde ein Diener niemals indiskret sagen, die Fürstin liegt noch in der Massage. Das geht niemanden was an. Er würde sagen: »Einen Augenblick, Ihre Durchlaucht ist noch beschäftigt.« Trotzdem gibt es, je nach Wichtigkeitsgrad, das berühmte Antichambrieren. Das ist überall so. Ich erinnere mich an einen Besuch beim Ministerpräsidenten Stoiber in München, da wurde auch ich erst mal eine gute Dreiviertelstunde von einem Protokollbeamten unterhalten, bevor ich schlussendlich vorgelassen wurde. Es ist eben nicht immer möglich, den Termin punktgenau wahrzunehmen. Es sei denn, es handelt sich um eine sehr, sehr wichtige Person. Aber gut, wenn ich etwas von einem anderen haben möchte, dann muss ich auch bereit sein zu warten.

In welchem Flügel im Schloss wohnen Sie?
Im Nordflügel sind im Erdgeschoss die Bibliotheksarchivräume untergebracht, im ersten Stock die Gästezimmer. Die Familie selbst bewohnt den Ostflügel.

Ihr Wohnbereich besteht aus zehn Zimmern?
Mehr.

Und das Wasser kommt aus einem goldenen Hahn, wie ein Besucher bemerkte.
Nicht Gold, sondern Messing, aber mit wunderschönen Fischköpfen, und aus dem Fischmund kommt das Wasser.

Wenn Sie Gäste zum Essen baten, in den Speisesalon der Familie, hatten diese den Eindruck, sie speisten im Luxussalon eines Fünf-Sterne-Hotels.
Also ich hoffe doch sehr, dass unser Esszimmer wesentlich schöner ist als das Esszimmer eines Fünf-Sterne-Hotels, die heutzutage ja oft relativ bieder und scheußlich sind. Da findet man auch nicht so wertvolles Porzellan und ausgesuchte Stillleben aus dem 17. Jahrhundert wie bei uns. Nein, da muss ich sofort Protest einlegen.

Über das Prozedere der Mahlzeiten haben wir bereits gesprochen. Gab es denn auch gewisse Richtlinien für den Speiseplan der Woche?
Mein Mann hatte sehr gerne französische Küche, und seine beiden Köche, zunächst Herr Schmalhofer, der heute in Regensburg zwei sehr gut gehende Restaurants betreibt, als auch später Herr März, haben ausgezeichnet gekocht. Ich würde sagen: Sterne-Niveau. Es gab immer eine Suppe vorneweg, immer eine Haupt-

speise und immer ein Dessert, mittags wie abends. Meinem Mann hat es dabei sehr gefallen, wenn ich viel gegessen habe. Er sagte, es erinnere ihn an seine Mutter Maria Anna. Die hatte allerdings stets ein riesiges Blumengesteck vor sich auf dem Tisch, gewissermaßen als Sichtschutz, um ungestört möglichst viel essen zu können, was ihr Mann gar nicht gerne gesehen hat. Als Mitglied der portugiesischen Königsfamilie lebte sie nach der Vertreibung aus ihrer Heimat in bitterer Armut. Sie hatte danach wohl den Komplex, sie müsse gewissermaßen vorausessen, für den Fall, dass es einmal, wie in den schweren Kriegszeiten, nichts mehr zu essen gäbe.

Ihr Mann war Feinschmecker.

Aber er hat weder so gierig gegessen wie seine Mutter noch wie ich. Er hat mehrere Rezepte entwickelt, unter anderem einen Fischauflauf und die »Crêpes Prinz Johannes«. Das war ein hauchdünner Pfannkuchen mit Trüffelsahnesauce. »Ich lass dir schon was übrig«, sagte er, wenn ich meine Crêpes schon fertig hatte und über die Blumen zu ihm rübergeguckt hab.

Legendär war der Weinkeller des Fürsten. Bei der späteren Versteigerung des Thurn-und-Taxis-Inventars vermerkte der Katalog: »Der Umfang des Kellers spiegelt die Zeit der prächtigen Empfänge wider, zu denen Fürst Johannes und Fürstin Gloria einluden. Die Vielfalt der deutschen und französischen Weine garantiert eine perfekte Begleitung zu großen Festessen wie zu schlichteren Anlässen.«

Mein Mann hatte ein großes Faible für Wein. Er wusste nicht nur über die einzelnen Jahrgänge Bescheid, er hat stets auch in Paris und anderswo probiert und dann eben kistenweise bestellt. Nur, was er gekauft und gesammelt hatte, war zu viel. Er hatte seine Bestände hochgerechnet für sein ganzes Leben und die Menschen, die er noch zu verköstigen gedachte. Nach seinem Tod hat man sehr schnell festgestellt, dass viele der Weine nicht weitere zwanzig Jahre trinkbar bleiben würden, bis Fürst Albert sie für große Gesellschaften verwenden könnte. Das war der Grund, warum wir uns von einem Großteil getrennt haben.

Der Fürst war offensichtlich nicht gerne allein.

Nein. Er brauchte Publikum. Er wollte Unterhaltung haben, sich mitteilen. Er hat vom Gespräch gelebt. Es konnte also durchaus vorkommen, dass ich mit dem Johannes in einer Woche nur zweimal allein war, den Rest der Zeit hatten wir Besuch. Einmal waren die Herren der Verwaltung zu Gast, das nächste Mal der Professor X mit seiner Gattin, das übernächste Mal Freunde aus München, die sich übers Wochenende angesagt haben, dann wiederum die Familie. Allerdings jeweils immer nur zwei, drei Gäste auf einmal. Er wollte es intimer.

Ich habe gemerkt, er erwartet von mir, dass ich, wenn wir irgendwo hingehen – meinetwegen zu einem Staatsempfang oder irgendwelchen großen Abendessen –, sobald interessante Menschen da waren, zack, Adresse und Telefonnummer aufschreibe, um sich mit diesen Leuten wieder treffen und das Gespräch fortsetzen zu können. Während der Hofmarschall das Personal einteilte, war es dann meine Aufgabe, beispielsweise für den Sommerurlaub im Schloss Garatshausen am Starnberger See zu organisieren, wer aus dem Münchner, Starnberger, Tutzinger Raum während des Aufenthalts des Fürsten – vierzehn Tage, drei Wochen – zum Mittag- oder zum Abendessen eingeladen wird. Vom Bürgermeister, über den Landrat, den Pfarrer bis hin zu Mitarbeitern wissenschaftlicher Institute, Schriftstellern, Astronomen und den Menschen der so genannten »Gesellschaft«. Die Frage war also: Über wen freut er sich? Da kamen dann beispielsweise Leute in Betracht wie der Regisseur Alexander Kluge, der mit seiner Produktionsfirma »dctp« diese wunderschönen Sendungen macht. Und je häufiger es organisierte Mittag- und Abendessen gab, desto glücklicher war mein Mann. Dazwischen hatte ich Zeit, mich den Kindern zu widmen, ein bisschen Wasserski zu fahren, Tennis zu spielen. Aber im Grunde genommen hatte ich, ja, einen Job, wie ihn heute auch ein Personal Assistant machen muss.

In Regensburg nahm man es ihm ein bisschen übel, dass er sich nicht häufiger in der Stadt hat sehen lassen, wie sein Vorvorgänger Albert, ein Fürst wie aus dem Bilderbuch, der auch als alter Mann

mit seinem Gehstock durch die Stadt schlenderte und den Hut zog, wenn die Leute ihn grüßten.

Das liegt auch daran, dass der Johannes nicht in Regensburg aufgewachsen ist. Die Familie lebte draußen auf Schloss Höfling in Burgweinting. Zu der Zeit, als er dann hier zur Schule ging, hatte er durch die Nazis gesellschaftlich keinen besonders guten Stand, und später ging er nach Nürnberg, um seine Banklehre zu machen. Von daher hat er hier zu wenig Wurzeln geschlagen. Die Regensburger haben das aber nicht übel genommen. Ich meine, das Fürstenhaus ist hier nichts Besonderes, sondern eine Selbstverständlichkeit wie der Bischof, die Universität, der Oberbürgermeister. Die Leute freuen sich, wenn sie einen auf der Straße sehen – und wenn nicht, ist es auch gut. Die Volksverbundenheit drückte sich bei Thurn und Taxis obendrein nicht in erster Linie durch Stadtspaziergänge aus, sondern indem Kindergärten, Altenheime und Krankenhäuser unterstützt wurden – und nicht zuletzt durch die so genannte Notstandsküche, in der auch heute noch rund 400 Essen am Tag kostenlos an Bedürftige ausgegeben werden.

Stimmt es, dass den Geschäftsleuten über die fürstlichen Beamten beigebracht wurde, wie sie sich in Briefen und im persönlichen Umgang mit dem jeweiligen Fürsten zu benehmen hätten?

Vielleicht war das zu Fürst Alberts Zeiten so, ich weiß es nicht. Aber natürlich gibt es auch bei uns im Schloss eine Gruß- und eine Ansprechformel und die wird von den Mitarbeitern aus Höflichkeit auch eingehalten. Die Ansprache in einem Schreiben ist »Eure Durchlaucht« und am Ende steht »Ihr ergebener Herr sowieso«. Selbstverständlich ist das richtig und wichtig, heute mehr denn je. Diese Umgangsformen, die ein anständig erzogener Mensch früher von Haus aus wusste, sind inzwischen keine Selbstverständlichkeit mehr. Einer unserer Mitarbeiter stand zum Beispiel immer mit den Händen in den Hosentaschen da. Mein Mann ist da stinksauer geworden. Früher gab es jemanden, der das im Auge hatte, sodass nicht erst der Fürst selbst darauf aufmerksam machen musste.

Sie hatten nicht immer dieselben Vorlieben wie Ihr Mann. Gab es andere spezielle Interessen?

Ja, das begann mit einer netten Begegnung. Wir hatten in Paris einen sehr liebenswürdigen älteren Herrn kennen gelernt. Er hatte als Antiquitätenhändler viel Geld verdient. Und dieser Mann, der mir im Laufe der Zeit ein guter und treuer Freund wurde, hat sich einen Spaß daraus gemacht, mich in die schönsten Museen zu führen. Mit ihm hatte ich praktisch einen Privatlehrer zur Hand, der mich über die Kunst des 18. und frühen 19. Jahrhunderts unterrichtete. Es war toll. Wir bereisten Frankreich oder fuhren nach England und mein Begleiter erklärte mir nicht nur die Bilder und Zeichnungen, sondern auch die Besonderheiten der unterschiedlichen Möbel, ihre Beschläge, die Aufsätze, das Design. Ich hab das aufgesaugt wie ein Schwamm. In der Schule war ich total desinteressiert und plötzlich konnte ich gar nicht genug wissen. Vor allem wollte ich alles nur spielerisch lernen. Es sollte nicht angestrengt sein. Die Technik meines Lernens bestand einfach in der Wiederholung. Man kann einen Maler wie beispielsweise Watteau eben nur kennen lernen, wenn man öfter einen Watteau sieht. Und ich hatte mir angewöhnt, in jedem Land immer wieder die jeweiligen Ausstellungen zu besuchen und immer wieder neu hinzuschauen. Allmählich bekommt man einen Blick für unterschiedliche Stile und die Moden der Zeiten. Oder wir haben uns gezielt mit einem bestimmten Maler beschäftigt, mit Picasso meinetwegen. Mein Lehrer war dabei so umfassend gebildet und interessiert, dass es ganz leicht fiel, seine Passion zu teilen.

Kommen wir zurück auf das Unbehagen und die Ängste Ihres Mannes, die Sie zuvor angesprochen haben. Was meinten Sie damit?

Ich glaube, das waren im Wesentlichen Ängste aus seiner Lebensführung. Die Art, wie er sein Leben eingerichtet hatte, war einfach nicht kompatibel mit dem, was er von Kindheit an über das, was im Handeln eines Menschen falsch und richtig ist, gelernt hatte. Über Schuld und Sühne beispielsweise. Er versuchte, das abzuschütteln. Auch sein Katholischsein versuchte er abzuschütteln.

Wie hatte er diese Angst ausgedrückt?

Gar nicht. Er hätte ja niemals zugegeben, überhaupt Ängste zu haben.

Möglicherweise hatte er ja auch keine.

Nun gut, ich weiß, dass es so war. Es war zu spüren. Etwa an seiner Art, wie er gehadert hat. Wie er manchmal auf die Kirche schimpfte. Wie er sich über andere ärgerte. Ja, er hatte eine falsche Lebensführung. Er hat in seinem Junggesellenleben viele Menschen unglücklich gemacht und sich selbst natürlich auch. Die vielen Frauen, sein Sexualleben … Sein Vorleben war schon irgendwie belastet. Und das war auch nicht in Einklang zu bringen mit dem, was er von seinen Eltern gelernt hat. Es war typisch, dass er sich speziell von seinem Vater stets beobachtet und beurteilt fühlte. Der Vater hatte seine Lebensführung nicht akzeptiert, und das war das ganze Problem.

Was meinen Sie mit seinem Sexualleben?

Na ja, ein echter Junggeselle eben, sein ganzer Lebenswandel, nachts, mit irgendwelchen Leuten. Was weiß ich, was da stattgefunden hat.

Sie wissen es nicht?

Ehrlich gesagt, ich möcht's auch nicht wissen. Als er in mein Leben kam, habe ich versucht, Ordnung in sein Leben zu bringen, ihm Liebe zu geben.

Er hat Ihnen nichts erzählt?

Doch, natürlich. Aber das wollte ich nicht hören. Ich bin weggegangen. Ich habe gesagt, die Geschichten sind langweilig, das will ich nicht wissen.

Und dennoch interpretieren Sie seine Ängste mit seinem früheren Lebenswandel?

Mein Gott, letzten Endes kommt man dann doch nicht an diesen Dingen vorbei. Da kommen andere, die einem irgendwelchen

Tratsch erzählen. Von ich weiß nicht was und wo und da und dort. Wenn man nicht blöd ist, dann kapiert man schon, dass das Dinge sind, dessen Zeuge und dessen Mitwisser man nicht sein will. Ich hab's mir auch verbeten und bin sauer geworden. Es wäre natürlich einfacher für ihn gewesen, wenn er mich in allem als Komplizin gehabt hätte. Ich sagte mir allerdings, gut, ich bin die Einzige hier auf der Welt, die ihm Kontra gibt und ihm, wenn's sein muss, auch mal vors Schienbein tritt. Die ihm sagt: »So geht das nicht, mit mir jedenfalls nicht, da kannst du dich auf den Kopf stellen.« Das war irgendwann einmal ganz schlimm geworden, er wollte sich sogar von mir scheiden lassen.

Darauf kommen wir noch zu sprechen. Aber hätte nicht auch sein Vater auf ihn einwirken können?

Mein Gott, was haben Sie denn für Vorstellungen? Johannes war schon 54 Jahre alt, da lässt man sich doch vom Vater nix mehr sagen. Trotzdem hat er seinem Vater gegenüber ein schlechtes Gewissen gehabt, weil er ja wusste, dass er Recht hatte. Aber der Vater hat viel für seinen Sohn gebetet, und das hat ja auch was bewirkt.

Was war mit den Schwestern?

Johannes hatte eine große Achtung vor seinen beiden Schwestern. Sie wiederum liebten ihren Bruder abgöttisch und waren daher auch mit Kritik zurückhaltend, auch wenn seine große Schwester Clothilde schon mal Tacheles mit ihm geredet hat. Ich bin aber sicher, dass vor allem ihr Gebet am meisten bewirkt hat.

Johannes' Schwester Mafalda wurde plötzlich sehr krank. Ich besuchte sie in der Klinik, auch, um mich etwas bei ihr auszuweinen, weil ich mit Johannes gerade eine schwierige Phase hatte. Es war kurz vor ihrem Tod. Es ging ihr sehr, sehr schlecht. Aber was sagte sie mir? »Ich opfere mich für dich und Johannes auf, damit eure Ehe gut geht.« Ist das nicht anrührend?

An welche Ehegeschichten dachte sie da?

Da gibt es einige. Aber die will ich nicht erzählen.

Waren Sie Ihrem Mann unterlegen?

Das war ganz unterschiedlich. Mein Mann war in vielen Dingen sehr viel weiter und sehr viel besser und auch autoritär zu mir. Dann gab es wiederum Momente, wo ich sehr autoritär mit ihm war. Das hat sich durchaus die Waage gehalten.

Wie kann man sich dieses »Autoritär-Sein« vorstellen?

Autoritär heißt beispielsweise, wenn mein Mann sagte: »Bitte, ich möchte nicht, das du heute so angezogen bist, es kommen die und die Gäste.« Oder: »Ich möchte, dass du pünktlich bist.« Oder: »Nein, das hast du falsch gesagt, das ist so nicht richtig, du musst es so sehen, und wenn du mir das nicht glaubst, dann brauchst du nur da und dort nachzulesen.« Er hat mich auch zurechtgewiesen, wenn ich irgendwas falsch machte. Aber umgekehrt war auch ich für ihn eine Respektsperson. Wenn er in dem, was er gesagt oder getan hatte, zu weit gegangen war, bekam er von mir ein Stopp.

»Mit dem Mundwerk«, meinten Sie einmal, »war ich ähnlich schnell wie er.«

Ich bin ja bekanntlich nicht auf den Mund gefallen. Insofern konnte ich ihm auf diese Art ziemlich gut Paroli bieten.

Hat er Ihnen zwischendurch auch mal Komplimente gemacht?

Selten. Er hatte seine eigene Art, Komplimente zu machen.

Zitat Gloria: »Wenn ich ein langes Abendkleid trug und den Schmuck gut ausgesucht hatte, meinte er: ›Heute siehst du zur Abwechslung mal ganz anständig aus.‹«

Ja, genau, das war die höchste Belobigung auf der Komplimentenskala meines Mannes. So war er eben. Aber ich wusste schon, wann er zufrieden und glücklich ist und wann nicht.

2 In höheren Kreisen

Sie führten in Regensburg ein sehr gastliches Haus. Beginnen wir mit den Politikern.
Mein Mann hätte nie jemanden eingeladen, nur weil der im Bundestag war oder ein Ministeramt hatte. Wenn er jemanden traf, dann nur, weil die Chemie stimmte. Da war es dann auch nebensächlich, ob das ein Sozi, ein Christdemokrat oder FDP-ler war. Gute Freunde meines Mannes waren beispielsweise der ehemalige Bundeslandwirtschaftsminister Josef Ertl und der frühere Bundespräsident Walter Scheel, der oft bei uns zur Jagd war.

Auch Franz Josef Strauß wollte in den fürstlichen Jagdgründen seine Leidenschaft für kapitale Hirsche und Wildsauen ausleben.
Für meinen Mann war es selbstverständlich eine Ehre, seinen Freund Franz Josef zur Jagd zu haben. Die beiden mochten sich. Man sah sich zwar selten, weil Strauß ein sehr beschäftigter Mann war, aber wenn er bei uns zu Gast war, haben sich immer gute Gespräche entwickelt, über Wirtschaftspolitik, Persönliches, Reisen. Genauer betrachtet hat im Grunde nur der Franz Josef geredet, er hat meinen Mann kaum zu Wort kommen lassen. Beide Männer waren charismatische Persönlichkeiten, aber Strauß war eindeutig der Cheflöwe im Ring.

Wie oft kam denn der Cheflöwe zum Jagen?
Höchstens zweimal im Jahr. Zunächst tauchten dann jeweils die Sicherheitsleute auf, um alles abzuchecken, dann kam Strauß mit dem Hubschrauber hinterher. Wenn er zum Schweinejagen ging,

kam er bereits am Abend davor an, sodass er beim Essen im Schloss mit anderen Gästen zusammensaß. Wenn er zur Hirschbrunft kam, flog er direkt auf die Hütte, ging dann eigentlich gleich auf die Jagd, blieb eine Nacht und war dann wieder weg.

Wie fanden Sie ihn?
Ich fand ihn toll, sehr gebildet. Allerdings war zu spüren, er redet mit mir nur, weil ich die Hausfrau bin. Im Grunde genommen war ich für ihn uninteressant. Er saß bei Abendgesellschaften ja stets neben mir, und ich habe ihm Fragen gestellt, damit es für ihn einfacher ist, sich mit mir zu unterhalten, aber er konnte kein gesteigertes Interesse an mir entwickeln. Schließlich war ich eine verheiratete Frau, somit war der Flirtinstinkt ausgeschaltet, da war nichts zu holen für ihn. Und intellektuell war ich ihm nun wirklich keine Herausforderung. Franz Josef war ja ein sehr zielgerichteter Mann.

Wie man das von einem Jäger erwarten kann. Was war mit seinen Waffen?
Die hatte er dabei.

Traf er selbst oder musste da jemand im Gebüsch sitzen, der heimlich den Schuss abgab?
Um Gottes willen, nein, das wäre ja schrecklich. Der Förster hatte allenfalls den kapitalsten Hirsch vorneweg entweder für meinen Mann oder für den Franz Josef reserviert. Denn im Grunde genommen braucht man schon eine Woche, bis man ihn kriegt.

Der Ministerpräsident starb nach einer dieser Jagden auf dem fürstlichen Grundstück. Können Sie bitte erzählen, wie sich sein Tod zugetragen hat.
Er kam vom Oktoberfest …

Nüchtern?
Das weiß ich nicht. Er kam in Begleitung von Sicherheitsbeamten mit dem Helikopter auf der Aschenbrennermarter an, stieg

aus – er war schon im Jägergewand und hatte sein Gewehr um –, kam auf uns zu, um uns zu begrüßen. Er war ziemlich weiß und mein Mann sagte hinterher: »Der sieht schlecht aus und er riecht nach Apfel.«

Nach Apfel, was hat das zu bedeuten?

Mein Mann behauptete, dass er den zu hohen Blutzuckerspiegel von Franz Josef Strauß riechen konnte. Als er das sagte, dachte ich erst, was für einen Blödsinn der Johannes wieder mal redet. Später stellte sich heraus, dass seine Diagnose ziemlich präzise war. Er konnte einen eben immer wieder aufs Neue verblüffen. Jedenfalls sagte er zu ihm: »Sie können gleich auf die Jagd gehen.« Strauß wollte sich noch kurz frisch machen in der Gästehütte, die für ihn hergerichtet war. Er ging die kleine Anhöhe hoch, und dann sehen wir plötzlich, wie er vor dem Haus umfällt. Unsere Leute waren sofort zur Stelle und machten Wiederbelebungsversuche, gleichzeitig wurde die Rettung angerufen. Das ganze Personal strömte aus den Häusern und sammelte sich wie eine Traube um den in Ohnmacht gefallenen Mann. Ich weiß noch, dass ich sofort herumrief: »Das geht nicht, wir können da nicht rumstehen, gehen wir alle in die Kapelle. Wenn wir ihm wirklich helfen wollen, dann beten wir jetzt einen Rosenkranz.« Das haben wir auch getan. Deshalb bekam ich nur noch mit, dass der Rettungshubschrauber relativ spät gelandet ist. Das hat sicherlich eine Dreiviertelstunde gedauert.

Wieso denn das?

Das weiß ich nicht. Unfassbar eigentlich. Ich war richtiggehend skandalisiert darüber. Schließlich hat man ihn nach Regensburg ins Krankenhaus der »Barmherzigen Brüder« gebracht. Dort ist er gestorben.

Machten Sie oder Ihr Mann sich Vorwürfe, dass Sie ihn nicht von der Jagd abgehalten hatten?

Wir konnten ja nichts tun. Er wollte sich frisch machen und ist umgefallen.

Ein anderer Ihrer prominenten Politikergäste war Helmut Kohl.
Ich hatte ihn als Bundeskanzler zum 500-jährigen Postjubiläum eingeladen. Das Jubiläum wurde sowohl von der Bundesrepublik Deutschland als auch durch das Haus Thurn und Taxis gefeiert. Von den 500 Jahren war die Post schließlich 370 Jahre in unserem Besitz. Wir machten hierzu eine Sonderausstellung im Marstallmuseum.

Wie fanden Sie Kohl?
Reizend. Er war natürlich auch, ähnlich wie der Franz Josef Strauß, ein Cheflöwe. Die Art, wie er hereinkam, strahlte schon aus: »Ich bin der Boss.« Alles schaute auf ihn, und wenn er sich umdrehte, drehten sich alle in dieselbe Richtung. Und wenn er sich in die andere Richtung drehte, drehten sich alle in die andere Richtung. Also, er war schon ein echter Leithammel. Für mich war interessant, seine Körpersprache zu beobachten. Wie geht so jemand? Wie bewegt sich so jemand? Wie geht er auf Menschen zu? Er hatte um einen Salon gebeten, um sich mit Max Streibl, dem damaligen bayerischen Ministerpräsidenten, ungestört eine Stunde lang unterhalten zu können. Ich fand ihn jedenfalls sehr nett und ich hatte das Gefühl, dass das auf Gegenseitigkeit beruhte.

Bei dieser Gelegenheit: Gehörten Sie zu dem Kreis jener Millionen-Spender, die der frühere Bundeskanzler nicht offen legen wollte?
Nein. Wenn wir spenden, dann der CSU. Außerdem war mein Mann immer dezidiert der Ansicht, dass es genügen müsse, in Deutschland Steuern zu bezahlen. Und wenn man ein Anliegen hat, dann bringt man es vor. Aus. Vetternwirtschaft war nie sein Ding. Er sagte, da macht man sich erpressbar und verwundbar, das will ich nicht. Wenn wir eine Sonderbehandlung wollen, dann wird hierfür offiziell ein Antrag eingegeben. Wenn man diesem stattgibt, wunderbar, wenn nicht – Pech.

Empfinden Sie das auch so?
Ja. Vetternwirtschaft ist Bestechung.

Fallen auch Parteispenden unter Bestechung?
Ordentliche Parteispenden natürlich nicht. Aber sobald ich eine Parteispende mit einem Anliegen verbinde, wird es problematisch. Zu sagen, ich möchte diese oder jene Fabrik auf diesem Grundstück bauen, und wenn du mir diese Fläche bevorzugt gibst, dann kriegst du Geld, das hätte mein Mann nie gemacht. Da war er ganz der Fürst. Und wenn Sie fragen, was zeichnet den echten Fürsten aus, dann ist es sicherlich diese Haltung, in Finanzgeschichten immer anständig zu sein, keine Steuern zu hinterziehen. Das hat er mir auch von Anfang an beigebracht. Es war ihm ganz wichtig. »Wir werden mehr beobachtet als die anderen«, war seine stehende Rede, das hat er ja auch aus der Nazizeit gelernt. Seine Devise war: »Wir wollen uns niemals erpressbar machen. Und wenn man unrichtige Dinge tut, wird man erpressbar und verliert seine Freiheit. Die Freiheit aber ist das allerhöchste Gut.« Er sagte: »Das Schönste am Reichsein ist, frei zu sein. Und das bist du nicht mehr, wenn du jemandem einen Gefallen tust oder dir einen Gefallen tun lässt, der auch nur annähernd mit Unkorrektheit verbunden ist.«

Bundespräsident Walter Scheel, Franz Josef Strauß oder den Waffenhändler Kashoggi luden Sie gerne zur Jagd ein, andere wiederum, wie zum Beispiel die Buchheims, Dürrenmatts, Everdings und Gauweilers, wurden zu Gourmet-Abenden ins Schloss gebeten. Wie sah so etwas aus?
Moment bitte, der Kashoggi war kein Jäger. Der wurde nur eingeladen, als ich eine große Party gab, nämlich zum sechzigsten Geburtstag meines Mannes.

Bleiben wir kurz dabei. Wie kam es überhaupt zu der Bekanntschaft?
Wir lernten Kashoggi zusammen mit seiner Frau, einer Italienerin, auf einer großen Party in Marbella kennen. Er hatte damals dieses wunderschöne Anwesen mit Pferderanch und allem Pipapo und zudem, neben Stavros Niarchos, die größte Privatyacht der Welt, die »Nabila«. Damals wurde um diesen Mann so eine Art Mythos kreiert und es war Tagesgespräch, wer bei ihm eingeladen wird und auf das Schiff darf.

War dieses Schiff wirklich so beeindruckend?

Es war unglaublich. Ich habe in meinem ganzen Leben noch nie so was gesehen. Es war ein schwimmender Palast. Im großen Salon stand ein durchsichtiges Klavier, auf dem Liberace gespielt hat, dieser sehr exaltierte Pianist, damals ein Weltstar. Es gab eine eigene Diskothek mit Bar an Bord, mehrere hintereinander liegende große Salons, wundervolle Suiten. Alles war in diesem arabischen, übertriebenen, kitschigen Prunkstil gehalten, wie aus Tausendundeiner Nacht. Es gab nichts Vergleichbares. Und dieser Mann hat mit seiner unglaublichen Fröhlichkeit, Liebenswürdigkeit und Witzigkeit alle Menschen, die mit ihm zu tun hatten, um den Finger gewickelt und charmiert. So auch meinen Mann und mich. Kashoggi hatte uns auch später noch mehrere Male eingeladen. Und wenn man von Kashoggi eingeladen war, dann hieß das: Abholung, Transport und wieder zurück. Der Transport erfolgte mit einer Boeing 747, die innen wie ein riesiges Wohnzimmer eingerichtet war. Mit Kino, Bar, zwei großen Schlafzimmern ...

Heißt das, er hatte seinen Jumbojet geschickt, um ganz alleine Sie und Ihren Mann abzuholen?

Ja, aber das kam später, als er uns mit einigen unserer Freunde, mit denen wir gerade auf Schloss Taxis zusammen waren, nach Spanien einfliegen ließ. In Marbella schickte er auch mal sein Riesenflugzeug, um uns schnell mal zu einem Abendessen ins »Le Pirat« in Monte Carlo abzuholen. Und einmal waren wir eingeladen, mit ihm nach Las Vegas zu fliegen. Von Las Vegas aus sollte es nach Los Angeles gehen und von dort noch irgendwo anders hin. Mein Mann war zunächst skeptisch. Er sagte: »So eine lange Reise und so lange in Tausendundeiner Nacht, ich weiß nicht.« Ich hab aber wahnsinnig dagegen gehalten. »Bitte, bitte, das werden wir nie mehr wieder erleben. Ist ja egal, wenn es dir in Las Vegas nicht gefällt. Dann können wir ja sofort wieder wegfahren. Wir sind ja nicht irgendwo in Saudi-Arabien gefangen.« »Okay«, meinte mein Mann, »wenn du unbedingt willst, dann machen wir das eben mit.«

Wie groß war denn diese Reisegesellschaft?
Kashoggi hatte seinen ganzen Stab dabei. Seinen Hauptverwalter, seinen Bankier, einen Rechtsanwalt und noch etliche weitere Mitarbeiter. Er kam also mit der 747 in Nürnberg runter, wir stiegen zu und flogen von hier aus direkt nach Las Vegas. Wir kamen mitten in der Nacht so um vier Uhr an und zuerst wurden da mal an die zwei Lastwagen mit Koffern ausgeladen. Nun aber passiert Folgendes. Als wir durch den Zoll gehen, muss der Kashoggi seine Handgepäckkoffer öffnen. Und was sehen wir? Die sind voller Geld. Richtig Koffer voller Geld.

Vor dem Flughafen warteten bereits mehrere große Limousinen und brachten uns ins Hotel. Ich glaube, es war das »Mirage«. Mittlerweile war es sechs Uhr morgens. Gut, man hatte im Flieger geschlafen, und für die Araber, so hatte ich den Eindruck, spielt Zeit ohnehin keine Rolle. Die haben irgendwie kein Zeitgefühl. Auf jeden Fall hieß es, wir gehen gleich spielen. Mein Mann allerdings hasste Glücksspiel. »Das macht man nicht«, war seine Überzeugung, »das ist schlecht, da sind schon viele Vermögen zerstört worden. Ich spiele nicht.« – »Aber ich muss unbedingt zuschauen«, sagte ich. »Okay, geh du zuschauen, ich geh schlafen.« Es war wie gesagt sechs Uhr morgens, er war todmüde.

Die Suite, die man für uns reserviert hatte, war riesig. Ich würde sagen tausend Quadratmeter. Mit zwei riesigen Schlafzimmern, einem kleinen Schwimmbad, einem großen Salon mit Springbrunnen und zwei großen Bars. Die Suite von Kashoggi erstreckte sich sogar über mehrere Stockwerke, und ich möchte nicht wissen, wie die aussah. Ich springe noch schnell unter die Dusche, mache mich frisch. Anschließend rufe ich eine Nummer an, die ich bekommen hatte, falls ich irgendetwas brauchen sollte. »Sind die Herrschaften schon ins Bett gegangen?«, frage ich. »Nein, nein, kommen Sie, wir holen Sie ab.« Schließlich kommen zwei Herren, aber sie bringen mich nicht in die normale Spielhalle, sondern fahren mich im Aufzug nach oben. Man steigt aus und wo ist man? In einen wundervollen großen, privaten Rouletteraum.

Kashoggi, seine Frau und der ganze Anhang saßen schon da. »Come, come, Princess«, kommt Kashoggi auf mich zu, »sit down, Princess, sit down.« Er gibt Anweisung, mir Chips zu geben. Chips im Wert von 10 000 Dollar. Und plötzlich habe ich Berge von Chips vor mir und mir wird klar, jetzt musst du auch mitspielen. Der Mann freut sich, dass ich da bin, es geht nicht anders. »Where is your husband, where is your husband?«, fragt er.

»He excuses himself«, entschuldige ich, »but he is very tired and he is sleeping, oh maybe tomorrow, maybe tomorrow.«

»Come, come.«

Der Champagner floss und da haben wir gespielt. Und ich hab gedacht, was kann ich? Ich habe also auf Schwarz und Rot gesetzt, auf Gerade und Ungerade oder auf diese langen Nummernzeilen. Also die einfachste Variante. Es dauerte eine Stunde, dann hatte ich das Doppelte meines Einsatzes, aber als ich meine Chips zurückschieben will, springt Kashoggi auf: »Are you crazy? This is yours. You can have it, it's yours.« Alle haben gelacht, ich war ein wenig verlegen und sagte: »Well, may I excuse myself. I would like to go.« – »Of course, Princess, you are my guest, you do what you please. Tomorrow is another day, we will call you, we will call you.«

Wie ging's weiter?

Ich bin schlafen gegangen, so bis um zwei Uhr nachmittags. Anschließend haben wir uns in die Suite ein herrliches Frühstück bestellt. Man war frei, zu tun, was man wollte, und ich hatte 20 000 Dollar mehr in der Tasche. »Hast aber Glück gehabt«, meinte mein Mann, und ich sagte: »Weißt du was, Johannes? Du bleibst hier, liest Zeitung, und ich gehe und gebe das Geld aus.« Tatsächlich bin ich raus, in irgendein riesiges Departmentstore, und kaufte mir von dem Geld gleich drei Abendkleider. Meine Überlegung war: »Wenn das morgen und übermorgen in diesem Tempo weitergeht, dann musst du investieren. Dann musst du gut aussehen.«

Am nächsten Abend wurden wir zu einem großen Abendessen geladen. »Mister Kashoggi expects you for dinner«, kam einer seiner Sekretäre. Das Spezielle daran war, die Einladung galt nicht irgendwie für abends, sondern für Mitternacht. Von Kashoggi war zunächst nichts zu sehen. Aber das hieß nicht, dass man sich langweilen musste. Da waren natürlich Damen da, so viel man wollte, aber nicht aufdringlich. Hübsche, intelligente Mädchen, die die Gäste begrüßten, aber fast jeder hat verstanden, dass das bezahlte Frauen waren, dazu da, die Gäste zu unterhalten, in jeglicher Hinsicht. Um ein Uhr wurde schließlich ein riesiges Mahl aufgetischt. Plötzlich tauchte auch Kashoggi auf, man tafelte bis drei Uhr nachts, dann bewegte sich die ganze Gesellschaft wieder Richtung Rouletteraum.

Ihre zweite Chance?

Nein, ich ging da nicht mehr mit. Erstens wollte ich verhindern, nochmals 10 000 Dollar geschenkt zu bekommen, und zweitens fand ich, dass ich gestern so schön gespielt hatte. Ich dachte, ich weiß nicht, wie das heute abläuft, das muss jetzt nicht noch mal sein. Mein Mann wollte sowieso nicht. Schließlich haben wir uns in Los Angeles, wohin es mit der *747* einen Tag später weiterging, um irgendeine Ausstellungseröffnung im Getty-Museum mitzumachen, diskret ins Beverly-Hills-Hotel zurückgezogen, das mein Mann seit 30 Jahren kannte.

Waren die Partys von Kashoggi immer so sensationell?

Wir haben das, glaube ich, viermal erlebt. Einmal in Marbella, einmal in Monte Carlo, einmal in Paris und eben in Las Vegas. Kashoggi setzte immer noch eins drauf. Ob nun mit einer noch besseren Band oder einer noch interessanteren Show. Das Skurrile war, dass bei all diesen Partys die Zeit überhaupt nicht mehr existiert hat. Die war regelrecht ausgeschaltet. In Marbella gab es ein riesiges Ranchhaus mit den Rezeptionsräumen. Also Bar, großer Salon, wo den ganzen Tag irgendwelche Gäste herumsaßen, die er bewirtet hatte, vom Oberbürgermeister bis zum Casinobesitzer. Und alle Leute an Kashoggis Hof wurden von einer Schar gut aussehender junger Frauen – Französinnen, Russinnen, Deutsche – unterhalten, die hübsch und teuer angezogen waren und am Swimmingpool rumlagen oder an der Bar Zeitung lasen. Nur Kashoggi selbst machte sich rar. Er zeigte sich vielleicht nachmittags um drei mal kurz, begrüßte alle Leute: »Are you all having fun? Oh that's good. You want to swim? You want to go horse riding? You want to go shooting?« Schwimmen, reiten, schießen, es war ja alles möglich, in diesem wunderbaren Park. Man hätte am Nachmittag Fasane oder Tontauben schießen können, der Tennislehrer hat gewartet, es stand eine ganze Batterie von Masseuren bereit – all dies konnte jedermann in Anspruch nehmen. Jeder wusste, wir bekommen schon gesagt, wann die nächste Mahlzeit ist – und wenn man es nicht gesagt bekam, schwebten zwischendurch immer wieder Diener durch die Räume und den riesigen Garten und fragten, ob man gerne etwas zu essen haben wollte.

Ich hab natürlich dafür gesorgt, dass mein Mann sich nicht langweilte. Da war ein österreichischer Masseur und der hat ihn eigentlich den ganzen Tag gepflegt. Der hat gesagt: »Möchten Sie ein bisschen in die Sonne gehen? Oder wollen Sie eine kleine Runde mit dem Helikopter fliegen? Dürfen wir Ihnen das Gelände zeigen?« Johannes hat dann nur gemeint: »Was machst du?« Ich sagte: »Ach, ich fahre mit meinen Brüdern ein bisschen mit den Motorrädern rum, aber wir kommen so gegen zwei Uhr wieder, und dann können wir zusammen am Pool Mittag essen.« – »Okay, so machen wir's.« Er hatte sein Buch dabei, ließ sich die FAZ und das »Wall Street Journal« kommen, hat sich massieren lassen und war erst mal beschäftigt. Spätabends, so gegen zwölf Uhr, man war bereits fertig hergerichtet, im Abendkleid und im Smoking, war dann ein riesiger Ball angesagt. Aber das hat man auch alles erst im letzten Moment erfahren.

Es war eine fantastische Szenerie. Dieses große Haus, immer voll mit Leuten, die mit Kashoggi Geschäfte machten oder denen er was Gutes tun wollte. Da hab ich gelernt, was es heißt, richtig Hof zu halten, und ich hab nur gedacht, wahrscheinlich war es bei Thurn und Taxis im 17. und 18. Jahrhundert nicht anders. Aber inzwischen waren wir ja Lichtjahre davon entfernt.

Was die Mädchen betrifft, hab ich lange gebraucht, um zu kapieren, dass das Callgirls waren. Ich dachte, das sind Freundinnen des Hausherrn. Erst als mich Kashoggi fragte – nachdem wir uns ein bisschen besser kannten –, ob ich oder mein Mann nicht gerne mal so jemanden mitnehmen möchten, sie würde uns so mögen und sie wäre doch so nett und so hübsch, da ist mir aufgegangen, was es mit den Mädchen auf sich hatte. Wir haben uns natürlich kaputtgelacht, mein Mann hätte da nie … Da war er wieder Fürst. Er wusste: Ich werde hier beobachtet und ich will nicht, dass die Leute über mich reden.

Kashoggi war immerhin so was wie ein Pate und vermutlich der größte Waffenhändler der Welt.

Ja, er muss ein Pate gewesen sein. Aber ich weiß das nicht so genau. Schrecklich zu beobachten war dann, dass drei seiner Söhne rauschgiftsüchtig wurden. Für mich war das ein Beleg dafür, wie das Schicksal sich umkehrt, wenn man in Dinge wie Waffengeschäfte verwickelt ist.

Auch in Rauschgifthandel und Prostitution?

Das glaub ich eher nicht. Seine erste Million hat er verdient, indem er jede Menge Lastwagen aus Amerika nach Saudi-Arabien importierte. Irgendwann war er für das reiche Saudi-Arabien in Amerika der Mittelsmann schlechthin. Aus nächster Nähe privat erlebt, war der jedenfalls unglaublich nett und charmant und fröhlich und liebenswürdig. Jemand, der einem die ganze Zeit die Hand hält und fragt: »Schmeckt's dir denn und bist du fröhlich und geht's dir gut?« Unglaublich, wie der war. Eigentlich der Netteste von allen.

Kommen wir zurück ins Schloss. Sie hatten in Regensburg Gourmet-Abende mit ausgewählten Gästen eingeführt, richtig?

Nein, das ist aus Zufall entstanden. Mein Bruder Alec hatte sich mit Hardy Rodenstock angefreundet – mittlerweile einer der renommiertesten Weinexperten der Welt –, der damals gerne Leute einlud, um ihnen hochklassige, fantastische Weine zum Verköstigen anzubieten. Das war obendrein eine gekonnte und kluge PR-Maßnahme, um sich in der Branche einen Namen zu machen. Einmal fragte mich Alec, ob er nicht seinen Geburtstag oben auf der Hütte feiern dürfe, Hardy Rodenstock würde die

Weine mitbringen. Ich hatte einen fantastischen Chefkoch und den schönen Rahmen und der Hardy Rodenstock hatte eben den guten Wein. Richtig große, alte Flaschen, Raritäten, die man zum Teil gar nicht mehr im Handel bekommt. Die haben wir teilweise sogar blind verköstigt. Ich erinnere mich, dass Peter Gauweiler dabei war und Friedrich Dürrenmatt, der plötzlich beseelt vom Wein aus dem Stegreif über den Abend, den Wald, die Hirsche, den Wein dichtete. Mein Mann hielt mit Gedichten von Oscar Wilde dagegen. Es war ein unglaublich inspirierender, unwiederbringlicher Abend.

Wir haben bereits etwas über Etikette gelernt, trugen die Bediensteten bei solchen Abenden Livree?

Nein, das war eine Veranstaltung unterhalb Gala. Erst bei Gala, wenn's ein bisschen feierlicher zuging, hatten die Diener eine schwarze lange Hose und einen dunkelblauen Frack an, die Lakaien und die Schlossdiener einen roten Frack, aber keine Perücke.

Einmal gab es, wenn ich richtig informiert bin, die folgende Speisekarte: Kaninchensülze, soufflierter Wildlachs, Brust vom Perlhuhnküken aus dem Trüffelsud und Käse. Andere Spezialitäten waren: Spargelspitzensalat oder »Frischlingsmedaillons Nesselrode«.

Man hat jedenfalls mit süß angefangen. Vorneweg gab's deshalb zumeist eine feine Spätauslese mit Gänseleberpastete, dann folgten ungefähr zehn Gänge. Die Weine wurden immer mit entsprechendem Fleisch oder Fisch verköstigt. Zwischendurch hat man auch eine Pause eingelegt. Da wurde dann wieder was zum Neutralisieren gegeben.

Gab es Ausfälle?

Keine. Nur ich war betrunken. Dummerweise dachte ich, man müsse bei so einer Weinverkostung jedes Glas auch austrinken. Es war ja schließlich wirklich guter, teurer Wein. Am Ende hab ich es gerade noch geschafft, aufzustehen und mich mitsamt der Kluft ins Bett zu werfen. Aber das ist mir wirklich nur einmal passiert.

Bei einer Jagdgesellschaft gab der Fürst am Abend zuvor stets ein Essen für seine Jagdgäste. Es wurde im großen Ballsaal gedeckt, unter den musizierenden Stuckengeln aus dem früheren Thurn-und-Taxis-Palais in Frankfurt.

Die Jagd ging relativ früh am Vormittag los, also mussten die Gäste am Abend vorher anreisen. Da ist es klar, dass sie ein Abendessen serviert bekommen. Man hat sich ja seit einem Jahr nicht gesehen, es sei denn, es gab zwischendurch eine große Hochzeit oder eine Beerdigung, also hat man sich was zu erzählen.

Familie, Freunde – jedes Jahr dieselbe Gesellschaft?

Im Prinzip. Deshalb war der Vorabend im so genannten großen Esszimmer auch weniger formell. Die Herren waren im dunklen Anzug, die Damen im Cocktaildress. Der darauf folgende Abend im so genannten Ballsaal oder Barockesszimmer war dann prunkvoll. Man trug Smoking und langes Kleid, die Tischdekoration war noch großartiger, am Feuer standen die Augsburger Silberhumpen und ein sehr schönes Blumenbukett. Richtig prunkvoll war es am nächsten Tag, dem Hauptabend. Da wurde die große Tischdekoration aus der Silberkammer ausgepackt. Zu den Jägern und den Damen wurden nun weitere Gäste geladen. Es war größer und formeller. Nach dem Abendessen, das relativ steif war, weil ja die Tafel so breit ist, dass man nur mit seinem rechten und linken Nachbarn parlieren konnte, ging man in einer langen Prozession durch den ganzen Südflügel hinunter in die alten Appartements des Fürsten Albert Thurn und Taxis, wo die Kegelbahn situiert ist. An der schönen alten Kegelbahn sind seitlich zwei sehr schöne holzvertäfelte Salons. Ich habe das wieder ins Leben gerufen, um dem Abschluss des Abends eine gemütliche Note zu geben. Die Bahn wurde von Fürstin Helene, der Schwester von der Sisi, eingeführt. Die Sisi nämlich hatte längst ihre Kegelbahn in Wien, also brauchte sie auch eine. Das war damals offenbar die Mode schlechthin.

Wie ist es, wenn nur Hochadel vertreten ist? Gab es da schon mal größere protokollarische Probleme?

Mein Mann war ein Meister des Protokolls, und in schwierigen Fällen schaute er im Gotha nach, dem Verzeichnis der Adelshäuser in Deutschland. Wenn beispielsweise zwei Erbprinzen oder zwei Fürsten geladen sind, dann liest man nach, wer zuerst gefürstet wurde. Der ältere kommt, wie bei jeder anderen Etikette, immer vor dem jüngeren; 1702 ist dann beispielsweise hochrangiger als 1708. Im Grunde, so hat er mir erklärt, gibt es immer nur Probleme, wenn ein Minister- oder Staatspräsident mit einem höchsten Aristokraten zusammenkommt. Man muss den Staatspräsidenten auf jeden Fall höher setzen. Schließlich ist er der amtierende Regierende. Aber es bleibt ein gewisses Problem bestehen, denn der andere ist ja auch regierend ...

Wenn nun beispielsweise neben einem Ministerpräsidenten der Chef des Hauses Hohenzollern zu Gast wäre, der bis dato nicht abgedankt und keinen Verzicht auf die deutsche Kaiserkrone erklärt hat ...
Genau. Oder der Edmund Stoiber mit dem Fürsten von Liechtenstein zusammenträfe, der ja selber Staatschef ist ...

Sehr kleines Land.
Das spielt keine Rolle, ob groß oder klein. Er ist Souverän. Im Grunde müsste in diesem Falle der Edmund Stoiber von mir links sitzen und der Fürst von Liechtenstein rechts.

Weil rechts höher gestellt ist?
Ja. Aber man macht es dann doch eher umgekehrt. Also, es ist schwierig, und mein Mann hat immer versucht, solche Situationen zu vermeiden. Einer war allerdings mal beleidigt, der Prinz von Dänemark, der Mann von der Königin. Der ist dann auch nicht mehr gekommen, leider.

Was ist passiert?
Der Prinz war regelmäßig Jagdgast. Irgendwann einmal aber saß er nicht rechts von mir, sondern links. Rechts saß ein anderer Aristokrat. Sagen wir mal, um ein Beispiel zu nehmen, der Herzog von Hannover-Braunschweig, der Vater von Ernst August. Aus der Sicht des Prinzgemahls allerdings war das verkehrt. Schließlich komme ja er, so die Argumentation, als Ver-

treter der Monarchin. Mein Mann sah das anders. Für ihn kam der Prinz nicht in Vertretung der Königin, sondern als Prinzgemahl und Jäger, quasi in einer privaten Angelegenheit. Der Fürst hatte ja nicht die Königin zur Jagd eingeladen. Kurz und gut, der Prinz war beleidigt.

Ist denn das Haus Hannover höher gestellt als der »Prince of Danmark«?

Das Haus Hannover ist mit dem Haus Wittelsbach und dem Haus Hessen die größte und älteste Dynastie in Deutschland. Selbstverständlich würde die Königin von Dänemark höher rangieren, sie ist bis heute eine souveräne Regentin. Der Prinzgemahl aber ist, wenn er in privater Angelegenheit kommt, streng genommen nachrangig.

Wie redet man sich bei Adelsgesellschaften an? Doch wohl nicht mit Durchlaucht, oder doch?

Nein, mit du.

Du? Alle? Alle Adelsleute sind bei solchen Gesellschaften ...

... sagen wir mal, die Standesherren, also die II. Abteilung im »Gotha«, sind per du.

Und die I. Abteilung?

Das sind die Könige und die Häuser, die bis ins 20. Jahrhundert souverän waren. Und hier kommt es darauf an, ob man nun mit jemandem verwandt oder eng befreundet ist. Ich würde trotzdem nicht das Du verwenden. Die Königin und den König von Spanien beispielsweise spreche ich selbstverständlich immer mit »Majestät« an.

Der Politiker Otto von Habsburg, der sich selbst nur Dr. Habsburg nennt, steht im Gotha vermutlich in der I. Abteilung.

O Gott, selbstverständlich. Otto von Habsburg ist ja quasi Kaiser. Da er uns aber verwandtschaftlich verbunden ist, heißt es Otto und du.

3 Unsere Freunde, die Millionäre

Es war in den 50er- und 60er-Jahren, als sich das entwickelte, was wir heute Jetset nennen. Eine internationale Gesellschaft aus altem und neuem Reichtum, die ganz schnell mal hier, mal dort auftauchte; bevorzugt in ihren Ferien-Villen in Marbella, an der spanischen Costa del Sol oder an der Côte d'Azur, wo man mit der eigenen Yacht vor Anker ging.
Das Jahr über traf man sich in Pamplona zum Stierkampf, in St. Moritz zum Wintersport, in Acapulco zum Sonnenbaden, in Ascot zum Pferderennen, in Rio zum Karneval und in New York zur Premiere in der Metropolitan. Dazwischen natürlich auch auf den Bahamas oder an der Costa Smeralda auf Sardinien. In den Klatschspalten konnte man einige ständige Vertreter dieses Clubs nachlesen. Immer mit dabei zum Beispiel: Sachsenwald-Milliardär Fürst Otto von Bismarck; Frankreichs Finanzmagnat Baron Guy de Rothschild; Fürst Paul-Alfons von Metternich-Winneburg; Agnelli-Enkelin Ira von Fürstenberg; der deutsche Großaktionär Georg von Opel; sein Neffe Gunter Sachs; Karim Aga Khan; Fürstin Gracia Patricia von Monaco; Fürstin Lee Radziwill, die Schwester von Jacqueline Onassis; Prinzessin Hetty von Auersperg und ihr Mann, der Krupp-Erbe Arndt von Bohlen und Halbach; dazu dessen ständiger Begleiter Prinz Rupprecht von Hohenlohe-Langenburg – und eben auch der milliardenschwere Erbprinz Johannes von Thurn und Taxis.
Was wissen Sie darüber?
Ja, ich kenne natürlich viele dieser Leute, aber ich muss noch einmal sagen, milliardenschwer war mein Mann nie, bedauerlicherweise vielleicht, nein …

Vielleicht sollten wir diesen Punkt nun tatsächlich noch einmal aufklären. Immerhin wurde in den Medien stets behauptet, der Fürst von Thurn und Taxis verfügte über ein Vermögen von drei bis vier Milliarden Mark.

So gesagt ist es eben falsch und irreführend. Denn es suggeriert, dass bei uns Milliarden auf dem Konto liegen – und genau das stimmt eben nicht. Wir haben 23 000 Hektar Wald. Früher ging man allerdings tatsächlich davon aus, dass ein Quadratmeter guter Waldboden, günstig berechnet, mindestens zwei Euro kostet. In Wirklichkeit beträgt der Wert nicht zwei, sondern bestenfalls einen Euro. Genauso ist in der Landwirtschaft über die Jahre der Quadratmeterpreis nicht gestiegen, sondern gefallen. Damit reduziert sich das Vermögen schon mal gewaltig, denn das Hauptvermögen des Fürsten von Thurn und Taxis besteht nun mal aus Wald, Landwirtschaft und Immobilien.

Und was ist St. Emmeram wert?

Also, das prachtvolle St. Emmeram, das über 500 Zimmer große Schloss, scheint zwar sehr wertvoll zu sein, hat aber heute mehr ideellen Wert. Weil es wesentlich mehr kostet, als es einbringen kann, ist es wirtschaftlich gesehen ein negativer Wert. Meine größte Herausforderung der letzten Jahre ist, zu versuchen, die Räume des Schlosses so weit wie möglich auch kommerziell zu nutzen, um Ausgaben und Einnahmen in Einklang zu bringen. Erst dann wird St. Emmeram wirklich wertvoll sein.

Man muss das einmal deutlich sagen: Reiche Leute, die wirklich milliardenschwer sind, wohnen schon lange nicht mehr in Deutschland. Die sind längst im Ausland. Thurn und Taxis ist noch hier, weil wir uns unserem Kulturgut verpflichtet fühlen. Solange sich Ausgaben und Ertrag noch die Waage halten und man die Kosten decken kann und vielleicht sogar noch etwas übrig bleibt, das man in die Kriegskasse tun kann, solange bleibt man natürlich im Land. Man hängt ja schließlich an seiner Heimat. Man hängt an der eigenen Geschichte und am Kulturbesitz des Hauses. Aber wenn das nicht mehr möglich ist, weil die Bedingungen, Geld zu verdienen, immer schlechter werden, dann werden auch Leute wie wir schließlich über Alternativen nachdenken müssen …

Immerhin ist es den deutschen Unternehmen über viele Jahrzehnte hinweg hier sehr, sehr gut gegangen. Mithilfe von Mitarbeitern, die einfach besser gearbeitet haben als die Konkurrenz im Ausland.

Die Sache ist, dass sich die Deutschen so auf ihren Lorbeeren ausgeruht haben und so teuer geworden sind und dass die anderen mittlerweile wirklich konkurrenzfähig geworden sind. Heute gibt's eben auch sehr gute italienische, slowakische oder portugiesische Facharbeiter. Der fachliche Vorsprung der Deutschen ist nicht mehr so eklatant wie früher. Und das ist eigentlich das große Problem.

Eigentlich hatte ich Sie nach dem Jetset gefragt. Nun wissen wir zumindest, dass Sie nicht wirklich reich sind.

Beim Jetset handelt es sich eben um Menschen, die reich genug sind, um sich ihr ganzes Leben lang nur vergnügen zu können. Ich will das zunächst gar nicht werten. Der klassische Jetsetter hat eine gesellschaftliche Agenda, die ihn im Laufe des Jahres an die prominenten Orte führt, die Sie genannt haben, und er kann sich sicher sein, dass er hier Leute findet, die in einer ähnlichen Situation sind wie er.

Das macht natürlich viel Spaß, ist auch sehr lustig, kann aber auf die Dauer auch langweilig werden. Aber alles kann langweilig werden. Auch der Anthropologe kann sich plötzlich langweilen oder der erfolgreiche Geschäftsmann, der sein ganzes Leben damit zubrachte, ein Vermögen aufzubauen, und nun feststellt, dass er niemals richtig Zeit hatte, sein Leben zu genießen.

Wer gehört dazu?

Zum Jetset gehört jeder, der es sich leisten kann, zur richtigen Zeit am richtigen Ort dabei zu sein. Für mich ist der klassische

Jetsetter jemand, der heute in Paris, morgen in London und übermorgen in New York ist.

In welchem Umfang waren Sie selbst an den Jetset-Touren Ihres Mannes beteiligt?

Zu meiner Zeit war im Februar St. Moritz und im Oktober New York angesagt. In diesen Monaten gab es dort jeweils die schönsten Partys und die besten Eröffnungen. In Paris war man teils im Juni, teils auch im Oktober. Im Sommer war natürlich die Côte d'Azur dran – wir hatten ja das Segelboot –, sodass wir Cannes, St. Tropez und Monte Carlo abklappern konnten. Danach fuhr man weiter nach Sardinien und von dort ging es dann weiter nach Capri …

Was sind das für Leute, die man dabei kennen lernt?

Im Jetset gibt es Menschen, die wirklich sehr reich sind, aber es gibt auch genügend Hochstapler. Die können sich zwar einen geschneiderten Anzug und eine teure Uhr leisten, aber sie geben vor, etwas zu sein, was sie nicht sind. Natürlich sind diese Leute die amüsantesten von allen. Und warum? Weil sie sich ganz einfach sehr viel Mühe geben, witzig zu sein, um eingeladen zu werden. Die wirklich Reichen dagegen sind satt und brauchen sich nicht zu bemühen. Die müssen nicht lustig sein. Jemand dagegen, dem es wichtig ist, dabei zu sein, der muss natürlich viel mehr strampeln als jemand, der sowieso schon dabei ist.

In meiner kurzen Zeit im Jetset konnte ich viele Leute kommen und auch wieder verschwinden sehen. Da gibt's genügend, die sind zehn Jahre lang auf der Bildfläche, sie schieben eine Riesenkugel, machen eine Wahnsinns-Show, geben irrsinnig viel Geld aus – und plötzlich sind sie weg, spurlos verschwunden. Man sieht sie nicht mehr. Sie haben ihr Geld verloren und sind irgendwie untergetaucht. Kashoggi ist da nur ein Beispiel von vielen. Nehmen sie Ferdinand von Galen. Er hatte ein großes Haus. Seine Frau war neben Gabriele Henkel die Gastgeberin Nummer eins in Deutschland. Wo sind sie heute, nach der spektakulären Bankenpleite? In St. Moritz erinnere ich mich an einen Deutschen, der das System für die Trägerrakete Ariane entwickelt hatte. Er hatte wahnsinnige Partys geschmissen, alle sind ihm nachgelaufen – verschwunden, weg, sieht man nicht mehr.

Werden solche Abstürze dann totgeschwiegen?

Es gibt natürlich Tratsch wie überall. Aber heutzutage steht ohnehin alles sofort in der Zeitung. Die Klatschpresse hat schließlich ihre Informanten und die werden auch sehr gut behandelt. Der Klatschkolumnist Michael Graeter zum Beispiel, ein großer Kenner des Jetsets, hatte seine Informationen direkt aus der Gesellschaft. Viele haben sich damit einfach wichtig gemacht.

Lassen Sie uns eine kleine Skala des Jetsets aufstellen. Welche verschiedenen Typen kann man da beschreiben?

Nehmen wir beispielsweise den Reeder Stavros Niarchos, der ein guter Freund meines Mannes war. Stavros war wirklich enorm reich. Er hat Hof gehalten wie Thurn und Taxis im 18. Jahrhundert. Eine faszinierende Persönlichkeit, allerdings auch ziemlich despotisch. Gianni Agnelli wiederum, den ich ebenfalls persönlich kannte, muss man als Zyniker beschreiben. Letzten Endes war er einsam und unglücklich wie so viele. Oder eben Kashoggi, dessen größter Spaß es war, die Menschen um ihn herum mit immer schöneren und größeren Partys zu überraschen. In St. Moritz gab er einmal eine Party, zu der seine hundert engsten Freunde eingeladen waren. Es begann bereits nachmittags mit einer Schatzsuche. Im Schnee unterhalb des Palace-Hotels waren kleine Geschenke für die suchenden Gäste versteckt. Was man fand, konnte man behalten. Vom schönen Tiffany-Silberbecher über goldene Ringe mit Edelsteinen bis hin zu goldenen Uhren. Alles Mögliche haben die Leute aus dem Schnee gebuddelt. Seine Frau, die ich während der Suche begleitete, grub einen riesigen Diamantring aus dem Schnee. Der war natürlich so platziert, dass nur sie ihn finden durfte.

Warum ließ Ihre Faszination für diese Kreise so schnell nach?
Weil auch das aufregendste Partyleben auf Dauer langweilig wird und ich keine Lust mehr hatte, mit meinem Mann von einem Event zum anderen zu tingeln. Das kann eine Zeit lang ganz interessant sein und es macht auch Spaß, in St. Moritz Ski zu laufen. Aber ich wollte zu Hause sein bei meinen Kindern, die ich viel aufregender und lustiger fand als alle tollen Events zusammen.

Ihr Mann dagegen mochte den Jetset richtig gerne?
Ja, mein Mann hat es geliebt. Er war ja auch der Mittelpunkt jeder Gesellschaft. Er war immer willkommen, und es gab ein großes Hallo, wenn er irgendwo auftauchte. Die Leute rissen sich geradezu darum, für ihn ein Dinner geben zu dürfen. Das hat ihn natürlich amüsiert. Das ist auch der Grund, warum es ihm so schwer fiel, vom Partyzirkus Abschied zu nehmen. Denn einerseits spürte er, es tat ihm nicht gut. Und Gloria gerät aus Protest auch außer Rand und Band. Andererseits war er irgendwie süchtig nach der süßen Ablenkung, die das Partyleben ihm bot. Wirklich glücklich aber, das konnte ich zur Genüge beobachten, sind in dieser Szenerie die allerwenigsten.

Woran liegt das, was meinen Sie?
Ich glaube, diese Leute können sich, weil sie eben wirklich alles haben, nicht mehr freuen. Das ist wie bei einer Übersättigung. Wenn Sie jeden Abend Kaviar kriegen, dann haben Sie das irgendwann einmal über. Ich liebe Kaviar, ich bin verrückt nach Kaviar – aber ich esse ihn sehr selten, weil er sehr teuer ist und weil man sich das deshalb nur zu wenigen Anlässen gönnt. Wenn man nun aber zu Schahs Zeiten, wie mir das die Frau von Karajan erzählte, jeden Abend vor einem riesigen Suppentopf sitzt, prall gefüllt mit Kaviar, dann gibt das keinen Reiz und keine Freude mehr.

Was machen dann diese Leute dagegen?
Nichts.

Noch mehr Kaviar versuchen?

Die meisten schaffen es nicht, sich aus ihrem Korsett zu befreien, sie sind unfähig, etwas zu verändern. Wie Gefangene ihrer Selbst, ihres Systems. Sie kommen nicht aus ihrer Lage heraus. Sie wenden sich bestenfalls irgendwelchen Gurus oder Quacksalbern zu, die ihnen irgendwas erzählen, und glauben nun, zumindest kurzfristig, Linderung zu haben. In den meisten Fällen wird ihnen vorgegaukelt, dass eine neue Gesichtsoperation oder geheimnisvolle Cremes oder Säfte ihnen helfen werden. Ich glaube, dass es hier nur jemandem in den seltensten Fällen gelingt, eine ernsthafte Wende in seinem Leben zu vollziehen. Muss ja nicht gleich in der Art des heiligen Franziskus sein.

Der war nun nicht unbedingt ein Jetsetter.

Aber aus reichem Hause. Er hat sich amüsiert.

Und irgendwann die Kleider seines Vaters abgelegt, sich nackt auf den Boden geworfen.

Ein Spinner, würde man heute sagen. Aber die Franziskaner gibt es noch immer, und Franziskus' Idee ist heute so frisch wie gestern, weil sie diese unglaubliche Kraft der Wahrheit hat. Und die Welt der Schönen und Reichen hat sich doch auch nicht verändert. Das wird doch jede Woche von x Zeitschriften genau dokumentiert. Da sind Intrigen, da sind die Frauen, die sich gegenseitig die Männer ausspannen und schlecht übereinander reden. Die eine kritisiert das Haus der anderen. Da ist Neid und oft auch Hass. Natürlich hab ich das anfangs noch nicht so gesehen. Für mich war es einfach toll, mit dabei zu sein. Bei den fantastischen Abendessen immer neben dem Gastgeber platziert zu sein, weil ich ja als Fürstin auch einen hohen Rang einnehme. Das war und ist sehr schön und großartig. Es wird nur zum Verhängnis, wenn dieses oberflächliche Leben den höchsten Stellenwert bekommt.

Vielleicht können wir eine kleine Galerie aufstellen von einigen Freunden Ihres Mannes. Was ist zum Beispiel mit Paul Getty?
Ja, aber der Paul Getty war kein echter Freund. Mein Mann fand ihn verwöhnt und eigentlich unerträglich.

Aga Khan?
Der Aga Khan war in der Tat ein guter Bekannter meines Mannes. Besser bekannt war ich mit seiner Frau. Sie war eines der hübschesten Mädchen in München, und ich habe sie gerne zu meinen Gesellschaften eingeladen.

Bei Soraya, der früheren Frau des Schahs von Persien, sagte man Ihrem Mann sogar Heiratsabsichten nach.
Die kannte ich wirklich nur flüchtig und die schien mir auch nicht besonders interessant zu sein. Aber es stimmt, sie war eine große Freundin meines Mannes.

Welche Personen muss man noch anführen?
Da war der Miguel Aleman, der Präsident von Mexiko, da war der Gerald Ford, der Präsident der Ford Motor Company, da war der Jules Stein, der Begründer von MGM, aus denen später die Universal Studios hervorgegangen sind, dann natürlich Baron Thyssen, der uns in St. Moritz sein wundervolles Chalet zur Verfügung stellte.

Mein Mann kannte Marilyn Monroe, er kannte Elizabeth Taylor, mit der er seit Jahrzehnten befreundet war. Ehrlich gesagt hielt ich diese Freundschaft für geflunkert, bis wir bei irgendeiner Preisverleihung in Denver mit ihr am Tisch saßen und ich sehen konnte, wie vertraut die beiden miteinander umgingen. Dann war auch Nicki Hilton, der Sohn der Hilton-Dynastie, sein Freund. Und es gab den Fidel Castro …

Ausgerechnet Castro, ein Kommunist?
Die beiden kannten sich aus einer Zeit, als Castro noch nicht der Diktator von Kuba war. Sie haben in Amerika gemeinsam für einige Wochen oder Monate ein Seminar an einer Hochschule

besucht und blieben immer in Verbindung. Wir haben Castro einmal besucht. Wir waren in der Karibik mit unserem Segelboot unterwegs und mein Mann hat von hier aus depeschieren lassen, dass er in der Nähe ist. Prompt kam eine Antwort. Castro hat uns dabei zwar sehr verwöhnt und uns in dieses wunderschöne Gästehaus in Varadero eingeladen, aber wir wurden ständig begleitet von irgendwelchen Mitarbeitern, offensichtlich Agenten, die deutsch sprachen, also sicher in der DDR ausgebildet worden waren. Die Begegnung mit Castro war anstrengend. Er ließ niemanden zu Wort kommen, ähnlich wie Franz Josef Strauß. Castro empfing uns in seiner grünen Uniform, er sprach und sprach, hörte überhaupt nicht mehr auf zu sprechen. Der Dolmetscher übersetzte, stundenlang. Aus Höflichkeit mussten wir darüber hinaus immer sehr interessiert tun, das war auch für Johannes nicht leicht. Natürlich war es nicht uninteressant, aber da sprach eben schon ein älterer Herr, der sich gerne selber reden hört.

Wie ging es ihm mit Liz Taylor?

Er sagte, er sei sehr verliebt gewesen in sie, als sie jung war. Sie hätten einen kurzen Flirt gehabt, als sie gerade mit dem Nicki Hilton in Scheidung lag.

Marilyn Monroe ...

... wäre richtig dumm gewesen. Sie hätte kaum bis drei zählen können. Und Präsident Kennedy empfand er sogar als unseriös.

Unseriös? Woran wollte er denn das erkannt haben?

Bei Partys.

Er wird wohl kaum die Zeche geprellt haben?

Vielleicht wusste er schon Details aus Kennedys Frauengeschichten. Er meinte jedenfalls, der hatte Dreck am Stecken. Irgendwie hatte er da so ein Gefühl. Er war nicht sehr angetan von ihm, ganz im Gegensatz zu seiner Mutter, der Rose Kennedy, die ihm sehr imponierte. Die fand er klasse.

Im Jetset geben heute die Show- und Sportstars den Ton an. Das sind dann Leute wie Britney Spears oder Victoria Beckham, die gelegentlich ein ganzes Kaufhaus für sich absperren lassen, weil sie gefälligst in Ruhe einkaufen wollen. Kann man das, was sich hier abspielt, als dekadent bezeichnen?

Ich glaube, dass die Welt immer dekadent war, zumal nach langen Perioden des Friedens und des Wohlstands. Sie ist es jeweils nur dann nicht, wenn sie gerade aus einer großen Schwierigkeitsepoche auftaucht und sich regeneriert. Die Zeit nach dem Zweiten Weltkrieg zum Beispiel. Heute sieht es manchmal tatsächlich so aus, als ob die westliche Gesellschaft ihrem eigenen Untergang entgegenstrebte.

Die Degeneration zeigt sich zum Beispiel genau darin, dass elementare und wichtige Dinge nicht mehr erkannt werden. Damit wird man verletzbar und womöglich läutet sich das Ende von alleine ein.

Aber da ist vieles relativ zu sehen. Ich meine, mir ist Dekadenz noch immer lieber als Krieg. Auch Reichtum ist relativ. Ich finde Reichtum dann erträglich, wenn genug Geld da ist, um anderen Menschen, die in Not sind, zu helfen. Das ist wichtig. Wer nichts abgibt, kann seinen Reichtum auch nicht genießen, sondern ist verführt zu Verhaltensweisen wie Hochmut, Geiz, Egoismus, die mit den Intentionen und Geboten Gottes nicht kompatibel sind.

Wahre Menschlichkeit zeigt eben andere Züge. Wer reich ist – und ich kann mich natürlich nicht rausnehmen –, hat es, so steht es in der Bibel, recht schwer, in den Himmel zu kommen. Sie kennen ja das Bild vom Kamel und dem Nadelöhr. Ziemlich enge Angelegenheit. Wer reich ist, trägt eine enorme Verantwortung, und wenn man der nicht gerecht wird, hat man schlechte Karten. Dies gilt übrigens nicht nur fürs Jenseits. Die meisten wirklich reichen Menschen, die ich kenne, sind, wie schon gesagt, auch irdisch überdurchschnittlich unglücklich.

In Ihrer eigenen Geschichte liegt etwas Märchenhaftes. Wann wurde Ihnen klar, dass Ihr neues Leben nicht nur Glanz bedeutet?

Ich habe für alles, was ich bekommen habe, immer gekämpft. Mir ist nichts in den Schoß gelegt worden. Mir war aber auch zu jeder Zeit bewusst, dass man für all das, was man auf der einen Seite bekommt, auf der anderen Seite auch geben muss. Aus diesem Grund hatte ich nie den Eindruck – vielleicht ist das Hochmut, ich weiß es nicht –, dass ich nur auf der Nehmerseite war. Ich war auch bereit zu geben.

4 High in der Society

Die 80er-Jahre des vergangenen Jahrhunderts waren die Zeit, als die Yuppies kamen, der Prototyp einer neuen Generation von betont karriere- und konsumbewussten jungen Leuten, die auf luxuriösen Lebensstil, Markenbewusstsein und dezidierte Statussymbole Wert legten. In jenen Jahren entstand allerdings ein ganzer Flickenteppich unterschiedlichster Jugendkultur. Von Poppern bis Punks, von Skins bis Autonome, nicht zu vergessen die sanften Ökos von der Alternativszene.
Alles ist ein wenig wilder und verrückter in dieser Postmoderne, ob nun durch die Neuen Wilden in der Musik, Malerei, aber auch in Architektur und Design. Modeschöpfer lassen sich beispielsweise vom Punk inspirieren, ohne gleichzeitig den eleganten Markenanzug mit Kaschmirschal zu schmähen. Nicht von ungefähr gründet Hans Magnus Enzensberger seine Zeitschrift »TransAtlantik«, die nicht nur einen klingenden Titel, sondern auch die entsprechende Unterzeile führte: »Magazin des Luxus und der Moden«.
Insgesamt geht man in dieser Zeit sehr spielerisch und experimentell mit den unterschiedlichen Lebensmodellen um. Nachgerade ein Paradebeispiel hierfür ist Fürstin Gloria von Thurn und Taxis. Lassen Sie uns bitte einige Szenen aus dieser Zeit in Erinnerung rufen.

Bevor wir hier einsteigen, muss ich etwas voranstellen. Wichtig ist, dass nun, nachdem der Sohn endlich geboren war, von mir tatsächlich eine große Last abgefallen ist. Ich hatte diese Last zunächst gar nicht so bemerkt. Nach einem Jahr, als ich abgestillt hatte, spürte ich allerdings: Es ist wie ein Aufatmen – endlich! Ich war ziemlich pummelig geworden. Ich hatte dreimal gestillt und hatte den Wunsch, wieder meine Fraulichkeit zu spüren, wieder jünger zu sein. Ich war jetzt vier Jahre lang Glucke gewesen, ich hatte fürs Erste meine Mutterpflichten erfüllt, nun wollte auch ich mich amüsieren. Mein Mann, der sich längst an den Zustand gewöhnt hatte, Familie und nun auch einen männlichen Erben zu haben, war unruhig geworden. Er wollte wieder mehr raus in die Welt – und das sollte nun auch für mich ein gewisser Durchbruch werden.

Schließlich waren Sie gerade mal 24 Jahre alt.

Genau. Ich fahre also nach Brasilien, ich nehme gut und gerne zehn Kilo ab …

Warum ausgerechnet in Brasilien?

Weil wir dort unsere Farm hatten, die wir fast jedes Jahr besucht haben. Da ist es heiß, da ist das Meer, dort isst man einfach weniger. Mir fiel die Diät hier jedenfalls leichter. Tatsächlich kam ich auch mit zehn Kilo weniger nach Deutschland zurück. Ich hatte ein neues Lebensgefühl, alles schien irgendwie leichter, und ich beschloss, mich jetzt auch anders zu kleiden.

Damals machte ich in Paris die Bekanntschaft mit sehr jungen, extravaganten Modeschöpfern, die mich lustig fanden. Ich war nicht berühmt. Ich war lediglich eine von vielen in einer Gruppe von Leuten, mit denen man gut Public Relations machen konnte. Für große Restaurants, für Nachtclubs, für alles Mögliche. Und so lief das dann auch. Es funktionierte ganz einfach so, dass man sich gegenseitig anrief und sich verabredete. »Wie gut, dass ihr wieder da seid«, rief dann beispielsweise Homero Macry an, der in Paris PR-Partys organisierte, »wo möchtet ihr feiern? Wie groß soll die Party sein?« Dann legte man sich auf ein bestimmtes Lokal fest, alle möglichen Freunde wurden telefonisch dazugerufen, und das Schöne war: Niemand musste etwas bezahlen. Schließlich wurde noch die Presse informiert – und schwupp, war das Lokal in aller Munde.

Nicht anders lief es in Rio und in New York ab. Hier gab es eine Frau namens Carmen d'Alessio, die gute Kontakte zu verschiedenen Restaurateuren hatte. Wenn nun ein neues Restaurant aufgemacht hatte, so wie das »Indochine«, und ich war mit meinem Mann in der Stadt, rief mich Carmen sofort an: »Du, hast du nicht Lust, eine Party zu geben? Wir können die Party im ›Indochine‹ machen.« – »Wie viele Leute kann ich mitnehmen?« – »So viel du willst.« Dann haben wir halt telefoniert wie die Weltmeister, luden unsere Freunde und Bekannten ein, und die Sache war perfekt. Es gab immer irgendwelche Prominente, die gerade Lust hatten, sich zu amüsieren, und für die Lokale war das beste PR.

Mein Mann fand das herrlich. Plötzlich bekam sein Partyleben eine neue Dynamik. Er musste nicht mehr zu den langweiligen Abendessen mit seinen alten Freunden, sondern hatte stattdessen junge Leute um sich. Es war jedenfalls auf einen Schlag immer was los.

Sie brachten von Ihrer Seite, durch die Hochzeit Ihrer Schwester Maya mit Friedrich Christian Flick, nun die Industriellen-Dynastie der Flicks in die Familie ein. Der Geschäftsmann Mick und sein älterer Bruder Muck erbten von ihrem Großvater Friedrich Flick dem Vernehmen nach ein Milliardenvermögen. Mick ist, genau wie Muck, groß gewachsen, blond, attraktiv und impulsiv. Über Ihre Schwester Maya hieß es damals, sie sei eine ungewöhnlich hübsche Frau, die vier Schachteln Zigaretten am Tag raucht. »Sie ist wie eine kleine französische Schauspielerin«, sagte ein Bewunderer, »spontan, sportlich und großzügig, aber sie weiß genau, was sie will. Hochintelligent.«

Alles richtig, außer die vier Schachteln Zigaretten, das ist ein bisschen übertrieben. Mein Gott, meine Schwester ist eine sehr attraktive Frau, eine großartige Frau, sie hat drei Kinder, eins davon behindert. Und sie hat heute eigentlich ihr ganzes Leben diesem Kind untergeordnet. Und tut das sehr gerne.

Gab es Rivalitäten zwischen den Schwestern?

Nein, das kann man nicht sagen. Maya und ich hatten immer ein sehr inniges Verhältnis. Meine Schwester war bereits in Bonn und studierte Jura, als ich in München lebte. Wir haben uns sehr selten gesehen. Als ich heiratete, war sie ziemlich bald mit dem

Mick Flick verlobt. Ich hatte das gar nicht so richtig mitgekriegt, weil ich eben so mit meinem Mann beschäftigt war.

Vielleicht wurde sie ja angestachelt durch den Vorsprung ihrer jüngeren Schwester.
Vielleicht.

Waren Sie begeistert von der Wahl Mayas?
Ich war nicht unbegeistert. Ich kannte ja den Mick von meiner Zeit in den Münchner Nachtlokalen und fand ihn einen sehr gut aussehenden, netten Mann. Und die beiden schienen ziemlich verliebt zu sein.

Sie meinten einmal, in ganz Europa gäbe es nirgendwo bessere Partys als bei Ihrer Schwester.
Stimmt, sie hat ein wirklich gutes Händchen dafür, Partys zu geben. Sie versteht es einfach, eine gute Mischung von Leuten zusammenzubringen, die richtigen Getränke auszusuchen, und sie hat immer eine gute Show. Ob das nun ein besonderer Diskjockey ist, den sie engagiert, oder eine Band. Einmal holte sie auch mich, für eine Party in St. Moritz. Meine Schwester ist, was meine Gesangseinlagen anbelangt, mein größter Fan. Ich erinnere mich besonders gerne an eine wunderschöne Gartenparty, die sie bei sich in London gab. Mit einem riesigen Zelt, das wie ein Wohnzimmer eingerichtet war. Die Decke sah aus wie ein Sternenhimmel. Sie hatte sehr bequeme Sofas aufgestellt, sodass man nach dem Essen nicht nur tanzen, sondern sich auch gemütlich und ausgelassen unterhalten konnte.

Ihre Schwester war acht Jahre mit Mick Flick verheiratet. Die Scheidungsgeschichte machte Schlagzeilen, als es um die Abfindung ging. Unter anderem verlangte Maya, so stand zu lesen, 5000 Euro im Jahr zur Erhaltung eines Labradors, 6000 jährlich für Drinks, und zwar als Sonderposten »für unangemeldete Gäste«.
So ein ausgemachter Blödsinn. Zunächst einmal: Meine Schwester ist von Natur aus ein sehr bescheidener Mensch und hätte

niemals 5000 Euro für einen Labrador zur Verfügung haben wollen. Aber natürlich hat sie ihren superreichen Mann angehalten, ihr und vor allen Dingen den Kindern einen Lebensstandard zu ermöglichen, der nicht extrem von dem abwich, an was er sie gewöhnt hatte. Schließlich wollte ja er sich scheiden lassen, nicht sie. Es ist einem Milliardär wie Mick im Übrigen völlig gleichgültig, um wie viel es konkret geht. Hier zählt ausschließlich der sportliche Ehrgeiz. In dem Sinne: Ich bin gut, wenn ich es schaffe, der Frau so wenig wie möglich zu geben.

Ich kann nur sagen, dass das, was in den Zeitungen geschrieben stand, abstrus und absichtlich gestreute Falschmeldungen waren. Mick Flick engagierte tüchtige Anwälte mit guten Kontakten zu den Medien. Die haben die Geschichte von der geldgierigen Ehefrau bewusst gestreut, um bei den Richtern eine Stimmung gegen sie aufzubauen. Das ist ihnen allerdings nicht gelungen. Meine Schwester ist ganz vernünftig abgefunden worden, und der Mick war sehr erstaunt, mit was für einer Lady er es im Grunde zu tun hatte. Er ist dann jahrelang alleine gewesen, heute liebt er es, bei ihr und den Kindern zu sein. Sie leben zwar nicht mehr zusammen, aber er ist ein hervorragender Vater und hat sich seinen Kindern gegenüber auch sehr großzügig gezeigt.

Unvergessen die Hochzeit von Maya und Mick Flick, die zu einem ziemlichen Aufruhr geriet. Das lag allerdings weniger an Maya als an ihrer Schwester Gloria, die zum Entsetzen des Hochzeitspublikums mit einer steifen Löwenmähne, pink gefärbt, erschienen war. Es war der Skandal des Abends. Sie selbst meinten später: »Wie kleinkariert sind die doch, richtig doof.«

Es war das erste Mal, dass der Gerhard Meir mir eine verrückte Frisur verpasst hat …

»Mach mich so wild, wie du kannst«, lautete angeblich sein Auftrag.

Nein, die Frisur war gar nicht so verrückt. Es waren einfach hochtoupierte Haare und in unregelmäßigen Abständen war in die

Haarspitzen rote Farbe gespritzt. Dazu trug ich aber ein sehr schönes, klassisches, langes Samtkleid. Wenn man das mit den Aufzügen vergleicht, die ich dann zwei oder drei Jahre später anhatte, war das geradezu eine langweilige, spießbürgerliche Frisur.

Es war ein sehr feierlicher Abend. Die wunderschöne Burg von Salzburg, die geschmückte Auffahrt, Kerzenlicht, viele Lakaien, wunderbarer Champagner, Kaviar – also wirklich ein Fest vom Allerfeinsten. Alles war da: New York, St. Moritz, St. Tropez, Paris, London, Rio de Janeiro. Aber der Gerhard und ich haben uns eben gedacht, machen wir doch für diesen Abend was Besonderes. Ich hab mit dem Aufzug, ohne es zu wollen, meiner Schwester natürlich die Show gestohlen, an ihrem Hauptabend, und das hat mir im Nachhinein auch wahnsinnig Leid getan. Sie war in der Tat stinkbeleidigt. Allerdings hat sie mir das erst vier Jahre später gesagt.

Mit diesem Miniskandal hatten Sie jedenfalls eine riesige Entdeckung gemacht, nämlich die Formel für eine hochwirksame PR. Ihr Beschluss lautete: »Das können die jetzt öfter haben.«

Die Überlegung von Gerhard und mir war, wenn das so einfach geht, die Leute außer Fassung zu bringen, dann denken wir uns noch ganz andere Sachen aus. Ab diesem Zeitpunkt ging das eigentlich los mit meinen Hang zu besonderen Frisuren. Das machte riesigen Spaß.

Und man bekommt einen Namen.

So ist es. Eines Tages bekam ich plötzlich einen Anruf von David Letterman. Letterman war und ist in Amerika der Talkshow-Moderator Nummer eins. Der Größte von allen. Und der lud mich nun ein, in seine Show zu kommen. Ich weiß nicht mehr, was mir damals durch den Kopf ging, aber irgendwie schien es so, als wären alle meine bisherigen Umtriebe wie von selbst ganz zielgerichtet auf diesen Punkt zugesteuert, gewissermaßen auf den Höhepunkt meines Exhibitionismus. Ich hatte in Paris längst meine Modeleute, die mich für entsprechende Auftritte wirklich überzeugend ausstatten konnten. Ich hatte Paco Rabanne, ich hatte Thierry Mugler, und ich brauchte nur anzurufen und zu sagen: »Hey, ich fahre nach New York, habt ihr nicht ein paar lustige Sachen für mich zum Anziehen?« Dann flog ich hin und, schwupp, konnte ich mir einen ganzen Koffer Klamotten mitnehmen. Ohne Übertreibung kann ich sagen, dass es nur noch eine Person gab, die ähnlich ausgefallen und extravagant aussah wie ich, nämlich die Frau von Adnan Kashoggi, Lamia – mit dem kleinen Unterschied, dass die für ihre Sachen teuer bezahlen musste.

Ich habe hier ein paar Pressemeldungen aus dieser Zeit, da heißt es über Sie: »Ein Erscheinungsbild, das an Schrillheit seinesgleichen sucht. Mit Frisuren aus der Punkszene, Garderoben von der ausgefallensten Sorte.« Oder: »Mit einer genialen Mischung aus Punk und Prunk eroberte die Fürstin die Gesellschaftsspalten.« Und weiter: »Aus dem unbedarften Mädchen mit dem herzigen, runden, frischen Gesichtchen und dem Pagenkopf, dem artigen Trachtenkleidchen mit Schürze und den Gesundheitsschuhen wurde über Nacht eine ziemlich auffällige Type.« Fotografen verfolgen Sie plötzlich wie sonst nur noch die Prinzessin von Wales. Reporter notieren alles, was Sie tun, was Sie sagen. Das Magazin »Vogue« feiert Sie als »das Gesicht der Achtziger-Jahre«. Und der »Spiegel« findet, das Publikum sei geradezu süchtig nach immer neuen Details aus Ihrem Leben.

Das Ganze ging, wie gesagt, los mit David Letterman. Es war eigentlich unglaublich, dass jemand, der da nur ein wenig Spaß hatte und sich verkleidete, zu dieser großen amerikanischen Show eingeladen wird. Wenn ich heute sehe, wie ich mich damals angezogen habe, schäme ich mich in Grund und Boden. Meine Freunde wollen immer wieder diese Videos anschauen, für mich ist das das Schlimmste. Ich geh dann meistens aus dem Zimmer. Ich finde das so schrecklich, was ich da von mir gegeben und wie ich ausgesehen habe. Auch diese »Wetten, dass ..?«-Sendung, in der ich mit meinem Aussehen für Furore gesorgt habe – furchtbar! Ich kann mir das heute gar nicht angucken. Aber es war so. Ich darf mich da auch nicht verleugnen. Es ist schon verrückt, wie weit jemand in seinem Exhibitionismus gehen kann!

Wie sahen Sie denn aus in der Letterman-Show?
Mein Gott, ich hatte irgendwas Wildes von Thierry Mugler an. Dazu abenteuerliche Haare. Alles war schon auch elegant und teuer, aber eben – schrill. Die Sendung allerdings war ein Riesenerfolg, sodass ich ein Jahr später sofort wieder eingeladen wurde. Und ich Geisteskranke mache das auch noch mit.

Waren Sie aufgeregt?
Ja, natürlich ist man aufgeregt. Ich war auch bei »Wetten, dass …?« aufgeregt. Wie in Amerika die Letterman-Show, so war in Deutschland »Wetten, dass …?« der Durchbruch zum bekanntesten Paradiesvogel. So was hatten die Leute noch nie gesehen. Das soll eine Fürstin sein? So ähnlich waren die Reaktionen. Mein Mann war hin- und hergerissen, und zwar zwischen amüsiert und schockiert. Man kann nicht sagen, dass er nun gesagt hätte: »Das verbiete ich dir, ich will das nicht, das passt nicht zu uns.« Einerseits genoss er die Aufmerksamkeit, die jetzt plötzlich dem Haus zuteil wurde, andererseits war er auch ein bisschen wehmütig, dass dieses junge Luder ihm nun eigentlich die Show stiehlt.

Meine Mutter und meine Freunde haben jedenfalls mit fast liebevoller Zärtlichkeit festgestellt, wie rührend es Johannes ertragen hat, im »P1« oder in irgendeinem anderen Lokal in München mit »Ach, du bist der Mann von der Gloria« angesprochen zu werden. Das hat ihm nichts ausgemacht und das fand ich wiederum süß von ihm. Denn das zeigte auch seine Größe.

Die neue Berühmtheit hat meinen Exhibitionismus nun natürlich enorm verstärkt, und der Gerhard Meir, mein Friseur, hatte Spaß, dabei zu sein. Für den war das eine Riesensache. Wenn ich sagte: »Gerhard, ich habe eine Party in New York oder in London, hast du nicht Lust mitzukommen?«, war er sofort mit von der Partie, und zwar auf eigene Kosten. Er hat mir für fast alle TV-Shows die Haare gemacht. Der Gerhard war kein Dienstleister, das war eine Freundschaft. Er sagte sich, ich investiere da rein, ich finde es lustig mit ihr und kann für meinen

Namen und für meine Karriere dabei was tun. Wieso soll ich die Gloria dafür bezahlen lassen?

Man kannte Sie bald als das Enfant terrible des deutschen Adels, mit hochgetürmter gelber, roter, grüner Struwwelpeter-Frisur. Über einen Ihrer Abende in der Disko »Palladium« konnte das Publikum nachlesen: »Im Metallic-Kleid von Paco Rabanne tanzt sie mit ihrem Mann, steigt später auf die Tische. Die Fürstin wie ein Derwisch.«

Das waren die legendären Abende im »Studio 54«. Es war zwar kein Tisch, auf dem ich tanzte, der wäre ja umgefallen, sondern die Lautsprecherbox. Das sah auf dem Foto wesentlich krawalliger aus, als es in Wirklichkeit war. Wenn man sich heute das Treiben in den Diskotheken anschaut, auf Ibiza oder anderswo, ist es lächerlich, sich darüber aufzuregen. Aber das waren sofort die Schlagzeilen: Die Fürstin tanzt auf den Tischen.

Sie waren gerne in New York?

Sehr gerne. Ich habe viele Leute kennen gelernt, aber ich erinnere mich relativ schlecht an diese Zeit. Neulich zum Beispiel traf meine Tochter in Südfrankreich den Schauspieler Michael Douglas. Er sagte ihr: »Ah, ich erinnere mich gut an deine Mutter, damals im ›Studio 54‹« – leider habe ich keinen blassen Schimmer mehr von dieser Begegnung. Da gibt es einen netten Spruch von meinem Freund Quincy Jones: »Wenn du dich an die 60er erinnerst«, sagt er, »dann warst du nicht dabei.« Das trifft für mich so auf die 80er-Jahre zu. Natürlich haben auch der Alkohol und das Haschrauchen das Ihre getan.

Kokain?

Kokain war ganz viel da. Ich habe Kokain probiert, die Wirkung ist erstaunlich. Aber ich wollte diese Droge nicht öfter nehmen, weil mir sehr klar war, wie gefährlich sie ist. Und vor allem, wie schnell man süchtig danach wird. Im Übrigen mochte ich die Nervosität nicht, die Kokain bei mir ausgelöst hat. Ich bin schon von Haus aus ein so umtriebiger Mensch, da würde ich bestimmt durchdrehen.

»Princess TNT«, wie man Sie betitelte – war das eine Erfindung aus Amerika?

Ja. Das stand in einer großen Story über mich in »Vanity Fair«. Es war einfach eine verrückte Zeit. Ich lernte damals in New York eigentlich alles kennen, was in der Stadt einen Namen hatte. Von Andy Warhol über Jean Michel Basquiat bis zu Keith Haring, der ein sehr guter Freund von mir wurde. Da war die große Mäzenin Brooke Astor oder Damen wie Mrs. Vanderbilt und Nancy Reagan. Von ausgeflippt bis Establishment – im New York der 80er-Jahre war alles vorhanden. Den Leuten ging es gut, der wirtschaftliche Aufschwung machte gute Stimmung und alle haben mit vollen Händen das Geld ausgegeben. Der Zeitgeist lautete »Rien ne va plus« – also amüsierten wir uns. Dem konnte man sich gar nicht entziehen. Vor allem dann nicht, wenn man wie ich Lust hatte, es richtig krachen zu lassen, nachdem ich jahrelang wegen der Kinder mit angezogener Handbremse durch diese Welt gefahren war. Mein Motto war: »Okay, jetzt mach ich einfach mal mit, go with the flow.«

Wo wohnten Sie, wenn Sie in New York waren?

Immer im Hotel »Pierre« am Central Park, gegenüber dem »Plaza«. Wir hatten unsere Suite mit zwei Schlafzimmern und einem großen Salon, der dazwischen lag. Hier muss ich eine nette Geschichte erzählen, nämlich meine Begegnung mit Alessandra Borghese.

Zu dieser Zeit waren plötzlich japanische Modeschöpfer ganz groß im Kommen, mit sehr bunten Kleidern, die auch ich trug. Dazu hatte ich mir aus Ibiza so lange spitze Schuhe mitgebracht. Ich war gerade wieder dabei, ein Essen für meinen Mann zu organisieren, als mich jemand auf Alessandra Borghese aufmerksam machte. »Wenn du in New York bist, ruf doch meine Cousine an, die ist ungefähr gleich alt wie du und sehr reizend. Die wird dir gefallen.« Also gut. Ich ruf also da an und sage: »Hallo, hier ist Gloria Thurn und Taxis, ich würde dich gerne sehen. Möchtest du mit meinem Mann und mir nicht Mittag essen?« Alessandra Borghese wiederum beschreibt dieses Telefonat so: »Ach du lieber Gott, schon wieder eine von diesen Tanten, die mir meine Mutter aus Italien schickt, eine deutsche Verwandte, die soll kontrollieren, wie ich hier lebe.« Vorsichtshalber zog sie sich schon mal ein Röckchen und ein Blüschen an, um anständig auszusehen, fuhr ins Hotel »Pierre« und klingelte an der Tür unserer Suite. Die darauf folgende Szene beschreibt sie so: »Ich sehe einen bunten Kaspar in ganz langen spitzen Schuhen. Die Schuhe sind ungefähr zehn Meter lang, und am Ende der Schuhe kommt eine Person hervor, die aussieht wie ein Harlekin. Ich fragte nach der Fürstin und die Antwort war: ›Das bin ich.‹«

Der Beginn einer wunderbaren Freundschaft.

Ja. Sie meinte später, sie sei beim Augenblick meiner Aufmachung wie vom Donner gerührt gewesen. Wir gingen anschließend mit Freunden zum Essen und freundeten uns an. Ich hab sie dann einfach immer mitgenommen, wenn irgendwo was Lustiges los war.

Wie sah denn ein typischer Tag in New York für Sie und Ihren Mann aus? Sie waren hierher gekommen, um sich zu amüsieren, ein bisschen einzukaufen …

… bisschen Ausstellungen anzusehen.

Vermutlich haben Sie erst mal lange geschlafen.

Sehr lange. Man kam ja jeweils erst um 6 Uhr morgens nach Hause. Ich war immer ein bisserl früher wach und bin dann in die Stadt gegangen. Wenn ich zurückkam, war mein Mann rasiert, angezogen und fertig zum Mittagessen. Zum Essen waren wir entweder bei jemandem eingeladen oder ich hatte einen Platz in einem schönen Restaurant reserviert. Nachmittags machten wir einen gemeinsamen Spaziergang oder sahen uns eine Ausstellung an, die ich vorher schon ausgekundschaftet hatte, um zu sehen, ob das meinen Mann interessieren oder nicht doch auch langweilen könnte. Danach gab es eine Siesta und am Abend so gegen 20 Uhr war man wieder bereit auszugehen

Ihr Mann ging mit in die Disko?
Er war ja derjenige, der unbedingt dorthin wollte.

Wie war er gekleidet?
Immer Anzug, Krawatte und Nelke im Knopfloch.

Auch in der Disko?
Immer. Er war immer gut gekleidet. Und immer mit Nelke im Knopfloch.

Das »Studio 54« hatte seine große Zeit schon hinter sich.
Stimmt. Wesentlich angesagter waren nun das »Area« oder das »Xenon«. Deswegen konnten wir im »54« noch tolle Partys veranstalten. Der Betreiber wollte ein Relaunch und war dankbar für gute Gäste.

Hat Ihr Mann ebenfalls Drogen genommen?
Mein Mann hat gerne getrunken, Whisky, aber auch Wodka. Und er trank sehr gerne Champagner und Wein. Er hat zwar auch verschiedenste Drogen probiert, aber er mochte die Wirkung nicht so gerne. Er meinte, der Alkohol sei schon ungesund genug, man müsse nicht übertreiben.

Wie lange machte der Fürst eigentlich noch gute Miene zu dem Spiel?
Ehrlich gesagt wurde ihm das mit der Zeit dann doch langsam zu viel. Er merkte, it gets out of hand, die Zügel entgleiten ihm. Bis dahin war immer ich die Bremserin, was Partys und Gesellschaften betraf, und plötzlich konnte ich gar nicht genug davon kriegen.

Als er sah, dass ich sein gesellschaftliches Leben dazu nutzte, um daraus ein nur noch den Äußerlichkeiten zugewandtes Modekostümfest zu machen, war ihm klar, dass er etwas ändern musste. »Die Gloria«, so überlegte er, »das ufert aus. Ich kann mich so mit ihr nicht mehr zeigen, das gefällt mir nicht mehr. Wenn ich sie weiter mitnehmen will, muss ich mir irgendetwas einfallen lassen.«

Normalerweise wäre die Konsequenz gewesen, zurück nach Regensburg zu gehen, nach der Maxime: Okay, wir machen unsere jährliche Liebesreise, aber wir sehen einfach den Jetset etwas weniger. Denn es war für ihn ja offensichtlich, dass seine Frau diese Auftritte aus Langeweile machte. Aus der großen Menschenkenntnis, die Johannes hatte, musste er das so sehen. Aber dazu hatte er wiederum auch keine Lust. Er wollte sich ja amüsieren. Also musste er jemanden für mich finden, eine möglichst Gleichaltrige, die einen guten Einfluss ausübt. Und diesen Part übernimmt, das wusste er von früher, für gewöhnlich eine Hofdame.

Eine Hofdame ist, wenn ich das richtig verstehe, offenbar etwas anderes als eine Kammerzofe.

Ganz anders. Eine Kammerzofe macht sauber, richtet das Bett, hängt die Kleidung auf. Eine Hofdame hingegen ist dazu da, Gesellschaft zu leisten. In bürgerlichen Kreisen nennt man sie deshalb auch Gesellschaftsdame.

Und dafür wird man bezahlt?

Normalerweise nicht. Diese Aufgabe ist, an einem echten Hof, einem Königshof, im Grunde ein Ehrenamt. Die Königin von England bezahlt ganz sicher keine Hofdame. Hofdamen kommen für gewöhnlich aus gutem Hause, sie haben selber Vermögen. Es gab auch Prinzessinnen von Thurn und Taxis, die immer wieder auch Hofdamen am Kaiserhof in Wien waren, das war eine Ehre.

Und wie kamen Sie nun zu Ihrer Hofdame?

Ich war bereits damals sehr an Kunst interessiert, und wie es der Zufall will, läuft mir auf der Baseler Messe die Regina Sprüth über den Weg, die gerade bei ihrer Schwester, einer Galeristin, zu Besuch war. Wir haben uns auf Anhieb gut verstanden. Frau Sprüth ist ein bisschen jünger als ich. Sie erzählte mir, sie habe soeben ihre Modeschule abgeschlossen und würde jetzt gerne als Schneiderin arbeiten. Zufällig hatte ich zwei Tickets für

Michael Jackson in der Tasche, der an dem Abend in Basel ein Konzert gab. »Hätten Sie nicht Lust«, sagte ich, »mit mir heute Abend zu Michael Jackson zu gehen?« Sie war sofort begeistert: »Der Traum meines Lebens! Ich bin verrückt nach Michael Jackson.« Aber es kommt noch dicker.

Wir gehen also abends zur Veranstaltung, fahren im VIP-Bus gemeinsam mit Sophia Loren, Elizabeth Taylor und anderen zum Konzertplatz. Hier sind mehrere Salons und ich werde sofort mit anderen Leuten in einen Nebenraum abgedrängt. Nur die Liz, die Sophia Loren und ihre beiden Söhne dürfen zu Michael Jackson vor. Was passiert? Die Frau Sprüth sieht das, rennt raus, gestikuliert wild – und ich weiß nicht, wie sie das gemacht hat, zehn Minuten später jedenfalls werden wir von einem riesigen, dicken Bodyguard abgeholt, einem Schwarzen, der mich sehr höflich bat, gemeinsam mit Regina mitzukommen, gewissermaßen ins »Allerheiligste«, um es mal despektierlich zu sagen.

Da saß er. Neben sich auf der einen Seite Sophia Loren, auf der anderen Elizabeth Taylor, und ich werde mit Namen vorgestellt: »This is Princess Gloria.« Später fragte ich Frau Sprüth: »Mein Gott, wie haben Sie das denn gemacht?«, und auf ihre Kölsche Art entgegnete sie einfach: »Ja, hören Sie mal, das ist doch wohl selbstverständlich. Die wissen wohl nicht, wer Sie sind.« Das war das Signal. »Wissen Sie was?«, erwiderte ich, »so jemanden wie Sie könnte ich gut gebrauchen.« Darauf sie: »Tja, dann nehmen Sie mich doch.«

Was meinte Ihr Mann dazu?

Ich glaube, dem muss das wie ein Geschenk des Himmels erschienen sein. Er wollte sie sofort kennen lernen. Frau Sprüth kam vorbei, sah entzückend aus – sie nähte sich ja alle ihre Kleider selber – und trug ein wunderschönes Kostüm in der Art von Audrey Hepburn. Mein Mann witterte sofort seine Chance. »Sie haben den Job«, sagte er, »aber bitte sorgen Sie dafür, dass meine Frau gut angezogen ist.«

In der Presse wurde Ihre Hofdame später gelegentlich als »Rasputina« bezeichnet.
Na gut, genauso wie auch ich meinem Mann gegenüber sehr sensibel darauf geachtet habe, wer an ihn herandarf und wen ich besser von ihm fern halten sollte, so hat die Frau Sprüth auch sehr schnell kapiert, dass ich nicht immer den besten Umgang hatte. Insbesondere durch diese ganzen Modeexzesse mit Fotografen, Journalisten und vielen falschen Freunden. Ich hatte mittlerweile genau dieselben Schwächen wie mein Mann, und sie sah es als ihre Aufgabe an, da ein wenig aufzuräumen und im Vorfeld darauf Acht zu geben, ob etwas wirklich gut gemeint ist oder mich jemand nur ausnutzen will. Sie wurde plötzlich mein Kindermädchen. Was ich für den Johannes machte, das machte sie für mich.

Wir haben uns jedenfalls blendend verstanden. Wir besuchten Museen und Ausstellungen, gingen ins Kino. Es entwickelte sich eine sehr schöne, vertraute Frauenfreundschaft. Von meiner Seite aus hätte ich die vorgegebene Distanziertheit gerne durchbrochen, aber da war die Frau Sprüth weitsichtiger und weiser als ich. Sie legte Wert darauf, keine zu große Intimität aufkommen zu lassen, und sprach mich konsequent mit »Durchlaucht« an. Ich hatte sie wirklich überall mit eingebunden, aber sie hatte das sichere Gespür dafür, bei welchen Gesellschaften es richtig war mitzukommen und bei welchen nicht. Sie hatte eine sehr gute Art, auf Distanz zu bleiben und trotzdem sehr vertraut zu sein.

Hatte sie denn nun auch wirklich aufgepasst auf Ihre Garderobe, wie es sich Ihr Mann erhofft hatte?
Ich erinnere mich an eine großartige Szene. Wir waren in Paris zu einem großen Ball in der Oper eingeladen, ein Kostümfest. Ich hatte durch Frau Kashoggi einen Friseur kennen gelernt, der auf wunderschöne große Aufbauten auf dem Kopf spezialisiert war. Für diesen Abend hatte er mir eine Voliere aus einer Art Schilf gebastelt, und im Käfig selbst saß ein kleines Vögelchen, das sich auf einer kleinen Schaukel hin und her bewegte. Ich sitze schon da und freue mich, so in dem Sinne: »Oh, das wird einen Riesen-

aufschrei geben! Damit schieß ich im wahrsten Sinne des Wortes den Vogel ab.« Der Friseur wollte mir gerade seine Kreation aufsetzen, als die Frau Sprüth ins Zimmer kommt. Ein Aufschrei: »Das wollen Sie aufsetzen?«

»Warum denn nicht?«

»Also, ohne mich. Wenn Sie das anziehen, dann kündige ich auf der Stelle.«

Darauf ich: »Aber Regina! Sind Sie nicht so spießig. Ich meine, das ist doch ein Kunstobjekt.«

»Ne, ne, das find ich ja so doof, das find ich ja so bescheuert, ne, da machen Sie sich ja total lächerlich.«

»Aber wie bringen wir das jetzt diesem Mann bei? Der hat das extra vorbereitet.«

»Das ist mir egal, wir bezahlen das, der soll Ihnen noch die Haare föhnen und dann nach Hause gehen.«

In diesem Moment kommt mein Mann herein. Wir hatten ja immer zwei Zimmer, den Salon dazwischen. Mein Mann sieht den Vogelkäfig: »Was ist denn das?«

»Das wollte ich mir gerade auf den Kopf setzen, gefällt es dir?«

»Das? Schrecklich. Ich glaube, du willst mich umbringen!«

Daraufhin schaut er die Frau Sprüth an. »Was sagen Sie denn dazu?«

Frau Sprüth: »Also ich hab Ihrer Durchlaucht gesagt, wenn Sie das aufsetzt, dann gehe ich.«

Und in diesem Moment musste ich so lachen und sagte nur: »Mein Gott, dann lassen wir es eben.« Und mein Mann nimmt die Regina und umarmt sie und küsst sie. Die ist richtiggehend erstarrt. Aber er war ihr so dankbar dafür, dass sie mich dazu gebracht hat, den Aufzug zu streichen.

Und ich habe erst hier gemerkt, dass meine Extravaganzen meinen Mann schwer mitgenommen hatten. Ich konnte mir das bis dahin gar nicht vorstellen. Ich war ja der Überzeugung, er müsste sich doch freuen, dass seine Frau Spaß hat an ihren Verkleidungen. Ich meine, wir gingen ja nicht zum Bischof, sondern auf eine Party.

Auf jeden Fall war Frau Sprüth ab diesem Moment im Herzen meines Mannes tief verankert. Von nun an durfte sie überallhin mitfahren.

Und wir hatten wunderschöne gemeinsame Erlebnisse, die uns, bis zum Tode meines Mannes, ein herrliches, unbeschwertes Leben beschert haben. Wir waren wie zwei verwöhnte Königskinder, von denen die eine auf die andere aufpasst. Und Johannes freute sich, dass ich jetzt endlich jemand Gleichaltrigen hatte, der ganz für mich da war.

5 Die Lady ist ein Vamp

Jetzt ist es an der Zeit, über die berühmte Torte mit den 60 Penis-Marzipan-Kerzen zu sprechen, die Sie Ihrem Mann vor vielen Gästen zum 60. Geburtstag schenkten. Einige Leute waren nicht gerade amüsiert.

Nun gut, mittlerweile hatte ich ja einige Partyerfahrung, und ich überlegte, wie man zu diesem 60. Geburtstag ein Fest machen könnte, das einem immerhin auch verwöhnten Menschen eine richtige Überraschung, ein einmaliges, unvergessliches Erlebnis bietet. Nachdem mein Mann stets leicht nervös wurde, sobald ich mit Festvorbereitungen begann, vor allem dann, wenn er anfing zu ahnen, was das alles kosten könnte, hatte ich ihm verordnet, vor dieser Überraschungsparty etwas länger in Brasilien zu bleiben, und das tat er auch.

Ich hatte mir die kreative Clique um Gräfin Ann-Marie Colloredo ins Haus geholt, eine sehr nette Cousine meines Mannes, um gemeinsam einen Plan auszuhecken. Die Idee war schließlich, im Schloss die Oper »Don Giovanni« zu inszenieren. Das war schon deshalb überzeugend, weil die Vita des Helden aus Mozarts Oper in der Tat mit der meines Mannes identisch war – allerdings wohlgemerkt nur bis zum Zeitpunkt unserer Hochzeit. Damit mussten wir im Prinzip lediglich das Libretto etwas ändern. Statt in die Hölle zu fahren, wie es im Original geschieht, wurde in unserer Version der Frauenheld Don Giovanni noch im letzten Augenblick vor seinem Absturz in den Orkus gerettet. Und von wem sonst als von mir höchstpersönlich!

Nun ging's los. Ein Wiener Architekt sollte in den Spiegelsaal des Schlosses eine Bühne einbauen, die nicht nur 300 Gästen

Raum zum Tanzen ließ, sondern auch Sängern und Orchester Platz bot. Die Lösung bestand in einer gigantischen Torte. Die Sänger wurden auf den einzelnen Stufen platziert, das Orchester im Inneren des Kuchens versteckt. Aus unserer Einladung an die Gäste ging hervor, dass alle Teilnehmer in Kostümen des 18. Jahrhunderts zu erscheinen hatten, um damit auch selbst Teil des Geschehens zu werden. Mehr noch, das ganze Schloss wurde in das Szenario eingebunden. Es begann schon damit, dass am Eingang, dem so genannten Vestibül, eine »Zeitmaschine« in Form einer Schleuse, eine Art stilisierter Geburtskanal, aufgestellt wurde, durch welchen die eleganten Gäste gewissermaßen in ein anderes Jahrhundert geschleust wurden. Im Inneren hörte man Musik und laute Herztöne. Die Wände waren verspiegelt, und vom Boden stieg Nebel auf, bevor man sich plötzlich im Schlosshof wiederfand.

Im Hof herrschte reges Treiben. Kräftige Hufschmiede beschlugen Pferde, Hausfrauen jagten einem Hendl nach, es gab Handwerker, Schlachter, große Heuhaufen wurden aufgeschichtet, Panduren aus Waldmünchen musizierten und so weiter. All das dargestellt in mittelalterlichen Kostümen von Vereinen aus der Oberpfalz, die wir zum Mitmachen eingeladen hatten. Den ganzen Hof durchzog ein roter Teppich, sodass der Gast sich in dem mittelalterlichen Getümmel nicht verlieren konnte, und sobald jemand der Herrschaften über den Hof lief, begann sich das »Gesinde«, so hatten wir das abgemacht, zu verbeugen.

Im ersten Stock wartete ein Livrierter, in diesem Fall ein eigens engagierter Schauspieler, der die Namen der einzeln Hereinkommenden vorlas. Um es vorwegzunehmen: Das erste Mal in meinem Leben habe ich auf den blasierten Gesichtern der sonst so verwöhnten High Society eine Überraschung, ein Lächeln, wirklich ein freudiges Gesicht gesehen. Sie waren sprachlos und beeindruckt. Schließlich war auch die ganze Flucht des Ostflügels mit all den Prunkräumen voller Tische mit wunderschönem Blumenschmuck. Und bevor es zum Abendessen ging, betrat man den Ballsaal, um dem ersten Akt der Oper beizuwohnen. Der Don

Giovanni saß dabei mitten im Raum auf einer erhöhten Bühne, und vor ihm sangen die Damen ihre Arien, in denen sie ihr Leid darüber klagen, wie verliebt sie sind.

Wann betrat Ihr Mann die Szenerie?

Zeitgleich mit den Gästen. Wir hatten für uns beide in Paris die entsprechenden Kostüme besorgt. Er wusste, dass es eine Don-Giovanni-Party wird, aber er hatte keine Ahnung, wie das aussehen könnte. Er hatte bereits von seinem Fenster aus das Treiben im Hof beobachtet, während sein Diener ihn anzog, und war sofort begeistert.

Um die Leute vom Abendessen zum zweiten Teil der Oper wieder in den Ballsaal zu bringen, ließen wir die Lichter ausgehen, es ertönte eine etwas beängstigende Musik, und ein Laserstrahl führte einen wieder auf den Weg. Der Ballsaal war nun kniehoch mit Nebel gefüllt. Denn nun kam die Szene, in der der Komtur von der Höhe herabkommend den Don Giovanni für sein schreckliches Leben verurteilt und ihn in die Hölle stürzen will. Die Höllenfahrt ist schon angesetzt, als ich mit einem schreienden »Neeiiiiin« über einen Hebekran von der Decke auf die Bühne herabschwebe, um das Unglück in letzter Sekunde abzuwenden. In diesem Moment fängt auch schon die Jerry Hayes Jazzband an zu spielen, während ich das Marlene-Dietrich-Lied singe: »Johnny, wenn du Geburtstag hast.« Das sollte den Übergang in die Gegenwart darstellen und war gleichzeitig die große Überraschung, der Aha-Effekt, und für das Publikum die Einladung zum Tanz.

Witzig war noch, dass wir für das kostümierte »Gesinde« ein Parallelfest organisierten. Wir wollten ja nicht, dass die Leute gleich wieder nach Hause gehen. So wurde in den gotischen Hallen ein Bauernfest veranstaltet, mit gebratenem Ochsen und vielen anderen guten Sachen. Es war eine Riesengaudi, denn meine Gäste konnten zwischen fürstlichem Fest und Gesindefest hin und her wandeln.

Für mich selbst war das ganze Fest ein Erfolg. Erstens war mein Mann glücklich und stolz über meine Inszenierung. Das hatte er sich nie vorgestellt, dass ich so etwas Großes zustande bringe. Zweitens waren auch alle Gäste schlichtweg überwältigt. Ob nun der Münchner Intendant Mathiasek mit seiner Frau Conny Froboess, der August Everding, der Mick Jagger mit Jerry Hall oder der Adnan Kashoggi mit seiner Frau, die übrigens in einem umwerfenden barocken Rock auftrat, der so riesig war, dass sie damit nur seitwärts durch die Türen kam.

Wie kamen Sie auf Mick Jagger?

Den kannte mein Mann sehr gut, und zwar über Jaggers Manager Prinz Löwenstein, der viele Jahre lang auch dessen Vermögen verwaltet hatte. Die Gäste kamen aus Brasilien, aus Amerika, aus Mexiko. Darunter war beispielsweise auch Malcolm Forbes vom »Forbes Magazine«, der mit einer ganze Gruppe von Leuten aus New York ankam, mit denen er seinen Privat-Jet voll gepackt hatte.

Wie gesagt, die Party war ein Riesenerfolg, aber das Problem war: Ich hätte ja die Gäste, die aus aller Welt angereist waren, schlecht am nächsten Tag wieder nach Hause schicken können. Was tun? Mein Programm für den Folgetag war deshalb eine Schifffahrt auf der Donau nach Kloster Weltenburg. Auf dem Schiff spielte die Band Haindling, aus dem gleichnamigen niederbayerischen Dorf, und ich hatte mir gedacht, es müsste eigentlich nach diesem wahnsinnigen Abend noch so eine kleine Überraschung geben. Zufällig hatte ich kurze Zeit vorher im Flugzeug einen jungen Mann kennen gelernt, der sich als der »erotische Bäcker« vorgestellt hatte. Der machte also Backwerk in erotischen Formen. Warum, überlegte ich sofort, soll der erotische Bäcker nicht auch einen Kuchen backen, auf dem 60 Penisse stehen, gewissermaßen als eine Weiterführung der Don-Giovanni-Vorstellung vom Vorabend. Schließlich war mein Mann ja wirklich ein Playboy. Er hatte ein Vorleben, in dem die Sexualität eine große Rolle spielte. Er hat daraus nie ein Geheimnis gemacht, schon gar nicht gegenüber seinen Freunden. Also eine passende Idee, so dachte ich, aber weit gefehlt.

Die Schifffahrt fand im geschlossenen Kreis statt, und irgendwann wurde dieser riesige Kuchen hereingetragen, in Herzform, und man musste schon sehr genau hingucken, um zu erkennen, dass diese Marzipandinger Penisse sind. Ich meine, mein Mann hatte so viel Humor und er fand das auch gar nicht schlimm. Es war ja auch offensichtlich, was ich damit symbolisieren wollte. Ein 60-Jähriger ist ja auch stolz auf seine Manneskraft. Das ist ja nichts Beleidigendes.

Auf jeden Fall hat es ein Riesenhallo gegeben, die Leute haben gelacht. Als wir allerdings an Land kamen, war bereits die Presse da. Irgendjemand muss es denen gesteckt haben. Na ja, und schon ist ein so genannter »Skandal« perfekt.

Der Spaß war nicht ganz billig, in den Blättern stand etwas von 1,5 Millionen Mark.

Nein, woher sollen die Zeitungen das denn wissen? Aus heutiger Sicht waren die Kosten eher gering. Wenn man bedenkt, was die Bambi-Verleihung oder ähnliche Veranstaltungen kosten, da haben wir schon sehr günstig gearbeitet. Ich glaube, dass ich damals für alles zusammen 50 000 Euro ausgegeben habe.

Inklusive der Rock-Kreuzfahrt auf der Donau mit Gesangseinlage von Mick Jagger?

Wir haben einen supergünstigen Freundschaftspreis ausgehandelt. Überhaupt haben viele der Mitwirkenden ehrenamtlich gearbeitet oder waren Angestellte des Hauses. Ich fand die 100 000 Mark damals schon exorbitant hoch, sodass ich mich anfangs gar nicht getraute, es meinem Mann zu sagen, der die Summe ja genehmigen musste. Schlussendlich haben wir dann an der falschen Stelle gespart, bei den Kameras. Ansonsten hätte man einen richtig tollen Film daraus machen können. Schade.

Kurz zu einem anderen Ereignis, bei dem Sie ebenfalls für Aufregung sorgten: die Beerdigung von Peter von Siemens. Im Mittelpunkt des öffentlichen Interesses stand dabei plötzlich ein Hut, den die Trauergesellschaft nicht sehr passend fand. Sie meinten hinterher, ganz unschuldig: »Ich versteh die Leute wirklich nicht. Wo steht

geschrieben, wie groß ein Hut zu sein hat? Ich geh zum Schrank und nehm mir etwas, nach dem ich mich gerade fühle. Ich fand den Hut besonders elegant, gerade elegant genug für eine so schöne und seriöse Veranstaltung. Ich war ganz arglos.« Waren Sie wirklich so arglos?
Dass bei einer Beerdigung die älteren Herrschaften etwas schockiert waren über meinen großen Hut, das kann man ja verstehen. Aber mein Gott, es war eben damals meine selbstverständliche Art, mich zu kleiden. Ich hätte mich von keiner Konvention davon abbringen lassen. Ich fand das elegant. Rückblickend muss ich wohl gestehen, dass ich einen Drang hatte, mich in den Vordergrund zu spielen, der manchen sicher auf den Keks ging.

Ihr Mann war offensichtlich nicht sehr begeistert. Er meinte später nur: »Du wolltest wohl wieder Aufsehen erregen.« Ihre Antwort: »Das ist mir vollkommen egal, ich errege einfach Aufsehen. Ich kann nichts dafür.«
Ja. Denn für mich war das, was in Paris zu kaufen war, wirklich das Angesagteste. Man darf nicht vergessen, dass ich noch sehr jung und meine Art, mich zu kleiden, für mein Alter ganz normal war.

Eine Provokation waren einige Ihrer Auftritte allemal. Es schien, als hätten Sie die neue Lebenslage als Fürstin, in die Sie praktisch über Nacht hineingestolpert sind, nicht einfach so widerspruchslos hinnehmen wollen. Und das Parkett, auf dem Sie nun tanzten, war ziemlich glatt.
Das war schon auch eine Art von Trotzreaktion von mir. Ich wurde dieser Partygesellschaft einfach überdrüssig, und deswegen war der einzige Spaß, der für mich dabei noch rauskam, mit meinen Verkleidungen einen gewissen Aha-Effekt zu erzielen. Weil ich einfach keine Lust mehr hatte, mich in dieser Umgebung zu langweilen. Nun muss man allerdings hinzufügen: Meine Verkleidungen waren nicht irgendwelche selbst zusammengebastelten Provokationsnummern, sondern das war der letzte Schrei der Pariser Mode. Die war damals genauso großartig, wie sie es heute ist. Und damals war ich jung genug, mich mit so was auszutoben.

Über den angeblich letzten Schrei aus Paris mäkelte Ihr Mann: »Du siehst aus wie Siegfried.«

Die so genannte Ritterrüstung war immerhin von Paco Rabanne. Ich hatte sie zweimal an. Einmal im »Studio 54« und einmal in Paris im »Les Bains Douches«, beide Lokale sind Diskos. Hätte ich die Ritterrüstung bei der Beerdigung angehabt, hätte ich die Aufregung ja noch verstanden.

Was sagte Ihre Mutter?

Meine Mutter hat das immer verstanden. Ihr hat zwar der eine oder andere Aufzug nicht gefallen, aber en gros fand sie es herrlich und schick und auch immer gut ausgesucht. Sie meinte zwar gelegentlich: »Ach, diese Frisur war wohl nicht so gelungen, eher ein bisschen scheußlich«, aber deplatziert fand sie meine Sachen nie.

Sie proklamierten damals: »Auf keinen Fall will ich langweilen!«

Das würde ich heute so nicht mehr sagen.

Das »Hamburger Abendblatt« schrieb mal über Sie: »169 cm groß, 52 Kilogramm schwer, Augen rehbraun, kleine Nase, schöne Beine, Haarfarbe wechselnd. Hobbys: schwimmen, reiten, Ski laufen, mit den Kindern spielen, lachen, telefonieren, reisen, tanzen ... Und: Schlagzeilen machen.« Hatten Sie eine Strategie für das, was Sie machten?

Es ging mir nicht um Schlagzeilen. Es war einfach so, dass alle Orte, die wir aufsuchten – die Partys, die Diskos, die Restaurants –, plötzlich die Aufmerksamkeit der Paparazzi erregten, die unentwegt fotografieren wollten. Ich habe diese Geschichte ja nicht absichtlich losgetreten. Dass meine Frisuren und extravaganten Kleider zu einem Medieninteresse werden, war nicht zu ahnen. Man darf diese Art von Berichterstattung auch nicht nur auf mich bezogen sehen. Die Verlage haben gemerkt, das lässt sich verkaufen, da gibt es einen Markt, und so wurde die Gesellschaftspresse auch immer präsenter. Ich bin ganz einfach in eine Zeit gerutscht, wo man sich sagte, ach, prima, die hat immer was anderes an, das gibt gute Fotos, da kann man Geschichten drumherum wickeln – ein gefundenes Fressen. Mit mir hat das also gut funktioniert. Man kann die Fotografenmeute natürlich auch abblocken. Ich erinnere mich daran, dass eine frühere Freundin des spanischen Thronfolgers sich dazu entschieden hatte, wenn sie aus dem Haus ging, immer dieselbe Garderobe anzuziehen. »Von einem Tag auf dem anderen«, erzählte sie, »hat mich niemand mehr fotografiert.«

Der »Spiegel« notierte: »Fiebrig-schöne Augen ... hungriges Gesicht ... an ihren Ohren die Smaragde – ›Princess TNT‹, wie sie in Paris, Manhattan oder St. Moritz der Jetset nennt, hat etwas angenehm Explosives.« Haben Sie solche Reaktionen begeistert?

Ich habe nicht alles gelesen, aber wenn die Berichte so waren wie im »Spiegel«, dann waren sie ja nicht unfreundlich. Normalerweise jedenfalls hat mich das nicht beleidigt. Ich habe auch nichts Spezielles gemacht, um diese Reaktionen zu provozieren. Ich war ich. Ich fand, ich sah in meiner Aufmachung gut aus, und das hat andere eben dazu animiert, Geschichten daraus zu machen.

Wird man durch die Aufmerksamkeit der Medien nicht auch ein wenig abhängig vom öffentlichen Ruhm? Vielleicht entsteht daraus sogar eine Art von Sucht. Die Rocksängerin Alanis Morissette gestand einmal: »Nachdem mein Ruhm etwas abgeebbt war und ich nicht mehr auf Schritt und Tritt von den Paparazzi verfolgt wurde, fragte ich meinen Therapeuten, ob das nun mein Ende sei. Ich dachte immer, wer nicht fotografiert wird, ist tot.«

Nein, das war bei mir nicht so. In dem Augenblick, in dem ich mein Leben verändert habe und andere Dinge wichtig wurden, waren die Äußerlichkeiten für mich kein Thema mehr.

Es gibt von Ihnen merkwürdigerweise keine Paparazzi-Aufnahmen. Haben Sie schon mal Bilder vom Markt gekauft?

Nein, und so berühmt waren wir nie, dass es sich für Paparazzi gelohnt hätte, ins Ausland zu kommen und uns aufzulauern.

Mit einer Illustrierten konnten Sie offenbar besonders gut, mit der »Bunten«. Es sah so aus, als hätte die Redaktion ein regelrechtes Abonnement auf Storys von Gloria. Woher kam das?
Ich kenne die Chefredakteurin, Patricia Riekel. Sie macht eine andere Politik als ihre Vorgänger. Ihre Strategie ist es, die Leute nicht schlecht zu machen, sondern sie in einem positiven Licht zu zeigen. Sie meint, das wäre ehrlicher und würde von ihrem Publikum auch honoriert. Ich mag ihren Ansatz und deswegen hat sich hier auch ein Vertrauensverhältnis aufgebaut. Wenn ich in Regensburg etwas habe, was für die »Bunte« interessant ist, dann wird die »Bunte« auch eingeladen.

Viele der Adelsberichte in der Yellowpress lesen sich dann freilich wie Abhandlungen aus einem Drei-Groschen-Roman. Wie sieht man das als Betroffene? Hat Sie das Niveau nie gestört?
Das meiste von dem, was geschrieben wurde, habe ich gar nicht gesehen und gelesen. Aber es ist klar, dass die Dinge, die für die Yellowpress interessant waren, nicht die tief greifendsten Begebenheiten unseres Lebens widergespiegelt haben, sondern eher die Partys oder irgendwelche kleine »Malheurs«. Wie es in unserem Leben viel Banales gab, so hat es doch auch großartige Begegnungen und Gespräche mit wirklich bedeutsamen Menschen gegeben. So etwas findet aber hinter den Schlossmauern statt und ist nicht unbedingt interessant für die Allgemeinheit. Natürlich wäre mir ein Rainer Maria Rilke als Chronist lieber.

Mit wem berieten Sie sich in diesen Sachen? Was waren für Leute um Sie herum? Gerhard Meir zum Beispiel?
Das war ja kein Berater, das war mein Haarstylist. Natürlich hat er mich auch bei der Klamotten-Auswahl beraten. Schließlich musste alles gut zusammenpassen, damit Haare und Kleid sozusagen ein Gesamtkunstwerk ergeben.

Stammkundin waren Sie bei Lacroix in Paris.
Den hab ich entdeckt bei Jean Patou, wo er damals noch als Chefdesigner arbeitete. Ich war regelrecht hingerissen von sei-

nen Kreationen und wollte dann statt bei Chanel bei ihm bestellen. Er wurde schnell berühmt, sodass er bald sein eigenes Label bekam. Ich hatte durch ihn, würde ich sagen, die schönste und ausgefallenste Abendgarderobe überhaupt. Natürlich gab es auch andere große Damen der Gesellschaft, die zu Lacroix gingen. In der Zeit waren Yves Saint Laurent, Dior und Chanel einfach ein bisschen langweilig geworden. Mittlerweile haben die alle wieder ganz junge verrückte Designer, die auf dem Stand der Zeit sind.

Wie weiß man so was?

Wenn man sich dafür interessiert, kriegt man das schon mit. Sie schauen sich zwei Modenschauen von verschiedenen Häusern an, diese großen, teueren Inszenierungen, die immer einen Touch von Oper, von Theater haben, dann werfen Sie noch einen Blick in die »Vogue«, und schon wissen Sie, was angesagt ist und was Ihnen davon am Besten gefällt.

Wie ordert man eigentlich nach so einer Schau?

Es gibt in Paris und anderswo zwei Formen von Modenschauen. Prêt-à-porter ist das, was man später in den Boutiquen fertig von der Stange kaufen kann. Die Haute Couture dagegen besteht aus handgeschneiderten Modellen. Das wollte mein Mann für mich zum Anziehen. Zunächst sitzt man in der Modenschau – die erste Reihe vorne ist immer für prominente Kunden reserviert –, macht sich Notizen, anschließend geht man in das entsprechende Modehaus, wird vom Designer persönlich begrüßt und kriegt dann die angemessene Garderobe auf den Körper geschneidert.

Und trägt am Ende dasselbe »Einzelstück«, das zwanzig andere Damen auch bestellt haben?

Ist sehr unwahrscheinlich. Zum einen sind die Kleider sehr teuer, zum anderen weiß der Schneider, wohin er die Modelle verkauft, eines nach Südamerika, eines nach Arabien, eines nach Asien – und möglicherweise nur eines in ganz Europa.

Wie lange tragen Sie so ein Kleid?
Ganz oft. Viele trage ich heute noch oder inzwischen meine Töchter. Das sind ja Sachen, die kann man jahrein, jahraus tragen, die sind zeitlos.

Wie fühlt man sich bei dieser Art von Einkauf?
Es ist toll, es ist großartig, es ist wunderbar, aber es ist fast schon ein Job. Eine echte Dame von Welt verwendet sehr viel Zeit auf ihre Garderobe.

Ganz konkret, wie lief dieser »Job« ab?
Wir bekamen Einladungen, und wenn wir nach Paris fuhren, stiegen wir im schönsten und edelsten Hotel ab, das es zur damaligen Zeit überhaupt gab, im »Ritz«. Schon das Ankommen war ein Erlebnis. Alles war unglaublich elegant. Es herrschte Krawattenzwang, schon in der Eingangshalle. Shorts waren selbstverständlich verboten. Wir hatten unsere wunderschöne Suite, immer dieselbe. Auf einem bereitliegenden Kalender und einem Notizblock waren unsere Namen aufgedruckt. Es gab eine hervorragende Badeabteilung und zwei sehr gute Restaurants im Haus. Mein Mann und ich gingen in Paris sehr gerne aus, auch in diese großen »Fresstempel«, zum Beispiel ins »Le Pré Catalan«, wo wir gelegentlich Salvador Dalí mit seiner Frau trafen. Er war da schon ganz, ganz alt, und wir haben natürlich nur hallo gesagt, wir kannten ihn nicht persönlich.

Ich mag die Stadt ganz besonders. Es ist wunderschön dort, und es ist sehr angenehm, nach Paris zu fahren, weil die Leute nach wie vor neugierig auf mich sind. Ich erinnere mich an ein großes Fest in der Oper, eine Uraufführung. Nach der Vorstellung fand ein großes Abendessen in den wunderschön geschmückten Sälen statt. Ich erzähle das deswegen, um ein wenig zu vermitteln, für was für ein Umfeld ich mich gekleidet und was für einen Eindruck mein damaliges Styling gemacht hat. Mit dabei waren auch mein Schwager Mick und meine Schwester, die entzückend aussah. Was zog ich an? Ich trug ein bezauberndes Abendkleid von Chanel, meine Haare aber wurden mit einem großen Haarteil in einen Haarfächer montiert, den eine wunderschöne große Saphir- und Brillantbrosche aus dem Familienschmuck des Hauses Thurn und Taxis zierte. Es sah einfach sensationell aus. Mein Mann war richtig stolz auf mich, es hat ihm wirklich gut gefallen. Und es gibt heute – zehn Jahre später – noch Leute, die mir erzählen, wie prachtvoll ich ausgesehen habe und wie großartig der Schmuck war.

Eine richtige Prinzessin!

Wenn ich mich für einen Ball hergerichtet hatte, sah ich wirklich aus wie eine tolle, extravagante, schön geschmückte Prinzessin. Ausgetobt dagegen hatte ich mich mit meiner Garderobe auf den Partys, in der Disko, im Restaurant und vor allen Dingen tagsüber. Es hat mir einfach Spaß gemacht, mit etwas Ausgefallenem im »Maxim's« aufzutauchen. Das Besondere daran war für mich der Aha-Effekt, den ich richtig genossen habe. Die Leute erinnern sich noch heute daran: »Mein Gott, Gloria, was haben wir gelacht, wie toll du damals angezogen warst, wie ein Papagei.« Nur mein Mann hat zunehmend bei der einen oder anderen Klamotte dann doch gemeint, dass es ihm nicht besonders zusagt.

Sein Kommentar: »Schon wieder Karneval?«

Zum Beispiel, ja. Natürlich waren diese großen Reisen nach Paris, nach London, nach New York, nach Rio, nach Rom auch dazu da, Kontakte zu knüpfen. Meinem Mann war es sehr wichtig, ich erzählte es schon, bei sich zu Hause in Regensburg einen bunten, interessanten, internationalen Salon zu haben. Sobald wir auch auf diesen Reisen interessante Leute kennen lernten, habe ich um die Visitenkarte gebeten, diese später in mein Adressbuch eingeklebt und dazu eine Notiz gemacht. Etwa »Baron und Baronin sowieso am 24. November beim Abendessen bei Elie und Lilian Rothschild getroffen, reizend, sehr interessant.« Das waren genügend Stichworte, um mich ein halbes oder ein Jahr später daran erinnern zu können und zu sehen, welche Gäste für eine bestimmte Party jeweils passen könnten. Meine Aufgabe war es eben, einen ähnlich interessanten Salon zu haben wie früher beispielsweise die Fürstin Therese in Wien oder Paris. Johannes wollte in Regensburg Hof halten. Er war zwar selten da, aber wenn er da war, musste das organisiert sein. Am Ende hatte ich jedenfalls an die tausend Adressen in meiner Agenda.

Und wenn sich jemand daneben benahm?

Das kam selten vor. Es gab schon mal den einen oder anderen Menschen, den ich nicht mehr eingeladen hab, entweder weil er sich schlecht benommen hatte oder weil ich merkte, dass er aus irgendeinem Grund nicht zu uns passte.

Um eine Geschichte zu erzählen: Eine Zeit lang gab es bei einigen Leuten offenbar die Vorstellung, es würde bei den Partys im Schloss drunter und drüber gehen. Solche Gerüchte wurden mir dann von strengen Tanten zugetragen. Ich konnte dabei ziemlich bald feststellen, dass ich in meinem Bemühen, eine gute Mischung von Gästen zusammenzustellen, vernachlässigt hatte, genauer hinzuschauen. Viele Leute waren dann vielleicht enttäuscht, dass es doch nicht so wild zuging, wie sie es sich vermutlich erhofft hatten, haben dann aber draußen erzählt, Wunder was bei uns passiert sei.

Ein anderes Mal ging es um ein junges Mädchen, das wir in Ibiza kennen gelernt hatten. Die schien mir sehr sympathisch. Bei uns zu Hause allerdings machte sie sich sofort an meinen Mann heran, was ich wiederum weniger lustig fand. Die hab ich dann rausgeschmissen: »Hier bitte, die Koffer, auf Wiedersehen.« Die ist dann durch München gelaufen und hat irgendwelchen Leuten erzählt, ich hätte versucht, sie zu verführen. Weil sie sich verweigert hätte, wäre sie rausgeflogen. Solche spektakulären Gerüchte machten dann natürlich die Runde, und egal, wie unsinnig sie waren, irgendetwas blieb immer hängen. Ich habe daraus gelernt, dass ich bei meinen Einladungen viel selektiver vorgehen muss. Aber wenn Sie eine Party organisieren wollen und Sie müssen einfach 150 Leute zusammenbringen, dann kommen Sie in ein gewisses Dilemma. Und was hinzu kam: Es ging nicht nur sehr viel kaputt, es ist auch sehr viel gestohlen worden.

Zum Beispiel?

Silber!

Die berühmten Silberlöffel?

Die werden immer geklaut. Sogar bei unserer Hochzeit! Am unglaublichsten fand ich das noch bei der Party zu meinem 30. Geburtstag, zu dem Keith Haring mir zuliebe eine Schallplatte und einen Teller gestaltet hatte. Die Schallplatte, auf der ich die Einladung als Song vorgetragen hatte, bekam man zugeschickt, und im Schloss selbst fand jeder Gast an seinem Platz den Keith-Haring-Teller, den ich von Villeroy und Boch hatte herstellen lassen und den jeder dann auch mitnehmen durfte. Was glauben Sie, wie viele der Gäste ohne ihren Teller nach Hause gehen mussten, weil einige andere diese stoßweise mitgehen ließen!

Ich habe hier noch eine Geschichte aus Paris, einen Pressebericht aus dem Jahre 1986: »Bei Chanel auf der Modenschau im Palais des Beaux Arts saß bereits die komplette Truppe der geladenen Journalisten, der schwer reichen Privatkundinnen und diejenigen, denen es immer wieder gelingt, sich einzuschmuggeln. Madame Chirac, Madame Pompidou, Madame Mitterrand, selbdritt nebeneinander platziert, hatten Notizblock und Stift orderbereit in der Hand, als sich vom Eingang her Unruhe breit machte. Livrierte erschienen und schoben durch dicht gedrängte Unwillige ein gar seltsames Paar: einen hoch gewachsenen, älteren Herren im Börsenanzug mit Blüte im Knopfloch und als Garnitur dazu, eingehakt und strahlend, seine Gemahlin in schwarzem Korsarendress mit Hut. Aber was für einem! Man war sprachlos. Fürstliche Gnaden trugen ein Gebilde aus schwarzem Filz wie aus Hänsel und Gretel, eine Mischung aus Packpapiertüte und Blumentopf. Von der Spitze dieser Creation erhob, nein, reckte sich ein schwarzer Stengel in circa fünfzig Zentimeter Höhe und davon baumelte eine ebensolche Tüte en miniature. Die Schau konnte nicht beginnen, weil die Fotografen und Kameraleute sich wie ein Bienenschwarm auf das Objekt Gloria mit Hut stürzten. Es vergingen wohl rund zwanzig Minuten, bis sich die Raserei gelegt hatte.«

Hinterher meinten Sie nur, ganz mit Audrey-Hepburn-Charme: »Ich verstehe die Leute wirklich nicht. Jeder soll doch anziehen, was er will. Es kommt doch auf den Menschen an – und nicht darauf, was er anhat.«

Das ist eine sehr schöne Geschichte, wobei es natürlich keine Livrierten gab, die waren in Regensburg. Wir waren in Paris stets ohne Begleitschutz, und wir waren auch rechtzeitig da, ansonsten wären ja auch die Plätze weg gewesen. Damals kam ich – speziell zu den konventionellen Modenschauen von etablierten Häusern wie Chanel – in den lustigen und ausgefallenen Kreationen von jungen Designern. Es war schließlich die Welt der Mode. Wenn nicht hier, wo dann? Insofern kann man sagen, dass ich die Modewelt ein bisschen auf den Arm genommen und gezeigt habe, dass ich sie nicht ernst nehme. Und das haben die ja auch geliebt an mir. Die hätten mich sonst nie beachtet und mich nie kennen gelernt. Madame Mitterrand kennt jeder, aber wie soll man auf eine Frau aus Deutschland aufmerksam werden, wenn sie nicht besonders auffällig oder lustig ist!

War das reine Unbefangenheit?

Nein, das Schockieren war ja auch Absicht. Die Modewelt, die Partywelt ist oberflächlich. Im Jetset interessiert sich im Grunde niemand für niemanden. Man interessiert sich allenfalls nur für den anderen, wenn er entweder berühmt ist, reich oder irgendetwas Tolles hat. Das hatte ich sehr schnell durchschaut. Deshalb habe ich mich in dieser Welt auch so verhalten und sie durch meine humorvolle, schockende, fröhliche Art auch ein bisschen leichter genommen und ertragen.

Allerdings mehrten sich bald auch in den Medien die kritischen Stimmen. Ich erinnere mich an eine Ausgabe der »Bunten«, in der mich deren damaliger Chefredakteur Franz-Josef Wagner als »Deutschlands größte Nervensäge« bezeichnet hatte. Der Text stand unter einem Bild von mir, das mich mit diesen in die Höhe gestachelten Haaren und laut lachend mit weit aufgerissenem Maul zeigte. Da war die Zeit gekommen, sich in der Öffentlichkeit etwas diskreter zu bewegen.

COOL

6 Good Vibrations

Fürstin, einen älteren Mann zu haben empfanden Sie damals als »Glück«. Dadurch hätten Sie sich leisten können, wie Sie sagten: »sehr lange Kind zu sein. Ich brauchte mich in meiner Ehe um nichts zu kümmern. Außer um meine drei Kinder. So konnte ich unbeschwert Flausen im Kopf haben, mit meinen Haaren spinnen, mit Kleidern experimentieren, rauschende Feste feiern.« Eine ganz besondere Begegnung in diesem handlungsreichen, wilden Leben hatten Sie 1986 offenbar mit dem amerikanischen Popsänger Prince. Für die »Bunte« haben Sie über Ihr Idol sogar einen Artikel geschrieben. »Als ich ihm im vergangenen Jahr zum ersten Mal begegnete, sprang sein Funke auf mich über«, heißt es darin. Und weiter: »Die Liebe Ludwigs II. zu Richard Wagner kann nicht größer gewesen sein, als meine Verehrung für Prince.« Klingt ziemlich verzückt.

Prince war damals für mich das Allerhöchste. Das war fantastische Musik, er ein Genie. Und ich wollte diesen Künstler unbedingt kennen lernen. Durch Zufall bekam ich einen Kontakt zu seinem persönlichen Manager, Steve Farnioli, der leider mittlerweile verstorben ist. Steve hatte mich eingeladen, in seinem Anhang zu einem Konzert in London mitzukommen. Ich freute mich riesig, allerdings wurde vor Ort schnell klar, dass es eigentlich unmöglich ist, Prince wirklich kennen zu lernen. Sein Verhalten lag im Grunde nahe am Autismus. Er hat mit niemandem geredet. Er war ganz in sich gekehrt, hat kein Wort gesagt, nicht mal zu den Mitgliedern seiner Band.

Durch die Verbindung zu Steve hatte ich nun jedoch die Möglichkeit, die Tournee zu begleiten. Ich wurde jeweils im selben Hotel untergebracht, in dem auch Prince und die Band wohnten, und es war richtig schön, weil wir auf der Tour in alle möglichen Städte kamen: Stockholm, Kopenhagen, Amsterdam, Mailand, Rom. Das war die Zeit, als mein Mann fast sauer auf mich war, weil ich das erste Mal in meinem Leben darauf Wert gelegt hatte, alleine irgendwo hinzufahren. Nicht, dass ich meinen Mann nicht dabei haben wollte. Ich wäre begeistert gewesen, wenn er mitgekommen wäre, aber er hatte eben keine Lust dazu. Ich hatte, wie die Crew, einen eigenen Backstage-Pass und war immer auch hinter der Bühne mit dabei. Eines Tages kam auch der Vater von Prince hinzu und das war nun der Durchbruch. Der Vater hatte einen richtigen Narren an mir gefressen. Er hieß John Nelson. Durch ihn hatte ich zunächst die Möglichkeit, ab und zu mal bei Prince in der Garderobe zu sein, meist mitten in der Nacht, nach seiner Show. Anschließend hieß es manchmal über Mundpropaganda, Prince werde noch in diesem oder jenem Nachtclub spielen.

Warum das?

Er war so besessen davon, Musik zu machen, dass ihm sein großer Auftritt vor dreißig-, fünfzigtausend Leuten nicht gereicht hat. Welcher Künstler macht so etwas? Das hat mich fasziniert, hier wollte ich hautnah mit dabei sein. Bei diesen After-hour-Shows kam ich ihm manchmal näher. Aber dieses Näherkommen war nie mehr als ein: »Hi! How are you? Good to see you!« Man sah, dass er ein unnahbarer Mann war.

Was hat Sie fasziniert?

Ich mochte die Musik. Die war für mich das Beste, was ich seit langer Zeit gehört hatte. Wenn Prince in einem kleinen Club spielte, konnte man noch weit besser als in einem Stadion seine ganze Energie und vor allen Dingen dieses riesig breite Repertoire wahrnehmen. Diese Vielseitigkeit war unglaublich.

Irgendwann einmal, nach einem Auftritt im Club, nachts um vier, wurde ich plötzlich eingeladen, rauf in seine Suite zum Abendessen zu kommen. Es war wahnsinnig aufregend. Ich klingelte an der Suite-Tür und es öffnete mir Prince selbst. Und er sah tatsächlich aus wie ein kleiner Prinz, gekleidet in einen mintgrünen, seidenen Schlafanzug mit rosa Paspelierung. Er bat mich herein, dann wurde das Essen serviert. Wir waren zu dritt, es gab eine kleine Konversation, aber er war sehr, sehr still und nicht besonders zugänglich. Wenn er nach der Show noch in irgendeinem Club spielte, durfte ich mit ihm am Tisch sitzen, gemeinsam mit Steve Farnioli und zwei, drei Tänzerinnen, die gerade mit ihm befreundet waren. Und zweimal hat er mich zum Tanzen aufgefordert. Mit Prince zu tanzen war natürlich das Größte für mich. Interessant war: Wie er auf der Bühne rumgesprungen ist, wie ein Derwisch.

»Er schwingt die Hüften wie bei einem Fruchtbarkeitstanz«, schrieben Sie in Ihrer Kritik, »leckt den Bühnenboden ab, klemmt das Mikrofon zwischen die Beine.«

Ja, alles Mögliche. Ich war schon auch fasziniert von seinen Einlagen. Er konnte fantastisch tanzen. Er machte fünfzig Mal einen Spagat auf der Bühne, das Ganze mit hohen Stöckelschuhen, weil er sehr klein war.

Sie waren ihm ziemlich ergeben.

Nein, ich habe beschrieben, wie er sich auf der Bühne bewegt. Also ergeben – Moment mal. Ich habe ihn als Künstler bewundert, aber sexuell hat der Mann mich nicht irgendwie erotisieren können. Ich fand ihn einfach toll, er war das Gegenstück zu Elvis Presley. Also, in der Nähe von Prince sein zu können war die größte Hysterie überhaupt; zu wissen, wo er nachts noch spielt, da überhaupt Karten zu kriegen, das war schon was. Anders als Michael Jackson war Prince ein Star für Insider, für Musikkenner, er war absolut kein Massenstar. Wer Prince mochte, hatte meistens selbst irgendwas mit Musik zu tun. Er war nichts Geringeres als die Quintessenz der Rockmusiker seiner Zeit.

Wie tanzte er denn nun privat? Wenn schon nicht als erotischer Derwisch.

Er hat sich ganz langsam bewegt und wir haben ja nicht eng aneinander getanzt. Da war er ganz leicht, zwar schon rhythmisch, aber so ganz langsam und bedächtig. Als ob er auf Sparflamme gewesen wäre.

Sie tanzen gerne?

Nein, ich mag Tanzen überhaupt nicht. Ich finde Tanzen völlig albern. Der einzige Mensch, mit dem ich gerne getanzt habe, war mein Mann. Da habe ich mich immer an ihn geknuddelt, das war schön. Das Besondere mit Prince war ja nicht das Tanzen, sondern die Tatsache, dass er mich aufgefordert hatte. Ansonsten habe ich immer nur sehr ungern getanzt. Vermutlich lag das auch ein wenig an der traumatischen Erfahrung mit meinem Tanzkurs, wo alle Mädchen sofort einen Partner hatten, nur ich nicht. Das hat mir für alle Zeiten den Spaß am Tanzen genommen.

Die Medien haben Ihnen damals ein Verhältnis mit Prince unterstellt.

Das kann ich mir vorstellen. Die Medien sind schnell damit, einem ein Verhältnis anzudichten. Aber ich meine: Haha, der Prince hatte wesentlich sexyere und hübschere Mädchen als mich. Außerdem war ich eine verheiratete Frau.

Ihr Mann soll stocksauer gewesen sein.

Nein. Keineswegs. Mein Mann war irritiert, dass mich dieser Künstler so fasziniert hat. Dass ich ihn gebeten hatte: »Ach, bitte, ich muss für zwei Tage nach Stockholm. Die spielen in Stockholm. Darf ich dabei sein? Anschließend fahren wir noch nach Kopenhagen. Dann komme ich für zwei Tage nach Hause. Aber dann würde ich so wahnsinnig gerne mit nach Mailand fahren.« Das hat ihn ein bisschen irritiert, aber er war nicht eifersüchtig. Mein Mann wusste genau, dass er sich hundertprozentig auf mich verlassen konnte. Einmal kam er sogar mit zu einem Konzert und anschließend fuhren wir mit Prince und seinem Vater in Prince's Limousine zum Restaurant.

Ein Satz in Ihrem Porträt über Prince lautet: »Da Prince ein äußerst höflicher junger Mann ist, hatte ich nichts zu befürchten.« Was meinten Sie damit?

Er hätte mir keine Avancen gemacht. Der wusste, ich bin eine Prinzessin, ich bin für ihn ein Top-VIP. Der war sehr anständig.

Heißt das, dass es bei anderen Begegnungen schon einmal etwas zu befürchten gab?

Ich muss Ihnen ganz ehrlich sagen, wenn man in Kreisen zu Hause ist, wie ich sie Ihnen beschrieben habe, im internationalen Jetset, da gibt es schon den einen oder anderen Moment, wo man angeflirtet wird. Oder auch, dass einem jemand Avancen macht. Wenn man das nicht will, muss man der Sache eben aus dem Weg gehen.

Waren Sie bei Prince zu Hause?

Leider nie. Aber wodurch ich bei Prince wirklich einen Stein im Brett bekam, war eine Gitarre. Durch meine Musiker-Freunde war ich auf den Jerry Auerswald aufmerksam geworden, einen deutschen Gitarrenbauer, der aus uralten Hölzern sehr außergewöhnliche Gitarren baut. Ehrlich gesagt, seine Gitarren und Bässe sahen ein wenig futuristisch aus, wie für Star Wars. Aber das Stück, das er für mich baute, war toll, ganz in Weiß und mit einem unglaublichen Klang. Jerry kam mit nach Mailand, um Prince mein Geburtstagsgeschenk zu übergeben. In einem gläserenen Gitarrenkoffer überbrachten wir ihm die Gitarre. Er nahm sie, schloss sie an den Verstärker und spielte ein paar Akkorde. »Wow, what a great sound!«, rief er begeistert. Dieser Mann, der nie eine Gefühlsregung zeigte, nie ein Wort sagte, freute sich plötzlich wie ein kleiner Junge. Später erfuhren wir, dass er für sein neues Album »Diamonds and Pearls« den ganzen Gitarren-Part neu mit dieser Gitarre einspielte.

War vermutlich nicht gerade ein Schnäppchen-Geschenk.

Zehntausend Mark, das war viel für eine elektrische Gitarre. Jerry Auerswald ist mittlerweile ein gefeierter Designer. Er erzählte mir, Prince habe noch weitere Instrumente bei ihm bestellt, aber leider Gottes nicht sehr zuverlässig bezahlt. Nicht nur das. Prince habe auch versucht, die Gitarren in Amerika nachbauen zu lassen.

Bleiben wir bei den Künstlern. Sie wollten diese Menschen, Individualisten und Originale, wie Sie sagten, sammeln wie Kunstobjekte. »Die sind herrlich, weil sie sich so abheben«, erklärten Sie, »die muss ich hier und da sehen, damit ich aus dem täglichen Einerlei, aus der Masse, herauskomme.«

Ich hatte mittlerweile die Kunst, meinen Salon zu führen, fast perfektioniert. Das heißt, ich hatte jetzt ein tolles Portfolio an Leuten: Universitäts-Professoren, Theologen, Wissenschaftler, Theater-Leute, Regisseure, bildende Künstler. Dieser Job hatte im Grunde als Auftrag begonnen, aber Sie können nichts wirklich gut machen, wenn es Ihnen nicht auch Freude macht. Und ich konnte den Salon nur deshalb verbessern und perfektionieren, weil er auch für mich interessant wurde und ich einen riesigen Spaß damit hatte. Plötzlich kamen Leute wie Billy Boy, der damals die Barbie-Puppe neu gestaltet hat, oder die Nina Hagen und ihr Freund, oder der James Brown, die dann wiederum in Regensburg auf einer Party mit Boris Becker und Jeff Koons zusammenkamen.

Die außergewöhnliche Mischung war es, die Gäste nach Regensburg zog. Denn Regensburg ist nun nicht gerade Paris. Hier gibt es keine glamourösen Hotels und diese Leute sind sehr verwöhnt. Ich will nur sagen: Es ist ein Unterschied, ob man nun in London, in München oder in Regensburg eine Party gibt. Bei uns musste also noch ein kleiner »Mehrwert« vorhanden sein. Und dieser Mehrwert war ich, meine mittlerweile bekannt gewordene »Verrücktheit« und das Schloss.

Einer Ihrer bevorzugten Künstler war Jeff Koons. Was finden Sie an ihm?

Es geht nicht darum, was ich von ihm denke oder wie ich ihn finde. Jeff Koons ist der Picasso unserer Zeit. Jeff Koons ist mit Sicherheit – das sage nicht ich, sondern Museumskuratoren – der bedeutendste Künstler der Gegenwart, eine Institution. Damals, als er bei uns war, war er noch nicht so berühmt. Aber ich fand seine Kunst schon wunderbar, und als Person hat er mich fasziniert, weil er ein aufgeschlossener, gebildeter Gesprächspartner ist, kunstgeschichtlich bewandert, einfach ein interessanter Mann, der etwas zu erzählen hat und von dem man lernen kann.

Ganz so unumstritten ist er nun auch wieder nicht.
Doch, doch. Mittlerweile schon. Vor fünf, zehn Jahren vielleicht noch nicht. Da kam diese Serie raus mit der Cicciolina, seiner früheren Frau, einem ehemaligen Pornostar. Aber das ist vorbei. Der Mann gehört schon heute zur Kunstgeschichte. Jeff Koons hat unseren Zeitgeist in seiner Kunst verewigt.

Von Jörg Immendorff hatten Sie angeblich einige wüste Gemälde in Dunkelblau, allerdings waren diese im Kinderzimmer aufgehängt. Ihr Mann hatte offenbar kein Verständnis für diese Art von Kunst.
Ich hatte von Immendorff nur ein einziges, sehr schönes Bild, »Café Deutschland«, und es gefiel meinem Mann sehr gut. Aber mir gefiel es irgendwann nicht mehr, deswegen habe ich es verkauft.

Es hing wirklich im Kinderzimmer?
Ja. Weil es ein sehr dekoratives, schönes Bild ist, auf dem man auch etwas sehen und erkennen kann.

Also kein Bild, um die Kinder zu verängstigen?
Nein. Absolut nicht.

Sind viele Dinge aus der modernen Kunst inzwischen nicht auch ziemlich entzaubert? Manchmal hat man den Eindruck, es bewegt sich hier nichts mehr. Was vordem noch als sensationell galt, wirkt inzwischen fahl und einfallslos. Es verdankt seinen Ruhm weniger der Kraft und der Fertigkeit des Künstlers, sondern oft nur der Beflissenheit einer gewissen Schickeria.
Das ist zum Teil richtig. Natürlich bestimmt der Zeitgeist auch Angebot und Nachfrage. Es gibt Künstler, die in den 80er-Jah-

ren hoch gefeiert wurden und heute überhaupt keine Bedeutung mehr haben. Es gibt allerdings auch Künstler, die in den 80er-Jahren lediglich von einigen wenigen Kennern sehr gezielt gesammelt wurden – und die sind heute Weltstars. Jeff Koons ist hierfür das Paradebeispiel. Wenn ein Jeff Koons heute etwas produziert, dann sind die Sachen schon verkauft, bevor sie überhaupt fertig sind. Umgekehrt wurde selbst ein Andy Warhol zu Lebzeiten unterbewertet. Hier lässt sich nichts verallgemeinern. Es gibt ja auch Künstler, die wie ein Wein einige gute Jahrgänge haben, aber außerhalb dieser Periode dann oft ziemlich uninteressant sind.

Wo trafen Sie Andy Warhol?

Andy Warhol war oft im »Studio 54«. Er hatte uns eines Tages eingeladen, in seine »Factory« zu kommen. Ich war dann allerdings ziemlich erschreckt und erstaunt festzustellen, dass Andy Warhol im Grunde genommen seine Bilder gar nicht selbst gemalt hat. Die wurden stattdessen im Siebdruckverfahren alle von seinen Studenten hergestellt – und er hat dann nur noch seinen Servus draufgesetzt.

Andy wollte mich porträtieren, aber ich fand die 30 000 Dollar, die er dafür haben wollte, viel zu teuer. Speziell für ein Bild, an dem er noch nicht mal selbst Hand anlegte. Später habe ich kapiert, dass Warhols Großartigkeit genau darin bestand, die Bilder über sein spezielles Verfahren fast industriell herzustellen – das Spiegelbild einer Gesellschaft, die kaum noch individuelle Prozesse kennt. Im Nachhinein habe ich es sehr bereut, mich oder meinen Mann nicht porträtiert haben zu lassen, aber ich hatte einfach noch keine Ahnung von Kunst. Ein, zwei Jahre später habe ich Andy Warhol wirklich verehrt. Leider ist er sehr früh gestorben.

Wie oft begegneten Sie sich?

Mehrere Male. Jedes Mal, wenn er nach Deutschland kam, ließ er mich anrufen, ich sollte doch kommen. Ich erinnere mich an eine Begegnung, als Hubert Burda sein neues Verlagsgebäude in

München einweihte. Andy hatte immer einen Fotoapparat dabei. Er war wahnsinnig schüchtern und bevor er mich …

Warhol war schüchtern?

Ja sehr, er hat kaum ein Wort geredet. Andy Warhol war einer der Zurückhaltendsten …

War er arrogant?

Nein, nein überhaupt nicht. Er war sehr bescheiden, sehr schüchtern, sehr zurückhaltend. Und bevor er mit Leuten geredet hat, nahm er erst mal seine kleine Kamera und hat immerzu fotografiert. Gesprochen hat er eigentlich nur mit seinem nächsten Kreis. Ich war gut befreundet mit seinem engsten Vertrauten, Fred Hughes, der, wie ich glaube, auch sein Vermögensverwalter war. Hughes, ein sehr gut aussehender junger Mann, lief immer sehr elegant im Nadelstreifenanzug rum.

Verrückt, dass Leute wie Andy Warhol ihren Vermögensberater im Schlepptau haben.

Das war zugleich sein Freund. Sie kannten sich schon vom Beginn seiner Karriere an. »Gloria, you should go on television«, meinte Andy ständig, »you should go on television.« Ich hab immer nur gelacht und gesagt: »Ja, macht mir Spaß, möchte ich gerne machen.« Und er immer: »You're so great, you're so great.« Das hat mich natürlich geehrt.

Bald danach lernte ich Basquiat kennen. Es war die Zeit, als ich anfing, Kunst zu kaufen. Ich hatte ihn in seinem Studio besucht. Ich wusste, dass er heroinsüchtig ist. Die Galerien hatten sich längst schon um ihn gerissen, und ich war sehr stolz darauf, dass ich im Gegensatz zu den anderen mein Bild direkt bei ihm selbst kaufen konnte. Es durfte ja nicht so viel kosten. Schließlich hatte ich von meinem Mann nicht so viel Geld zur Verfügung.

Sie hatten ein eigenes Budget für Einkäufe?

Ja, ein kleines.

Nicht besonders viel, oder?

Für damalige Zeiten schon. Jedenfalls hab ich dem das Bild für 30 000 Mark abgeschwatzt. Vier oder fünf Jahre später war es plötzlich wesentlich mehr wert. Daraufhin wurde mein Budget für Kunstkäufe erhöht. Das hat mich sehr motiviert und ich habe tolle Künstler kennen gelernt. Interessante Menschen wie beispielsweise Keith Haring. Wir sind zusammen ausgegangen. Was mir bei Haring besonders auffiel: Sein Atelier, ein sehr großes Loft, war wunderbar ordentlich. Seine bemalten Vasen, die Stifte, alles war so schön aufgereiht.

Wie umfangreich ist Ihre Sammlung mittlerweile?

Nicht sehr groß. Ich bin ja keine institutionelle Sammlerin, sondern eine so genannte Dekorationssammlerin. Was ich nicht hängen kann, kaufe ich auch nicht. Ich wollte in meinem Schloss statt alten Bildern Gegenwartskunst haben – weil ich ganz einfach in der Gegenwart lebe und mich auch mit ihr identifiziere und auseinander setze.

Welche der Persönlichkeiten, mit denen Sie Umgang hatten, haben Sie besonders beeindruckt?

Damals auf jeden Fall Prince. Natürlich auch Paco Rabanne, der bereits der Grandseigneur der Modebranche war. Sehr beeindruckt hat mich auch Pierre Cardin. Er war der Allererste, der es verstanden hat, aus seiner Marke ein großes Franchisesystem zu machen. Mich hat begeistert, dass es in Brasilien, wo wir unsere Farm hatten, in einem wirklich verschlafenen Nest in einem kleinen Kaufhaus Pierre-Cardin-Matratzen gab. Er hatte das berühmte Pariser Restaurant »Maxim's« gekauft und gleich darauf auch in Moskau und in Peking ein »Maxim's« aufgemacht. Lange nach Cardin erst kam Cartier auf dieses System. Alain Dominique Perrin begann ein ähnliches System für Cartier. Um die Marke populärer zu machen, erfand er »les Must de CARTIER«. Plötzlich gab es nicht mehr nur Juwelen ab 100 000 Dollar, sondern man konnte Uhren, Brillen, ja sogar Seidentücher für viel weniger Geld haben und mit diesen Dingen teilhaben an der Welt der

Schönen und Reichen. Das hat mir sehr imponiert, vor allem weil ich die beiden erfolgreichsten Marken-Vermarkter gut kannte.

Pierre Cardin hatte eine sehr nette Direktorin, die hieß Prinzessin Gilene de Polignac, eine große Freundin von uns. Sie hat viele Essen für uns gegeben, bei denen Pierre Cardin oft dabei war.

Einen dürfen wir hier auf keinen Fall vergessen: den Popstar Michael Jackson, mit dem Sie ein ganz besonderes Erlebnis verband.

Vorneweg gab es eine lustige Geschichte. So verrückt wie ich auf Prince war, so närrisch war Regina Sprüth auf Michael Jackson. Ihn kennen zu lernen war ihr sehnsüchtigster Traum. Wir hatten ihn zwar schon in Basel erlebt, aber das war ein Defilieren. Wie beim Papstbesuch. Mehr als ein Hallo und ein Auf Wiedersehen war da nicht drin. Sollte Michael nach Deutschland kommen, nahmen wir uns vor, werden wir ihn kennen lernen.

Eines Tages war es so weit. Michael Jackson machte Station in München. Wir wussten, wo er abgestiegen war, und als wir am Vormittag in der Stadt ankamen, war bereits ein irrsinniges Gewusel rund um das Hotel »Raffael«, heute Hotel »Mandarin Oriental«. Die Hotelhalle platzte fast vor Menschen, die geschäftig herumrannten. Das Problem war, man konnte nicht richtig erkennen, wer zum Michael-Jackson-Clan gehörte, wer zur Presse und wer zum Konzertveranstalter. Wir saßen auf einer Couch und studierten die Menschen um uns herum. Mir war klar, dass der Veranstalter, Marcel Avram von Mama Concerts, einen besonderen Ehrgeiz hatte, Leuten wie mir zu sagen: »Geht leider nicht.« Avram schien schon immer etwas gegen mich zu haben, noch als ich Gloria Schönburg war. Jedes Mal, wenn ich mit Freunden bei Pink Floyd, bei Genesis oder wem auch immer im Backstage-Bereich auftauchte, kam er persönlich und schmiss uns raus. Das war einer der kleinen Höhepunkte in seinem Leben.

Was war Ihr Plan, an Jackson ranzukommen?

Von Mama Concerts hätte mir also nie und nimmer jemand geholfen. Deshalb war es so wichtig herauszufinden, wer von diesen vielen geschäftig hin und her laufenden Menschen derjenige war, der direkten Kontakt zu Michael hatte. Nach drei Stunden hatten wir jemanden herausgefiltert, eine Blondine, die genauso aussah, wie man sich eine typische amerikanische Personal Assistant vorstellt. Uns war aufgefallen, dass sie in der ganzen Zeit lediglich dreimal aufgetaucht war, und zwar um Kaffee und was zu essen zu holen. »Was hältst du von der Blonden?«, fragte ich. Regina nahm die Frau noch mal ins Visier: »Die ist es.« – »Wer geht hin?« – »Ich kann nicht«, sagte sie, »ich bin nicht in der richtigen Stimmung, ich kann nicht.« – »Okay, dann muss ich es machen«, meinte ich. Mir war es zwar auch peinlich, aber da ich es für Regina tat, war es einfacher. Zufällig hatte ich gesehen, dass ich ausgerechnet an diesem Tag in der »Abendzeitung« mit einem großen Foto auf der Titelseite abgebildet war. Ich schnappte mir die Zeitung, ging auf die Frau zu, begrüßte sie und zeigte ihr die »Abendzeitung«: »This is me«, sagte ich, »my name is Princess Gloria, I am here to meet Michael, could you arrange that?« Sie nahm die Zeitung, sagte: »Let me see what I can do for you«, und ging wieder zu den Zimmern.

Regina, die das alles beobachtet hatte, war außer sich. »Was hat sie gesagt?«, wollte sie wissen.

Sie waren noch immer in der Lounge des Hotels?

Ja, wir warteten auf unseren Sofas. Es dauerte keine zehn Minuten, da kam die Frau wieder runter, um uns tatsächlich in die Suite von Michael Jackson zu führen. Regina war fertig. Die hat nur gestammelt: »Ich bin Ihnen so dankbar, Durchlaucht, ich bin Ihnen so dankbar. Ich glaub's nicht, ich glaub's einfach nicht.« Erst im Nachhinein wurde mir die ganze Situation bewusst. »Mensch, Regina, das war ganz schön peinlich«, sagte ich, nachdem wir bei Jackson empfangen worden waren und wieder auf dem Weg in die Hotel-Lobby waren, »ich muss da hingehen, mit der Zeitung in der Hand.« Aber wir waren so froh über die Begegnung, dass die Peinlichkeit schnell vergessen war. Michael war sehr freundlich und interessiert. Während unseres Smalltalks erzählte ich ihm von unserem Schloss und lud ihn auch gleich ein, zu uns zu kommen. Was wäre das für eine tolle Überraschung für die Kinder, dachte ich. Michael zeigte sich sofort interessiert. »Oh lovely, thank you, oh that's great, you're really nice.« Zunächst aber sollten wir in seine Show kommen: »Please come and see the show, and say hi after the show, I'll be waiting for you. Please.«

Das Konzert war bereits am nächsten Tag, ja?

Ja, und die Kinder waren, wie man verstehen kann, so happy, als sie erfuhren, dass wir sogar Pässe bekommen würden, um nach der Show mit Michael zu reden. Der Auftritt selbst war im Olympiastadion, hinterher wurde für Jackson von der Plattengesellschaft noch eine Party im Olympiazentrum arrangiert. Das war ein richtiges kleines Volksfest mit Mini-McDonald's und Mini-Karussells. Man wusste, dass er das gerne mochte. Die Kinder waren glücklich. Hier Popcorn, da Zuckerwatte und Hamburger, hier ein Karussell, da ein Affe – und irgendwann kam Michael. Die Erwachsenen hatten alle ganz sehnsüchtig auf ihn gewartet, die Kinder waren eigentlich auch ohne ihn schon glücklich.

Wie war Ihr persönlicher Eindruck?

Wir wussten, dass er ein exzentrischer, aber auch ein sehr schüchterner Künstler ist und zurückgezogen lebt. Dass er Kinder liebt. Ohne dass es damals bereits Gerüchte über irgendwelche Verfehlungen gegeben hätte. Er war jedenfalls wesentlich zugänglicher als Prince. Er begrüßte einen richtig, interessierte sich und hatte Lust, sich mit uns und den Kindern zu unterhalten. Da konnte man eine Beziehung aufbauen, da war Kommunikation.

Er lud Sie wirklich nach Amerika ein?

Ja klar, warum nicht? Jacko war ja tatsächlich am nächsten Tag mit einer Crew von etwa zehn Leuten zu uns ins Schloss gekommen, vorgefahren mit zwei von diesen verdunkelten Ami-Bussen. Mit dabei waren so große Schränke von Bodyguards, die

Sekretärin und fünf oder sechs Jugendliche um die 14, 15 Jahre. Darunter auch Brad, sein damaliger, sagen wir mal, junger Begleiter, der ihm später den Prozess gemacht hat. Michael selbst war wie ein Kind, das durch ein Schlaraffenland schlendert und nichts verpassen will. Ich hatte in null Komma nichts in München eine Thaiköchin besorgt, weil es hieß, der Künstler sei Vegetarier, würde allenfalls Hühnchen essen, am liebsten aber möge er Thaikost. Nun wandelte er mit einem Teller in der Hand von Salon zu Salon, wollte die Kinderzimmer sehen, die Kutschen. »Oh this is beautiful!«, rief er immerzu, »can I go back, can I go back and see it again?« Es war nun eben nicht mehr nur hi und auf Wiedersehen. Jetzt kannte man sich, und Michael wusste, wo wir wohnen, und jetzt lud er uns zu sich ein, ihn in Amerika zu besuchen.

Wann ging's los?

Gleich in den nächsten Ferien, im Herbst. Wir flogen nach Los Angeles, wurden von seinen Leuten am Flughafen abgeholt und fuhren etwa eineinhalb Stunden in einer riesigen Limousine mit Fernseher, Bar und allem Drum und Dran auf seine Neverland-Farm. Neverland ist eine riesige Ranch. Man fährt immer wieder durch Tore, die sich wie in einem Sesam-öffne-Dich auftun, alles bewacht von irrsinnig vielen Security-Leuten. Irgendwann befindet man sich in einer riesigen Gartenanlage, in der sich größere und kleinere Häuser verteilen. Und das Besondere: Überall hört man ganz zarte Hintergrundmusik. Dudeldudeldudel dudelt's aus dem Garten.

Wir wurden in einen wahnsinnig üppig und kitschig möblierten Bungalow geführt. Die Kinder waren natürlich hin und weg, sprangen herum und schalteten sofort den Fernseher an. Überall lagen Süßigkeiten, selbst der Kühlschrank war voll davon, wie im Schlaraffenland. Und auf allem, auf Seifen, Handtüchern, Geschirr, war das Logo von Neverland aufgedruckt: ein kleiner Junge, der in einem Halbmond sitzt. Als man uns später ins Haupthaus bat, kam uns ein sehr leger und gut gekleideter Michael entgegen, offenes Hemd, Jeans, seine typischen Mokassins, die er immer anhat. »Hi, it is good to see you, come in. May I show you my house?« – »Ja!«, riefen alle. Wir waren begeistert. Zuallererst zeigte er uns sein Spielzimmer …

Ein Spielzimmer? Für sich selbst?

Ja, für sich persönlich, ein riesiges Zimmer mit lauter Spielsachen. Einer elektrischen Eisenbahn, einem riesigen Puppenhaus, einer Autobahn und wahnsinnig vielen Plüschtieren. Große Pinocchios, kleine Pinocchios, wie in einer Spielwarenhandlung. Anschließend stellte er uns die Tochter seines Gärtners vor, und plötzlich waren vier, fünf Kinder um uns herum. Auch Brad tauchte wieder auf, schlecht gelaunt. Er konnte überhaupt nichts mit uns anfangen, gab uns widerwillig und mürrisch die Hand, und es war unschwer zu erkennen, dass ihm unser Besuch überhaupt nicht passte.

Waren damals bereits die Spuren der vielen Schönheits- und vor allem der Nasenoperationen zu sehen?

Man sah eine ganz zierliche, von mehreren Operationen zurückgebildete sensible Nase. Jetzt hatte ich auch verstanden, weshalb er immer diese OP-Masken trug. Nicht weil er Angst hatte, Bakterien aufzuschnappen, sondern weil er seine Nase nicht zeigen wollte. Das Gesicht war so fragil, ich hatte wirklich Schwierigkeiten hinzugucken. Die Backenknochen, die Kinnknochen, diese gebleichte Haut. Wobei es bis heute ein Rätsel ist, wie ein Schwarzer so weiß werden kann. Er war ja weißer als Regina, und Regina war schon perlmuttweiß. Dieses Aussehen hatte mir bereits in Regensburg einen Schrecken eingejagt.

Sie waren die einzigen Gäste auf der Ranch?

Ja. Michael zeigte uns sein Schlafzimmer, seinen großen Wohnraum und das Kino. Dann führte er uns in eine riesige Wohnküche, in der eine Anzahl von Frauen Essen vorbereiteten. Es war alles so, wie man es bei Kentucky Fried Chicken kriegt. Pommes frites, gebratene Hühnerstücke und sehr viel Süßes. Regina und ich haben viel Spaß gehabt, die Stimmung war ausgelassen und fröhlich.

Nach dem Essen fuhren wir mit so kleinen Golf-Cars durch das Gelände. Das Lustige war, dass da überall Taranteln rumliefen, ganz große, handdicke Spinnen, aber harmlos.

Es gab sogar einen eigenen Zoo mit entsprechenden Gehegen, in denen Tierpfleger arbeiteten. In einem separaten Haus lebte eine Schimpansenfamilie, die eine eigene Kinderfrau hatte. Ich weiß noch, einer der kleinen Affen trug sogar eine Windel.

Die Kinder fielen dann erst mal um vor Müdigkeit und mussten schlafen. Abends kam plötzlich der Anruf, Michael würde uns gerne im Kino treffen. Wir wurden abgeholt und zu dem kleinen Kinopalast gebracht. In der Eingangshalle gab es eine eigene Kasse und am Popcornstand bediente uns eine Frau in Kinokleidung. Der Saal selbst hatte ungefähr 300 Sitze, richtig schöne dicke Kino-Sofasessel, wie man sie in keinem Kino der Welt findet. Aber das Allerhöchste war, dass es hinter großen Glaswänden frisch bezogene Betten gab, in die man sich legen konnte, wenn man schlafen wollte. Bei Michael waren fünf Kinder, Kinder von Angestellten vermutlich, und meine Kinder sollten dann auch zu ihm kommen, was sie eine Zeit lang machten, aber noch während des Films kamen sie wieder zu uns.

Und das ganze Personal – kamen die jeweils auf Abruf?

Immer. Es war gewissermaßen nur eine Simulation von Kino-Erlebnis, aber mit allem, was dazu gehört: Kasse, Eisverkäuferin, die Leute an den Buden. Irgendwie war es auch unheimlich in dieser »heilen« Welt. Dieser leere Zoo, dieses leere Kino, diese Musik, die überall Tag und Nacht zu hören war. Hinzu kam noch, dass im Garten viele kleine Teufelchen herumstanden, Figürchen mit Hörnern. Mir war das dann zu viel, ich habe plötzlich Platzangst bekommen und gesagt: »Regina, du kannst gerne den Tag hier verbringen, ich muss hier raus. Ich muss ans Meer, ich muss raus jetzt.«

Was hatten Sie denn für einen Eindruck von der Sache?

Für uns war klar: Dies hier ist das »Paradies« eines exzentrischen Musikers, der sich seinen Traum verwirklicht und dafür unermesslich viel Geld ausgibt. Aber diese riesige Anlage für einen alleine hatte auch etwas Grausames. Als wir am nächsten Tag wieder mit unseren Golf-Cars rumfuhren, sahen wir beispielsweise eine Gruppe fremder Kinder, die grad dabei waren, aufs Riesenrad zu steigen. Es gab kleine Schaustellerbuden, an denen man bedient wurde. Aber sobald die Kinder weg waren, standen diese wunderschönen Karussells eben gespenstisch still.

Alles erinnert ein wenig an den Film »Die Truman Show«, wo um eine einzelne Person herum eine komplette Welt simuliert wird, um sein Verhalten und seine Entwicklung live vor ein Millionenpublikum in Fortsetzungen auf den Bildschirm zu übertragen – was der unfreiwillige Hauptdarsteller allerdings nicht mitbekommen durfte.

Ja, ich liebe diesen Film. Aber in der »Truman Show« gibt es wenigstens noch Menschen. Hier aber war niemand. Nur wenn jemand kam, einige Kinder aus der Umgebung, drückte man auf den Knopf und alles begann sich zu drehen. Aber das hätte er mit 50 Schulen oder Kinderheimen machen müssen, dann wäre es gut gewesen, aber nicht nur mit einer. Auf jeden Fall habe ich den Wunsch geäußert, dass ich gerne eine Fahrt unternehmen würde. Zehn Minuten später wurde mir ein weißes Rolls-Royce-Cabrio gebracht: »Bitte, fahren Sie, wohin Sie wollen, kommen Sie zurück, wann Sie wollen.« Ich bin dann erst mal rausgefahren, runter zum Ozean, und hab mir gedacht, endlich bin ich wieder in der Wirklichkeit, das ist ja Wahnsinn da drinnen. Dieses bedrückende Gedudle die ganze Zeit, diese komischen blöden Panfiguren, die einen aus jeder Ecke angrinsten. Mir war das alles zu viel, aber meine Kinder und Regina waren so high, dass ich denen den Spaß nicht verderben wollte. Am Ende waren wir allerdings ganz glücklich, noch für ein paar Tage nach Los Angeles fahren zu können.

7 Männer, Sex und andere Lügen

Irgendwann hatte die Gloria von damals das Gefühl, sie müsse »abschließen«, sich in einen eigenen Raum zurückziehen. Sie sprachen wörtlich von: »eine Selektion vornehmen«.
Und weiter: »Ich habe gelernt, dass man erst mal mit sich selbst alleine glücklich sein muss, ehe man wirklich Freunde erkennen und auch wertschätzen kann.« War es Überdruss? Eine Übersättigung und Ermüdung?
Das war bereits die Einleitung zu einem Umdenken. Es ging mir ähnlich wie schon einmal zuvor, damals in München, in der Zeit als junges Mädchen, als ich deutlich spürte, es muss sich etwas ändern, so kann es nicht weitergehen. Das ist zu leer. Da ist gar kein Inhalt. Diese Art von Leben bleibt ja letztendlich immer unbefriedigend. Und vielleicht war das auch schon die Einleitung zu dem nächsten großen Schritt, der dann in meinem Leben passiert ist.

Außer Ihrem Mann und Ihren Kindern, räumten Sie nun ein, hätten Sie nur zwei Freunde, der Rest seien Bekannte.
Ja, weil ich es eben sehr ernst meine mit diesem Anspruch. Für mich ist ein Freund jemand, mit dem ich so vertraut bin, dass ich mich nicht schämen muss, in einer Situation der Bedrängnis anzurufen und um Hilfe zu bitten. Schon allein der Gedanke, ach, mit dem Schmarrn kann ich mich an den und den nicht wenden, führt in eine andere Kategorie. Bekannte sind wichtig, aber das Prädikat »Freund« bleibt eben nur ganz wenigen Menschen vorbehalten.

Einer dieser guten Freunde ist Donna Alessandra Borghese aus Rom. Sie haben sich gegenseitig als »Super-Super-Buddys« bezeichnet, als beste Freundinnen.

Wobei die Alessandra ja viele Jahre aus meinem Leben verschwunden war. Wir kannten uns gut, wir hatten viel Spaß zusammen, aber wir haben uns dann aus den Augen verloren. Dass wir uns wieder fanden, war eine glückliche Fügung. Bis zu diesem Zeitpunkt hatte ich in Regina Sprüth, meiner Mitarbeiterin, gleichzeitig meine allerbeste Freundin und größte Stütze. Sie hat sich um alles gekümmert, um das Personal im Schloss, um Termine und Presse. Wir mussten ja das ganze Hofmarschallamt mit sechs Leuten ersetzen, und als die Fürstin angefangen hat zu arbeiten, hat auch die ehemalige Hofdame damit angefangen. Wir waren ein ganz tolles Team. Regina hat dann einen sehr netten Mann gefunden und damit war ihre Zeit in Regensburg zu Ende. Dass ich nun die Freundschaft mit Alessandra wieder aufleben lassen konnte, war für mich natürlich ein Glück.

Sie haben nicht wieder geheiratet nach dem Tod ihres Mannes.

Die Sehnsucht, noch einmal einen Mann zu finden, war schon da. Aber wie stellen Sie sich das vor? In meiner Position. Etwa einen Prinzgemahl, der sich zu mir ins Schloss gesetzt hätte? Das wäre auch für den Mann nicht so einfach. Oder der schwerreiche Amerikaner, zu dem ich nach Amerika gegangen wäre, mit den kleinen Kindern, mit meiner Verantwortung in Regensburg für Alberts Erbe – wie hätte das funktionieren sollen? Natürlich hat es den einen oder anderen gegeben, der mir gefallen hätte, aber es ist genau an dieser meiner Situation gescheitert. Ein Mann mit Durchsetzungskraft und Stärke, so wie er mir gefallen würde, wäre zu einem Prinzgemahlleben sowieso nicht bereit.

Wenn ich auf mein Leben zurückschaue, dann muss ich ganz offen zugeben, dass ich sehr viel Glück gehabt habe. Das Leben hat mich sehr gut behandelt. Zuerst wollte mich niemand haben und dann bekomme ich den begehrtesten Junggesellen zum Ehemann. Der schenkt mir drei gesunde Kinder und ich darf in einem wunderschönen Schloss mit Personal residieren, das mich verwöhnt.

Wie komme ich eigentlich dazu, vom Leben zu erwarten, noch einmal einem Mann zu begegnen, den ich genauso lieben kann wie meinen Johannes? Das wäre ja fast wie im Märchen vom Fischer und seiner Frau. Okay, es waren nur zehn Jahre, aber diese Jahre waren altogether wunderschöne Jahre. Bin ich nicht ausreichend bedient? Im Übrigen brauche ich vor Einsamkeit im Alter keine Angst zu haben, weil ich Kinder habe, die sicher für mich sorgen werden. Natürlich würde ich es nicht ausschließen, noch einmal einem Mann fürs Leben zu begegnen, denn man soll nie nie sagen.

Drängt sich dennoch die Frage auf, ob Sie nicht auch ein wenig Angst vor Männern hatten. Einmal meinten Sie: »Ich hatte das Glück, Kavaliere um mich zu haben, die mich ausgeführt haben, ohne dafür sexuelle Dienstleistungen zu verlangen.« Und weiter: »Es gibt für eine Frau nichts Angenehmeres, als in Gesellschaft eines Mannes zu sein, der ihr nicht sofort das Gefühl gibt, mit ihr ins Bett zu wollen – das ist der absolute Luxus.«

Es ist ja nicht so, als ob ich es nicht genießen kann, wenn ein Mann mich attraktiv und anziehend findet. Nur glaube ich, dass ich tatsächlich etwas geschädigt bin von der sexuellen Freizügigkeit der Nach-68er-Zeit. Im tiefsten Inneren bin ich geschädigt.

Inwiefern?

Ich meine, es war einfach unerträglich, schon mit 14 bedrängt und angegrapscht zu werden. Man konnte ja zu keiner Party gehen, ohne dass nicht alle nur drauf gewartet haben, dass das Licht ausgeknipst und geschmust wird. Aber man kann doch einfach nicht erwarten, dass das jede für gut findet. Es gibt doch auch Leute, die sehnen sich danach, einen Freund zu haben, der einen dann auch wirklich ernst nimmt und nicht nur für den Abend begehrt und auch auf dieses Bäumchen-wechsel-dich-Spiel keine Lust hat. Außerdem war ich von zu Hause ganz anders erzogen worden. Man hat mir beigebracht: Geh sicher, dass du sexuell nicht ausgebeutet wirst. Gib dich nur dem Mann deines Lebens hin. Wir haben ja in diesem Interview bereits darüber gesprochen.

Ich weiß, dass viele Frauen inzwischen argumentieren, dass man ja den Spieß umdrehen und heutzutage die Männer genauso sexuell ausbeuten könne, wie sie uns ausbeuten. Aber das ist keine sehr christliche Einstellung. Außerdem glaube ich nicht, dass Frauen dasselbe seelische Korsett haben wie Männer und daher sehr wohl darunter leiden, wenn die Männer sie nach einer gewissen Zeit gegen eine andere austauschen. Das heißt, sich ohne Skrupel zu nehmen, was einem gefällt, um es dann wie eine heiße Kartoffel fallen zu lassen, ist über kurz oder lang ein seelisches Eigentor.

»Wer zweimal mit derselben pennt, gehört schon zum Establishment« – das war mal der Slogan.

Und das hat meiner Ansicht nach viele Menschen nachhaltig geschädigt. Allmählich ändert sich der Trend, aber sehr lange Zeit wurde propagiert, dass nur glücklich ist, wer so ungefähr dreimal am Tag Sex hat. Das war plötzlich enorm wichtig geworden, sozusagen eine Norm, die man meinte erfüllen zu müssen. Dass Menschen, die kein Sexualleben haben, auch glücklich sein können, das stand überhaupt nicht zur Debatte. Auffälligerweise gab es noch nie so viele impotente Menschen wie in unserer Zeit der sexuellen Freiheit. Ich kann mir denken, dass es nicht wenige Männer gibt, die im Grunde eine Sehnsucht nach echter Liebe haben, die jedoch durch ihre Kameraden und das allgemeine gesellschaftliche Klima einem Druck ausgesetzt sind, eine Leistung zu erbringen, die ihnen vielleicht zuwider ist. Das ist doch schrecklich, wenn man als Mann meint, man muss bei jeder Frau, die man gerade erst zwei-, dreimal in der Disko getroffen hat, gleich sagen können, ich hab Waidmannsheil gehabt, damit die anderen nicht sagen, der ist schwul oder impotent.

Ist das so?

Ich mein, Sie müssen doch nur zurückdenken. Ich rede doch nicht von irgendetwas Außerirdischem. Genauso waren und sind doch die Zeiten. Wenn man ein paarmal mit jemandem zusammen war, fragten doch die Außenstehenden gleich: »Na, und? Erzähl, wie war's? Habt ihr schon?«

Über Ihre Zeit als junges Mädchen meinten Sie einmal: »In meine Lehrer habe ich mich natürlich andauernd verliebt.« Sie haben das psychologisch so gedeutet: »Du willst einen unerreichbaren Menschen, weil du es doch noch nicht willst; das Gefühl zwar erleben, es aber noch nicht ausleben.«

Richtig. Und so interpretiere ich das auch heute häufig bei Freundinnen, wenn sie sich in jemanden verlieben, der unerreichbar ist. Dann ist das offensichtlich das Zeichen, dass sie in Wirklichkeit gar nicht wollen, weil der Traum so schön ist. Bei mir jedenfalls war das so. Ich bin Sternzeichen Fisch, für mich ist das Träumen viel schöner, als es die Wirklichkeit vielleicht je sein könnte. Und dann darf man selbstverständlich nicht vergessen, dass ich ja nicht auf Wolke sieben gelebt habe. Ganz im Gegenteil. Seit ich 15 bin, haben sich um mich herum immer wieder gewaltige Liebesdramen abgespielt. Und ehrlich gesagt war ich froh, dass mir das erspart geblieben ist. Liebesdramen, die entstanden sind, weil die Mädchen auf Druck der Jungs nachgegeben haben und sich von ihnen haben, ja, wie sagt man, »vernaschen lassen«, obwohl sie vielleicht gar nicht – oder sicherlich noch nicht – bereit waren zu diesem Kontakt. Und dann auch verlassen wurden. Das wurde gar nicht thematisiert. Das nahm man einfach so hin. Es war eine Selbstverständlichkeit. Ein gewisses Umdenken setzte ja erst ein, als Aids bewusst machte, dass häufiger und ungeschützter Partnerwechsel lebensgefährlich sein kann.

Wie auch immer. Hier geht es jeweils um eine Sexualität, die kein Herz mehr kennt, sondern ausschließlich körperliche Bedürfnisse befriedigen will. Fast in dem Sinne: Wie viele Kalorien habe ich heute schon zu mir genommen – und wie viele Kalorien baue ich ab, wenn ich jetzt noch bumsen gehe? Und es ist klar, wenn es so viele Männer gibt, die so denken, dann müssen die sich auch an irgendjemandem abreagieren können. Also wird gelogen und betrogen. Und es werden vor allem Philosophien und Verhaltensmuster propagiert, um die Leute dazu zu bringen, hier mitzuspielen. Der kleinste Teil der Frauen wäre ohne die Lüge und den Betrug der Männer bereit, da mitzumachen.

Manche Frauen geraten vielleicht ganz einfach nur in Stress.
Natürlich wird es ab einem gewissen Alter schwieriger. Man kriegt dann schon plötzlich auch Panik und denkt: Wo ist denn der Mann meines Lebens? Ist der überhaupt da, krieg ich einen? Ganz wichtig ist dann, eine gute Freundin zu haben, mit der man sich austauschen kann. Oder die einem meinetwegen auch gut zuredet und hinterfragt: »Mein Gott, willst du denn wirklich Kinder haben?« Denn das ist ja das Entscheidende. Wenn kein Kinderwunsch da ist, ist es letztendlich nicht ganz so bedeutsam, ob du jetzt den Mann fürs Leben findest oder nicht. Es gibt auch andere Formen des Zusammenseins. Es muss nicht jeder heiraten. Und das muss man den Leuten ja auch sagen. Es ist doch schrecklich, wenn Menschen sich unter Druck fühlen oder sich sogar als minderwertig empfinden, nur weil sie nicht verheiratet sind. Wir hatten in unserer Familie einige Tanten, die nicht geheiratet haben. Die waren auch sehr glücklich und zufrieden. Also, ich möchte Ihnen jetzt nicht zu nahe treten, aber man muss es deutlich sagen: Ein Mann macht das Leben nicht unbedingt glücklicher.

... das wird ja immer toller.
Ich meine, wenn man als Frau auf die vierzig zugeht, hatte man eigentlich Zeit genug herauszufinden, ob ein Kinderwunsch da ist oder nicht. Für viele war eben stets alles andere auch wichtiger, und nun fangen sie an, in Panik zu verfallen. Wenn Sie, Herr Seewald, nun keine Frau hätten und Ihren Freunden dauernd vorjammern: »Gott o Gott, ich find die Frau fürs Leben nicht«, dann würde ich Ihnen, als Freundin, sagen: »Bitte, relaxen Sie doch.«

Vermutlich mit ein Hauptgrund für das enorme Anwachsen der Single-Gesellschaft ist, dass es eben dann doch wahnsinnig anstrengend ist, als Familie durchs Leben zu gehen. Davor schrecken viele zurück. Aber wenn wir uns nun davon verabschieden, dass eine Familie einen Vater braucht und dass der Vater umgekehrt eine Frau braucht, als Miterzieherin, als Gesprächspartnerin, als Geliebte, dann ...
Das hab ich ja nicht gesagt. Mein Punkt ist ein anderer. Ich hatte das Glück, einen Mann zu finden, der diese Kriterien, die Sie

gerade aufgezählt haben, alle erfüllt hat. Aber wenn ich ihn nicht gefunden hätte, wäre ich lieber alleine geblieben, als irgendwelche Kompromisse einzugehen.

Wir haben zu Hause gelernt, dass man heiratet, um Kinder zu haben. Dass der Kinderwunsch jedenfalls das ausschlaggebende Moment ist, um über eine Bindung zwischen einem Mann und einer Frau nachzudenken. Wenn nun kein Kinderwunsch mehr da ist, besteht auch keine Notwendigkeit, sich zu binden, deswegen hab ich das gesagt. Nicht, um Ihnen zu nahe zu treten …

Sie sind im Grunde Ihres Herzens eine richtige Feministin.

Danke, es ist gut, dass Sie das sagen. Ich bin eine sehr strenge Feministin. Und ich hab mich jahrzehntelang von den Feministen falsch verstanden gefühlt. Aber jetzt kapieren auch Feministen langsam, dass die katholische Kirche gar nicht so verkehrt liegt. Bei Talkshows wirkt ja beispielsweise eine Alice Schwarzer mit ihren Moralvorstellungen beinahe schon wie eine alte Klosterfrau …

Wir wollen es nicht übertreiben.

Aber Sie haben vollkommen Recht, ich bin eine konservative Feministin, weil ich finde, der Mann hat der Frau gegenüber elementare Verpflichtungen und er darf sie nicht als Sexualobjekt benützen. Ich bin mir auch sicher, dass es eine Erfindung von Männern war, der Frau die Idee mit der sexuellen Befreiung einzureden. Es liegt genau im Interesse der Befriedigung seiner Wünsche, dass die Frau gewissermaßen keine weibliche, sondern eine männliche Denke hat, um sich ungeniert verbinden zu können, ohne irgendwelche Verantwortung zu übernehmen. Nach dem Motto: Du wolltest doch auch? Wir waren doch beide damit einverstanden, unsere Promiskuität auszuleben.

Oder nehmen Sie die Pille. Die Pille ist so ein wahnsinnig ungesundes Medikament, ein enormer Eingriff in den Hormonhaushalt jeder Frau. Wieso hat die Pharmazeutik nicht die Pille für den Mann erfunden?

Aber kommen wir bitte zurück auf Ihre Lebensgeschichte. Zum Schluss dieses Kapitels möchte ich noch einmal einen Punkt aufgreifen, den wir bereits kurz angeschnitten hatten. Er wird immer wieder kolportiert, wenn es um Ihre Person geht, und vielleicht gelingt es uns in diesem Gespräch, hier Klarheit zu schaffen.
In der Biografie von Hillary Clinton, »Gelebte Geschichte«, heißt es: »In einer besseren Welt wäre diese schmerzhafte Episode allein Angelegenheit des Ehepaares gewesen. Obwohl ich lange Zeit alles getan hatte, um zu schützen, was von unserer Privatsphäre noch übrig geblieben war, konnte ich diesmal nichts tun.« Es war am Morgen des 21. Januar 1998, als der Präsident der Vereinigten Staaten sich auf die Bettkante zu seiner Frau setzte und sagte: »Es steht etwas in der Zeitung, das du wissen solltest.« Zu lesen war, was dann wirklich alle Welt wusste und beschäftigte, nämlich Bill Clintons Affäre mit der Praktikantin Monika Lewinsky. Hillary schreibt weiter in ihrer Biografie: »Die schlechten Nachrichten dieses Morgens waren schwer zu verdauen. – Für mich begann nun eine Erfahrung, die mich in die Isolation und Einsamkeit treiben sollte.«
Auch in Ihrer Lebensgeschichte blieben manche intimen Dinge nicht nur die Angelegenheit des betroffenen Ehepaares. In den Medien gab es immer wieder süffisante Andeutungen über den Fürsten. Nicht jeder Mann, hieß es da zum Beispiel, würde ihn zum Onkel haben wollen. Und weiter: Er sei unverbesserlich und habe ganz gewisse Vorlieben. Inwiefern hat Sie persönlich dieses Thema beschäftigt?
Mein Mann war ein Mann, der, genau wie mein Vater, die sexuelle Freiheit sehr genossen hat. Die Befreiung von Konventionen ist ein Phänomen dieser Generation, die sich offenbar von überlieferten Moralvorstellungen befreite und dabei zum Teil überkompensierte. Jedenfalls hat mein Mann mit Sicherheit verschiedenartige sexuelle Erfahrungen gehabt. Das war aber glücklicherweise vor meiner Zeit und ich habe das nur am Rande andeutungsweise mitbekommen. Im Grunde wollte ich davon nichts wissen. Denn ich hatte auch verstanden, dass er, als er mich gefunden hatte, sein Leben grundlegend ändern wollte. Er hat gemerkt, das war nicht richtig, wie ich bis jetzt gelebt hab. Und auch sein Vater hat immer dafür gebetet, dass sein Sohn sich ändert.

In England kamen über Bedienstete oder über sonst jemanden immer wieder Details aus dem Intimleben der Königsfamilie an die Öffentlichkeit. Gab es auch in Ihrem Fall den Versuch, aus dem Hof heraus Enthüllungsstorys zu verkaufen oder Sie vielleicht sogar zu erpressen?
Es gab da einmal die Geschichte mit einem Diener, der seine Memoiren mit Insiderwissen aus dem Hause Thurn und Taxis schreiben wollte, aber darüber weiß ich nicht Bescheid.

Es wird erzählt, die Tendenz der sexuellen Vorlieben Ihres Mannes ging vor Ihrer Ehe ganz eindeutig *nicht* in Richtung Frau.
Nein, das kann man so nicht sagen. Da würden die Mädchen oder die Damen, die es gegeben hat, von der Soraya über die Sybille, Sieglinde und Renate bis hin zur Eva Maria, deren Nachnamen hier nichts zur Sache tun, ganz was anderes erzählen. Und seine Frauengeschichten waren wesentlich ernster als das, was er womöglich in anderen Situationen erlebt hat. Ich kann nur sagen, mein Mann war genau zu der Zeit, als die sexuelle Freiheit in vollem Gange war, gerade in dem Alter, in dem man sich selbst ausprobieren und in gewisser Weise auch austoben wollte. Seine Generation wollte alles Frühere über Bord werfen und die Sexualität in vollen Zügen leben. Er sagte oft, das sei vor dieser Zeit so schrecklich gewesen. Man konnte mit einer Frau im Hotel nicht im selben Zimmer schlafen, sonst wäre der Wirt als Kuppler angezeigt worden. Homosexualität wurde mit Gefängnisstrafe verfolgt. Ich meine, das sind Dinge, die für meine Generation schon wieder völlig absurd geklungen haben. Deswegen kann ich mir vorstellen, dass jemand, der eben kein so Gefühlssensibelchen ist wie ich, anders mit Sexualität umgegangen ist – und die Gesellschaft hat das dann ja auch möglich gemacht.

Insofern weiß ich, dass mein Mann ein Vorleben hatte. Aber er wollte dieses Vorleben auch beenden. Er war mittlerweile sehr, sehr unglücklich und einsam geworden. Er spürte, dass er älter wird und sich im Grunde genommen danach sehnte, eine Familie zu haben. Und zwar ganz abgesehen von der dynastischen Perspektive. Er hat mir ja auch ganz offen gesagt: »Du musst mir helfen. Ich schaffe es nicht alleine. Ich würde so gerne eine

Familie haben.« Deswegen fühlte ich mich auch berechtigt, oft auf den Tisch zu hauen und auch richtig massiv zu drohen, weil ich wusste, ich hatte ja den Auftrag …

Womit drohten Sie?

Mit verschiedenen Dingen. Dass ich das der Familie mitteile, dass ich mich weigere, bei der nächsten wichtigen Einladung dabei zu sein. Womit man eben droht, wenn man sauer ist. Er war teilweise wie ein schwer erziehbares Kind. Insofern hab ich mir wirklich alle Mühe gegeben, ihn zur Raison zu bringen. Es war wie bei Odysseus, der seiner Mannschaft sagt: »Bitte, wenn wir an den Sirenen vorbeifahren, bindet mich am Schiff fest, damit ich ihrem Gesang widerstehen kann.« So war es mit ihm oft. Er wollte festgebunden werden und ich hab ihn festgebunden.

Ein sprechendes Bild.

Das war für mich sehr, sehr schwierig und teilweise sehr, sehr hart. Ganz, ganz schwierig, diesen sehr mächtigen und stolzen Mann in seine Schranken weisen zu müssen und zu verhindern, dass er falsche Sachen macht.

Sie haben gelitten darunter?

Sehr gelitten. Das war schrecklich teilweise. Mit meinen süßen kleinen Kindern musste ich mich gegen viele Dinge wehren, die er immer wieder aus seinem alten Leben einreißen lassen und mir irgendwie präsentieren und schönreden wollte. Aber da hab ich nicht mitgemacht. Ich war einfach auch unbestechlich. Aber dafür hat er mich auch geliebt.

Sie können sich vorstellen, wie Odysseus geschrien und geflucht hat, als er festgebunden war: »Lasst mich, reißt mich los, ich zahle ja das Schiff, ich bin der Kapitän, reißt mich los, ihr Schweine, ich will da hin.« Wir werden später noch darauf kommen, was da los war, wenn man dies dann nicht gemacht hat! Und das musste ich ja alles einstecken. Da war ich ganz alleine. Außer meinem jüngeren Bruder Alexander war niemand da, der mir geholfen hätte, das durchzustehen.

KAPITEL V

Die Umkehr

1 Ankündigung eines Dramas

Fürstin, als Sie im Mai 1980 als Mädchen im Schloss eingezogen waren, bewohnten Sie ein eigenes, rund 60 Quadratmeter großes Appartement, in dem neben einer Musicbox auch ein Schlagzeug stand. Der Fürst selbst residierte in seinem Fürstentrakt, ein Wohn-Reich auf 200 Quadratmeter Fläche. Dazwischen lag, gewissermaßen als Trennschleuse, das gemeinsame Frühstückszimmer. Irgendwann aber wollten Sie diese räumliche Aufteilung nicht mehr so haben. Warum?
Mein Mann hatte eine kleine Suite mit einem sehr schönen, geräumigen Schlafzimmer, einem Bad, einem begehbaren Schrank und einem Ankleidezimmer. Dazwischen war das Frühstückszimmer, und dann kam mein Zimmer, ein ehemaliges Gästezimmer, mit einem schönen großen Doppelbett und Bad. Nach acht Jahren Ehe und nachdem ich gesehen hatte, wie die Fürstinnen vor mir eingerichtet waren, hab ich meinem Mann zugesetzt. Wir hatten zwar unseren gemeinsamen Salon, in dem wir unsere Gäste empfingen, aber ich wollte einen eigenen kleinen Salon für mich haben, ein Fürstinnen-Appartement, wie es meine Vorgängerinnen auch hatten.

Also keine Fluchtbewegung?
Wo denken Sie hin? Nein, die geeigneten Räumlichkeiten dafür boten sich gleich ein Stockwerk tiefer. Sie lagen genau unter den Zimmern meines Mannes und waren mit einem Aufzug zugänglich, der bis ins Erdgeschoss zum Schwimmbad führte. Ähnlich wie seine Großmutter mit seinem Großvater über eine Liebeswendeltreppe, so waren wir mit unserem kleinen Liebeslift ver-

bunden. Topografisch gesehen perfekt. In jenem Sommer brachte ein guter Bekannter einen Freund mit, Gabhan O'Keefe, der sich als Innendekorateur vorstellte und mir in den buntesten Farben schilderte, dass er gerade dabei sei, seinen allerersten Auftrag auszuführen. Er konnte mir noch keine Entwürfe zeigen, aber die Art und Weise, wie er mir von seiner Arbeit vorschwärmte, faszinierte mich derart, dass ich ihn auf der Stelle engagierten wollte. Gottlob hatte mein Mann so einen richtig großzügigen Moment und stimmte zu. »Ich hoff nur«, sagte er, »dass es nicht zu teuer wird.«

Johannes, der die Bauarbeiten an dem 250 Quadratmeter großen Appartement kontinuierlich inspizierte, war sehr angetan. Der Dekorateur hatte ein großartiges Gespür für Farben und für Stoffe, die er aus einer englischen Weberei kommen ließ. Er hat Vorhänge entworfen – wie Abendkleider. Alles wurde wahnsinnig bombastisch. Mein Mann kannte die neu hergerichteten Häuser der reichen New Yorkerinnen, wo Geld keine Rolle spielte, oder die großen Häuser in Paris, und konnte gut vergleichen. Dieses Ding hier war nun viel besser, viel edler, aber gleichzeitig auch moderner. »Ganz die Gloria!«, freute er sich. Als schließlich die ersten Freunde aus Paris kamen, um das fertige Appartement zu bewundern, fanden sie keine Worte. Die waren hin und weg, und mein Mann, stolz wie Oskar, freute sich, dass das Appartement so gut gelungen war, aber vor allem, das Gabhan O'Keefe die Häuser einiger seiner reichen Freundinnen total umgestalten durfte, nachdem sie mein Appartement so großartig gefunden haben. Dieser Mann hat mittlerweile eine Riesenkarriere gemacht.

Auf der anderen Seite hatten Sie und Ihr Mann sich, nicht nur durch die getrennten Wohnungen, ein wenig auseinander gelebt. Es heißt, der Fürst sei starken Stimmungsschwankungen unterworfen gewesen.

Mein Mann war natürlich launisch, vor allen Dingen, wenn er verkatert war. Heute, zehn Jahre später, sehe ich die Dinge in einem ganz anderen Licht. Ich glaube, dass die Ursache des Unheils seine falsche Lebensführung war. Das wusste er natürlich auch. Aber er war nicht stark genug, damit aufzuhören.

In seiner Exzentrik, so erzählt man sich, konnte es schon mal passieren, dass er einer Gruppe von Amerikanern, die er zum Essen eingeladen hatte, wieder absagte – gewissermaßen in letzter Minute, als er diese Leute schon über den Hof gehen sah und sich über die karierten Klamotten wunderte, die sie anhatten.

Nein, das hätte mein Mann nie gemacht. Die Geschichte stimmt nicht. Diesbezüglich war er äußerst diszipliniert. Vor allem war er ein sehr guter Gastgeber. Er wusste genau, wen er sich ins Haus einlädt. Er hätte höchstens im Nachhinein den Entschluss gefasst, gewisse Leute nicht mehr einzuladen. Aber jemanden fünf Minuten vorher wieder auszuladen oder sich zu entschuldigen, er sei unpässlich, das hätte er nie gemacht. Er war kerzengerade wie eine Eins, auch wenn's ihm noch so schlecht ging. Und er wäre auch anderen gegenüber nicht unhöflich gewesen, weil er schlecht gelaunt war.

Der »Stern« beschrieb damals ein Zusammensein mit Schlossangestellten. Es war schon weit nach Mitternacht, man trank angeblich spanischen Rotwein aus der Zwei-Liter-Flasche. Aber es durfte niemand gehen, solange Seine Durchlaucht den Abend nicht für beendet erklärte.

Soweit ich mich erinnere, war das immer genau umgekehrt. Ich musste die Gäste regelrecht rausschmeißen, damit mein Mann endlich ins Bett gehen konnte. Johannes war natürlich froh, wenn Leute mit ihm getrunken haben. Jemand, der Schlafstörungen hat, sitzt am liebsten die ganze Nacht und redet. Für mich war es schwierig, wenn der Hausherr dasitzt, die Gläser voll sind und der Diener ununterbrochen nachschenken muss, den Leuten höflichst beizubringen, dass es Zeit war, sich zu verabschieden.

In der Konstellation Ihrer Ehe sei es Ihnen nicht möglich gewesen, meinten Sie, auch nur die kleinsten Ideen selbstständig zu verwirklichen: »Ich war seine Frau. Da hieß es: ›Sie hat die Kinder, sie soll sich Kleider kaufen. Und damit soll sie Ruhe geben.‹ Das war auf Dauer sehr frustrierend. So wollte ich zum Beispiel einen kleinen Kunstverleih organisieren. Das wurde einfach nicht zugelassen.«

Aus heutiger Sicht betrachtet, war es ganz richtig, mich mit diesem Kunstverleih zu stoppen. Damals wäre ich ja nicht einmal in der Lage gewesen, einen vernünftigen Businessplan zu erstellen. Es reicht eben im Geschäftsleben nicht, eine gute Idee zu haben, man muss sie auch umsetzen können. Und die hatten bei Thurn und Taxis weiß Gott genug zu tun, als jetzt auch noch auf die spinnerten unternehmerischen Ideen der Fürstin einzugehen.

Trotzdem, ich hab gemerkt, dass ich geistig nicht ausgelastet war. Das Drama meines Lebens war damals, dass mein Mann und ich Dingen nachhingen, die eigentlich inhaltsleer waren. Viel lieber hätte ich mit ihm erfüllendere Sachen gemacht, beispielsweise wirklich interessante Bildungsreisen. Wir aber gingen immer an die gleichen Plätze, um dort im besten Hotel, im besten Restaurant mit der jeweiligen High Society zu verkehren. Jeder Auslandsaufenthalt reduzierte sich für mich relativ bald darauf, meinen Mann zum Mittag- und Abendessen zu begleiten und dafür zu sorgen, dass er nicht zu viel trinkt. Ich saß oft neben ihm und hab versucht, ihm unbemerkt Wasser ins Glas zu schütten, um seine Drinks zu verdünnen. »Johannes, lass uns doch bitte jetzt nach Hause gehen« – alle 20 Minuten musste ich das sagen, bis er mir nachgegeben hat.

Diese Phase, in der er keine Lust mehr auf unser Familienleben in Regensburg hatte und wieder in seine schlechten Gewohnheiten zurückfiel, hat mir sehr zugesetzt. Ich muss allerdings zugeben, dass ich den Fehler beging, statt ihm zu helfen, anfing, mich selbst zu verwirklichen und herumzuspinnen. Deshalb konnte ich ihm in dieser Zeit nicht genügend beistehen und habe im Grunde genommen alles sogar noch verschlimmert.

Ihr Mann und Sie hatten teils ganz unterschiedliche Interessen. Sie liebten es, in den Winterferien »den ganzen Tag auf dem Berg rumzuwetzen«. Ihr Mann dagegen, so die Klage, würde sich lieber in seinem Club aufhalten, in »diesem Auflauf von Blablabla und Friseurtratsch«.

Das war im Grunde sehr egoistisch von mir. Johannes hatte ja nun mal ein gewisses Alter erreicht und war eben kein Skifahrer mehr. Außer Spazierengehen blieben ihm in St. Moritz tagsüber nicht viele Möglichkeiten. Es war natürlich für ihn lustiger, sich in den Corviglia Club zu setzen, sich unterhalten zu lassen und seine alten Freunde wiederzusehen. Aus seiner Sicht kann ich das gut verstehen. Das Problem war nur, dass er mich immer dabeihaben wollte. Er langweilte sich ohne mich, und wenn ich weg war, wartete er nur darauf, bis ich wiederkam. Das war ja auch süß von ihm, aber es hat mich halt gelangweilt. Im Unterschied zu anderen Leuten, die ihn ein- oder zweimal im Jahr gesehen haben und seine langen Geschichten, die bei Adam und Eva anfingen, sehr lustig fanden, kannte ich diese Geschichten schon alle. Aber ich musste nicht nur aus Höflichkeit dabei sein, sondern auch noch so tun, als ob ich das zum ersten Mal hören würde.

Das war natürlich auch ein Teil des Preises, den man bezahlt, wenn man einen älteren Herrn heiratet. Der Alkohol hat das Seine dazu beigetragen. Die schönsten Momente mit ihm waren immer die, wenn er die Muße hatte, mit mir alleine zu sein. Aber das war selten genug und häufte sich erst, als es ihm so richtig schlecht ging. Er war ein Getriebener, unruhig und unzufrieden. Und all dies zusammen wurde zusehends schwieriger.

Menschen in solchen Lagen beginnen häufig, sich eine eigene Welt aufzubauen. Sie lassen nichts mehr an sich heran und reagieren auf Kritik verletzt und verletzend. War Ihr Mann vereinsamt?

Ja, ich glaube, er war unglücklich und innerlich vereinsamt. Jetzt zeigte ja auch der Altersunterschied sein unbarmherziges Gesicht. Ich war noch jung – und er begann sich immer schlechter zu fühlen. Natürlich konnte er verletzend sein, aber er blieb dennoch ein Grandseigneur und hat sich seinen Angestellten oder seinen Mitarbeitern gegenüber nie ausfällig benommen.

Ihnen gegenüber war er offensichtlich weniger zurückhaltend. Es heißt, er habe Sie schon mal angeblafft und Dinge gesagt wie: »Du mit deinem saublöden ungarischen Puszta-Hirn.« Und das waren angeblich noch die harmlosesten Ausdrücke.

Mein Gott, das kann schon mal passiert sein. Er hat sich vielleicht wirklich über mich geärgert, wenn ich gewagt habe, zu sagen, dass wir oder die Leute gehen sollten. Ich musste mich da auch durchsetzen.

Haben Sie das einfach so weggesteckt?

Natürlich hat man das weggesteckt. Wo gehobelt wird, fallen Späne. Ich hatte schließlich einen Auftrag. Und der lautete in diesem Fall: dagegenhalten. Um bei dem Bild zu bleiben, das ich bereits verwendet habe: Odysseus ist angekettet, er will weg, aber man darf ihn nicht loslassen, denn das wäre sein Untergang.

Und Sie haben auch nie daran gedacht, alles hinzuschmeißen? In solchen Eheszenen fallen dann meist die Worte: »Ich ziehe zu meiner Mutter – und die Kinder nehme ich mit.«

Daran dachte ich überhaupt nicht. Das hätte ja bedeutet, das Handtuch zu werfen.

Immerhin hatten Sie sich bald geweigert, Ihren Mann auf seine Segelyacht zu begleiten.

Meine Weigerung war lediglich der Versuch, ihn von Unternehmungen abzuhalten, die schlecht für ihn waren. Aber wenn es sich nicht verhindern ließ, dann kam sozusagen das ganze Helferteam mit, das mich unterstützte. Zusammen mit meinem Bruder Alexander, mit Philipp von Studnitz und einem Arzt waren wir eine eingeschworene Truppe. Das Segelboot war der liebste Aufenthaltsort meines Mannes. Wenn er sich schlecht gefühlt hat, dann hat er immer nur mich provoziert und nicht die anderen. Aber das ist immer so im Leben. Man lässt seinen Ärger an der Schwester, der Mutter oder der Ehefrau aus, jedenfalls an demjenigen, der einem am nächsten ist. Sicher nicht an den Kameraden, denn die will man ja nicht vertreiben. Und so war ich halt immer der Prellbock.

Sie wurden provoziert?

Und ich ließ mich auch provozieren. Es genügte schon, wenn er sich zu viel in sein Glas einschenkte, um mich zu ärgern. Wir hatten ja Abmachungen darüber, wie viel und vor allem ab wann er was trinken durfte. Jedes Mal, wenn er diese Abmachung durchbrach, war ich bedient. Um solche dummen kleinen Dinge ging es meistens.

Gab's noch mehr so Abmachungen?

Ja, es gab Abmachungen, wann wir abends ins Bett gehen, dass wir gewisse Dinge nicht sagen, dass wir einfach versuchen, kleine Grenzen einzuhalten.

Das war eigentlich schon Teil einer Therapie, oder?

Natürlich war das eine Therapie. Und der anwesende Doktor war engagiert, um im Notfall entsprechende Medikamente zu geben.

Von Ihnen engagiert?

Nein, von Johannes selber. Ich hätte gerne gehabt, dass mein Mann zu Hause bleibt, eine Ruhepause einlegt, aber er wollte unbedingt los. Also musste der Arzt mit, der dafür sorgen sollte, dass sein Zustand stabil blieb. Wenn ich von meinem Mann provoziert wurde und mich darüber aufregte, dann sagte er lakonisch zum Arzt: »Sehen Sie, wie sie sich aufführt? Sehen Sie das? Das ist der Grund, weshalb ich trinken muss. Sie brauchen doch nur die Frau anzuschauen, dann wissen Sie, warum.«

Als wir mit dem Arzt alleine waren und mit ihm besprechen wollten, was wir machen könnten, meinte der Doktor: »Wissen Sie was, ich hab ein sehr schönes Mittel für Sie, davon nehmen Sie fünf Tropfen am Vormittag und fünf Tropfen am Nachmittag, und dann macht Ihnen das alles nichts mehr aus.« Schrecklich, oder? Dass wir Valium nehmen sollten, damit wir den alten Fürsten besser ertragen konnten, konnte man fast nur noch mit Galgenhumor nehmen.

Trinkergeschichten klingen im ersten Moment ein bisschen lustig ...

... und in Wahrheit sind sie hochdramatisch und traurig. Das war ganz, ganz, ganz schlimm und ich hab sehr darunter gelitten. Vor allem auch, wenn er mich provozierte und sagte: »Schaut nur her, ich bin eigentlich nur das Opfer dieser Frau, die mich alten, armen Mann zum Trinken bringt. Sie ist schuld an meiner Misere.« Sich das anhören zu müssen tut weh. Und vor allen Dingen tut es noch mehr weh, wenn man weiß, dass die Mitarbeiter an den Schaltstellen von Thurn und Taxis genau da einhaken. Deren Leier war: »Sie müssen sich von ihr trennen, Durchlaucht, wie lange wollen Sie das noch mitmachen? Sie sagen uns, Sie trinken wegen Ihrer Frau? Dann trennen Sie sich doch von ihr!« Insofern hab ich dann wirklich bald nicht mehr ein noch aus gewusst.

Mein Mann hatte sich eine, sagen wir mal, sehr, sehr eigennützige Mannschaft ins Unternehmen geholt, um sein Vermögen zu verwalten. Das waren Leute, die in erster Linie daran gedacht haben, sich selber in Machtpositionen zu bringen, die auch nach seinem Tode unverrückbar sein sollten. Er war damals schon sehr krank und unkonzentriert. Und ich war eben jung und wach. Für mich war bald klar, dass diese Leute ihn ausnützen und ihn dazu bringen wollen, Dinge zu tun, die er vielleicht in ihrer ganzen Konsequenz aufgrund seiner damaligen Schwäche nicht überblickt. Als die gemerkt haben, dass ich die Einzige bin, die da auf der Bremse steht, wurde der Versuch gestartet, mich loszuwerden.

Mein Mann war unglücklich über sich selber, aber auf mich war er sauer, weil ich ihn ständig daran erinnerte, dass alles in die falsche Richtung lief. Zugleich war er zu schwach, etwas zu ändern, und auch schon zu krank. Es war ein Teufelskreis.

Tatsächlich lag, glaubte man den Zeitungsberichten, im Sommer 1988 in Regensburg eine Scheidung in der Luft. Im Juni machte die »Bunte« publik: »Geld, Liebe, Macht: Zerbricht das Glück des Hauses Thurn und Taxis?« Als Indiz galt, dass Sie Ihren Geburtstag mit wenigen Freunden im Münchner Drei-Sterne-Lokal »Aubergine« feierten. Sie warteten, aber Ihr Mann kam nicht.

Moment mal. Mein Mann hat mich dringend gebraucht, umso mehr, je kränker er wurde. Zu meiner Geburtstagsfeier nach München kam er nur deshalb nicht, weil es ihm einfach schon zu schlecht ging. Er hatte schwere Herzprobleme. 1988, zwei Jahre vor seinem Tod, war er bereits ein schwer kranker Mann.

Ab wann hatte sich denn abgezeichnet, dass die Krankheit wirklich lebensbedrohend war?

Alles hing miteinander zusammen. Das Herz ging sicherlich kaputt aufgrund des Alkoholmissbrauchs. Wann genau man das diagnostizierte, weiß ich nicht. Zunächst ging es um die fortwährenden

Lungenentzündungen. Und es dauerte ewig, bis die Ärzte feststellten, dass das Problem nicht die Lunge war, sondern das Herz.

Wie hat es sich denn bemerkbar gemacht, dass es wirklich ernst war?
Mein Mann schlief nicht nur sehr schlecht, er fühlte sich zunehmend auch insgesamt körperlich immer elender. Dieses Unwohlsein kam vom Herzen, aber das wusste er nicht. Sobald er ein paar Gläser Wein getrunken hatte, ging's ihm besser. Für ihn war damit klar, dass ihm der Wein im Grunde gut tat. Niemand konnte diesem Mann helfen. Er ist in seine eigene Zerstörung gelaufen. Wem wollen Sie da Vorwürfe machen? Ich mach mir jedenfalls keine, da ich alles getan habe. Er wollte sich ja nicht wirklich von mir trennen. Diese Rausschmeißgeschichte wurde vorsätzlich in den Medien lanciert. Der Hintergrund: Ich hatte festgestellt, dass die wirtschaftliche Situation des Hauses Thurn und Taxis in eine ganz gefährliche Schieflage geraten war. Damit wurde ich für das Management plötzlich gefährlich.

Haben Sie sich Vorwürfe gemacht, dass Sie zu spät auf die Erkrankung reagiert haben?
Nein, er war ja fortwährend in ärztlicher Behandlung. Das große Drama meines Mannes, das ihn letztlich auch ins Unglück gerissen hat, war, dass er im Innern wusste, dass er nicht richtig lebt. Er hat immer Ausflüchte gesucht, um sich selber ein bisschen in die Tasche zu lügen. Wie sehr das seiner Seele schadet, hatte mein Mann sich nie eingestanden.

Sie sprachen nicht darüber?
Ich hab versucht, ihm vorzuleben, wie ich glaubte, dass es richtig ist – eine Zeit lang. Aber dann hatte auch ich »das verkehrte Leben« eingeschlagen, das war ein großer Fehler. Als ich merkte, er wird wirklich krank und alt, war ich in gewisser Weise sogar ein wenig erleichtert. Dadurch mussten wir diesen ganzen Zirkus nicht länger mitmachen. Es ist oft so, dass in einer Krankheit häufig auch eine große Chance liegt, weil sie einen regelrecht zur Umkehr zwingt. Johannes konnte einfach nicht mehr.

2 Die Harvard-Riege

Bis Mitte der 80er-Jahre war die fürstliche Verwaltung ein eingefahrener Apparat. Die Mitarbeiter galten im Haus offiziell als »Beamte«, denen es vorrangig darum ging, die Solidität des Hauses zu wahren. Fürst Johannes, der als Berufsbezeichnung »Banker« angab, träumte nun von einem global operierenden Unternehmen und holte sich für die einschneidenden Veränderungen, die er beabsichtigte, eine Riege neuer Führungskräfte ins Haus. Die Hoffnung war, durch die Einsetzung eines modernen Managements die Industriebetriebe, die Thurn-und-Taxis-Brauerei sowie die Thurn-und-Taxis-Bank in eine bessere Ertragslage zu bringen. Der Fürst wörtlich: »Sie sollten die Grundlage dafür schaffen, dass aus dem bestehenden Besitz noch mehr herausgeholt werden könnte.« Gesucht waren die besten der Besten, Leute mit Harvard-Abschluss, jung und dynamisch.

Grundsätzlich muss man vorausschicken: Ein Fürst hat ein anderes Selbstverständnis als jemand, der bereits in der dritten oder zweiten Generation ein Unternehmen führt. In einer Familie, die über fünf Jahrhunderte hindurch reich und satt ist und keinen Hunger mehr verspürt, gibt es nicht denselben Biss und die Mentalität eines herkömmlichen Unternehmers. Um etwas Neues aufzubauen, braucht man wesentlich mehr Ehrgeiz, und zum Ehrgeiz gehört eben ein gewisser Hunger.

Heißt das, Adlige können aufgrund ihrer Mentalität keine effizienten Unternehmer sein?

Es gibt natürlich Ausnahmen. Aber mir ist bei aristokratischen Familien, die schon seit vielen Generationen reich sind, aufgefallen, dass sie genau dann scheiterten, als sie versuchten, es den Unternehmern gleichzutun. Es passt einfach nicht zu einem Fürsten, den Unternehmer zu spielen. »Ich kauf mir ein Unternehmen, jetzt bin ich Unternehmer«, so funktioniert das nicht. Aber das hat man erst lernen müssen, nicht nur bei Thurn und Taxis. Viele fürstliche Häuser haben dafür teures Lehrgeld bezahlt.

Wovon träumte Ihr Mann?

Der Fürst wollte in der Aufbruchstimmung der 80er-Jahre den großen Sprung nach vorne wagen. Dass die Industriebetriebe und die Brauerei keinen Gewinn erwirtschafteten, war ja nicht zu übersehen. Und die bisherige fürstliche Verwaltung tat sich offensichtlich schwer damit, das Unternehmen aus eigener Kraft zu reformieren. Oftmals muss dann jemand von außerhalb kommen, um neue Wege zu finden. Die Idee war: »Wenn die bisherige Leitung nicht in der Lage ist, neue Konzepte zu entwickeln, hole ich mir neue, jüngere Leute, ausgebildet in Amerika, und wir starten durch.«

Das neue Management überzeugte meinen Mann, man könne aus einem so großen Vermögen wie dem von Thurn und Taxis weit mehr herausholen. Um die Rendite und damit die Rendite insgesamt zu steigern, müsse man allerdings mehr fremdes Kapital hereinnehmen. Man träumte davon, mit Finanzdienstleistungen aller Art beträchtliche Steigerungen zu erzielen. Tatsächlich wurden sofort neue Firmen gegründet: eine Leasing-Boutique, ein Wertpapierhandel, ein Management-Buyout-Unternehmen und eine Immobilien-Gesellschaft. Zusätzlich wurde versucht, eine kleine Vermögensverwaltungs-Boutique für betuchte Kunden in Zürich aufzubauen. Das alles aus dem Boden zu stampfen, um im Sog der starken Konjunktur der 80er-Jahre mitzuschwimmen, war natürlich auch mit gewaltigen Risiken verbunden. Und ganz schnell wurde erkennbar, dass all diese Versuche nicht erfolgreich sein würden. Denn auf all diesen Feldern gab es längst andere Gruppen, und die waren leider auch wesentlich besser als wir.

Immerhin hatten die neuen Manager einen ziemlichen Aktionismus entwickelt.

Die Leute konnten sich und ihre Ideen sehr gut verkaufen. So was lernt man ja auch an diesen Elite-Universitäten. Sie haben es hervorragend verstanden, Optimismus zu verbreiten und meinem Mann das Gefühl zu geben: »Lass uns nur machen, wir starten jetzt fünf neue Dinge, und wenn die mal am Laufen sind, dann rollt der Rubel richtig.« Aber alle diese Geschäftsfelder waren neu für uns. Nicht nur das. Die Beteiligungen, die später keinen Gewinn einbrachten, wurden darüber hinaus teuer eingekauft.

Diese Leute waren nicht nur Harvard-Absolventen, sondern kamen immerhin auch aus, wie es hieß, bedeutenden Positionen großer deutscher Unternehmen.

Ja, das ist es ja gerade. Man denkt sich doch wenn einer bei einem großen Unternehmen einen Job gehabt hat, womöglich in führender Position, dann weiß er, was er macht. Man lässt sich schon beeindrucken, wenn jemand in einer großen Holding gearbeitet hat. Im Übrigen hat es auch eine Weile gedauert, bis dieser Mythos von Harvard entzaubert war. Die Harvard-Leute haben sich gegenseitig an Bord geholt.

Kannten Sie die Leute?

Sie sind mir vorgestellt worden. Ich hatte ja auch Kontakt mit dem ehemaligen Verwalter. Wenn der zum Vortrag kam, trug sich das meistens im Salon zu, anschließend wurde dann zum Essen eingeladen. Ich hab da schon einiges mitgekriegt. Allerdings war ich lediglich Zaungast. Ich bin gewissermaßen als Hausfrau und Mutter mit dabei gesessen. Als die neuen Männer eingestellt wurden, fragte man mich nach meiner Meinung. Sie machten mir anfänglich einen sehr guten Eindruck. Ich fand sie reizend und nett. Ich hatte überhaupt keinen Grund, irgendwie gegen sie zu sein. Ich bin erst viel später misstrauisch geworden.

Nach dem neuen Stiftungsmodell, das vor allem aus steuerlichen Gründen erwogen wurde, wäre Fürst Johannes – und damit auch der spätere Erbe Albert – in den Stiftungsrat abgedrängt worden. Sie wiederum waren in diesem Modell überhaupt nicht eingeplant.
Der Vorsitzende des Stiftungsvorstands allerdings wäre, so war zu vermuten, zum starken Mann aufgestiegen. Als Mitglied des Beirats hätte er sich selbst kontrolliert, obendrein noch den fürstlichen Haushalt. Damit wäre, so die Befürchtung, die Familie in die Hände externer Manager gefallen.
Genau so wär's gewesen. Mittlerweile hatte ich sogar schon erlebt, dass ein seriöser Berater, an den ich mich vertrauensvoll gewandt hatte, nicht mehr meine Interessen vertrat, nachdem er von »unseren Leuten« beeinflusst worden war. Dieser seriöse Mann, der erst alles tun wollte, um diese Stiftung zu beseitigen, schlug plötzlich eine völlig andere Richtung ein und sprach sich nun eindeutig *für* die Stiftung aus. Im Grunde wäre die Stiftungsvariante auf eine Enteignungsaktion des Erben hinausgelaufen.

Aber irgendetwas muss Ihrem Mann an diesen Managern schließlich gefallen haben.
Das Drama war, dass mein Mann wirklich meinte, sie wären die Richtigen, um das Vermögen vor »dummen Prinzipalen« zu retten. Ich hab ihm dann entgegnet: »Das versteh ich zwar, aber du kannst doch nicht jetzt schon den Albert als dumm bezeichnen. Dann hättest du dir auch den ganzen Spaß sparen können, zu heiraten und Kinder zu bekommen. Wir haben jahrelang alles aufgebaut, du hast endlich den Erben, und jetzt willst du ihn entmachten? Besser gesagt, willst du ihn sogar enteignen? Das kann doch nicht richtig sein.«

Moment, Ihr Sohn war zu dem Zeitpunkt gerade mal fünf Jahre alt.
Ja, es war so eine fixe Idee von ihm, Albert könnte dumme Entscheidungen treffen und das Vermögen vernichten. Was mich irritiert hat, war, dass einer unserer treuesten Mitarbeiter über die

Klinge springen musste, weil er der Auffassung war, man dürfe eine bestimmte Bank in Philadelphia auf keinen Fall kaufen. Im Nachhinein sollte er Recht behalten haben. Die Bank war schon beim Kauf ein Desaster, wurde uns aber von einer großen amerikanischen M&A-Gesellschaft aufgeschwatzt.

In der Entwicklung Ihrer Ehe, aber auch in der Situation des Unternehmens zeichnete sich allerdings wirklich eine dramatische Zuspitzung ab. Kann man das so sagen?

In der Tat. Vielleicht sollte ich an dieser Stelle eine Geschichte erzählen, die wirklich an die Grenze des Belastbaren ging. Ich muss hier einräumen, dass mein Mann zunehmend auch unter Verfolgungswahn litt. Die Angst, die er dabei entwickelte, war unter anderem, dass ich ihm irgendwie zusetzen wollte. Als er wieder einmal eine Lungenentzündung bekam, wie so oft in der Zeit, hab ich mit unserem Hausarzt Professor Döring in Regensburg, der ihn seit 40 Jahren betreute, überlegt, dass es vernünftig wäre, den Fürsten während seiner Rekonvaleszenz eine Entziehungskur machen zu lassen. Nachdem sich mein Mann in der Schweiz behandeln lassen wollte, lag es für Dr. Döring nahe, einen dortigen Psychiater zu suchen. Dieser Arzt hatte übrigens auch Bücher über die Wirkung des Gebets in der Therapie geschrieben. Ich dachte daher, mein Mann wäre da in guten Händen.

Nun passiert Folgendes: Mein Mann bringt diesen Professor mit was weiß ich welchen Mitteln dazu, ihm das ärztliche Begleitschreiben seines Hausarztes aus Regensburg zu zeigen. Darin stand offensichtlich etwas über seinen Alkoholismus. Damit war das Komplott für Johannes klar und ausgemacht: Die Gloria steckt mit meinem Vertrauensarzt unter einer Decke, sie wollen mich entmündigen lassen. Irgendwie gelang es ihm, sogar den Psychiater von seiner Theorie zu überzeugen – mit dem Ziel, dass nun ich die zu Behandelnde und psychisch Kranke sei, und nicht er. Ich sei paranoid, würde seinen angeblichen Alkoholismus nur dazu benutzen, um meine Schäfchen ins Trockene zu bringen, und bräuchte daher eigentlich Hilfe.

Diese Geschichte wurde so überliefert, dass sich der Fürst von seinem Chauffeur, einem früheren GSG-9-Mann, im gepanzerten Mercedes nach Zürich fahren ließ. Dummerweise hatte man ihm den Ärztebrief mitgegeben, in dem von unheilbaren Gehirnschädigungen infolge von Alkohol- und Medikamentenmissbrauch die Rede gewesen sei. Der Fürst vermutete hinter der Diagnose ein Komplott seiner Frau, um ihn zu entmündigen. Folglich fuhr er nicht in das Sanatorium, sondern in das Luxushotel »Baur au Lac«. Dass bei der anschließenden Aussprache mit seiner Gattin die Hoteltüren heil blieben, war, so der Fürst in seinem Freundeskreis, nur dem hohen Standard der Schweizer Möbelindustrie zu verdanken.

Nein, so war es natürlich nicht. Der Fürst hatte zuvor in Paris einen Zusammenbruch. Das war der Grund, weshalb er sich zu diesem Spezialisten nach Zürich in Behandlung begeben wollte. In der Zwischenzeit beriet ich mich mit Professor Döring, wer ihn denn dort parallel zu seinem Spitalaufenthalt dazu bringen könnte, eine Entziehungskur zu machen. Aber dass in dem Arztbrief stand, er sei unzurechnungsfähig und sein Gehirn unheilbar geschädigt, stimmt natürlich nicht. Totaler Quatsch. Außerdem wurde der Brief mit der Post geschickt und nie im Auto mitgegeben.

Johannes war bereits früher einmal in Behandlung gewesen. Seine Schwester hatte das organisiert, das war weit vor meiner Zeit. Er war danach so wütend auf sie, dass er ein Jahr lang nicht mehr mit ihr geredet hat, obwohl er die Entziehungskur erfolgreich absolvierte.

So, ich hatte nun die ganze Welt gegen mich: die Verwaltung, den hoch dotierten Schweizer Professor und meinen Mann. Aber ich wusste, wenn alles so weitergeht wie bisher, dann geschieht bei Thurn und Taxis ein großes Unheil. Mir war längst klar geworden: Die Manager meinten es nicht gut mit meinem Mann, die wollten lediglich ihre Position zementieren, auf Jahre hinaus. Dabei hatte ich zu diesem Zeitpunkt noch gar keine Ahnung davon, dass sie auch wirtschaftlich so viel Schlechtes angerichtet haben.

Mein Mann war in seiner Zerrüttung felsenfest davon überzeugt, ich würde ihm nicht beistehen, sondern nur zusetzen. Genauso misstrauisch war er plötzlich auch gegenüber seinem alten

Arzt in Regensburg. Zuvor schon waren die zwei langjährigen Mitarbeiter rausgeflogen, die es gewagt hatten, darauf hinzuweisen, dass die Unternehmenspolitik und die Vorhaben der neuen Manager ins Abseits führen würden. Mit anderen Worten: Zwei von den vier Kritikern waren bereits geschasst, und die anderen beiden – der Doktor und ich – hätten, wenn es ungünstig gekommen wäre, auch über die Klinge springen müssen.

Also was tun? Ich dachte, entweder der Himmel hilft mir und ich bekomme wieder das Vertrauen meines Mannes – oder es endet mit einem Desaster, was nichts anderes hieß als: Er schmeißt mich raus, ist dann völlig alleine und seinem Untergang hilflos ausgeliefert – und trinkt sich zu Tode.

Wie konnte es überhaupt dazu kommen, dass der Fürst ein Komplott gegen ihn vermutete, an dem seine Frau beteiligt wäre? Das hatte doch eine Vorgeschichte.

Um den Zusammenhang verstehen zu können, muss man wissen, dass jemand, der viel trinkt, zu paranoiden Verhaltensweisen neigt. Hinzu kommt, dass Johannes in seinem ganzen Leben von einem großen Komplex verfolgt wurde, nämlich: »Frauen wollen mich nur ausnutzen.« Das abzuschütteln war fast nicht möglich. Deshalb war er auch in den ersten Jahren zu mir nicht besonders großzügig. Die tollen Geschenke kamen eigentlich erst, nachdem er sah, dass ich eine gute Mutter war und nicht abhauen würde, nur weil mir das eine oder andere nicht passte.

Wir dürfen auch nicht vergessen, dass Johannes ab 1987 häufiger krank wurde, meistens fing das mit Lungenentzündungen an. Ich stellte dabei fest, dass diese Lungenentzündungen immer nach, sagen wir mal, ausgiebigem Ausgehen kamen, nach Aufenthalten in New York mit drei Nachtlokalbesuchen pro Woche. Es war fast unmöglich, bei diesem Rhythmus von zu viel Essen und Trinken und spät ins Bett gehen, nicht krank zu werden. Je schlechter es ihm jedoch ging, desto häufiger kam ich in die Situation, ihn wirklich mit allen Mitteln von seinen Ausgehaktivitäten abzuhalten. Und das wurde ihm zusehends lästig. Ich hatte, um es anders auszudrücken, ein renitentes Kind, das sich ständig wehrte und auflehnte.

Johannes war sicher auch aufgrund dieser Situation für alle Einflüsse empfänglich, die sich gegen mich richteten. Und diese »Paranoia« wurde dann noch dadurch geschürt, dass er meinte, ich hätte mich mit unserem Arzt gegen ihn verbündet. Die ganz schlimme Phase, der Höhepunkt seines Zusammenbruchs, dauerte aber letztlich nur vier Monate. Er musste jetzt richtig behandelt und richtig ausgenüchtert werden. Mir war wichtig, dass er die Entscheidungen rund um das beabsichtigte Stiftungsmodell mit klarem Kopf traf. Das konnte man nicht so zwischen Paris und London mal eben im Trallala in zwei Stunden entscheiden. Unter dem Motto: »Heut hab ich Kopfschmerzen, morgen hab ich auch Kopfschmerzen, na gut, dann unterschreiben wir halt.«

Das durfte nicht passieren, ich wollte nicht, dass er überrumpelt wird. Deshalb betrachtete ich es als meine vordringlichste Aufgabe, darauf zu achten, dass Johannes wirklich im nüchternen Zustand, mit allen seinen Sinnen, begriff, in was für eine Veranstaltung er sich da hineinmanövriert hatte.

Dann kam die Sache mit seinem Zusammenbruch in Paris dazwischen. Ich dachte: »O Gott, wie wird der nächste Monat aussehen?« Wir hatten doch keine Zeit zu verlieren. Es drängte. Mein Ziel war: »Der Mann muss gesund sein. Er muss frisch aus der Schweiz rauskommen wie Phönix aus der Asche, dem man kein X für ein U vormachen kann.« Aber der Schuss ging erst mal nach hinten los. Denn statt sich kurieren zu lassen, bremste er. Für ihn war plötzlich klar: »Die will mich nicht gesund machen, sondern nur das Stiftungsding verhindern und mich praktisch für verrückt erklären lassen. Der mach ich einen Strich durch die Rechnung.«

Können Sie sich an die Situation erinnern, als Sie in Zürich ankamen?

Ich bin hin geflogen. Mein Mann war bereits aus der Klinik entlassen worden, und so wurde ein Mittagessen im Hotel »Baur au Lac« verabredet. Der Professor kam ein wenig später dazu. Es fing ganz nett an, wir unterhielten uns, und plötzlich kommen wir in medias res und ich merke, mein Mann fängt an, mich wieder zu provozieren …

Wie hat er das gemacht?

Indem er einfach ein bisschen ehrenrührige Dinge zu mir gesagt hat. Er hat versucht, mich zu demütigen. Ich weiß es nicht mehr wörtlich, daran erinnere ich mich nicht …

Sie zu demütigen?

Ja, er hat einfach irgendwas gesagt, das, wenn man sich sehr gut kennt …

… einen verletzt.

Er wollte mich verletzen. Ich war ja sehr unbefangen in dieser Situation und auch unklug. Hätte ich gewusst, was das für ein Spiel ist, wäre ich natürlich nicht in die Falle getappt …

Wie reagierten Sie denn?

Ich hab reagiert, so wie ich immer reagiert hab, offen und ehrlich. Ich hab mich geärgert und ihm klar gemacht, dass ich das nicht in Ordnung finde. Er hat unbeirrt weitergemacht und dann zum Professor gesagt: »Schauen Sie, sehen Sie, wie schnell …, was sie für ein Nervenkostüm hat.«

Verstehe.

Er meinte dann: »Die braucht doch Hilfe, die Frau, nicht ich.«

Solche Geschichten gab es aber doch schon eine ganz lange Zeit, oder?

Nein, die gab's nicht lange. Wir waren immer sehr harmonisch und freundlich, außer wenn er vor anderen seinen Gesundheitszustand vertuschen wollte, um einem Arzt zu zeigen, dass *er* der »Normale« sei und *ich* der Grund für seinen Alkoholismus. Auf die Tour: »Ich bin ja gar nicht krank, sie ist schuld.« Dieses Spiel probierte er auf dem Schiff mit dem Doktor, der mit uns auf dem Boot war, und dieselbe Nummer hat er mit dem Psychiater veranstaltet. In gewissen Situationen wusste er ganz genau, was er sagen muss, um mich auf 180 zu bringen.

In einem gemeinsamen Interview, in dem Sie erklärten, Sie würden Ihrem Mann hilfreich bei seinen Tätigkeiten zur Seite stehen, ergänzte der Fürst: »Sie meint den täglichen Arbeitsanfall, nicht den Wutanfall.« Worauf Sie erwiderten: »Den auch.«

Ja, Johannes konnte wahnsinnig witzig sein und ließ, wenn sich eine Gelegenheit bot, keinen Scherz aus. Einmal fragte der Bischof Müller von Regensburg anlässlich einer Einladung zum Abendessen, ob es denn eine Kleiderordnung gäbe. Darauf mein Mann: »Ich habe Seine Exzellenz als Bischof eingeladen, nicht als Müller. Hätte ich Seine Exzellenz als Müller eingeladen, würde ich erwarten, dass Sie mit einem Mehlsack über der Schulter erscheinen.«

Eigentlich ganz witzig.

Ja, Sie lachen. Okay, man konnte, wenn man als Dritter dabei war, schadenfroh lachen. Aber wenn man selbst betroffen war …

Da fällt mir ein: Jemand fragte Sie mal ironisch, Sie würden doch zu Hause wohl nicht geschlagen werden. Ihre Antwort: »Nein, aber man kann auch mit Worten zuschlagen.«

Ja, sicher. Mit wem sollte er denn sonst böse sein, der Arme. Mit seinen unschuldigen Kindern, die er heiß geliebt hat? Nein. Mit der Kinderschwester? An denen wäre das doch abgeprallt. Wen er wirklich verletzten konnte, war diejenige, die ihn am allermeisten liebte und die ihm am nächsten war. Das ist doch klassisch. Und das war halt ich. Und wenn ihm gar nichts Beleidigendes mehr eingefallen ist, dann hat er auf meine Mutter, meinen Vater oder auf meine Geschwister geschimpft. Er hat dann wirklich alle Register gezogen.

Haben Ihre Kinder etwas mitbekommen?

Ja, doch, manchmal. Eines Tages hat meine kleine Tochter zu mir gesagt: »Mama, ich hab gehört, Papa und du, ihr wollt euch scheiden lassen.« Ich hab sie dann beruhigt: »Aber Maria, du weißt doch, wie das ist, wie oft sagst du deiner Freundin Natascha, dass du nie mehr mit ihr spielen willst. Genauso ist das bei den Erwachsenen, wenn sie sagen, dass sie sich scheiden lassen wollen.

Sie streiten, aber nachher ist alles wieder gut.« Bei uns war ja auch immer alles wieder gut. Das waren kurze Gewitter. Abends lagen wir uns wieder in den Armen. Ich hab ihn geküsst und geherzt und ihn lieb gehabt. Wie gesagt, Johannes und ich, wir waren, das wird jeder bestätigen, der uns kannte, ein Herz und eine Seele. Denn niemand konnte so auf Johannes eingehen wie ich. Niemand konnte ihn so nehmen und wurde so mit ihm fertig wie ich.

Zurück zur Schweiz. Sie müssen ziemlich aufgeregt gewesen sein. Sie wussten, es stand wahnsinnig viel auf dem Spiel. Eigentlich Ihr ganzes Leben.

Es stand viel auf dem Spiel. Aber nicht mein ganzes Leben, sondern die Arbeit der letzten acht Jahre. Das, was wir zusammen aufgebaut haben. Wir würden durch die Stiftung degradiert werden und unsere Souveränität verlieren. Alles, was Thurn und Taxis heißt, würde plötzlich einem fremden Manager übergeben, der dann auf Gedeih und Verderb über uns bestimmen könnte. Ähnlich wie durch Berthold Beitz bei Krupp. Aber im Unterschied zur Krupp-Familie, zu Arndt und Hetty von Bohlen und Halbach, die keine Kinder hatten, hatte ich ja welche. Bei diesem Essen in Zürich bemerkte ich, dass die Geschichte in die falsche Richtung lief. Plötzlich begann der Arzt auch noch, mir zu erklären, dass mein Mann unter meiner Kleidung, meinen Haaren und meinen Frisuren sehr leiden würde. Es sei für ihn auch ein Problem, dass ich so oft in der Zeitung stehe, und eigentlich wirke auf ihn das ganze Leben, das ich führe, ziemlich furchtbar. Seine Trinkgewohnheiten seien deshalb zum großen Teil auf diese für den Fürsten doch sehr schwierigen Umstände zurückzuführen.

Womöglich hat ihm Ihr Mann sein Herz ausgeschüttet.

Sicher, aber wäre der Psychiater seriös gewesen, hätte er die Geschichten als das Ausweichverhalten eines Süchtigen erkennen können, der eine Möglichkeit sucht, von sich selbst abzulenken. Noch dazu, wo er von einem renommierten Kollegen, der den Patienten seit vierzig Jahren in Behandlung hat, eine differenzierte Darstellung des Problems übermittelt bekam. Hier herrschte aber offenbar das Prinzip: Wer zahlt, schafft an. Wer das Geld hat, bestellt auch die Musik. Und das Geld hatte mein Mann.

Mir wurde schließlich ganz tief bewusst, dass das Porzellan komplett zerschlagen war. Es war aussichtslos und deprimierend. Ganz offensichtlich war mein Mann wirklich der Überzeugung, ich würde ihn entmündigen wollen. Das ist so ungefähr das Schlimmste, der Höhepunkt jeder Paranoia. Wenn ein Süchtiger meint, sein Partner habe sich in jemanden verwandelt, der ihn beiseite räumen möchte, besteht kaum mehr Aussicht, das zerschlagene Porzellan jemals wieder kitten zu können.

Sie fuhren nach diesem Auftritt dennoch gemeinsam nach Hause?

Ja, sicher. Die Fahrt war, weiß Gott, lange genug, uns einige Sachen an den Kopf zu werfen. »Wie kommt der dazu, das ist ja das Allerletzte, so einen Brief zu schreiben!«, schimpfte mein Mann auf seinen Hausarzt Professor Döring los, »da steckst doch ganz bestimmt du dahinter.«

Ich entgegnete: »Nein, Johannes, da stecke ich nicht dahinter. Wir waren einfach ziemlich besorgt, weil du in Paris zusammengebrochen bist. Du weißt doch ganz genau, dass du nicht gerade enthaltsam gelebt hast. Es stehen ein paar wichtige Entscheidungen an. Sowohl der Professor als auch ich waren der Überzeugung, es wäre gut, wenn du jetzt eine kleine Kur einschieben würdest. Eine Kur, die dir gut tut. Deswegen musst du nicht gleich glauben, dass man dich entmündigen will. Du sollst einfach nur gesund und fit werden. Wir wollen in zwei Monaten wieder auf das Boot und eine Kreuzfahrt machen, aber vorher müssen wir wichtige Entscheidungen fällen. Ich versteh gar nicht, weshalb du deshalb sofort diese Paranoia entwickelst.«

»Das ist keine Paranoia, das ist eine Unverschämtheit, so einen Brief zu schreiben«, schimpfte er weiter.

»Ja, aber mein Gott, Goldie, wenn du jetzt auch noch dem armen Doktor Döring den Arztbrief diktieren willst, dann gehst du ein bisschen zu weit. Überlass das doch Dr. Döring, was er schreibt. Du hast ja gemerkt, dass der Professor in Zürich das ohnehin nicht ernst genommen hat. Also kann der Brief gar nicht so schlimm gewesen sein, sonst hätten sie dich sicher eingesperrt. Allein die Tatsache, dass der Professor glaubte, dass ich die Ursache allen Übels sei, ist doch der schlichte Beweis dafür, dass der Brief von Döring gar nicht so tragisch gewesen sein kann. Überleg doch mal.«

»Hast eigentlich Recht.«

»Wenn du einen Zweifel hast«, fügte ich hinzu, »mein Gott, dann brauchst du ihn ja nur anzurufen und ihm sagen: ›Wie kommen Sie dazu, mich in der Schweiz als Alkoholiker zu bezeichnen! Das hätten Sie mir auch persönlich sagen können, dann hätten wir offen eine Therapie ins Auge fassen können. Aber so hinter meinem Rücken, das mag ich nicht.‹ Sag ihm das. Oder noch besser: Laden wir ihn zum Essen ein Beschimpf ihn. Das ist er eh gewohnt von dir.«

So hab ich mit Johannes geredet. Verstehen Sie, man muss die Karten auf den Tisch legen. Mein Mann hat sich schließlich beruhigt. Ich war ihm nun wieder nah und konnte ihn dadurch wieder aufbauen. Er war ja, nicht zu vergessen, seelisch auf einer schrecklichen Achterbahnfahrt. Und er spürte, dass es ihm schlechter und schlechter ging. Er war schwer, schwer, schwer depressiv, wurde aber nie behandelt. Er hat es sich einfach nicht eingestanden.

Den Kurs der Manager aber hatte er weiterhin unterstützt?

Ja, er war noch immer auf dieser Schiene. Ich musste ihn zunächst dazu bringen, die so genannte ›Erfolgsstory‹ des Unternehmens, die ihm präsentiert wurde, genauestens und sorgfältig zu durchleuchten und ganz Thurn und Taxis überprüfen zu lassen.

Mir war bewusst, ich musste meinen Mann wieder zurückgewinnen und eine neue Basis schaffen. Wir organisierten einen gemeinsam Skiurlaub in Kitzbühel und mieteten ein Haus für uns und die Kinder. Mein Mann blieb die meiste Zeit des Tages im Bett. Ich setzte mich zu ihm, redete ihm gut zu und half ihm, seine Korrespondenz zu erledigen. Ich war wie eine Krankenschwester – immer für ihn da. Und langsam fasste er wieder Vertrauen zu mir. Nach einer Weile fragte ich ihn, ob es denn nicht möglich wäre, dass in Regensburg die Manager ausgewechselt werden könnten. Mir ging es darum, meinen Mann darauf zu sensibilisieren, ob bei diesen Herren an der Unternehmensspitze alles seine Richtigkeit hatte.

Diesen Vorschlag machte ich allerdings erst, als ich jemanden gefunden hatte, von dem ich glaubte, er wäre unbestechlich und von seiner Persönlichkeit her jemand, der meinen Mann überzeugen, den mein Mann auch respektieren würde. Zu dem Zeitpunkt nämlich waren alle anderen in seinen Augen längst nur noch »Idioten«. Ein typisches Symptom. Für Menschen mit diesem Krankheitsbild besteht die Welt nur noch aus Lügnern und Idioten.

Wie stießen Sie auf diesen »letzten Retter«?

Als aufmerksame Leserin der »Frankfurter Allgemeinen« stolperte ich eines Tages über einen bestimmten Artikel. Es ging darin um jenen Mann, der mit der Erfindung der »Swatch« die Schweizer Uhrenindustrie rettete: Nicolas Hayek. Ich war wie elektrisiert. Hayek war, wie ich las, etwa im Alter meines Mannes. Das Interessanteste aber: Er hatte ein Unternehmen gegründet – Hayek Engineering –, das sich darauf spezialisiert hatte, in Schieflage geratene Betriebe zu durchleuchten und deren Schwachstellen aufzudecken.

Unternehmensberater gibt es auch in Deutschland.

Richtig, aber nicht mit dieser Persönlichkeit. Und vor allem keine, die mit eigenem Geld und Risiko einen so großen Erfolg erwirtschaftet haben wie Hayek. Johannes hätte denen nicht zugehört. Im Übrigen hätten die sich möglicherweise im Machtsprengel unserer Führungs-Crew befinden können. Ich musste jemanden finden, der bei Thurn und Taxis mit der Taschenlampe reingehen und alles durchleuchten konnte. Eine Persönlichkeit von Format und Größe. Unbestechlich. Jemand, der sich von unserem Regensburger Management nicht vereinnahmen ließ. Jemand, der nicht zuletzt meinem Mann wirklich imponierte. Als ich diesen Artikel über Hayek las, ging mir nur ein Gedanke durch den Kopf: »Das ist der Typ, den mein Mann respektieren wird.«

Klingt wie ein Wirtschaftskrimi.

War es ja auch. Über die Medien wurde der Versuch unternommen, auf den Fürsten Druck auszuüben. Der Ansatz: »Schau doch mal, wie die sich benimmt? Schau doch mal, was sie tut? Schau doch mal ihre Freunde an. Hat sie womöglich ein Verhältnis? Die ist nichts für dich.« Es ging darum, den alten Mann unsicher zu machen und ihn dazu zu bringen, sich von mir scheiden zu lassen. Dann hätten sie mit ihm machen können, was sie wollten.

Man muss bedenken, dass mein Mann aufgrund der Intrigen zunehmend misstrauischer wurde. Interessant ist, dass die misstrauischsten Menschen in der Regel prompt den falschen Leuten vertrauen: denjenigen, die etwas im Schilde führen und eine zweite Agenda haben. Und der einzige Mensch in ihrer Umgebung, der wirklich ehrlich ist und es gut mit ihnen meint, wird als Idiot abgetan, als jemand, der nichts von der Sache versteht. In unserem Falle steigerte sich dieses Verhalten zu regelrechten Wahnvorstellungen. Da hieß es dann: »O Gott, ich fühl mich schlecht, mir geht's schlecht, hat die mich vielleicht …« Und so weiter. Verrückte Ideen eben. Total wirre Vorstellungen. Ein Verfolgungswahn, den gewisse Kreise nur zu gerne genährt haben.

Aber als der Druck immer größer wurde und ich spürte, dass Johannes einem regelrechten Krieg ausgesetzt war und immer unsicherer wurde, konnte ich mich letzten Endes nur noch auf mein Gottvertrauen stützen. Mir war klar: Ich kann aus Quellen schöpfen, die den anderen unzugänglich sind, die mich praktisch unverwundbar machen, nämlich aus der Quelle des Gebets und des Glaubens. Das Bewusstsein um diese Hilfe hat mich stark gemacht. Ich war mir beispielsweise ganz sicher, dass ich meinem Mann gegenüber immer den richtigen Zeitpunkt finden würde, um das Richtige zu sagen. Komischerweise war ich mir auch sicher, dass ich den richtigen Ton zur richtigen Zeit treffen würde. Und vor allem, dass meine Stimme von seinem Herzen gehört wird. Diese Gewissheit hatte ich nur durch mein Gebet.

Kommen wir zurück zu Hayek.

Ich fand eine gute Gelegenheit für ein Gespräch und präsentierte meinem Mann den entsprechenden Artikel aus der »Frankfurter Allgemeinen«. »Das ist der Mann, den ich dir gerne vorstellen möchte. Der ist genau der Richtige, um sich mal sechs Wochen lang bei Thurn und Taxis umzusehen. Wenn er dir dann das sagt, was ich vermute, dann schaffen wir es vielleicht gemeinsam, umzudenken und das Schiff wieder richtig flottzukriegen. Wenn nicht, dann habe ich mich geirrt.« Mein Mann hatte angebissen: »Okay«, meinte er, »bring diesen Mann zu mir.«

Sie sind sofort nach Zürich gedüst?

Sofort, schon am nächsten Tag. Alleine. Ich habe allerdings davor Frau Sprüth informiert. Sie meinte nur: »Machen Sie das, das ist sehr gut. Nichts wie hin!« Ich hatte sofort einen Termin bekommen und schilderte Hayek die Situation, so wie sie sich mir darstellte, schonungslos. Ich erklärte ihm, dass sich in Regensburg ein Management breit gemacht hatte, das mich loswerden wollte, dass mein Mann schwer krank sei und diese Schwäche ausgenutzt werde. Es gäbe die Absicht, eine Stiftung mit einem Stiftungsrat einzurichten, in dem sich das Management auf Dauer in der Führung des Hauses festsetzen wolle. Abgesehen davon befürchtete ich, dass vor allem wirtschaftlich einiges im Argen liege. Die Rendite unserer Bank als auch die der Industriebeteiligungen seien vermutlich weit schlechter, als dies meinem Mann dargestellt worden sei. Meine Befürchtung wäre, die Wirtschaftsprüfer steckten mit dem Management unter einer Decke. Das sei der Grund, warum ich dringend einen unabhängigen Prüfer suche.

Konnten Sie den Mann überzeugen?

Hayek hat mich angeschaut und muss sich gedacht haben: »Die Frau gefällt mir, der helfe ich.« Er nahm zwei seiner besten Leute, stieg ins Flugzeug und war entschlossen, Licht in das Dunkel zu bringen. Wir saßen im Salon, ich weiß das noch wie heute,

Hayek kam rein, mein Mann taxierte ihn. Aber Hayek konnte gut mit meinem Mann umgehen, denn er hatte verstanden, was hier gespielt wird.

Haben Sie Ihrem Mann nie gedroht? So in der Art: Das läuft nicht mit mir! Ich mache da nicht mit!
Nein, ich hatte ja keinerlei Rechte. Ich konnte nur Druck machen, indem ich Nicolas Hayek in die Firma brachte. Flankierend dazu wehrte ich mich gegen das Management allerdings dann mit genau denselben Methoden, die diese Manager mitunter benutzten. Also, ich habe Informationen an die Wirtschaftspresse weitergegeben.

Wollen Sie damit sagen, Sie selbst waren die Informantin für den bahnbrechenden Beitrag, mit dem das »manager-magazin« auf die Misere im Thurn-und-Taxis-Konzern hinwies?
Zu dem Zeitpunkt wusste mein Mann ja bereits, wie Hayek das Unternehmen beurteilt. Aber mit der großen Story war das Vertrauen meines Mannes in seine Leute total erschüttert. Seine Reaktion war: »Jetzt wird das auch noch in der deutschen Wirtschaftspresse publik! Bevor ich der Idiot bin, höre ich lieber auf die Gloria, denn sie und Hayek haben das Ganze schließlich aufgedeckt.«

Ich möchte gleich noch mal auf den Coup mit dem »manager-magazin« zurückkommen. Halten wir aber zunächst fest: Es stand nun wirklich Spitz auf Knopf. Erstens: Ihr Mann wollte sich scheiden lassen. Zweitens: Mit dem Stiftungsmodell sollten Ihre Kinder schon mal im Vorfeld entmachtet werden.
Mein Mann hat nie zu mir gesagt: »Ich lass mich jetzt scheiden.« Er hat das Wort Scheidung zwar immer wieder in den Mund genommen, aber immer nur in der Art, wie man beispielsweise sagt: »Mach ich jetzt noch 'ne Flasche Whisky auf – oder geh ich gleich ins Bett?« Verstehen Sie? Das war schon so eine Art Drohung, aber eine lächerliche. Er hat mich ja gebraucht. Ich war doch sein Kindermädchen.

Dennoch: Es stand für Sie enorm viel auf dem Spiel.
Ja, für mich stand alles auf dem Spiel. Ich war dazu da, einen Erben zu bringen und Kinder zu erziehen. Mein Auftrag war, so hatte ich es zumindest zehn Jahre lang verstanden, diesem Mann zu helfen, ihm eine Familie zu geben und ihn auf den rechten Weg zurückzuführen. Und mit einem Schlag sollte das alles für die Katz sein?

Und Sie haben den Kampf aufgenommen.
Vermutlich klingt das merkwürdig, aber vielleicht kann man nun verstehen, warum ich so felsenfest gläubig bin. Alle diese Mittel und Hilfen, die nun folgten, habe ich mir nicht ausgedacht, sondern die sind mir gewissermaßen zugefallen. Um ein Beispiel zu nennen: Der Artikel in der »Frankfurter Allgemeinen« mit dem Hayek-Porträt fiel mir exakt im richtigen Moment in die Hände und tatsächlich traf ich zwei Tage später Hayek persönlich. Dass dies alles so funktioniert hat, das war meiner Ansicht nach nur meinen Gebeten zu verdanken. Ich mein, ich war in einer aussichtslosen Situation. Ich hatte von Wirtschaft keine Ahnung, von nichts. Die Rettung kam quasi wie zufällig. Ich brauchte Hilfe! Und die Hilfe kam tatsächlich.

Das betraf nicht nur den Artikel in der FAZ. Es ging weiter damit, dass ich Hayek sofort zu meinem Mann bringen konnte und die beiden Feuer und Flamme waren. Dass wir nach Kitzbühel fahren und ich wieder Vertrauen zu Johannes herstellen konnte und er mir wieder zuhörte. Dass ich an seinem Krankenbett zu einem großen Plädoyer fähig war: »Johannes, wozu waren die letzten acht Jahre gut, wenn diese Stiftung jetzt dein Ziel ist?« Ich konnte ihn tatsächlich zum Umdenken bewegen. Aber wer konnte so etwas zustande bringen? War ich das? Oder war das die Sprache des Heiligen Geistes, die Handschrift der Engel? Also, wenn man da nicht an die Vorsehung glaubt, dann müsste man schon sehr hochmütig sein, um sich das alles der eigenen Genialität zuzuschreiben. Für mich war das jedenfalls ganz klar eine Gebetserhörung. Ich sag deshalb ja auch immer: »Ich bin ein Glückskind; ich hebe das Glück auf. Das Glück kommt, ich seh es und greif es.«

Es hat wie am Schnürchen geklappt. Die Hayek-Leute kamen und bezeichnenderweise war das Management nicht gerade froh darüber. Mittlerweile war aber auch mein Mann misstrauisch geworden. Ich sagte: »Goldie, wenn alles stimmt, warum rücken sie dann die Bilanzen so zögerlich heraus? Wann krieg ich endlich die Gewinn- und Verlustrechnung?« Hayek hat dann meinen Mann überzeugt: »Durchlaucht, Fürst, Sie müssen jetzt auf den Tisch hauen. Hier ist eine Liste von den Dingen, die wir unbedingt brauchen.«

Zuvor hatte ich Hayek klar gesagt: »Kommt mir nicht mit Problemdarstellungen. Wir müssen einem alten, kranken Mann sofort eine Lösung anbieten. Denn sonst macht er gar nichts. Sonst verdrängt der das Problem, so wie er es immer verdrängt hat. Wenn er nicht weiß, was zu tun ist, geschieht gar nichts. Ich brauche für unser Unternehmen in Pforzheim einen Interimsmann, ich brauche für unsere Bank einen Interimsmann und für die Verwaltungszentrale in Regensburg auch.«

Mit den Hayek-Leuten hatte ich zum ersten Mal die Möglichkeit, das Unternehmen kennen zu lernen. Allerdings habe ich zunächst kein Wort von dem verstanden, was die geredet haben. Ich hatte gewaltige Defizite an Basiswissen. Zufällig lernten wir über einen Bekannten jemanden kennen, der bereit war, mir gewissermaßen im Crashkurs die Grundlagen der Betriebswirtschaft beizubringen, den Privatdozenten Dr. Stefan Leberfinger, der mittlerweile Professor und ein sehr gefragter Berater großer Häuser ist. Mir wurde schnell klar, dass das Allerwichtigste in der Wirtschaft ein gesunder Menschenverstand ist. Im Grunde genommen geht es darum, Organisationsabläufe zu optimieren, um dadurch Personal einsparen zu können. Dies ohne allzu viele Reibungsverluste hinzubekommen, ist die hohe Kunst des Managements. Die Fallbeispiele aus den Lehrbüchern haben mich allerdings nicht sonderlich interessiert. Warum? Weil ich ja in Wirklichkeit Problemstellungen hatte, die mindestens genauso interessant und schwierig zu lösen waren wie die theoretischen. So bat ich Professor Leberfinger, ob wir nicht meine echten Fälle heranziehen könnten, um Lösungsalternativen zu erarbeiten.

Das war nicht nur interessanter und praktischer, auf diese Weise hatte ich gleichzeitig eine gute Grundlage für die bald anstehenden Entscheidungen bei Thurn und Taxis.

Wie häufig kamen damals bei Ihrem Mann die Depressions- und Angstschübe?

Unterschiedlich. Mal monatelang nichts und dann 14 Tage am Stück.

Und wie machte es sich bemerkbar?

Er war lustlos und griesgrämig, wollte nicht reden. Gleichzeitig war er so selbstbeherrscht, ein Grandseigneur eben, dass Außenstehende gar nichts bemerken konnten. Selbst der Kammerdiener dachte lediglich: »Ach, heute ist er aber einsilbig.« Er war immer perfekt angezogen, immer perfekt rasiert. Er sah jeden Tag aus wie aus dem Ei gepellt. Immer wie eine Eins, egal wo wir waren auf der Welt. Selbst im Busch wirkte er perfekt, nicht im Anzug, aber in Khakihosen mit frisch gebügeltem Hemd. Man musste ihn schon gut kennen und sehr genau hinschauen, um zu sehen, dass es ihm nicht gut ging.

Ließ er sich medikamentös behandeln?

Er hatte ein dickes rotes Buch der Medikamente und verschrieb sich seine Mittel selbst. Seine wirkungsvollste Arznei aber war immer noch der Alkohol. Als der Zenit überschritten war, ging es ihm schlechter und schlechter. Das Gute daran war, dass er anfing umzudenken. Nach unserer Unterredung in Kitzbühel, ungefähr zwei Monate nach der Geschichte in Zürich, realisierte er seinen Zustand mit einem Mal.

In zunehmendem Maße wurde ihm bewusster, dass er nicht mehr einfach so nach München fahren und sich bis in die Nacht hinein mit seinen Freunden treffen konnte. Er musste notgedrungen mehr bei mir zu Hause bleiben. Ich konnte ganz für ihn da sein und musste meine Zeit nicht mehr damit verschwenden, mit irgendwelchen Leuten »blabla« zu machen. Wir konnten mit den Kindern zusammen Abend essen, mit ihnen das Abendgebet sprechen und sie ins Bett bringen. Oder wir schauten uns zusammen Western an, die er liebte.

Ich brachte ihn ins Bett, wir schliefen gemeinsam ein. Ich sagte ihm, er solle mich nachts wecken, wenn er nicht schlafen könne. Er weckte mich nicht und lag trotzdem die ganze Nacht wach. Plötzlich fing ein völlig neues Leben an. Ein Leben, in dem er gezwungen war, zu Hause zu bleiben. Aber er merkte, so schrecklich war es gar nicht. Es machte Spaß und langweilig war es auch nicht.

Ich machte meinen Betriebswirtschaftsunterricht weiter und erzählte ihm, was ich gelernt hatte. Mittlerweile stapelten sich bei ihm schon die Aktendeckel, da er einfach zu müde war, das alles zu lesen. Ich sagte ihm dann: »Das machen wir zusammen in Ruhe. Wir gehen es Punkt für Punkt durch. Ich lese es vor. Ich sag dir, was drin steht, und du sagst mir, was ich machen soll.«

3 Kampf um Thurn und Taxis

Losgetreten wurde der Anfang vom Ende dieser Ära im Februar 1990 mit dem besagten Artikel im »manager-magazin«. Exakt zum 500-jährigen Jubiläum der Thurn-und-Taxis-Post rechnete das Blatt vor, dass statt der angeblichen vier bis fünf Milliarden Mark das Gesamtvermögen des Hauses gerade noch 2,2 Milliarden betrage, wovon eine Milliarde fremdes Kapital sei. Aber nicht nur die Finanzen waren demnach in Unordnung, das ganze Unternehmen mit seinen 50 Einzelfirmen und 4000 Beschäftigten wackelte. Zwar betrug der Gesamtumsatz noch immer 810 Millionen Mark, der Erlös allerdings lag nur noch bei 17 Millionen, viel zu wenig, um alleine die enormen Ausgaben zu decken. Weltumspannend aktiv wollte der Fürst agieren, jetzt aber offenbart sich laut »manager-magazin« ein Desaster von unglaublichen Ausmaßen. Zum ersten Mal in der gesamten Geschichte des Hauses Thurn und Taxis werden offenbar rote Zahlen geschrieben. Der Fürst hatte gleich nach Erscheinen des Artikels eine Pressekonferenz einberufen, bei der er Rede und Antwort stand.

Ich kann mir vorstellen, dass die Sache im »manager-magazin« ein bisschen zu dramatisch und übertrieben dargestellt wurde. Der Artikel sollte ja auch dazu dienen, das Vertrauen in das Management zu erschüttern.

Was meinen Sie damit?

Genau wie ich es sagte: Die Informationen wurden so weitergegeben, dass sie das Vertrauen in die Managementriege bis in die Grundfesten erschüttern sollten. Das heißt, es wurde natürlich in dem einen oder anderen Segment übertrieben. Fest stand für mich allerdings, dass bei weitem nicht alles, was die neuen Manager in diesen zwei Jahren angefasst haben, funktioniert hatte.

Sie meinen tatsächlich, der Bericht im »manager-magazin« war überzogen, weil Sie damit Politik machen wollten?
Normalerweise hätte die Presse diese Information ja nie bekommen. Wir sind keine Aktiengesellschaft und deshalb auch nicht auskunftspflichtig. Wir, damit meine ich mich und Hayek Engineering, haben uns gesagt, dass wir auf breiter Front gegen diese Leute arbeiten müssen, um den Fürsten wach zu kriegen. Es war genau wie in Max Frischs Theaterstück »Biedermann und die Brandstifter«. Der Fürst hat im eigenen Haus die Brandgefahr nicht bemerkt. Jetzt mussten wir gewissermaßen dafür sorgen, dass der Fürst endlich begriff, dass es bald bei ihm brennen könnte. Wie macht man das? Das ging nur über die Zeitung. Mein Mann war ja ein leidenschaftlicher Zeitungsleser. Er las jeden Tag fünf Zeitungen. Dazu jede Woche den »Spiegel«, die »Wirtschaftswoche«, das »manager-magazin«, »Forbes« und »Newsweek«. Somit war es doch am Besten, ihm diese ganzen Informationen durch die Zeitung zukommen zu lassen.

Wessen Idee war das?
Die meines Beraters.

Ganz schön listig.
Wir mussten wirklich alle Register ziehen. Dabei haben wir einfach genau dieselbe Strategie und dieselben Methoden angewendet wie im Wirtschaftsleben üblich. Die machen uns Ärger? Gut, dann sehen wir mal, wer wen ärgert.

Aber die Zahlen, die im »manager-magazin« veröffentlicht wurden, waren doch richtig. Oder etwa nicht?
Das ist jetzt zu lange her. Ich kann nur sagen, dass wir seriös gearbeitet haben. Die Leute von Hayek Engineering sind stock-

ATI
MASE
PIRELLI
vodafone

seriös. Wir haben einfach leicht zu verstehende Informationen zusammengestellt und diese dann unter dem Siegel der Verschwiegenheit weitergegeben.

Die haben da mitgespielt?

Was heißt mitspielen? Wir sagten denen, was interessant war, und die schrieben darüber. So einfach ist das. Es war eine gute Story mit hoch interessanten News. Die waren dankbar dafür, dass sie die bekommen haben.

Exklusiv?

Natürlich. Genau wie die »Bunte« dankbar war, zu erfahren, dass es bei Thurn und Taxis angeblich eine Ehekrise gibt. Man musste die »Bunte« ja auch nicht bezahlen, damit sie die Schlagzeile bringt.

In diesem Falle zugesteckt von der anderen Seite.

Ja, ich hab mir das einfach bei denen abgeguckt. Und mir gedacht, wenn die lancieren können, dass unsere Ehe in der Krise ist, dann werde ich mal schön lancieren, was die so leisten.

Mein Gott, da wurde aber mit harten Bandagen gekämpft!

Es ging nicht anders. Ich hab dem Teufel ins Gesicht geschaut, ich sag's Ihnen. Ich möchte das nie wieder erleben müssen in meinem Leben. Es war wirklich schlimm für mich. Ich hab mich oft gefragt: Ist das richtig, was hier passiert? Muss ich wirklich kämpfen? In welchem Film bin ich eigentlich?

Es war schon schwierig genug, für jemanden, der sich eigentlich nur um die Kinder kümmern sollte und den Mann betreuen musste, sich mit solchen Dingen überhaupt zu beschäftigen. Plötzlich war ich auch noch gezwungen, gegen Leute zu kämpfen, die mir den Boden unter den Füßen wegziehen wollten. Das war wie bei »Dallas« und »Denver«.

So hört es sich auch an.
Ich hab in dieser Zeit sehr viel gebetet: »Bitte, bitte, bitte schenk mir die Kraft, schenk mir die Intelligenz und die Weisheit, das Richtige zu tun und dabei auch Christin zu bleiben.«

Gab's noch weitere Listen und Finten?
Nein, mehr brauchte es nicht. Die Bombe war explodiert. Aber um hier noch eine wichtige Episode aus dem Kampf um das Unternehmen zu erzählen, beginne ich mit der Geschichte einer unserer schönsten Schiffsreisen. Sie begann in Southampton. Wir waren in der Nähe der Stadt zu einem wunderschönen Ball bei dem berühmten Lord Aspinall eingeladen, dem Inhaber des elegantesten Casinos in London, wo unzählige Erben ihr Vermögen verspielten. Lord Aspinall hatte ein wunderschönes Schloss mit einem riesigen Park. Wie viele exzentrische Lords leistete er sich ein ungewöhnliches Hobby: einen eigenen Zoo mit fast allen wilden Tieren Afrikas und Asiens. Seine Lieblinge waren Tiger, zu denen er oft in den Käfig ging, um mit ihnen zu spielen. Einmal hätte ihm eine der Raubkatzen beim Spiel mit einem Prankenschlag beinahe das ganze Gesicht zerstört. Mich faszinierten die Gorillas, die nur exotische Früchte zu essen bekamen, wie Kiwis oder Mangostin, eine sündteure Frucht aus Asien. Aspinall war ein großer Anthroposoph und Naturschützer, genau wie sein bester Freund und größter Gönner Jimmy Goldsmith. Mittlerweile ist er leider an Krebs gestorben.

Zurück zum Ball. Die Einfahrt zum Schloss entlang standen ungefähr hundert Kinder und hielten Fackeln. An der Treppe des Barockschlosses wurde man von Nymphen mit Blumen beschenkt, im Schloss selbst rannte eine Unmenge Liliputaner in Kasperlklamotten herum, die die Gäste in den Hintern zwickten. Alles, was Rang und Namen hatte, war zugegen, von Aga Khan und Stavros Niarchos, Heini Thyssen und Comtesse de Ribes von Drew und John Heinz vom gleichnamigen Ketchup-Konzern, bis Mr & Mrs Kellogg von den bekannten Frühstücksflocken. Prachtvolle Kleider. Vollmondnacht. Ich hatte das nicht für möglich gehalten, es war wie aus Tausendundeiner Nacht. Meine Don-Giovanni-Party war schon wunderschön und originell, aber das hier war noch eine Dimension größer, surrealistischer, noch unglaublicher.

Im Grunde war es Wahnsinn: Diese in Kasperle-Kostümen verkleideten Liliputaner liefen herum, zwickten Damen und Herren in den Hintern und beschimpften sie. Das war Teil der Inszenierung. Die Menschen wandelten durch den wunderschönen Garten und verloren sich in den Weiten des Schlosses. Irgendwo verschwanden schön geschmückte Paare, irgendwo tauchten sie wieder auf. Ich hatte so ein Fest nur aus Märchenbüchern gekannt, aber hier war ich mitten drin.

Als das Fest zu Ende war, machten wir uns auf die Fahrt an die traumhafte Küste der Bretagne. Diese Reise war allerdings überschattet von den fleißigen Vorbereitungen der Stiftung zu Hause in Regensburg. Johannes bekam von seinem Management fast täglich ungefähr 50 Faxe an Bord geschickt, die er natürlich keine Lust hatte zu bearbeiten und zu beantworten. Er war damit zu diesem Zeitpunkt völlig überfordert. Also machte ich mich auf und suchte in jedem Hafen die Post, um von dort aus meinem Anwalt das Neueste aus Regensburg zu faxen und mich beraten zu lassen – in der Telefonzelle, denn damals gab es noch keine Handys.

Natürlich dachten die Herren in Regensburg nicht, dass ich von unterwegs diesen Aktionismus an den Tag legen würde, und wiegten sich in Sicherheit. Ich hatte aber bei Kashoggi gesehen und auch sehr bewundert, dass er, egal wo er gerade auf der Welt war, sozusagen ein mobiles Büro aufschlug, um handlungsfähig zu sein. So kam ich mir jetzt auch vor. Nichts blieb unbearbeitet. Und vor allem konnte ich mit der vom Anwalt soufflierten Information meinem Mann den Inhalt dieser Stöße von Papier einwandfrei erklären. Das hat dem Johannes sehr imponiert, und ich merkte, wie er mir plötzlich zuhören konnte. Er spürte, dass das, was ich sagte, Hand und Fuß hat.

Hatten Sie Heimlichkeiten?

Nein, überhaupt nicht. Johannes war ja ganz zufrieden zu sehen, dass ich mir die Mühe machte – statt an den Strand oder Sightseeing zu gehen –, die Telefonzelle aufzusuchen, um mich vom Anwalt beraten zu lassen. Er gab mir die ganzen Papiere und war froh, das ich mich um den Inhalt kümmerte, um ihm die Kurzfassung mündlich zu übermitteln. Das war sozusagen der Wendepunkt. Er sah, wie ich mich engagierte und auch in der Lage war, komplizierte Sachverhalte kurz und bündig zusammenzufassen. Johannes war zufrieden, genoss seine Reise und merkte, wie sehr ich mich für T&T engagierte. Unsere Beziehung blühte durch sein Vertrauen förmlich auf.

Wussten Sie, dass die Sache schon so weit gediehen war?

Ich sah zunächst nur, dass er unter dem Motto »Ich weiß nicht, ob mein Sohn je in der Lage sein wird, das Vermögen zu verwalten« die Idee mit der Stiftung vorantreiben ließ. Vielleicht hat er sich ja auf dem Schiff wirklich gesagt: »Wenn Gloria was dagegen hat, dann muss sie auch gute Argumente bringen. Also, ich schicke hier einen Trupp Soldaten los und dort mit Gloria einen anderen Trupp. Schaun wir mal, wer von beiden die bessere Arbeit abliefert …« Deswegen sah er meinen Aktivitäten mit größtem Wohlwollen zu.

Ziemlich aufregender Job, oder?

Ich war sehr froh über so viel Verantwortung. Aber vor allem darüber, dass wir so handlungsfähig waren, obwohl das alles aus dem Urlaub bearbeitet wurde. Es gab kein: »Jetzt geht's nicht« oder »Ich habe keine Lust.« Ich war sozusagen dauernd im Dienst. Es hat mich richtiggehend froh gemacht, dass ich auch auf dem Schiff in der Lage war, genauso konzentriert zu sein wie in Regensburg. Plötzlich sah Johannes: »Sie ist eben mehr als mein kleines Mädchen oder eine gute Mutter.«

Waren Ihre Kontrahenten im Management nicht alarmiert, dass Sie nun wieder so dicht an Ihrem Mann waren und ihn hätten beeinflussen können?

Das Gute war, dass die Leute mich immer unterschätzt haben. Die dachten wohl, die hat nur Frisuren im Kopf und ist ansonsten trallala. Die haben wahrscheinlich nie damit gerechnet, dass ich von unterwegs aus die Anwälte wild mache und denen jeden Satz aus ihren Papieren weitergebe und die Konsequenzen daraus beleuchte.

Kann man sagen, dass sich auf diesem Boot, in diesen Tagen und in diesen Telefonzellen das Schicksal des Hauses Thurn und Taxis entschieden hat?

Ja, kann man sagen. Ich hab neulich zu meinem Sohn gesagt, ich hab das Vermögen aus der Telefonzelle heraus gerettet. Von der Telefonzelle aus wurde meine Armee mit Informationen gefüttert und ich mit Argumenten ausgerüstet. Wie gesagt, ich habe darum gebeten, komplizierte Sachverhalte komprimiert und verständlich aufs Schiff zu faxen. Das heißt, meine Art, Johannes Dinge zu präsentieren und zu verkaufen, war wesentlich einfacher und prägnanter, schöner, ehrlicher und offener. Ganz im Gegensatz zur anderen Seite, die hundert Seiten Dokumente vorlegte, wovon achtzig Prozent Nebel waren, damit man den eigentlichen Zündstoff in den restlichen zwanzig Prozent schwer finden kann.

Damit hab ich meinen Mann letzten Endes auch wieder zurückgewonnen. Ich hab ihn mit meiner Wahrhaftigkeit und mit meiner Gabe, die Sachen auf den Punkt zu bringen, überzeugen können.

Darf ich noch einmal zum »manager-magazin« zurückkommen? Wie hat der Fürst auf den Report reagiert?

Mein Mann war total schockiert. Das war für ihn besonders schlimm.

Er kam plötzlich angerannt damit und ...?

Nein, er kam nicht angerannt. Er hat das gelesen, dann hat er es weggelegt, und in einer Nebenbemerkung fiel dann der Satz, dass es doch besser wäre, wenn man sich von den Leuten trennen würde und …

Auf diese Art ...?

Ja, der hätte doch nicht gesagt: »Du, stell dir mal vor, was da in der Zeitung steht.« Niemals. In irgendeinem Gespräch, abends, als wir zusammensaßen und durch unsere Post und unsere Berichte gegangen sind, sagte er mir dann: »Wir müssen uns von den Leuten trennen.«

Was haben Sie geantwortet?

Ich sagte: »Das find ich hervorragend! Auf diesen Satz habe ich sehr lange gewartet. Ich kann dich dazu nur beglückwünschen, dass du so weitsichtig denkst. Ich glaube, wir sollten jetzt ganz schnell in Angriff nehmen, was wichtig und richtig ist. Die Leute stehen schon Gewehr bei Fuß. Die ganzen Masterpläne für den Tag danach sind schon gemacht. Aber die Hauptaufgabe, uns von den Leuten zu trennen, das müssen wir gemeinsam machen. Am besten, so schnell wie möglich, bevor noch weiterer Schaden angerichtet wird. Aber das ist wirklich großartig von dir, dass du dich zu diesem Schritt entschieden hast, ich freue mich.«

Ich hab ihn sehr bestärkt und mich auch richtig gefreut, dass er sich dazu durchgerungen hat. Bald darauf fand diese legendäre Sitzung statt, zu der alle Chefs des Hauses einberufen wurden.

Der Artikel im »manager-magazin« erschien im Frühjahr 1990. Ab Mitte des Jahres wurden auch nach außen hin die Spannungen zwischen dem Fürsten und seiner Verwaltungs-Crew offenkundig. Wann etwa war diese Sitzung?

Sie muss Ende Juli gewesen sein und dann ging alles Schlag auf Schlag. Die Herren wurden ins Konferenzzimmer gebeten. Ich hab meinen Mann begleitet. Einer von den Managern stand mit den Händen in der Hosentasche da. Mein Mann hat ihn so angebrüllt: »Nehmen Sie die Hände aus der Hosentasche, wenn Sie mit mir sprechen.« Da hab ich schon gemerkt: »Okay, das ist genau die Stimmung, die wir brauchen.« Ich war begeistert, dachte: »Gut, jetzt geht's los.«

Wie waren Sie angezogen?

Chic wie immer, seriös. Mein Mann sagte: »Nehmen Sie Platz, meine Herren.« Dann begann er mit seinen Ausführungen zu dem Bericht im »manager-magazin«, der nun schon eine gewisse Zeit zurücklag. Er betonte, dass er schockiert und zugleich auch sehr enttäuscht sei. Man habe immer nur von Erfolgen gesprochen, die es so offensichtlich gar nicht gab. Dies nähme er zum Anlass, sich von allen zu trennen. Alle Anwesenden seien hiermit fristlos entlassen.

Fristlos?

Gut, das ist eine Geldfrage. Ich mein, man zahlt, und dann sind die Leute weg.

Wie war ihre Reaktion darauf?

Aschfahl, aschfahle Gesichter. Die sind rausgegangen, haben natürlich aber bereits die Messer in ihren Taschen gewetzt. Fristlos heißt: Sie durften nicht mehr ins Büro, bekamen aber noch Abfindungen ausbezahlt.

Womöglich hatten sie noch einen Funken Hoffnung, dass sie den Krieg gegen Fürstin Gloria doch noch gewinnen könnten.

Aber es war doch aufgedeckt. Hayek war doch schon drin. Es war doch längst offensichtlich, dass sie keine Zukunft mehr hatten.

Zumindest wusste man nicht, wie sich der Gesundheitszustand des Fürsten entwickelt. Ein paar Dinge wären vielleicht noch möglich gewesen.

Nein. In dem Augenblick, in dem Hayek Engineering im Haus war und eine Bestandsanalyse der Thurn-und-Taxis-Bank, des Unternehmensbereichs Unidor, der fürstlichen Brauerei und der Gesamtverwaltung durchführte, war nichts mehr möglich.

Wie reagierten die sonstigen Mitarbeiter?

Die Leute in unserer Verwaltung, die hier seit 20 oder 30 Jahren beschäftigt waren, haben aufgeatmet. Die haben halleluja gerufen, dass sie endlich von dieser Herrschaft befreit wurden. Was glauben Sie, was einer unserer wichtigsten Mitarbeiter, der 45 Jahre im Haus war, gelitten hat? Was der nervlich durchgemacht hat unter der Ägide dieser Leute! Offenen Auges musste man zusehen, wie das Vermögen des Fürsten, das man jahrelang mit Liebe und Loyalität gehütet hat – und zwar ohne dabei selber an das Große-Geld-Verdienen zu denken –, riskant verwaltet wurde. Da kamen diese Manager, schafften an, strukturierten in einer unglaublichen Geschwindigkeit um – und führten obendrein gegenüber den Untergebenen auch noch ein hartes Regiment.

Als die Hayek-Leute kamen, gab es im Haus eine regelrechte Freiheits-Stimmung. »Gott sei Dank, seid ihr endlich hier, schaut her, was hier los ist.« Spätestens zu diesem Zeitpunkt hätten die Manager sich verabschieden müssen.

Nach Zeitungsberichten belief sich der damalige Schuldenberg des Gesamtunternehmens Thurn und Taxis, der nun ans Tageslicht kam, auf 400 Millionen Euro.

Ich erinnere mich nicht mehr genau. An negative Dinge erinnert man sich sowieso äußerst ungern.

Ich kann nur sagen, der Schaden war groß, aber er ist, Gott sei Dank, behoben.

Zum 1. August 1990, wenige Tage nach der fristlosen Entlassung der Manager, wird der Jurist Manfred Heiler zum Interimsgeschäftsführer bestellt. Er soll, wie es heißt, seinen Job »unter aktiver Mitwirkung der Fürstin« versehen. Im Oktober, unmittelbar vor der Einlieferung des Fürsten ins Großklinikum Großhadern, erhalten Sie Generalvollmacht.

In einem »Spiegel«-Gespräch, in dem es nach den Turbulenzen der vergangenen Monate um die künftige Ausrichtung des Unternehmens und um Ihre Anteilnahme darin geht, gibt Ihnen der Fürst gewissermaßen noch die Marschrichtung vor: »Gewinnausschüttung, meine Liebe, Gewinnausschüttung, das ist das Wichtigste.«

Wenn ich das alles so im Nachhinein höre, kommt es mir fast so vor, als ob mein Mann, der ja auch ein kleiner Taschen-Mephisto war, das alles hat inszenieren lassen, um zu sehen, wer in seiner Umgebung den Kampf um das Königreich gewinnt. Er selbst sitzt als Zuschauer dabei und guckt sich das an – und sagt dann am Ende ganz zufrieden: »Die Fürstin soll mitwirken.« Ich kenne dieses Phänomen.

Man schaue sich einen Unternehmer am Ende seines Lebens mit zwei Söhnen oder Töchtern an. Plötzlich wird noch eine kleine Intrige gestartet, und dann sieht man, wer mehr Kampfgeist hat. Und derjenige kriegt dann das Unternehmen. Es ist wie ein Test – the final Count-down. Das kommt mir jetzt erst in den Sinn.

In den ersten Nachrichten aus Schloss Emmeram heißt es nun: Die Fürstin hat den eisernen Besen hervorgeholt und entledigt sich nun bis hinab ins mittlere Management der meisten Mitarbeiter, die ihrem Mann vertraut gewesen waren.

Das stimmt nicht. Wir haben uns nur der Mitarbeiter entledigt, die erst kurz davor eingestellt worden waren. Alle langjährigen Mitarbeiter blieben.

Im August treten Sie persönlich mit der Mitteilung an die Öffentlichkeit, Ihr Mann sei von seinen Managern getäuscht und um Millionen betrogen worden. Die Folge war, dass sich die Manager gegen die Vorwürfe wehrten und ihrerseits Strafanzeige wegen »des Verdachts der gemeinschaftlichen oder gegebenenfalls in Alleintäterschaft begangenen falschen Verdächtigung ... der üblen Nachrede ... und der Verleumdung« stellten.

Inzwischen ist Gras über die Sache gewachsen. Lassen wir es dabei.

Fest steht, dass Strafanzeige gegen Sie gestellt wurde.

Man hat sich dann irgendwie verglichen und vereinbart, einander in Ruhe zu lassen. Aber wer den Schaden hat, braucht zumindest für den Spott nicht zu sorgen.

Das war nun der Schlussakkord, mit dem Sie eine weitere Phase Ihres Lebens ein für alle Mal hinter sich ließen. In einem Interview gaben Sie auf die Frage, ob es denn »die schrille Gloria« künftig nicht mehr geben würde, zu Protokoll: »Die Person selbst hat sich bestimmt nicht verändert, sondern nur das Äußere.« Die »extrem extrovertierte Phase« sei allerdings nunmehr beendet.

Ich meine, wenn das Dach brennt, gibt es keine Zeit mehr für Nebensächlichkeiten. Und bei uns hat's wirklich gebrannt.

Der Glanz des Hauses war erst mal dahin.

Nein, um Gottes willen! Gut, das Image war etwas angekratzt, aber der Glanz von Thurn und Taxis war noch längst nicht dahin. So schlimm war die Situation auch wieder nicht. Das Unternehmen war ein paar Jahre nicht optimal gemanagt worden. Jetzt musste man halt das Ruder herumreißen, sich von den Verlustbringern trennen und wieder auf die Dinge konzentrieren, durch die man groß geworden war und die man wirklich konnte. Wichtig war vor allem: Die Reform musste knallhart durchgezogen werden.

Nur, es war ein bisschen viel für mich auf einmal. Ein kranker Fürst. Das zusammengekrachte Management. Ein radikaler Personalwechsel. Die Journalisten, die pausenlos Interviews haben wollten. Und dann sind die Kinder ja auch noch da. Da hat man keine Zeit mehr, an flotte Mode und an Haare zu denken. Gefordert war höchste Konzentration. Priorität Nr. 1 war, mit meinem Mann zu besprechen, was jeden Tag vor sich zu gehen hatte und was zu tun war. Wir hatten die Hayek-Engineering-Leute im Haus, wir hatten Masterpläne entwickelt, alles war vorbereitet: Schritt 1, Schritt 2, Schritt 3, Plan A, Plan B, Plan C. Für mich hieß es: Ärmel hochkrempeln und anpacken.

Wir schmiedeten schon wieder Pläne und fuhren zusammen in den Wald, weil mein Mann einen Hirsch schießen wollte.

Alles schien perfekt.

Und war es doch nicht. Oben auf der Hütte bekam Johannes von einem Tag auf den anderen richtig schlimme Atemnot. So schlimm, dass bald eine große Flasche neben seinem Bett stand, aus der er nachts Sauerstoff atmen musste. Erst ab diesem Zeitpunkt stellte Professor Rieker in München die richtige Diagnose: starke Herzinsuffizienz.

Jetzt ging es Schlag auf Schlag. Die Ärzte machten ihm klar: »Sie müssen ein neues Herz bekommen, sonst sterben Sie.« Es war keine Frage mehr. Zu entscheiden blieb lediglich, machen wir das hier oder in Amerika. Professor Rieker, zu dem mein Mann großes Vertrauen hatte, empfahl den Herzspezialisten Professor Bruno Reichart. Auch ich hatte das Gefühl, dass es für meinen Mann zu anstrengend gewesen wäre, nach Amerika zu fliegen, und eine Operation in München die bessere Lösung wäre.

Fürs Erste wollten wir im Wald auf der Aschenbrennermarter bleiben. »Wenn es dir gut geht«, sagte ich, »gehen wir auf die Jagd, und wenn nicht, können wir immer noch den Tag auf der Terrasse verbringen und den Kindern beim Reiten zusehen. Es war wirklich göttlich, so harmonisch mit ihm zusammen zu sein. Er war ein anderer Mann geworden. Der ganze Zynismus, die ganze Bosheit waren weg. Er war nur noch liebevoll. Alles war wieder wunderbar harmonisch. »Ach, komm doch zu mir, Schatzilein«, rief er mir zu. Das hatte ich jahrelang nicht gehört. »Ach, du bist ja so lieb zu mir, ach, ist das schön mit dir!« Er war wirklich völlig gewandelt.

War die Krankheit eine Chance für Sie?

Die Krankheit war meine Rettung. Jetzt wurde wieder ein Mensch aus ihm. Die Ängste waren zwar noch da, nachts, wenn er Atemnot hatte, aber er kam so langsam mit sich ins Reine. Er hat gemerkt: Gloria ist nicht seine Gegnerin, sondern Gloria liebt ihn; sie will ihm helfen und verlässt ihn nicht, egal, wie schwierig er zu ihr war.

Ich freute mich riesig: »Menschenskinder, jetzt kommt die Ernte. Der Mann ist wieder wie früher.« Wir verbrachten zusammen die Abende, und ich hab ihm ununterbrochen gesagt, wie herrlich ich es mit ihm alleine finde und wie froh ich bin, dass niemand da ist; wie wunderbar und wie interessant er ist. Richtig lieb war er. Manchmal kam der Pfarrer in die kleine Kapelle herauf, wir haben zusammen der heiligen Messe beigewohnt. Er war einfach anders.

Wieso dauerte es überhaupt so lange, bis die richtige Diagnose gestellt wurde?

Ärzte sind eben auch nur Menschen und lassen sich von Geld und Reichtum auch einschüchtern. Manchmal ist der arme Schlucker besser dran. Der wird so behandelt, wie es der Arzt vorschreibt.

Beim Reichen meint man dann, man muss es dreimal so gut machen, und dann wird es ein kompletter Murks. Es ist natürlich auch sehr, sehr schwierig, jemanden wie Johannes gegen seinen Willen zu behandeln, das geht nicht.

Wenn Johannes fünf Jahre früher aufgehört hätte zu trinken, hätte er noch gute zehn Jahre leben können. Professor Döring hat es ihm durch die Blume gesagt, ich hab's ihm direkter gesagt und mir dadurch sehr viele Watschen eingeheimst.

Auf der anderen Seite muss man wohl sagen, der liebe Gott hat schon den richtigen Moment für ihn gefunden. Ich bin froh, dass er nicht erlebt hat, was dann kam. Das wäre noch weit schlimmer für ihn geworden. Das wäre überhaupt die größte Demütigung gewesen, für ihn, sein Selbstbewusstsein, sein ganzes Lebenswerk.

GLORIA

4 Der Tod des Fürsten

Es ist der 29. Oktober 1990. Bereits im Juni war der Fürst, um jegliches Aufsehen zu vermeiden, unter dem nach seiner Geburtsgemeinde gewählten Pseudonym »Johannes Obertraublinger« auf der Herzstation des Münchener Klinikums Großhadern behandelt worden. Als ein Pressefotograf Fürstin Gloria auf dem Parkplatz erkannte, gab das fürstliche Hofmarschallamt in einem Kommuniqué bekannt, dass es sich »beim Aufenthalt von Seiner Durchlaucht« um eine »reine Routinemaßnahme nach einer leichten Sommergrippe« handle.
Nun liegt der Fürst im Operationsraum desselben Klinikums. Seit September stand er unter dem Namen »Josef Huber« auf der Akut-Liste von »Eurotransplant«; endlich ist das Spenderherz eingetroffen. Chirurg ist Professor Bruno Reichart, ein international renommierter Herzspezialist. Wenige Wochen zuvor hatte Johannes von Thurn und Taxis in einem Interview verkündet, er gebe »jetzt den Stab noch lange nicht ab. Glorias Mitarbeit habe ich angeregt, weil ich rein versicherungsmathematisch nur noch eine Lebenserwartung von dreizehn bis vierzehn Jahren habe.«
Fürstin, die Zeit vor der Operation verbrachten Sie gemeinsam auf Ihrem Gut Aschenbrennermarter. Wie ging es Ihrem Mann psychisch?
Wir warteten, gewissermaßen mit der Sauerstoffflasche an der Seite, auf die Nachricht über ein Spenderherz und die bevorstehende Herztransplantation. Johannes war voller Lebensmut und ganz sicher, dass er die Operation gut überstehen würde. Zur Transplantation gab es keine Alternative. Ohne ein neues Herz hätte er die nächsten sechs Monate nicht überlebt. Mittlerweile hatte er bereits einen Herzkatheter. Also war für ihn ganz klar:

Den Bullen bei den Hörnern packen und dann geht das Leben weiter. In dieser Stimmung waren wir. Man sitzt da und wartet auf einen Anruf. Ein Warten zwischen Hoffen und Bangen.

Am 26. Oktober kam der Anruf, dass es ein Spenderherz gibt.
Ja, wir fuhren mit dem Auto sofort in die Klinik. Max Hartl, sein Leibdiener, und der Chefkoch fuhren mit und bekamen im Krankenhaus jeweils ein eigenes Zimmer zugewiesen.

Was ging in Ihnen vor? Hatten Sie Hoffnung, dass Ihr Mann überleben würde?
Ja, ich war felsenfest davon überzeugt.

Woher nahmen Sie diese Gewissheit?
Ich habe gar nicht darüber nachgedacht. Tod war einfach nicht angesagt. Es war ganz klar, wir überstehen das.

Am 28. Oktober, zwei Tage nach dem Zusammenbruch des Fürsten, erlag im Krankenhaus München-Bogenhausen ein 36-jähriger Student einem Gehirnschlag, die Spätfolge eines Autounfalls. Der Student war nach dem Abitur drogensüchtig geworden, hatte allerdings sein Leben geändert und beschlossen, Arzt zu werden. Noch in der Klinik unterzeichnete seine Mutter die Einwilligung für eine Organspende. Blutgruppe und Herzgewebe des Studenten stimmten mit den Daten des Fürsten überein. Eurotransplant hatte grünes Licht gegeben und kurz vor Mitternacht begann Professor Reichart mit der Herzverpflanzung.
Wir hatten uns gegen 23 Uhr verabschiedet. Die Kinder waren mit dabei und haben ihm die Daumen gedrückt. Sie wussten, dass er operiert wird, aber dass es eine Herztransplantation war, haben sie nicht mitgekriegt. Ich fuhr anschließend nach Hause, um zu warten. Endlich, so gegen fünf Uhr am Morgen, klingelte das Telefon, Professor Reichart. Es sei, sagt er, alles okay. Die Operation wäre anstrengend gewesen. Ich könne am Nachmittag in die Klinik kommen. Ich bin allerdings früher hin. Ich konnte es nicht aushalten. Gleich in die Intensivstation. Professor Reichart kam dann auch dazu. Überall waren Schläuche, eigentlich ein furchtbarer

Anblick. Goldie schlief noch. Der Professor meinte: »Morgen tun wir die Beatmung raus und vielleicht wacht er auch auf. Dann können Sie mit ihm reden. Wenn er Halluzinationen hat, das ist ganz normal, das dauert gut und gerne drei bis vier Tage.«

Zwei Tage später war er wach. »Er wird wahnsinnig viel Durst haben«, sagte mir das Personal, »aber man darf ihm nichts zu trinken geben.« Das fand ich so schrecklich. Er hatte neben seinem Bett so eine Schnabeltasse mit ein bisschen Wasser. Er hat immerzu gebeten: »Ah, ich hab so einen trockenen Mund, ich muss was trinken, bitte gib mir was zu trinken.« Ich wusste, er durfte nicht trinken, o Gott, o Gott. Ich gab ihm die Schnabeltasse, »nicht so wenig, bitte mehr«. So ging das, es war schrecklich.

Er war schon voll bei Bewusstsein?

Ja, er war da, konnte sprechen, und dann erzählte er mir von den Käfern auf dem Boden. Ich solle aufpassen und nicht drauftreten. Im Übrigen gäbe es in der Klinik Ärzte, die ihn ermorden wollten, aber es nicht geschafft hatten. Außerdem sei eine der Krankenschwestern ganz böse.

Wann wusste man, ob das Spenderherz angenommen wurde?

Nach ein paar Tagen. Die kritischen Tage waren vorbei und der Arzt sehr optimistisch. Er kam dann auf Station. Der Chefkoch und der Diener waren ja da. Und die Kinder und ich verbrachten den ganzen Tag mit ihm im Krankenzimmer.

Wie kochte sein Chefkoch denn im Krankenhaus? Doch wohl kaum auf einer Spiritusflamme, oder?

Nein, aber auf einem kleinen Elektrokocher. Mein Mann wollte nur leichte Kost. Gedämpftes Hühnchen, bisschen Gemüse. Der Lebensmut kam wieder und es ging ihm besser. Und mit einem Schlag machte er wieder neue Pläne. Er war voller Dankbarkeit und Liebe.

Und das ganz Besondere an diesem Tag war: Es war das erste Mal in seinem Leben, dass er mir sagte: »Ich liebe dich.« Ich war allein mit ihm in seinem Krankenzimmer. Die Kinder waren gerade nach Hause gegangen. Es war schon abends. Wir haben die Nachrichten gehört, ich saß noch bei ihm am Bett, er hat meine Hand genommen und gesagt: »Ich hab noch nie jemanden so geliebt wie dich.«

Das hab ich nicht mehr für möglich gehalten. Er hat mir nie, in den ganzen zehn Jahren nicht, »ich liebe dich« gesagt. Das brachte er einfach nicht über die Lippen. Aber jetzt konnte er es sagen. Jetzt war er so weit. Wir waren wie ein junges Ehepaar – so verliebt. Es gab keine Sekunde ohne: »Liebling, möchtest du nicht …« und: »Ich bin ja so froh, dass du hier bist. Was machen denn die Kinder? Wie geht's denn deiner Mutter? Ist alles okay für euch? Ihr seid ja so süß und lieb, dass ihr den ganzen Tag bei mir seid – ich freu mich ja so.«

Dann haben wir langsam angefangen, spazieren zu gehen, ganz langsam. Es war schon kalt draußen. Er hat wieder Witze und Späße gemacht. Aber es war nicht mehr diese sarkastische Art auf Kosten anderer, sondern es waren lustige, fröhliche Scherze. Er hat mit der Krankenschwester geschäkert, mit dem Arzt gelacht. Der Mann war wie verwandelt – ein anderer Johannes.

Mein Bruder Alec, den Johannes sehr mochte und mit dem er sich gern über Politik unterhielt, kam ins Krankenhaus und wir feierten gemeinsam den Wahlsieg Helmut Kohls bei der ersten gesamtdeutschen Wahl nach der Wiedervereinigung. Es war ein Festtag.

Dann kamen natürlich die Neffen und Nichten, die Kinder von Prinzessin Clothilde, seiner Schwester, viele Verwandte. Alle waren hingerissen von seiner positiven Einstellung und auch davon, wie er über Gott sprach. Der Pfarrer kam und auch der Seelsorger vom Krankenhaus, den mochte er aber nicht besonders gerne – da er immer im Hemd reinkam. Mein Mann war ja sehr aufgeschlossen und liberal, aber wenn er eins nicht mochte, dann war es ein Pfarrer im Hemd. Bei ihm musste ein Pfarrer wie ein Pfarrer aussehen.

Wir machten Pläne. Wohin wir beispielsweise mit dem Boot fahren würden. Schon wurde der Kapitän angerufen, er möge das Schiff klarmachen. In 14 Tagen käme der Fürst raus, dann würde er noch mal vierzehn Tage in Regensburg verbringen, also könnten wir in vier Wochen losfahren.

Ihr Mann hatte nach zehn Jahren Ehe wirklich zum ersten Mal in Ihrem Leben sagen können, dass er Sie liebt?

Nein, er hat mir schon gezeigt, dass er mich liebt, durch seine Zuneigung; aber er konnte es einfach nicht sagen. Aber ich bin immer diejenige gewesen, die ihn gestreichelt hat, die ihn ununterbrochen geküsst hat, auf die Glatze und auf die Backe, die ihn vor allen Leuten umarmt hat. Am Anfang war ihm das wahnsinnig unangenehm. Ich erinnere mich an die ersten Male, als mein Schwiegervater bei uns zu Gast war, in unserem Salon. Die Art und Weise, wie ich mit Johannes umgegangen bin, wie ich ihn immerzu geküsst habe, hat ihn sehr amüsiert und er musste über uns beide lachen. Johannes war etwas gepeint, aber irgendwie doch geschmeichelt mit meiner Überschwänglichkeit.

Fehlt es einer jungen Frau nicht, wenn sie in ihrer ganzen Ehe niemals ein »Ich liebe dich« hört? Man fragt ja auch gern: »Liebst du mich? Liebst du mich wirklich?«

Hab ich doch. Er hat immer mit Ja geantwortet

Ah, er hat Ja gesagt.

Natürlich. Aber er hat nicht von sich aus »Ich liebe dich« gesagt. Ich hab ihn, wie man das eben gerne so sagt, oft gefragt: »Liebling, wer ist dein bestes Stück?« Er sagte dann: »Du natürlich.«

Hahaha. In den Augen seiner engsten Freunde und Vertrauten, wie etwa seiner Lieblingsschwester Mafalda, hat Johannes sich durch mich total verwandelt. Aus einem Stein war ein Mensch geworden. Selbst wenn ich fand, dass er manchmal noch ein bisschen steif und verklemmt wirkte, war er in Wirklichkeit, im Gegensatz zu seinem früheren Verhalten jedenfalls, wahnsinnig weich geworden. Diese zeitweilige Verhärtung, die ich in diesem Gespräch hier beschrieben habe, die kam ja nur in einer Phase, in der er wirklich anfing, sich schlecht zu fühlen. Dann kam er in den Strudel. Und wenn er aus dem nicht mehr rauskam, wurde er auch böse.

Über die Zeit an seinem Krankenbett meinten Sie später: »Es gab in diesem Moment nur ihn und mich und die Kinder, das hatten wir nicht oft, dazu haben wir viel zu schnell gelebt.«

Ja. Wir haben zu schnell gelebt, wir haben zu viel Programm gemacht. Zwei Monate in Rio de Janeiro. Dann überlegt: »Was mach ich als Nächstes? St. Moritz?« Kaum eine Woche in St. Moritz: »Wie lange bleiben wir noch hier? Was machen wir dann?« Dann müssen wir zurück nach Regensburg. In Regensburg zwei Wochen: »Wo jetzt hin?« Wieder nach New York. Anschließend Paris. Dann London. Gehetzt, gehetzt, gehetzt! Immer auf dem Sprung. Immer auf der Jagd nach was anderem. Dazwischen wieder auf das Boot. Aber auf dem Boot war er auch nicht zufrieden. Auch hier ging es nur von einem Hafen in den nächsten.

Ich habe ja schon erwähnt, dass das Windsurfen meine ganz große Leidenschaft wurde. War irgendwo der Wind recht gut, wäre ich natürlich schon gerne länger geblieben. Aber nein, wir mussten weiterfahren. Wie in einem Wettbewerb: »Wie viele Häfen kann man in drei Wochen anlaufen, wie vielen neuen Menschen begegnen?« Johannes hat die Welt förmlich inhaliert. So schnell konnte man gar nicht schauen.

Ich habe angefangen zu tauchen. Als ich gerade meinen Tauchschein fertig hatte – wir waren in der Karibik –, wäre ich noch gerne ein wenig geblieben. Es war nicht möglich, denn Monsieur musste sofort wieder weiter. Selbst wenn die schlimmsten Stürme im Meer aufzogen und der Kapitän warnte: »Durchlaucht, es ist keine gute Idee, wenn wir auslaufen, es gehen nur wieder so viele Sachen kaputt« – es hat nichts geholfen. Er dachte überhaupt nicht daran, Rücksicht zu nehmen. Nein, er musste fahren, denn sein Boot war ja dafür gebaut, bei jedem Wetter ins Meer zu stechen. Suchten alle anderen im Hafen Schutz, dann segelte er weiter. Und der Kapitän war ein Idiot. »Der hat keine Ahnung, fauler Sack. Will nicht fahren? Wir fahren!« Sämtliche Gäste an Bord, die Mannschaft, alle mussten sich übergeben. Ich wollte schon sterben, es ging mir tagelang so elend. Aber Monsieur musste weiter, er hielt nicht an.

Diese Rücksichtslosigkeit! Er war es einfach nicht gewöhnt,

Rücksicht nehmen zu müssen. Ich weiß nicht, weshalb ich nicht auf die Idee gekommen bin, mit den Kindern von Bord zu gehen. Ich konnte manchmal einfach nicht mehr. Ich habe drei Tage lang gebrochen, nichts gegessen. »Ja warum nimmst du nicht die Mittel?«, sagte er nur lakonisch. Es wurde mir dann auch von den Mitteln schlecht, denn die schlagen aufs Gleichgewichtssystem und machen einen so unendlich müde, dass man letztendlich drei Tage lang nur schläft.

Wie oft ging das so?

Er war im Jahr mindestens drei Monate auf seinem Boot. Diese Fahrten waren nachher für mich auch nur noch die Hölle, da er es nicht schaffte, auf seine Familie Rücksicht zu nehmen. Sein Schiff war für hohe See gebaut, und die Mannschaft wurde dafür bezahlt, dass sie das machte, was er wollte. Das war seine Einstellung. Diese riesige Vierzig-Meter-Yacht segelte oft so schräg durch die Wellen, dass uns das Essen ins Gesicht geflogen ist. Aber er erwartete vom Steward, dass er servierte. Egal unter welchen Umständen. Das konnte mal ganz lustig sein, aber in siebzig Prozent der Fälle war es eben nicht mehr lustig.

Und was auf Dauer überhaupt nicht lustig war, das war diese unendliche Hetze. Es gab kein Sichniederlassen und Genießen, man lief immerzu auf heißen Sohlen. Immer auf dem Sprung ins nächste Erlebnis. Und das war, wie man sich denken kann, wahnsinnig anstrengend.

Was hat ihn so getrieben?

Ich weiß es nicht. Das schlechte Gewissen?

Er war sehr ehrgeizig. Sie sagten, dass er nicht zurechtkam.

Mit sich selbst.

Nur mit sich selbst nicht?

Sein Ding war nun einmal: »Wie kann ich in kürzester Zeit die meisten Orte anfahren?« Oder: »Wer hält es neben mir beim Saufen am längsten aus?« Und: »Ah, der Kapitän hängt schon in den Seilen. Bin ich also wieder mal der Größte.« Auch wenn er das so nie sagte, aber es war halt seine Natur.

Sie haben den Antrieb für dieses Gehetztsein, diesen Wettlauf und Wettkampf nicht herausgefunden?

Doch. Für mich war das ganz klar: Er kann nicht alleine sein. Der hatte Angst, dass eine Sekunde lang irgendeine innere Stimme etwas sagte, das er nicht hören wollte. Er musste einfach laufen. Im Laufen spürte er sich nicht.

Er lief davon?

Er lief vor sich selbst davon. Aber das war auf Dauer natürlich nicht möglich. Da blieb dann etwas auf der Strecke – das Herz. Ich bin sogar überzeugt davon, dass die Krankheit ihn gerettet hat, in jeder Beziehung. Ich hab zum Beispiel nie begriffen, dass er auf dem Boot, auch während meiner Schwangerschaft, keine Rücksicht auf mich genommen hat. Dass das einfach nicht möglich war. Da hieß es nur: »Du bist sowieso schwanger, dir ist sowieso schlecht, das hat mit dem Boot gar nichts zu tun. Wir fahren weiter und dann kannst du dich erholen.«

So schlimm?

Wenn ich jetzt mal Bilanz ziehe, dann würde ich sagen, dreißig Prozent der Zeit auf dem Boot war schön – und siebzig Prozent der Zeit bin ich speiend in der Ecke gelegen und hätte mich verfluchen können, dass ich überhaupt auf diesem blöden Schiff war.

Als ich mit Albert schwanger war, hatte ich oft Brechreiz, und daher ging es mir wirklich sehr schlecht. Eigentlich war unsere Kreuzfahrt wunderschön, denn unser Törn ging ja von Insel zu Insel, von Bucht zu Bucht, einfach traumhaft. Weil mir so schlecht war, konnte ich das alles allerdings nicht richtig genießen. Das Schlimmste war jedoch, dass mein Johannes so wenig Rücksicht auf meinen Zustand nahm. Also beschloss ich, von Bord zu gehen. Das Dumme war nur, dass ich nun fast jeden zweiten Tag mit dem Flugzeug auf eine andere Insel fliegen musste, um Johannes zu treffen. Er war ja so hastig mit dem Schiff unterwegs, dass das Inselhopping mit dem Flugzeug nicht unbedingt ein Vergnügen war.

Eine große Leidensgeschichte.

Ja, teilweise schon. Aber eine, die ich auch sehr bewusst mitgetragen habe. Schließlich hatte ich diese Aufgabe angenommen. Immer wieder musste ich mich an den Spaziergang mit Mafalda durch den Park erinnern. Damals, als seine Lieblingsschwester gesagt hatte: »Gloria, ich will dir nur sagen, Johannes ist ein sehr, sehr schwieriger Mensch. Du wirst es im Leben mit ihm sehr schön haben, vielleicht. Aber du wirst die meiste Zeit mit ihm leiden. So ist er einfach. Wenn du dir darüber bewusst bist und dieses Kreuz tragen willst, dann wünsche ich dir alles Gute. Ich bin immer für dich da. Du kannst immer zu mir kommen, wenn du nicht weißt, was aus dir werden soll, wenn du einen Platz brauchst, an dem du wieder zu dir selbst finden kannst.« Das ging mir immer wieder durch den Kopf, wie ein wiederkehrender Flashback, eine Schlüsselszene aus der Vergangenheit. Und immer wieder sagte ich mir: »Lieber Gott, ich habe dieses Kreuz auf mich genommen. Ich will diesem Mann helfen – und ich werde ihm helfen, auch wenn er böse zu dir ist, er wird das nicht schaffen, denn wir sind stärker als er.«

Wir, damit meine ich seine geliebte Mutter, an die ich gerne dachte. Seinen Vater, der mich so gerne mochte und der zu Lebzeiten nichts anderes tat, als den ganzen Tag zu beten. Und ich hatte meine eigene Großmutter, die mich über alles geliebt hat. Für mich waren das »meine Partner im Himmel«. Ich sah alles als eine Aufgabe an, die ich ja nicht rein zufällig bekommen hatte. Und ich wusste nicht nur ganz genau, worauf ich mich einlasse, sondern dass mir auch nichts passieren könnte.

Aber in den Zeiten, da ich wirklich sehr, sehr schwach wurde und nicht mehr weiterwusste, hatte ich nur noch die Mutter Gottes, den lieben Gott, die Engel. Ich konnte ja auch meine Mutter nicht mehr anrufen. Wenn ich ihr das erzähle, dachte ich, dann bricht die auch noch zusammen. In solchen Momenten kam dann allerdings immer auch eine Wende. So wie das eine Mal, als er wirklich besonders hässlich zu mir war und ich mich verabschiedete, indem ich ihm sagte: »Johannes, wenn du so weitermachst, dann kommst du ganz sicher in die Hölle.« Zwei Stunden später höre ich, dass er aus seinem Zimmer rauskommt und ganz langsam zu mir reingeht, schaut, ob bei mir noch Licht brennt, und als er sieht, dass ich noch lese, setzt er sich zu mir ans Bett und sagt ganz traurig: »Du hast gesagt, ich komme in die Hölle?« Verstehen Sie, was das für mich bedeutet hat? Ich konnte dann auch wieder Hoffnung schöpfen.

Es gab sicherlich auch Menschen um Sie herum, die Sie warnten: »Das schaffst du nicht. Du bringst dich selber damit um.«
Nein, die gab's nicht. Schon deshalb nicht, weil ich niemandem diese Möglichkeit gegeben hätte. Ich wollte niemanden mit einbinden, der mir negative Energien gab.

Wer sagt, dass diese Haltung gleich negativ sein muss?
Doch, doch in meinem Fall wär's negativ gewesen. Es gab keine Alternative. Wir haben einander geliebt, ich habe ihn über alles geliebt. Ich habe gekämpft wie eine Löwin für ihn. Wenn ich ihn verlassen hätte, er wäre tot gewesen. Er hätte sich zu Tode getrunken. Und es war ja nicht nur dunkel, sondern auch hell, schön, wunderbar – bis zum nächsten brutalen Rückfall.

Wie wird man damit fertig?
Ich dachte, im Grunde genommen ist alles zu spät. Ich bin wieder in die Kirche gegangen, hab mich hingekniet und gesagt: »Ich bin leer. Ich weiß nicht, wie es weitergeht. Ich weiß wirklich nicht mehr weiter.« Dann ist in mir etwas passiert, irgendetwas, irgendein kleines Zeichen – und plötzlich wusste ich: Es geht wieder weiter.

Blicken wir noch einmal auf jene Tage Ende 1990 zurück. Der Fürst hatte nach der ersten Herztransplantation die Klinik mit großen Hoffnungen verlassen. Tatsächlich machte er erstaunliche Fortschritte. Am 10. Dezember kommt es allerdings zu einem ernsten Rückschlag. Die Ärzte müssen die Brust des Patienten zweimal öffnen. Offenbar war ein Draht der Wundklammer gerissen, die Wunde eiterte. Entscheidender

war: Das Herz wurde plötzlich vom Körper abgestoßen. Nur eine zweite Transplantation konnte sein Leben retten. Zuvor aber hatte er Sie nach Hause geschickt, um sich um eine geplante Veranstaltung zu kümmern.

In Regensburg wurde alles für diesen Termin vorbereitet. Es war entweder eine Jagdgesellschaft oder eine Preisvergabe. Johannes wollte jedenfalls nicht, dass man die Veranstaltung wegen seines Krankenhausaufenthaltes absagte. Er meinte: »Gloria, das machst du schon, du vertrittst mich.«

Ich fuhr zunächst einmal zurück nach Regensburg. Am nächsten Tag rief er mich an, sagte: »Mir geht es so schlecht. Ich weiß nicht, was ich hab, es ist ganz schrecklich, ich kann kaum sprechen, ich kann kaum atmen. Ich weiß nicht, was ich machen soll.« Ich wollte natürlich sofort in die Klinik zurück, aber Johannes warnte mich – es war schließlich Winter: »Komm bitte heute nicht, es ist viel zu gefährlich. Ich möchte nicht, dass dir was passiert auf der glatten Straße. Es ist besser, du kommst morgen.«

In Wahrheit ging es ihm so furchtbar schlecht, dass sie ihn auf der Stelle aufgemacht haben und feststellen mussten, dass das neue Herz total zerschrumpelt und kaputt war. Es war zu einer ganz massiven Abstoßung gekommen.

Es war eine entsetzliche Situation. Ich hatte ihn in bester Stimmung zurückgelassen und bin auf sein Bitten hin nach Regensburg zurückgefahren. Kaum war ich weg, ging es ihm sehr, sehr schlecht. Ich war in wahnsinnigem Stress, da ich nicht wusste, was wirklich los war.

Max Hartl, der Kammerdiener, sagte mir später: »Der Fürst wusste, dass er stirbt.« Die Art und Weise, wie er ihm fest die Hand gedrückt und ihn mit angstverzerrten Augen angeschaut hatte, habe alles gesagt. Die Worte »Auf Wiedersehen!« seien ihm dabei in Mark und Bein gegangen. Denn dieses Mal war der Druck der Hand ein anderer, die Augen anders

Ich hab lange unter der Vorstellung gelitten – und auch heute bekomme ich noch eine Beklemmung, wenn ich daran denke –, was wohl in ihm vorgegangen ist, in diesen letzten Stunden, diese schreckliche Zeit der Ungewissheit zwischen der Fahrt vom Krankenzimmer in den OP. Die Ärzte, die einen besorgt anschauen. Der flehende Blick, der keine Antwort bekommt. Niemand konnte ihm sagen: »Keine Sorge, das kriegen wir schon hin«, denn alle waren ja selbst entsetzt über die Entwicklung.

Ich glaube, er hat verstanden, dass das seine Todesstunde war. Dieser mächtige Mann, der sein Leben lang alles kontrolliert hat, stand plötzlich mit dem Rücken zur Wand. Alleine. Mit der Angst, blanker Angst. Der Tod lacht ihm ins Gesicht und es ist niemand da. Er ist alleine in dieser grässlichen, grünen Krankenhauskluft, mit den maskierten Ärzten.

Sie nahmen im Nachhinein an, er spürte wohl, dass sich der Tod näherte, aber er wollte mit keiner Silbe über das Ende sprechen.

Im Vorfeld einer Herztransplantation kommt man schwer drum herum, über den Tod nachzudenken. Johannes war mir gegenüber immer so positiv, aber er muss sicherlich über das Sterben nachgedacht haben. Er hat an das ewige Leben geglaubt, an Gott. Er war katholisch und hat gebeichtet. Aber ich versichere ihnen, er hat noch zu Lebzeiten seine Rechnung bezahlt. Was er durchmachen musste, das wünsche ich nicht meinem ärgsten Feind. Ich kann niemandem beschreiben, wie furchtbar es für mich war, dass ich meinen armen Mann im Krankenhaus alleine lassen musste wegen dieser blöden Veranstaltung in Regensburg. Das hat mich noch ganz lange sehr bedrückt. Dass er mich bat, nicht zu ihm zu kommen wegen des schlechten Wetters. Früher hätte er sofort gesagt: komm. Aber jetzt war er nicht mehr der egoistische Johannes, sondern der Liebende, der sich sorgte: »Bleib zu Hause. Es ist zu viel Schnee und Eis auf der Straße; ich hab Angst, dass dir was passiert.« Am nächsten Tag war er schon im OP. Ich konnte ihm noch nicht einmal mehr auf Wiedersehen sagen.

Auf »Stufe 0«, der höchsten Dringlichkeitsstufe, bekommt jeder Herzpatient, bei dem erneut eine Transplantation akut notwendig wird, innerhalb von wenigen Tagen oder Stunden ein neues Spenderherz. Ihr Mann bekam dieses zweite Herz, das Herz einer Frau.

Das zweite Spenderherz traf ein, aber sie konnten es nicht mehr einsetzen. Hätten sie es gleich da gehabt, dann hätte er überlebt.

Es dauerte einen Tag, und das war zu lang. Er starb kurz vor der Operation.

Sie waren nicht am Sterbebett. Das heißt, außer von seinem Kammerdiener konnte er sich von niemandem verabschieden. Es gab damit auch nicht so etwas wie ein Vermächtnis oder ein letztes Wort?
Nein.

Ein Arzt erklärte hinterher, man könne hier nicht von operationstechnischen Pannen sprechen. Todesursache sei eine Komplikation gewesen, die immer auftreten könne, auch wenn sie nicht besonders häufig vorkomme. Gab es Ihrerseits Vorwürfe gegenüber dem Ärzteteam? Hätte Ihr Mann gerettet werden können?
Mein Gott, diese Frage stellt man sich immer. Vielleicht hätte er in Amerika mehr Überlebenschancen gehabt, da das Spenderherz vielleicht schneller zur Verfügung gestanden wäre. Aber dass es hier nicht rechtzeitig eintraf, das liegt nun wirklich nicht in der Verantwortung der Ärzte.

Wann ist er gestorben?
Am 14. Dezember 1990, um 7.22 Uhr.

Sie erreichte die Nachricht per Telefon?
Professor Reichart hat mich persönlich angerufen: »Guten Tag, Durchlaucht, ich habe eine sehr traurige Nachricht für Sie. Ihr Mann ist heute Morgen verstorben.«

Wie haben Sie es aufgenommen?
Es war furchtbar! Wir haben zwar oft über den Tod gesprochen, ein Thema, das mich immer fasziniert hat. Aber jetzt, wo der Tod so unmittelbar da war, war ich wie vom Blitz getroffen, erschrocken, sprachlos, verzweifelt, traurig, alles auf einmal, es war schrecklich. Später tröstete ich mich mit dem Gedanken, dass er, auch wenn es nur ein kurzer Moment war, diese kleine Ewigkeit mit Gott alleine war und Zeit hatte, seine Sünden zu bereuen und um Vergebung zu bitten. Er ist nicht unvorbereitet gestorben,

auch wenn er die Sterbesakramente erst hinterher empfangen hat. Er durfte dem Tod ins Auge blicken. Diese große Chance hat er noch gehabt. Das hat mir großen Trost gegeben. Ich glaube, der liebe Gott sucht sich für jeden Menschen den richtigen Moment aus. Und wahrscheinlich war es für ihn der richtige Augenblick.

Diese letzten zehn Tage waren die schönsten Tage unserer gemeinsamen zehn Jahre. Es war – so seltsam das in diesem Zusammenhang klingt – eine wunderschöne Zeit. Wir wussten ja nicht, dass er sterben würde. Das hat mir dann doch sehr geholfen, davon zu zehren. Das Krankenzimmer war zu unserem Salon geworden, wir waren zusammen und glücklich. Er war froh, er war ein anderer Mann.

Fürstin, Sie haben immer wieder über den Tod nachgedacht. Was für eine Vorstellung haben Sie davon?

Ich stelle mir vor, dass der Moment, in dem die Seele den Körper verlässt, ähnlich wie eine Geburt traumatisch erlebt wird. Die christliche Auffassung hat aber bereits für diesen Moment etwas Tröstliches: Wir dürfen sterben, um ewig zu leben.

Der Tod meines Vaters beispielsweise war eines der schönsten gemeinsamen Erlebnisse unserer Familie. Wir waren alle versammelt, um ihn beim Sterben zu begleiten. Papi war noch bei Bewusstsein, wir gingen in sein Krankenzimmer. Ich hatte ihn einige Wochen zuvor sogar noch gefragt: »Papi, wie ist das eigentlich, denkst du über das Sterben nach, hast du Angst?« Er hat geantwortet: »Angst nicht, aber Lampenfieber.« Das Schöne war, dass Papi eben auch noch eine große Beichte abgelegt hat. Er kam mit sich und seinem Glauben ins Reine und der Priester spendete ihm die Krankensalbung. Wir waren nun, nachdem es so weit war, um sein Bett versammelt. Er hatte alle seine Lieben im Blick, hat uns dann die Hände gehalten und vor uns den letzten Atemzug getan. Mein Sohn Albert hatte das große Privileg, seinen Großvater sterben zu sehen, schön sterben zu sehen. Das ganz Tolle war, dass sich die beiden Frauen – meine Mutter hatte große Probleme, die zweite Frau meines Vaters zu akzeptieren – am Krankenbett getroffen und am Sterbebett umarmt haben.

Es heißt: wie der Sonntag eines Menschen, so sein Sterbetag.
Das trifft auf den Tod meiner Lieblingstante zu, Tante Tata. Was mir in diesem Zusammenhang so wichtig ist, und das sag ich auch immer den Kindern: Man muss um eine gute Sterbestunde bitten, dann kriegt man sie auch. Das ist ganz wichtig im Leben.

Unsere Tata hatte sich ein bisschen schlecht gefühlt, sie war kurz vorher gestürzt, also war sie zur Pflege im Heim – mit dem festen Entschluss, wieder nach Hause zu gehen, sobald es ihr besser gehen würde. Da es ihr jetzt unwohl war, rief sie meine Tante Franzl, die Schwester meines Vaters, an und sagte: »Franzele, ich fühl mich so schlecht, vielleicht ist es doch besser, Sie kommt.« Dann rief sie den Pfarrer. Der Priester kam, spendete ihr die Sterbesakramente, gab ihr die Hostie – nur ein kleines Bröckerl, da sie nur noch schwer schlucken konnte –, sie nimmt die Hostie in den Mund, schluckt sie runter und ist tot. Unglaublich! Tata war meine beste Religionslehrerin. Und ich dachte mir: Wenn einer so sterben darf, in dessen Fußstapfen möchte ich treten. Insofern ist der Tod heute auch für mich keine Bedrohung mehr, auf gar keinen Fall.

Den wenigsten von uns ist bewusst, dass Menschen unsterblich sind. Vermutlich würde man anders leben mit diesem Wissen.
Mit einer anderen Einstellung zum Jenseits hat man auch eine andere Einstellung zum Diesseits. Man ist achtsamer, zufriedener und glücklicher. Mein Beichtvater hat zu mir gesagt, je öfter man beichten geht, umso sensibler wird man auch dafür, was falsch ist und was Christus verletzt. Ganz furchtbar ist es doch, wenn Leute meinen, sie machten nichts falsch, daher gar nicht wüssten, was sie beichten sollten. Das kann doch nur heißen, dass es ihnen gar nicht mehr bewusst wird, wenn sie etwas verkehrt gemacht haben.

Hat Ihnen in dieser Trauerzeit Ihr Glaube geholfen?
Der Glaube hat mir in den ganzen zehn Jahren meiner Ehe geholfen und hilft mir auch heute. Aber in der Trauerzeit waren mir natürlich meine Kinder, meine Geschwister, meine Mutter und auch Regina sehr nahe.

Der Theaterregisseur Frank Castorf hat die Abwesenheit von Religion im öffentlichen Gespräch unlängst als einen schwer wiegenden Mangel bezeichnet. Viele denken, der Glaube sei in erster Linie etwas für schlechtere Tage und womöglich für schwächere Menschen, die sich alleine nicht zu helfen wissen.

Manche Leute brauchen einfach den Schicksalsschlag, die Krankheit, das Leid, damit sie sich Gott anvertrauen. Natürlich hatte, als die Flugzeuge in New York in die Twin Towers reingerast sind, Religion plötzlich wieder Hochkonjunktur, die Kirchen waren voll. Dann war es wieder vorbei damit. Ich finde, Hauptsache, die Menschen kommen überhaupt zur Kirche und zum Glauben, unter welchen Umständen auch immer. Ob nun auf der Spitze eines Berges mit einem enormen Glücksgefühl – »Herrgott, ich danke dir!« – oder in den Momenten der Verzweiflung. Jeder Tag zählt und es ist nie zu spät, das hab ich gelernt.

Sie sagen: »Ich glaube an Gott. Ganz fest.«

Ich glaube ganz fest an Gott. Ich hab auch das Gebet zu meiner festen täglichen Gewohnheit gemacht. Denn die Gefahr ist groß, dass man es sonst einfach sehr schnell vernachlässigt. Es ist schrecklich, dass ich das hier immer wieder so vereinfacht sage, aber es ist wie mit einem Gymnastikprogramm, das man auch jeden Tag abspulen muss, sonst wirkt es nicht. Alles braucht eine gewisse Kontinuität. Wir haben in meiner Familie einen kleinen Gebetsschatz mitbekommen, der auf einem Muttergottesbildchen drauf ist. Nicht sehr umfangreich und leicht zu beten. Das reicht aus. Wichtig ist die Regelmäßigkeit. So ist es auch mit dem Besuch der heiligen Messe. Es ist Nahrung für die Seele, und die braucht man.

Ich möchte auch, dass meine Kinder einen genauso zuversichtlichen Glauben haben, dass sie wissen, dass es eine schönere Welt gibt und dass ich, wenn ich sterbe, endlich angekommen bin. Dass ich heimgehe zu meinen Lieben, zu denen, die auf mich warten. Natürlich hab ich auch Zweifel gehabt, mein ganzes Leben lang. Der Glaube wird einem nicht für immer geschenkt, man muss da schon auch daran arbeiten und dafür beten.

In seinem Bestseller »Simplify your life« empfiehlt der Autor Werner Tiki Küstenmacher, man solle das Gebet mit einem Dank beginnen, Gott preisen, selbst für das erlittene Leid. Dadurch stelle sich der Prozess der Transformation ein. Man könne auf diese Weise ein Unglück besser verarbeiten und daraus lernen. Weiterhin sei es wichtig, seine Wünsche, Bitten und Gefühle gewissermaßen »herauszubeten«. Sein Tipp: »Erwarten Sie mutig das Unmögliche.«

Meinen Freunden, die Schwierigkeiten mit der Religion haben, rate ich immer: »Ihr müsst es mit dem lieben Gott einfach ausprobieren.« Der große Philosoph Pascal hat dieses Ausprobieren erläutert: »Wenn wir gewinnen, gewinnen wir alles, wenn wir verlieren, verlieren wir nichts.« Ganz oft steht der Stolz im Weg: nicht zugeben wollen, dass da etwas ist, das größer ist als man selbst, das man nicht begreifen kann. Nach der Vogel-Strauß-Politik steckt man dann den Kopf in den Sand und beschließt für sich, dass es Gott nicht gibt. Mir tun die Menschen Leid, die sich verschließen. Die sich nicht einmal auf die Suche begeben möchten.

Nehmen wir mal an, ich bin in echter Verzweiflung, dann bete ich: »Lieber Gott, ich weiß jetzt überhaupt nicht weiter. Ich habe große Angst, bitte hilf mir, das Richtige zu tun. Bitte zeig mir den Weg und ich will ihn gehen.« Besonders dankbar bin ich dabei meiner Großmutter. Sie war eine ganz große Marienverehrerin und Rosenkranzbeterin. Sie hat zum Beispiel alle ihre Kinder immer in Blau angezogen, zur Verehrung der Mutter Gottes, bis zu einem gewissen Alter natürlich nur. Auch sie selbst hat möglichst immer Blau getragen. Von ihr lernte ich Rosenkranz beten. Wir haben oft mit ihr und auch mit Tata, wenn wir abends zusammensaßen und noch unschlüssig waren, was wir machen sollten – Karten spielen? nein, fernsehen? nein –, einen Rosenkranz gebetet. Was dabei passieren kann, das ist so wunderschön, das ist so irrsinnig befriedigend.

Und auch nach einem Streit ist seine Wirkung ganz enorm. In seinen Wiederholungen ist der Rosenkranz sehr meditativ. Ich glaube einfach, dass von ihm unheimlich viel Gnade ausgeht. Es kann eigentlich nichts Schlimmes passieren, wenn man einen Tag mit dem Rosenkranz begonnen hat. Es ist so, wie wenn man einen Lichtschutzkreis um sich herum bildet.

Muss man nicht auch viel deutlicher unterstreichen, dass das Christentum als Gottes eigene Offenbarung letztlich nichts anderes ist als eine Religion der Liebe, der Barmherzigkeit und der Vergebung?
Hier herrscht ein ganz großes Missverständnis, auch in Bezug auf die Kirche. Natürlich verurteilt die Kirche im Allgemeinen sündiges Verhalten. Aber den Einzelnen verurteilt die Kirche nicht, er wird immer Barmherzigkeit finden, zumindest wenn er an einen guten, echten Priester gerät. Natürlich postuliert die Kirche: »Abtreibung ist eine Sünde.« Wenn allerdings eine Frau zu einem Priester kommt und beichtet: »Ich habe abgetrieben und diese Schuld lastet auf mir«, wird sie immer Barmherzigkeit erfahren und sie wird spüren, dass Gott ihr verzeiht.

Haben Sie manchmal ein Problem, Ihre eigene Lebensweise und den Glauben in Einklang zu bringen?
Ich habe mein Leben sehr stark verändert und tue es noch. Ich weiß, dass ich im Grunde genommen viel mehr tun müsste, viel zu verwöhnt bin, viel zu gut lebe: »Lieber Gott, du verwöhnst mich so sehr, du hast mir so ein schönes Leben geschenkt. Aber wenn du mit mir noch was anderes vorhast, dann, bitte, lass es mich erkennen, lass mich nicht davor wegrennen. Ich möchte das tun, was dir gefällt, und den Weg erkennen.«

Ich versuche, mich wirklich daran zu halten, das heißt auch, dass ich für meine Kinder da bin, für meine Arbeit. Ich versuche, so wenig wie möglich an mich zu denken, sondern mehr an die anderen. Ich strebe danach, besser zu werden. Immer wieder denke ich mir: »Warum geht es mir so gut? Ich hab es so schön, muss ich nicht mehr tun?« Ich bin wahnsinnig dankbar dafür, wie es jetzt ist, aber ich möchte auch offen sein für andere Wege, die Gott vielleicht noch mit mir vorhat.

Wie lange haben Sie nach dem Tod Ihres Mannes mit dem Schicksal gehadert?
Ich habe nie mit dem Schicksal gehadert! Ich war in Trauer und diese Trauer hat sehr lange angehalten. Ich hab seinen und meinen Ehering verschmelzen und mit der Gravur »Perpetua fide –

Ewige Treue« versehen lassen. Das ist das Motto im Wappen der Thurn und Taxis. Diesen Ring hab ich angezogen als Zeichen, dass ich meinen Mann über den Tod hinaus liebe und an ihn denke. Die Kinder und ich haben fast täglich über ihn gesprochen, täglich für ihn gebetet. Er war ganz nah bei uns. Meine Kinder haben mir ununterbrochen süße Liebesgeschichten geschrieben. Mein Sohn kritzelte mit seinen sechs Jahren auf ein kleines Zettelchen: »Liebe Mama, du bist jetzt sehr traurig, aber bitte denk dran, der Papa lebt in mir weiter.« Die Kinder haben mich wahnsinnig unterstützt: »Liebe Mama, sei nicht traurig, Papa ist doch bei uns, wir beten zusammen«, schrieb mir Elisabeth. Von Maria Theresia bekam ich fast jeden Abend ein Zettelchen aufs Bett gelegt mit kurzen Sätzen wie: »Morgen möchte ich bei Dir schlafen, ich liebe Dich.«

Ich hab es zunächst nicht geschafft, meine schwarze Kleidung abzulegen. Etwa drei Jahre lang habe ich sie getragen, bis ich irgendwann einsah, ich sollte nicht traurig sein, jetzt ist Johannes dort angekommen, wo er endlich von seiner irdischen Unruhe und seinen Ängsten befreit ist. Ich war ganz überzeugt, dass er schon im Himmel angekommen ist. Deswegen hab ich gesagt, jetzt ist der Zeitpunkt gekommen, diesen Ring abzulegen, die schwarzen Kleider auszuziehen, weiterzugehen und meinen Mann auch loszulassen. Das war ein wichtiger Schritt, aber es hat eben lange gedauert, bis ich dazu in der Lage war.

Von Helmut Schmidt stammt der Spruch: »Ohne Tapferkeit werden Sie mit dem Leben nicht fertig. Jemand, der damit Schwierigkeiten hat, muss noch erwachsen werden.« Lernt man aus solchen Situationen?

Ich bin hundertmal gefragt worden, weshalb ich mich so verändert habe. Weshalb ich mich nicht mehr kostümiere und so weiter. Mit diesem Schicksalsschlag, dieser ökonomischen Verantwortung, den Problemen des Weitermachens, bin ich einfach erwachsen geworden. Was nicht heißt, dass ich nicht mehr lustig bin.

5 Die Zukunft hat schon begonnen

Schon einen Tag nach dem Tod des Fürsten überschlagen sich die Zeitungen mit Spekulationen über die Zukunft des Hauses. »Seit gestern«, steht in einem Artikel, »trägt die Fürstin die Last des ältesten und größten Familienvermögens Deutschlands.« Andere Schlagzeilen lauten: »Fürstin nun bis zur Volljährigkeit des Sohnes mit der Leitung des Familienkonzerns betraut: über fünfzig Einzelfirmen, viertausend Beschäftigte, riesige Ländereien im In- und Ausland und ein gesamtes Nettovermögen von 1,2 Milliarden Mark.« – »Ist Gloria, die die Schule vor dem Abitur verließ, dazu überhaupt in der Lage?« – »Das Lebensmotto Glorias galt nie zuvor so sehr wie in dieser Stunde: ›Die Zukunft hat schon begonnen.‹«
Die ersten Tage und Wochen waren von einer tiefen Trauer überschattet. Aber gleichzeitig waren ja auch noch die Hayek-Leute im Haus und entwickelten Konzepte. Ich wusste also sehr wohl, was mich erwartet.

Die Frage, ob Sie weitermachen würden oder nicht, hat sich für Sie gar nicht gestellt?
Nein. Hier musste so viel entschieden werden, auch teilweise sehr schnell. Ich hab mich fast täglich mit den Leuten meiner Geschäftsführung zusammengesetzt. Und ich war froh darüber, denn dadurch war ich abgelenkt von meiner tiefen Trauer und dem plötzlichen Alleinsein.

Es wurde ein Loch in dieses Schloss gerissen. Man darf nicht vergessen, dass ich mich eigentlich im Schloss nie wirklich zu Hause gefühlt habe. Es war für mich in erster Linie das Haus des Fürsten. Unser gemeinsames Heim war die Yacht, wenn wir unterwegs alleine waren, meinetwegen auch Brasilien. Aber das Schloss, das war immer so ein steifer Komplex. Auch Johannes hatte sich hier nie richtig wohl gefühlt. Ohne ihn war es zunächst erst recht leer.

Gut, ich hatte gerade mein neues Appartement im Schloss bekommen, aber das schien mir nun sinnlos. Das ist ja alles nur hergerichtet worden, um mit ihm zu leben, um gemeinsam alt zu werden. Plötzlich bin ich ganz alleine und muss nolens volens das Schiff alleine weitersteuern. Wir sind auf hoher See – keine Zeit zum Ausruhen. Es tobt ein Sturm da draußen.

Waren Sie sich im Klaren darüber, dass mit der Mammutaufgabe, die Sie sich nun aufbürdeten, auch derart viel an Verzicht verbunden ist?
Nein, dessen war ich mir nicht bewusst. Aber ich war von der Notwendigkeit, dass das meine Aufgabe ist, überzeugt. Und wenn man von etwas überzeugt ist, kann man alles. Ich war mir jedenfalls sicher, dass ich das kann. Ich wollte das auch; ich war eben diejenige, die es machen musste. Das hab ich auch als Privileg empfunden. Ich hatte dafür gekämpft und hatte diesen Kampf gewonnen. Mein Mann hat mir vertraut und mir zu Lebzeiten noch die Verantwortung übertragen, indem er mir Generalvollmacht gab. Ich hab von ihm den Stab in die Hand bekommen und mit diesem Stab renn ich weiter. Was das kostete, darüber hab ich mir keine Gedanken gemacht.

Ich meine, Sie waren zu diesem Zeitpunkt gerade mal 30 Jahre alt. Sie standen vielleicht nicht vor einem kompletten Scherbenhaufen, aber es bestätigte sich, dass der Fürst tatsächlich die Kontrolle über seine Unternehmen verloren hatte. Das ehemals glänzende Familienimperium war marode. Mehr noch: Es gab noch nicht einmal ein funktionierendes Management. Nur Schulden. Ist das nicht ein furchtbarer Albtraum?
Nein, so schlimm war es nicht. Ich hatte sechs Monate Einarbeitungszeit. Wenn mein Mann noch gelebt hätte, hätte ich bestimmt viele der schwer wiegenden, radikalen Entscheidungen nicht so schnell umsetzen können. Wir hätten Zeit verloren und

diese Zeit hätte Geld gekostet. Stattdessen konnte ich sofort knallhart mit der Umsetzung der schon vorbereiteten Pläne beginnen. Es war ja nicht so, das kein Vermögen da gewesen wäre. Als Allererstes musste man allerdings versuchen, die großen Löcher zu stopfen, die jeden Monat Millionen gekostet haben.

Jeden Monat Millionen?

Da war das Industrieunternehmen in Pforzheim, hier musste ganz schnell gehandelt werden. Weiterhin musste die Bank verkauft werden, an der mein Mann gehangen hat. Ob der das genehmigt hätte, was ich in null Komma nichts alles gemacht habe, das bleibt dahingestellt. Wir mussten diese beiden Verlustbringer jedenfalls sofort abstoßen, und das haben wir auch in Angriff genommen. Das Nächste war die Brauerei, und so kam eins nach dem anderen.

Es war aber nicht so, dass ich ganz alleine gewesen wäre. Ich hatte die ganze frühere Mannschaft aus der zweiten Reihe. Diese Leute hatten ja sehnsuchtsvoll darauf gewartet, dass die Management-Seilschaft, die auch in ihren Augen das Vermögen nicht richtig verwaltet hat, wegkommt. Die standen gewissermaßen Gewehr bei Fuß, um mir zu helfen. Denen war die Geschwindigkeit, mit der ich vorangegangen bin, zwar auch zu radikal, aber ich hab mich ganz sicher gefühlt. Dazu hatte ich die Leute von Hayek Engineering, die mich in diesem Kurs bestätigt haben.

Wie gingen Sie vor?

Ich habe mit meinem Berater Professor Dr. Leberfinger die jeweils kostengünstigste Variante errechnet. Um das zu demonstrieren:

Bei Variante A kostet es dem Haus am wenigsten Geld, aber es gibt ein Riesengeschrei in der Presse.

Bei Variante B kostet es dem Haus mehr Geld, aber die Presse kriegt nichts mit.

Bei Variante C hieß es: Wir behalten alles und versuchen, es selber zu sanieren.

Also war klar, dass ich Variante A gewählt habe. Wenn die Presse über mich schreibt, ist das egal, die können meinetwegen über mich schimpfen, wie sie wollen. Als nächsten Schritt musste ich ganz radikal entlassen. Hier war wichtig, dass es nicht Mitarbeiter trifft, die jahrelang gedient haben, sondern solche, die erst in jüngster Zeit eingestellt wurden. Zusätzlich wurde ein Einstellungsstopp verhängt und andere wurden in Pension geschickt. Nachdem es einige Arbeitsgerichtsprozesse gab, kam ich damit in die Schlagzeilen. Aber das war mir egal, schließlich war ich nicht im Amt, um mich lieb Kind zu machen, sondern das Haus zu sanieren. Ich hab das einfach durchgezogen.

Dass Sie einen großen Teil der Unternehmen verkaufen müssten, war Ihnen sofort klar?
Ja, war mir klar. Es war nur die Frage, ob ich überhaupt einen Käufer finde. Das war schwierig genug.

Wie stellt man das an?
Man muss halt herumgehen, suchen und Konzepte entwickeln. Das hat also schon auch eine Zeit gedauert. Es war schwierig.

Sie sagten damals: »Ich bin nun mal die Fürstin und muss jetzt das tun, was ich als richtig für meinen Sohn, den jungen Fürsten, halte.« Hatten Sie schon eine Vorstellung davon, wie Ihr Managementstil aussehen sollte?
Nein. Das hatte ich überhaupt nicht. Mein Prinzip hieß »learning by doing«. Ich sagte mir: »Gut, ich bin jetzt diejenige, die die Verantwortung trägt, die entscheiden muss, also wird auch entschieden.« Ich war in meinem Leben noch nie entscheidungsschwach und bin es auch in diesem Moment nicht gewesen. Unser Grundsatz war stets, für unsere Mitarbeiter zu sorgen. Wir haben hervorragende Pensionen gezahlt. Pensionen wie der Staat. Aber wenn ein Unternehmen jahrelang keine Gewinne erwirtschaftet, dann muss man sich von manchem trennen. Tut man das nicht, dann gerät das komplette Gebilde ins Wanken, womit niemandem gedient ist.

Was war die Grundrichtung Ihres neuen Konzepts?
Risikominimierung. Und die Frage dabei war: Wie kann man ein Vermögen verwalten, ohne Risiken eingehen zu müssen? Sobald der Verlust gestoppt war, hieß es dann: Wie kann das Vermögen wieder langsam wachsen, ohne dass man große Risiken eingehen muss? Es stellte sich sehr schnell heraus, dass wir bei dem bleiben sollten, was wir können: Land- und Forstwirtschaft und Immobilien.

Dann ein weiterer Schock: Durch den Tod des Fürsten wird eine gigantische Erbschaftssteuer fällig.
Der Schock kam ziemlich bald. Da musste sofort sehr viel Cash her und das war im Moment nicht vorhanden. Im Management herrschte Ratlosigkeit. Im Grunde genommen habe ich mich dann an das erinnert, was mir der Talkmaster David Letterman schon Jahre vorher geraten hatte: »Um Gottes willen«, rief er aus, als er Fotos vom Inneren des Schlosses sah, »hier sieht es ja aus wie im Antiquitätengeschäft, have a yard-sale, machen Sie einen Flohmarkt.«

Wir hatten das Mobiliar von den vielen Schlössern, die im Laufe der langen Geschichte von Thurn und Taxis aus Kostengründen aufgelöst wurden, alle in Regensburg versammelt. In den 50er- und 60er-Jahren wurden viele Schlösser einfach verschenkt, auch an Gemeinden und Klöster, um die enormen Instandhaltungskosten zu senken. Aber diese Schlösser wurden zuvor natürlich geleert. St. Emmeram in Regensburg war deshalb teilweise so zugestellt, dass sich die Leute darüber schon lustig machten. Für die Erbschaftssteuer wollte ich nun nicht noch einmal auf die Schnelle Geld leihen oder ein schönes Grundstück verkaufen. So kam die Idee auf, man könnte doch eine Auktion machen und jene Dinge auf den Markt schmeißen, die wir sowieso nicht nutzen. An denen wir uns noch nicht einmal freuten, weil wir zu viel davon hatten.

Als ich den Vorschlag machte, herrschte blankes Entsetzen: »Wie sieht das denn aus? Dann denken die Leute wohl, wir haben kein Geld mehr.« Ich hielt dagegen: Also wenn ich statt

150 Tischen nur noch 100 habe – sollte das nicht ausreichen? Am Ende gingen wir durch das Schloss und suchten die entsprechenden Gegenstände aus, die wir auf einer Auktion verkaufen wollten.

Es gab einen Aufschrei des Entsetzens, weil Sie bei der Auktion, die in Genf abgehalten wurde, unter anderem auch Ihr Hochzeitsdiadem zum Verkauf brachten.

Natürlich gab es auch Kritik. Es war das erste Mal, dass in Deutschland ein Fürstenhaus in so großem Umfang Schmuck, Geschmeide und Möbel zum Kauf anbot. Niemand konnte sich bis dahin eine derartige Aktion vorstellen. Für viele wirkte das wie ein Offenbarungseid. Ich sagte mir: »Moment mal, wir brauchen jetzt schnell Geld. Da muss man sich auch mal von Dingen trennen, noch dazu, wenn man so viele hat.« Ich sagte dann auch zu meinen Verwandten: »Jetzt geht bitte durch das Haus, ob wirklich was abgeht.« Im Grunde genommen merkte später nur der, der sich im Schloss wirklich gut auskannte, dass 30 Prozent fehlten.

Aber niemand konnte sich vorstellen, dass ein Haus wie Thurn und Taxis über kein Cash verfügt.

Wir hatten zunächst, als mein Mann starb, sehr hohe Bankverbindlichkeiten, und wir hatten Liquiditätsprobleme. Ausgerechnet in einem Moment, wo der Fiskus zu seinem Recht kommen wollte. Das war natürlich ein Problem. Musste man lösen.

Sie sind mit der ersten Auktion offensichtlich auf den Geschmack gekommen. Oder hatten Sie gleich von Anfang an eine weitere Versteigerung geplant?

Eigentlich schon. Das eine war ja nur Schmuck. Aber die Möbel mussten auch raus. Wir mussten so viel Geld erlösen, damit wir unsere Erbschaftssteuerschuld begleichen konnten.

Wissen Sie noch, wie hoch diese Steuerschuld war?

Nein.

45 Millionen Mark. So was vergisst man doch nicht, oder?
Unangenehme Dinge vergisst man gerne. Besser gesagt: Wenn man ein fröhlicher Mensch bleiben will, sollte man sich tunlichst nur an die schönen Dinge erinnern.

Können Sie sich zumindest noch an den Tag erinnern, an dem der Steuerbescheid ins Haus flatterte?
Ja, es war schrecklich. Wir haben eine Krisensitzung einberufen. Ich hatte dann zum Entsetzen aller diesen Einfall mit der Auktion. »Wenn wir das tun«, argumentierte ich, »sehen die Leute, dass wir ernst machen. Wir haben Mitarbeitern gekündigt, wir haben eine Firma geschlossen, nun sieht man, es geht wirklich hart zur Sache. Nicht nur die anderen bluten, sondern in Regensburg blutet man mit.« Schließlich mischte sich aber Gott sei Dank noch der Freistaat Bayern ein: »Moment mal, das ist uns aber nicht recht, wenn diese schönen, wertvollen Dinge verkauft werden, die würden wir gerne für das Land behalten.« Am Ende einigte man sich dahingehend, dass der Freistaat die Erbschaftssteuer verrechnet gegen Kunstgegenstände und dieses Kulturgut im Thurn-und-Taxis-Museum für die Bevölkerung zugänglich macht.

Der Deal mit dem Freistaat Bayern war gar nicht Ihre Idee?
Nein, das war eine Idee von Steuerberatern, Finanzbeamten, Kultusministerium und Dr. Baumstark, dem damaligen Direktor des Nationalmuseums in München. Man wollte verhindern, dass diese kulturhistorischen Schätze ins Ausland gelangen oder hinter privaten Villenmauern verschwinden.

Zwei Drittel Ihrer Steuerschuld in Höhe dieser 45 Millionen konnten Sie mit Sachgeschenken begleichen – Schmuck, Silber, Kunst –, einen Teil haben Sie bar bezahlt. Die erste Auktion in Genf erzielte 21,8 Millionen Mark, eine zweite in Regensburg noch viel mehr, nämlich 31,3 Millionen. Mit anderen Worten: Sie hatten nun wieder richtig Geld, und zwar wesentlich mehr, als Sie gedacht hatten.
Genau, und davon haben wir gleich Aktien gekauft.

Hoffentlich die richtigen!
Wir haben natürlich beim letzten Crash auch ordentlich geblutet – wie alle anderen auch. Aber es war schon die richtige Entscheidung.

Sie verkauften nicht nur den Großteil Ihrer Autos, Sie reduzierten auch Ihre gesamten Lebenshaltungskosten um 70 Prozent. Die Hälfte des bisher 50-köpfigen Personals wurde entlassen, Einrichtungen wie ein Hofmarschallamt gehörten ab sofort der Geschichte an.
Wir haben wirklich über Nacht den Gürtel enger geschnallt. Und das Ergebnis machte sich auf der Stelle bemerkbar. Mit dem eingesparten Geld wurden die Löcher gestopft, fürs Erste. Das Schiff Thurn und Taxis hatte keine Schlagseite mehr und wurde wieder flotter. Was wir allerdings lernen mussten war, mit weniger Leuten gleich viel Arbeit zu machen. Das war für die Schlossverwaltung genauso schwer zu bewerkstelligen wie für den Haushalt und die Verwaltung. Plötzlich mussten drei Frauen die Arbeit von vier Männern mit übernehmen, denn die Männer haben alle schlappgemacht. Der eine hat beispielsweise gekündigt, weil es ihm zu viel Arbeit war, jetzt auch noch zu putzen, zumal er vorher nur serviert und bestenfalls die Schuhe geputzt hat. Unsere Frauen haben alles mit übernommen, alles. Frauen, die vorher nur für die Kleidung verantwortlich waren, haben nun mitgeputzt, den Telefondienst erledigt und bei Tisch bedient.

Es war vor allen Dingen wichtig, dass ich mit gutem Beispiel voranging: Autos weg, Bedienung weg, Firlefanz weg! Frau Sprüth war nicht mehr Gesellschaftsdame, sondern Chefsekretärin und Organisatorin des Personals. Was vorher der Hofmarschall mit drei Mitarbeiterinnen erledigte, dafür war nun Frau Sprüth alleine zuständig. Die Arbeit musste dementsprechend rationalisiert werden. Es war aber auch längst überfällig, in diesem großen, aufgeblasenen Verwaltungsapparat in überkommene Arbeitsabläufe einzugreifen – und die Leute auch zu erziehen: »Schauen Sie, das ist nicht nötig; das brauchen Sie nicht zu machen, das wollen wir nicht mehr haben.« Man musste wirklich die Leute zwingen, sich nur auf das Wesentliche zu konzentrieren. Nur so können Sie Personal sparen. Und wir hatten halt sofort gute Ergebnisse. Das ist natürlich dann auch sehr befriedigend.

Die Öffentlichkeit jedenfalls kam aus dem Staunen nicht mehr heraus. Eine Zeitschrift notierte: »Von der schrillen Partykönigin zur erfolgreichen Managerin. Gloria Fürstin von Thurn und Taxis hat es geschafft. Das einst marode Unternehmen steht heute besser da, als es sich die mutigsten Optimisten hätten erträumen lassen.« »Bild am Sonntag« setzte hinzu: »Zugetraut hat es ihr keiner«. Und das »manager-magazin« zählte Sie zu den 20 besten Managern Deutschlands.

Mein Gott, auf jeden Fall war ich da schon auch mächtig stolz drauf und fand das ganz toll. Aber ehrlich gestanden, ich hab auch viel Glück gehabt. In dem Augenblick, in dem wir keine Verluste mehr hatten und das Geld auch anlegen konnten, konnten wir vom damaligen Wirtschaftsaufschwung richtig mitprofitieren.

Wie haben Sie eigentlich gelernt, sich durchzusetzen?

Wenn man einen Mann wie Johannes managen muss, einen so schwierigen Mann, dann kann man jeden anderen Mann auch managen. Ich hatte jedenfalls keine Schwierigkeiten mehr damit. Mein schwierigster Fall war Johannes und die Lehrjahre bei ihm haben ausgereicht.

Wie kann man Ihren Führungsstil beschreiben?

Wichtig ist mir zuallererst Kollegialität. Ich wollte von Anfang an alle mit einbinden, vor allem diejenigen mit der längsten Erfahrung. Ich hatte dabei einen sehr zuverlässigen langjährigen Mitarbeiter, Karl Besold. Er hat 54 Jahre im Haus gearbeitet. Der wusste alles, ein wandelndes Lexikon. Jeder Wirtschaftsprüfer, der nur irgendeine Information brauchte übers Haus, über die Finanzen, wann was bezahlt wurde, wann was gekauft wurde, konnte Herrn Besold fragen, er wusste es. Ich hab ihn ziemlich bald gebeten, in die Geschäftsleitung aufzurücken. Darüber war er sehr glücklich und hat mit Leibeskräften mitgeholfen, das Haus zu sanieren. Heute sitzt Karl Besold im Beirat. Nur weil ich solche Mitarbeiter hatte, die dem Haus absolut loyal gegenüberstanden, konnte ich auch wirklich gut arbeiten.

Ein zweiter Punkt: Entscheidungsstärke?

Ich hab sehr schnell gemerkt, dass einem niemand Entscheidungen abnimmt. Da wird oft stundenlang debattiert, am Ende aber muss ja doch einer entscheiden. Das war eben ich, ich hab es gemacht!

Wer entscheidet, dem passieren selbstverständlich auch Fehler. Etwas nicht zu entscheiden ist allerdings fatal, denn dann kann man auch nichts richtig machen, dann geschieht nämlich gar nichts. Deswegen bin ich meinem Naturell treu geblieben. Wenn man mich fragt: »Rot oder blau?«, dann sag ich »rot«. Ich sag nicht: »Ist mir egal.« So bin ich einfach. Das Schicksal hat mich in diese Situation gebracht und ich habe entschieden.

Das ist Ihr persönliches Erfolgsrezept?

Ich weiß nicht, ob es ein Erfolgsrezept ist. Ob ich erfolgreich gewesen bin, wird man sehen, wenn ich ins Gras beiße. Dann kann man Bilanz ziehen. Ich bin jetzt 44, wollen wir nicht den Tag vor dem Abend loben.

Ist das Unternehmen Thurn und Taxis jetzt saniert?

Das Unternehmen ist kerngesund, es wächst sogar. Natürlich ist dieses riesige Schloss, das so ungeheuer viel Geld verschlingt, ein Sorgenkind. Wenn das Dach von St. Emmeram mit seinen 36 000 Quadratmetern zu richten ist, kostet das gleich Millionen. Ich arbeite nach wie vor mit aller Kraft daran, aus diesem wunderschönen Schloss einen kommerziellen Betrieb zu machen. Das geht eben nur, indem man die Nutzung erweitert und das Haus als erstklassigen Bürostandort und als exklusiven Veranstaltungsort anbietet.

Wie ist das Gesamtunternehmen organisiert?
Ich habe eine dreiköpfige Geschäftsführung, der auch ich angehöre.

Für welche unterschiedlichen Bereiche?
Die jeweils eigenständigen Bereiche sind: das Museum, die Schlossverwaltung, der Forst, die Landwirtschaft, die Immobilien, die Finanzen, das Rechnungswesen. Zusätzlich gibt es einen Beirat, der strategische Entscheidungen trifft. Ich habe zwar einen sehr kollegialen Führungsstil, aber trotzdem wird der Beirat nie für mich entscheiden. Entscheiden muss ich selber, aber ich lasse mich beraten, und das ist sehr gut für mich. Ich wollte nicht alleine sein. Ich wollte Leute von außen hinzuziehen, die aus einem anderen Blickwinkel auf die Sache schauen. Drinnen sieht man oft den Wald vor lauter Bäumen nicht.

Sie sind sehr viel unterwegs. Wie lenken und leiten Sie heute Ihr Unternehmen?
Ich bin häufig zu Hause, auch wenn ich durch die heutigen Kommunikationsmöglichkeiten nicht mehr so oft in Regensburg sein muss wie früher. Ich berate mich mit meinen Herren, daher weiß ich immer, was los ist. Es geschieht nichts ohne mein Wissen.

Studieren Sie gerne Akten?
Ich lese alles, was ich lesen muss. Wir sind so strukturiert, dass ich nicht jeden Tag da sein muss, das war ganz wichtig. Wenn man ein sehr risikoarmes Unternehmen führt, dann muss man auch weniger vor Ort sein und sich nicht selber um das Tagesgeschäft kümmern. Ich hab die Struktur den mündelsicheren Ansprüchen angepasst. Das bedeutet: transparent und risikoarm. Leicht zu durchschauen, zu lenken und zu verstehen, unkompliziert.

Das Besondere an dieser Struktur ist ja wohl auch, dass nicht Sie die Besitzerin des Gesamtvermögens sind, sondern Ihr Sohn Albert, der 12. Fürst von Thurn und Taxis.
Ich bin Verwalterin.

Ihnen gehört nichts?
Nichts.

Sie haben kein Privatvermögen?
Nein, ich hab kein Vermögen. Ich hab ein bisschen was von meinem Mann geerbt, ich kann gut leben.

Und die Schwestern des neuen Fürsten?
Die haben auch ein bisschen was von ihrem Vater geerbt.

Waren sie mit der Regelung einverstanden?
Die mussten sich nicht einverstanden erklären, da die Erbschaftsregelung von vornherein festgelegt war. Der Vorfahre meines Mannes hat sein Vermögen seinem damals noch nicht geborenen Urenkel vermacht. Wir haben nur etwas von dem geerbt, was mein Mann in seinem Leben angespart und auf die Seite gelegt hat, für sich selber, aber nicht vom großen Thurn-und-Taxis-Vermögen. Das hat Fürst Albert I. seinem Nachfahren vererbt, der gewisse Auflagen erfüllen muss. Es steht im Testament, dass er eine akademische Ausbildung zu Ende machen und in einem ähnlich strukturierten Betrieb drei Jahre gearbeitet haben muss. Erst dann kriegt er das Vermögen übertragen.

Das heißt, er hat es noch nicht übertragen bekommen?
Wie soll ich sagen, es ist formell schon seins, aber nach dem Testamentswunsch des Erblassers kann er es erst richtig übernehmen, wenn er diese letzten Auflagen erfüllt hat.

Gibt es auch die Auflage, dass er heiraten muss?
Nein.

Nach dem Tod Ihres Mannes wurde darüber spekuliert, die Fürstin werde versuchen, einen Teil des Vermögens aus dem Stammvermögen in ihr Privatvermögen herüberzuschaffen. Haben Sie das getan?
Um Gottes willen, das würde ja gar nicht gehen. Das würde man sofort bemerken. Aber nicht nur, dass es nicht geht, ich gehöre

zu dem Menschenschlag, der sagt: »Ehrlich sein ist der größte Lohn.« Sie werden immer mehr belohnt, wenn Sie ehrlich sind. Wenn man unaufrichtig ist, dann gibt es immer nur Ärger, also das mach ich nicht.

Der junge Fürst ist jetzt 20 Jahre alt. Ist er denn auf dem Wege, seine Erbschaft auch anzutreten und Chef des Hauses zu werden?
Auf allerbestem Weg, schnurstracks.

Und will er es auch selbst so?
O ja.

Entscheidet er bereits mit?
Bei ganz wichtigen Dingen, die das Vermögen stark angreifen, würde ich ihn schon mit einbinden. Zum Beispiel große Verkäufe.

Noch einmal zu Ihren Töchtern. Wir sprachen von dem Testament, aber es gibt schließlich auch das Bürgerliche Gesetzbuch. Man kann doch niemanden von seiner Erbschaft ausschließen, oder?
Nein, das geht nicht. Aber es ist alles geklärt.

Die wurden abgefunden?
Die brauchten nicht abgefunden zu werden. Die haben vom Vermögen ihres Vaters ihren Teil geerbt.

Sie könnten einen Anspruch auf den Stammbesitz erheben.
Nein, denn der gehörte nicht ihrem Vater, sondern dem Großvater.

Wie lange werden Sie persönlich im Hause Thurn und Taxis noch in leitender Position mitwirken?
Das kommt auf meinen Sohn an – und auf die Geschwindigkeit, mit der er studiert. Mein Sohn ist sehr intelligent. Ich kann mir vorstellen, dass er schneller fertig wird. Ich bin froh, so schnell wie möglich abgeben zu können.

Tatsächlich?
Dann bin ich die Verantwortung los. Ich finde, ich hab genug gemacht.

Wir haben uns immer wieder auch über den Glauben unterhalten. Welche christlichen Grundsätze gibt es denn für Ihre Unternehmensführung?
Nach den christlichen Grundsätzen floriert ein Unternehmen dann, wenn es auch für die Mitarbeiter ein sicheres Zuhause bietet, einen guten Arbeitsplatz, eine faire Bezahlung. Wenn die Mitarbeiter zufrieden sind und das Unternehmen prosperiert. Natürlich gibt es auch, bildlich gesprochen, faule Äpfel. Aber dann schneidet man die schwache Stelle raus und schmeißt nicht den ganzen Apfel weg. Das Allerwichtigste ist, dass man sich selbst nicht verleugnet. Man kann nicht sonntags in die Kirche gehen, beten und dann während der Woche kein Christ sein. Man sollte immer versuchen, wie soll ich sagen, so ehrlich mit sich zu sein, wie man es mit den anderen sein muss.

Das heißt, Sie lassen sich an diesen Grundsätzen auch messen.
Ich lass mich an den Grundsätzen messen. Ich achte auch darauf, dass die Mitarbeiter in führenden Stellungen Leute sind, die an Gott glauben.

Jetzt muss ich meinerseits noch etwas sagen, das mir ganz wichtig ist. Es ist immer von Milliarden die Rede und davon, wie wahnsinnig reich wir sind. Wir sind wohlhabend, aber es stimmt nicht, dass wir unendlich reich wären. Wir bemühen uns, St. Emmeram auch in einen kommerziellen Betrieb zu verwandeln. Das Einkommen aus Forst, Landwirtschaft und Immobilien geht in die Erhaltung der Kulturgüter. Es ist kein Raum mehr für riesige andere Geldausgaben. Wir erwirtschaften die Erhaltung und die Pflege unserer Schlösser. Wenn wir dazu nicht mehr in der Lage sind, dann müsste das der Staat übernehmen. So gesehen ist ein Leben in Saus und Braus im Grunde genommen nicht möglich. Die Multimilliardäre, die sich einen Privatjet mieten oder kaufen können, die eine Luxusyacht haben, das sind andere Größenordnungen. Das muss auch mal gesagt werden. Unser Geld fließt nicht in das weltweite Jetset-Leben, sondern ins Schloss, in ein Kulturgut, das wir auch der Öffentlichkeit zugänglich machen. Wir fühlen uns dem Namen und der Tradition verpflichtet.

Glauben Sie denn, dass die Dynastie überleben wird – oder ist das Ende des Hauses Thurn und Taxis längst eingeleitet?
Na, um Gottes willen, natürlich nicht! Normalerweise führt ein Mann den Namen weiter. Nehmen wir mal an, Fürst Albert hat Kinder, dann setzt sich die Dynastie ganz automatisch fort. Aber heutzutage können ja auch Mädchen ihren Namen weiterführen. Der Name Thurn und Taxis wird bestehen und damit auch die Familie. Die wirtschaftlichen Grundlagen sind sehr gut. Es ist genug da, um das Schloss zu erhalten und zu bewirtschaften. Warum sollte das aufhören? Wenn die Dinge ihren Lauf nehmen so wie jetzt, dann wird Thurn und Taxis in Regensburg bleiben.

Sind Sie denn nun am Ende wirklich eine Thurn und Taxis geworden?
Ja, kann man sagen. Ich fühle mich heute als Fürstin von Thurn und Taxis.

In der Mitte des Lebens ist es Zeit, Zwischenbilanz zu ziehen. Gehören Sie zu jenen Menschen, die alles noch einmal ganz genauso machen würden?
Das wäre natürlich das Schlimmste, wenn ich das alles noch mal machen müsste. Selbst wenn man mir anbieten würde, noch mal jung zu sein. Auf gar keinen Fall, das wäre mein Allerärgstes. Jede Zeit hat ihr Schönes. Aber so, wie es jetzt ist, genieße ich es ganz besonders. Ich wage zu sagen: Ich bin am Höhepunkt meines Lebens angelangt. Wenn ich morgen sterben würde, könnte ich behaupten, dass mein Leben ein ganz steiler Weg nach oben war, für meine Seele, für mein Glücklichsein. Ich bin immer glücklicher geworden. Das Leben ist für mich immer besser geworden, auch wenn Rückschläge dabei waren.

Gibt es Dinge in Ihrem Leben, die Sie aufrichtig bedauern?

Es gibt viele Dinge, die ich aufrichtig bedauere, zum Beispiel, dass ich meinen Vater nicht genug besucht habe, dass ich nicht lange genug bei meinen Eltern zu Hause geblieben bin. Ich hätte dann noch mehr von meiner Großmutter väterlicherseits mitgekriegt, die langsam ihr Gedächtnis verloren hat und für meine Mutter immer mühsamer wurde. Meine Mutter war ganz alleine mit ihr, da mein Vater schon seine Freundin hatte. Eine betrogene Ehefrau, die zwei kleine Jungs hatte und ihre Schwiegermutter betreute, die nie besonders nett zu ihr war. Ich hätte meiner Mutter natürlich mehr helfen können, stattdessen habe ich mich in München meinen Vergnügungen hingegeben.

Ganz schlimm war für mich natürlich diese Phase, in der ich mich so nutzlos gefühlt habe, mich im Nachtleben herumgetrieben und Drogen genommen habe. Da hab ich Zeit verloren, wertvolle Zeit, in der ich was lernen hätte können. Aber mein Gott, was soll ich machen, es ist eben passiert.

Ihre unerfüllte Sehnsucht?

Was ist eine unerfüllte Sehnsucht? Wonach? Ich weiß nicht.

Sehnsucht nach etwas, von dem man glaubt, es hätte gut zu einem gepasst. Träume, die in Erfüllung gehen sollen.

Ich hatte in den verschiedenen Lebensphasen die verschiedensten Träume. Und hinterher war ich ganz froh, dass es immer anders gekommen ist. Als ich jung war, so um die 16 herum, wollte ich Rockstar werden, danach Schauspielerin. Heute kann ich sagen: Meine Position als Fürstin von Thurn und Taxis, meine Familie und mein Amt haben mich ganz und gar ausgefüllt und mir im Grunde genommen alle Freiheiten gelassen, meine Talente auszuleben.

Johannes von Thurn und Taxis war am 14. Dezember 1990 gestorben, für genau 14 Tage später, den 28. Dezember, hatte das Hofmarschallamt das feierliche Requiem für den Fürsten angesetzt. Die rot-blauen Fahnen des Hauses stehen auf Halbmast, die Lakaien tragen dunkelgraue

Anzüge mit Trauerflor, der Altarraum der Kirche ist mit riesigen schwarzen Tuchbahnen abgehängt, auf denen das Wappen der Familie prangt. Die Anteilnahme der Bevölkerung ist gewaltig. Beim Defilee verneigen sich 20 000 Menschen vor dem aufgebahrten Leichnam des Fürsten.

Die vielen Menschen, die Schlange standen, um ihrem Fürsten die letzte Ehre zu erweisen, empfand ich als eine große Anerkennung und Liebeserklärung. Der ergreifendste Moment war für mich, als meine kleinen Kinder mit mir in diese eiskalte Gruft gingen, um ihrem Vater auf Wiedersehen zu sagen. Wir haben in der Zeit sehr viel gebetet und die Fürbitten aufgeschrieben, die die Kinder bei der Messe in der Kirche vorlasen. Ich spürte, die drei sind im Glauben eingebettet, die sind zuversichtlich, die wissen, der Papa ist im Himmel beim lieben Gott. Sie haben dieses kindliche Vertrauen, das keine Fragen stellt, das noch keine Zweifel kennt. Das hat mir sehr, sehr gut getan.

Sie hatten sich von Ihrem Mann ja nicht mehr verabschieden können.

Das war das Allerschlimmste für mich. Das war so schrecklich. Es hat mich jahrelang begleitet. Ich hab mir Vorwürfe gemacht, dass ich nicht losgefahren bin damals und mich bloß wegen diesem blöden Glatteis und dem Schnee abhalten ließ und wegen einer Gesellschaft, die er nicht absagen wollte. Diese Leute wären auch ohne mich zurecht gekommen. Wenn ich stattdessen ins Auto gestiegen wäre, vielleicht hätte ich ihn dann noch gesehen.

Konnten Sie zumindest beim Gang zum Grab Abschied nehmen?

Nein, ich hab mich gar nicht richtig verabschiedet. Es ist mir dann klar geworden, dass es der liebe Gott so gewollt hat, dass wir, die Kinder und ich, Johannes noch in seiner Hochform erlebt haben, dass wir noch gemeinsam träumten. Es ist mir erspart geblieben, ihn ins Elend zurückfallen zu sehen. Ich muss eigentlich dankbar und froh sein dafür, dass es genauso gekommen ist, wie es gekommen ist. Deshalb habe ich mich nach Jahren mithilfe meines Beichtvaters mit der Situation versöhnt und sie so angenommen, wie sie eben war.

Es gibt in der »Geheimen Offenbarung« des Apostels Johannes nicht ohne Grund folgende Sequenz: »Ich sah die Toten vor dem Thron stehen, die Großen und die Kleinen. Und Bücher wurden aufgeschlagen; auch *Das Buch des Lebens* wurde aufgeschlagen. (...) Die Toten wurden nach ihren Werken gerichtet, nach dem, was in den Büchern aufgeschrieben war. (...) Sie wurden gerichtet, jeder nach seinen Werken.«

Die Offenbarung des Johannes ist ein überwältigender Text. An einer anderen Stelle der Bibel heißt es sinngemäß: »In meinem Haus im Himmel gibt es viele Wohnungen.« Dieses Wort habe ich in das Sterbebild meines Mannes drucken lassen. Darüber hab ich mir viele Gedanken gemacht. Am Ende habe ich mich für das Jesuskind von Prag entschieden, das in seinem Schlafzimmer hing und das er sehr verehrt hat. Ich bin auch davon überzeugt, dass wir am Ende alle gerichtet werden. Mit Pater Emmeram, dem Onkel meines Mannes, hab ich ja auch viel gestritten, da er sich halt immer über mich und das, was ich mit dem Schloss vorhatte, geärgert hat, aber in einem geistlichen Gespräch sagte er mir: »Sei dir dein ganzes Leben lang bewusst: Wenn du stirbst, hört die Zeit auf. Die Zeit gibt's nicht mehr in der Ewigkeit. Du wirst aber für jede Sekunde deines Lebens beurteilt werden. Du kannst dir hier auf Erden die Schätze für den Himmel verdienen, aber eben nur dann, wenn du dir bewusst machst, dass dein zeitliches Dasein beurteilt wird.« Dieser Hinweis war so wichtig für mich. Ich sag das auch meinen Kindern. Man vergisst es und verdrängt es eben doch auch allzu gerne.

Ihr Buch des Lebens ist hoffentlich noch lange nicht zu Ende geschrieben. Sie selbst verkündeten einmal, man werde bei Ihnen noch viele Phasen erleben. Was kommt da noch auf uns zu?

Ach du lieber Gott, da kann noch vieles passieren. Ich bin ja auch ein sehr dynamischer Mensch und hab allerlei Ideen. Ein konkretes Projekt kann ich jetzt nicht direkt anbieten. Ich sag immer: »Glück haben diejenigen, die früh sterben dürfen.« Das ist eigentlich die große Belohnung, früh sterben zu dürfen. Ich muss nicht unbedingt ein langes irdisches Leben haben. Ich bin jetzt auf dem Höhepunkt. Manchmal denke ich, es kann doch eigentlich gar nicht sein, dass es immer weitergeht mit dem Glücklichsein, dem Erfülltsein, dem Frohsein. Ich stehe jedenfalls jeden Tag glücklich auf und sag mir: »Mein Gott, hab ich es gut, ist das wunderbar!« Ich liebe jeden Tag. Ich habe immer neue Ideen, was ich tun und wem ich eine Freude machen könnte mit einer Kleinigkeit. Ich lass nichts mehr aus. Ich bin so. Ich sauge das Leben förmlich auf und habe sehr viel Spaß daran.

Manchmal wirken Sie noch immer so, als steckte auch ein Schalk in Ihnen und als könne man keine Sekunde sicher sein, ob Sie in diesem Moment nicht gerade wieder einen neuen Streich ausheckten.
Sie haben ganz Recht, es könnte sofort etwas passieren. Dass ich jetzt aufstehe zum Beispiel und weg muss.

Bitte bleiben Sie noch, für eine letzte Frage: Sie sind die Herrin des Erbes von Thurn und Taxis, aber Sie dürfen diesen großen Besitz nicht behalten, sondern müssen ihn wieder abgeben.
Ich bin nicht die Herrin, sondern ich trage noch die Verantwortung. Im Übrigen ist es ein sehr gutes Prinzip, wenn man sich als Verwalter betrachtet. Denn nichts auf der Welt gehört einem selbst. Es ist alles nur geliehen.

Zu den Fotos

Kapitelaufmacher

Gloria und ihr Vater, 1961

Das Haus in Lomé, Togo, 1965

Bei einer Fotoaufnahme für das Buch »Spaghettissimo«, Schloss Garatshausen, 1986

Bei einem Familienfest, 1978

Fotoaufnahme für *Elle*, Schloss Taxis, 1988

Ball in Paris, 1981

Hochzeit, Mai 1980

Aufnahme für *Vogue*, 1986

Die Familie kurz nach Alberts Taufe, Juni 1983

Die Fürstenfamilie auf Ibiza, 1985

500 Jahre Post, 1990

Empfang im Schloss. 500 Jahre Post, Mai 1990

Blaues Barock-Esszimmer im Schloss St. Emmeram

Auf der fürstlichen Yacht »Aiglon«; Aufnahme für *Vogue*, 1985

Aufnahme für *Elle*, 1988

Modeaufnahme 1987

Beim Gesangsauftritt »Johnny, wenn Du Geburtstag hast«, Don Giovanni-Party, 1986

Fürstin Gloria beim Auftritt mit Max Greger in München, 1990

Einladung bei Kashoggi, 1989

Schloss St. Emmeram, Innenhof

Schloss St. Emmeram, Ballsaal

Schloss St. Emmeram, Silbersalon

Das Begräbnis des Fürsten, 28. 12. 1990

Fürstin Gloria bei einer Schiffstaufe in Hamburg, 2003

1. Bildteil

Gräfin Beatrix Schönburg mit ihren Töchtern Maya (links) und der zwei Jahre jüngeren Gloria

Gloria (links) mit ihren Geschwistern Maya und Cari im Garten der Eltern in Mogadischu, 1968

Während der kirchlichen Trauung, 31. Mai 1980

Das Brautpaar mit Blumenkindern im Innenhof von Schloss St. Emmeram

Das Brautpaar im Innenhof des Regensburger Schlosses

Fürst Johannes und Fürstin Gloria mit ihrem ersten Kind Maria Theresia, im Hintergrund ein Porträt von Kaiserin Maria Theresia von Österreich-Ungarn

Mit ihren beiden Töchtern Maria Theresia und Elisabeth auf der fürstlichen Segelyacht »Aiglon«, 1985

Fürst Johannes mit Maria Theresia, 1985

Am Tag der Taufe von Elisabeth, 1982, im Park von Schloss St. Emmeram

Das Fürstenpaar auf der »Aiglon«, 1983

Fürst Johannes und Fürstin Gloria mit ihren Kindern Elisabeth und Albert bei den Feierlichkeiten anlässlich des 500-jährigen Postjubiläums

Mit Maria Theresia (links), Albert (Mitte) und Elisabeth in der Karibik, 1987

Das Fürstenpaar auf der »Aiglon«, 1983

Fürstin Gloria in Paco Rabanne, New York, 1987

Beim Deutschland-Besuch von Prinz Charles und Prinzessin Diana, Köln, 1992

Michael Jackson mit Albert, Elisabeth und Maria Theresia (v. l. n. r.), Los Angeles, 1992

Fürstin Gloria im Marie-Antoinette-Kostüm beim Maskenball anlässlich des 60. Geburtstags von Fürst Johannes, Regensburg, 1986

Regensburg, 1998; (obere Reihe, v. l. n. r.): Regina Sprüth, Monsignore Clemens, Monsignore Georg Ratzinger, Kardinal Tarcisio Bertone, Bischof Manfred Müller, Prinzessin Maria Theresia; (untere Reihe, v. l. n. r.): Herzog Franz von Bayern, Fürst Albert, Joseph Kardinal Ratzinger, Fürstin Gloria, Prinzessin Elisabeth

Mit Albert bei einer Privataudienz bei Papst Johannes Paul II., Rom, 1991

Berlin, 26. Juni 2000: Frankreichs Staatspräsident Jacques Chirac begrüßt Fürstin Gloria bei einem Empfang im Schloss. Rechts: Chiracs Ehefrau Bernadette, 2. von links: Bundespräsident Johannes Rau

Prinzessin Elisabeth, Fürstin Gloria, Prinzessin Maria Theresia (v. l. n. r.), Garatshausen, 2003

Mit ihrem Sohn Fürst Albert bei der Maserati-Trophy, Magnycours, 2003

Mit ihren Kindern Elisabeth, Albert und Maria Theresia (v. l. n. r.) bei der Premiere von »Tannhäuser«, Bayreuth, Juli 2002

Fürstin Gloria bei der Klassik & Garten-Ausstellung in Regensburg, 2003

Bildnachweis

Privatarchiv der Fürstin:
Kapitelaufmacher: S. 8, 22, 30, 52, 60, 80, 104, 116, 140, 210, 226, 238, 256, 290

1. Farbbildteil: S. 1, 4, 5, 6, 7, 8

2. Farbbildteil: S. 1, 2, 3, 5 oben, 7 oben

Clemens Mayer, Regensburg:
Kapitelaufmacher: S. 156, 190, 302, 312, 334

2. Farbbildteil: S. 4, 6, 8

picture-alliance / dpa:
Kapitelaufmacher: S. 134 (Fotograf: Horst Ossinger), 174 (Fotograf: Dreier), 272 (Fotograf: Höbarth), 350 (Fotograf: Istvan Bajzat), 370 (Fotograf: Wolfgang Langenstrassen)

1. Farbbildteil: S. 2, 3

2. Farbbildteil: S. 5 unten (Fotograf: Tom Maelsa), 7 unten (Fotograf: Claus Felix)

Der Verlag dankt Clemens Mayer, Regensburg, für die freundliche Unterstützung.